主编／顾江

副主编／姜照君　郭新茹

研究化产业

32辑

NKI 来源

—南京大学文化和旅游研究基地／
角文化产业发展研究院／
业学会／
研究基地／
院

南京大学出版社

图书在版编目(CIP)数据

文化产业研究. 32辑 / 顾江主编. -- 南京：南京
大学出版社，2023.7
ISBN 978 - 7 - 305 - 27391 - 9

Ⅰ. ①文… Ⅱ. ①顾… Ⅲ. ①文化产业—世界—文集
Ⅳ. ①G114 - 53

中国国家版本馆 CIP 数据核字(2023)第 218662 号

出版发行　南京大学出版社
社　　　址　南京市汉口路 22 号　　　　邮　编　210093
书　　名　**文化产业研究 32 辑**
　　　　　WENHUA CHANYE YANJIU 32 JI
主　　编　顾　江
副 主 编　姜照君　郭新茹
责任编辑　余凯莉

照　　排　南京南琳图文制作有限公司
印　　刷　江苏凤凰数码印务有限公司
开　　本　787 mm×1092 mm　1/16　印张 25.5　字数 456 千
版　　次　2023 年 7 月第 1 版　　印次　2023 年 7 月第 1 次印刷
ISBN 978 - 7 - 305 - 27391 - 9
定　　价　88.00 元

网　　　址　http://www.njupco.com
官方微博　http://weibo.com/njupco
官方微信　njupress
销售热线　025 - 83594756

《文化产业研究》编委会

学术支持单位

文化和旅游部—南京大学文化和旅游研究基地

南京大学长三角文化产业发展研究院

江苏省文化产业学会

江苏文化产业研究基地

南京大学商学院

目　录

学术前沿

金融素养与家庭艺术品资产配置
　　　——基于 CHFS 数据的实证研究　…………………… 魏　巍　周世军/ 2
数字经济下文化企业社会责任与财务绩效关系研究
　　　——基于创新的视角　………………………………… 赵宇华　姚蕴琪/ 19
舒适物框架下的乡村旅游政策导向研究(2017—2022)　…… 吴志斌　林　薇/ 38
孤独图书馆:基于社群融合的新型文化社区实践…………… 肖　波　张远远/ 55

文化消费

数字文化产品的消费特征与营销策略研究:基于自我决定理论
　　　………………………… 周志民　林叙含　孙晓辉　张　宁/ 70
媒介可供性对音乐流媒体付费意愿的影响
　　　——基于大学生音乐消费的实证研究　……………… 刘　恋　王一鸣/ 87
文化消费对公众幸福感的影响
　　　——获得感的中介作用与主观阶层感知的调节作用
　　　………………………………………………… 陈雪薇　张　铮/ 103
优质国产剧消费对青年群体文化认同影响研究…………… 庞胜楠　司　若/ 119
文化认同视角下游客对博物馆文创产品的购买意愿研究
　　　——基于 782 份调查问卷的实证分析………………… 张之悦　陈天宇/ 134

产业创新

基于动态演化博弈的高质量文化产品供给研究…………… 刘柏阳　姜照君/ 152
基于引力模型的演艺产业经济联系强度分析
　　　——以江苏省为例………………………… 孙传明　陈　熙　叶盼盼/ 171

元宇宙赋能重大体育赛事的内在机制与创新发展路径 …… 丁 蕾 石志如/ 188

区块链 NFT 技术赋能"创作者经济"发展的路径探析 …… 樊传果 李宁远/ 201

创作者中心、圈层化传播与内容企业商业模式创新

　　　　——以播客"日谈公园"为例 ………… 王亚楠 张颖铧 杨 珊/ 213

城市发展

基于演化博弈的网络舆情涌现逻辑与城市文化形象管理

　　　　……………………… 李燕丽 王文姬 阮南燕/ 228

扬子江城市群协同发展研究

　　　　——基于休闲旅游资源的空间分析 ………… 黄韫慧 聂雨瑶 陈海瑶/ 243

场景视域下中国城市文化活力评估

　　　　——基于 21 个特大及超大城市的实证研究

　　　　……………………… 詹绍文 邓雨龙 何夷伦/ 258

文化贸易

RCEP 国家文化产品贸易的竞争态势与网络关系格局研究

　　　　………………………………… 方 英 王照颖/ 274

中国电影产业国际竞争力影响因素研究

　　　　——基于灰色关联分析法 ……………… 周 锦 高文岭 付 娆/ 292

内容产业

我国数字出版产业政策演进及效果评价 ………… 杨 菲 王爱红 梁 君/ 310

实体书店商业模式场景化建构探析 ……………… 张勇丽 丁梦瑶/ 331

器以藏礼:宋代建盏的媒介符号表征与礼文化传播功能探析

　　　　…………………………………… 谢清果 许黄子仰/ 343

倾覆与包容:短视频的审丑复归 ……………… 李婧琪 潘可武/ 359

中国语言产业研究文献计量分析(2010—2021) ………… 李 艳 董潇逸/ 371

新《著作权法》中涉新闻类合理使用条款的适用困境及破解对策 …… 刘俊梅/ 385

CONTENTS

Academic Frontiers

Financial Literacy and Household Art Asset Allocation—An Empirical Study
Based on CHFS Data ·· Wei Wei　Zhou Shijun / 2
A Study on the Relationship of Social Responsibility and Financial Performance
Among Cultural Enterprises in the Digital Economy—from the Perspective of
Innovation ·· Zhao Yuhua　Yao Yunqi / 19
A Study on the Policy Orientation of Rural Tourism under the Framework of
Amenity-led Development (2017—2022) ··············· Wu Zhibin　Lin Wei / 38
The "Loneliest Library": New Cultural Community Practice Based on
Community Integration ····························· Xiao Bo　Zhang Yuanyuan / 55

Cultural Consumption

Research on Consumption Characteristics and Marketing Strategies of Digital
Cultural Products: Based on the Self-Determination Theory
　　　　·················· Zhou Zhimin　Lin Xuhan　Sun Xiaohui　Zhang Ning / 70
The Influence of Media Affordances on the Willingness to Pay for Music
Streaming Services—An Empirical Study Based on College Students' Music
Consumption ·· Liu Lian　Wang Yiming / 87
The Relationship Between Cultural Consumption and Well-being: The
Mediating Role of the Sense of Gain and the Moderating Role of Subjective
Status Identification ····························· Chen Xuewei　Zhang Zheng / 103

A Study on the Influence of Premium Chinese TV Series Consumption on Youth's Cultural Identity ·························· Pang Shengnan Si Ruo / 119
Research on Visitors' Willingness to Purchase Museum Cultural and Creative Products from the Perspective of Cultural Identity—An Empirical Analysis Based on 782 Questionnaires ················ Zhang Zhiyue Chen Tianyu / 134

Industrial Innovation

Study on the Supply of High-quality Cultural Products Based on the Dynamic Evolutionary Game ························ Liu Baiyang Jiang Zhaojun / 152
Analysis on the Strength of the Economic Connection in the Performing Arts Industry Based on the Gravity Model—A Case Study of Jiangsu Province
·························· Sun Chuanming Chen Xi Ye Panpan / 171
The Inner Mechanism and Innovative Development Path of Metaverse Enabling Major Sporting Events ························ Ding Lei Shi Zhiru / 188
Exploration on the Path of Blockchain-based NFT Technology Enabling the Development of "Creator Economy" ········· Fan Chuanguo Li Ningyuan / 201
Creator Centered and Circularized Communication and Business Model Innovation of Content Enterprises—Case Study of Podcast "Ritan Park" ·········
···························· Wang Ya'nan Zhang Yinghua Yang Shan / 213

Urban Development

Evolutionary Game-based Emergence Logic of Network Public Opinions and Urban Cultural Image Management
························· Li Yanli Wang Wenji Ruan Nanyan / 228
Coordinated Development of the Yangtze River Delta Urban Agglomeration
—A Spatial Analysis Based on Leisure Tourism Resources
························· Huang Yunhui Nie Yuyao Chen Haiyao / 243

Assessment of Chinese Urban Cultural Vitality under the Scene Theory

　—An Empirical Study Based on 21 Megacities and Super Large Cities

　·························· Zhan Shaowen　Deng Yulong　He Yilun / 258

Cultural Trade

Research on the Pattern of Competition and Network Relationship of Cultural

Product Trade in RCEP Countries ··········· Fang Ying　Wang Zhaoying / 274

Study on the Factors Influencing the International Competitiveness of China's

Film Industry—Based on Grey Relation Analysis ······························

　························· Zhou Jin　Gao Wenling　Fu Rao / 292

Content Industry

The Policy Evolution and Effect Evaluation of the Digital Publishing Industry in

China ························· Yang Fei　Wang Aihong　Liang Jun / 310

Analysis on the Scenario Construction of the Business Model of Physical

Bookstores ··················· Zhang Yongli　Ding Mengyao / 331

Ware to Hide Rites: A Study on the Media Symbol Representation of Jianzhan

and the Function of Rite Culture Communication in Song Dynasty

　···························· Xie Qingguo　Xu Huangziyang / 343

Subversion and Inclusivity: The Reemergence of Ugliness in Short Video

Aesthetics ······················· Li Jingqi　Pan Kewu / 359

Bibliometric Analysis on Chinese Language Industry Research (2010—2021)

　···························· Li Yan　Dong Xiaoyi / 371

The Application Dilemma and Countermeasures of the Fair Use Clause Related

to News in the New *Chinese Copyright Law* ··················· Liu Junmei / 385

学术前沿

金融素养与家庭艺术品资产配置[*]

——基于 CHFS 数据的实证研究

魏　巍　周世军

摘　要: 为探寻我国艺术品市场居民"有限参与"之谜,进一步优化家庭艺术品资产配置,本文基于 2019 年中国家庭金融调查(CHFS)数据,构建 Probit、Tobit 和中介效应检验模型,研究金融素养对家庭艺术品资产配置的影响及其作用机制。实证结果表明,金融素养的提高对家庭艺术品资产持有与否以及持有比例均有显著的正向影响,且这种影响在不同收入和不同地区家庭间存在异质性;进一步的机制检验表明,金融素养通过提高风险偏好和增加家庭收入促进家庭艺术品资产配置。根据上述结论,本文最后从提高居民金融素养、完善艺术品市场治理体系以及引导居民合理配置艺术品资产等角度提出了一系列政策建议。

关键词: 金融素养　艺术品资产配置　异质性　中介效应

一、引言

艺术品集收藏、审美与投资价值于一体,是一种特殊的消费品和投资品,在满足人民群众精神文化需求的同时,其"资产投资"属性也伴随着艺术银行、艺术基金和艺术信托等新兴产业的兴起与发展日渐凸显。目前,我国艺术品市场呈现出总量稳居第一、个体有限参与的特征。《2021 年度艺术市场报告》显示,中国纯艺术

---

*　基金项目:国家社会科学基金一般项目"人工智能对就业的'双刃剑'影响及其对策研究"(20BJL143)的阶段性研究成果。

品拍卖成交额达 59 亿美元,同比上涨 43%,超越美国(57 亿美元),位列全球第一①。但 2019 年中国家庭金融调查显示,我国持有艺术品的家庭只有 1.32%,具体而言,持有珍贵邮票、字画等艺术品的家庭仅有 1.02%,持有古玩和古董的家庭低至 0.47%②。我国艺术品市场居民"有限参与"问题突出,不利于艺术品市场的健康发展和持续繁荣,更影响到居民文化需求的满足。因此,研究我国艺术品资产配置问题显得尤为重要和迫切。

国内外诸多学者开展了有关金融素养和家庭资产配置的研究,尽管在各类资产市场和家庭资产配置行为上国内外有所差异,但相关研究结论较为一致,金融素养的提升能够促进家庭参与金融市场,推动各类资产的优化配置(李云峰等,2018;朱文佩等,2022)。那么,艺术品资产作为家庭资产的重要组成部分,是否受居民金融素养水平的影响?本文基于中国家庭金融调查数据,实证检验金融素养对家庭艺术品资产配置的影响。可能的贡献在于:第一,目前有关家庭资产配置的相关研究主要集中于基金、股票、债券等金融资产和住房等非金融资产,鲜有文献研究家庭艺术品资产配置,以家庭艺术品资产为研究对象,可以进一步拓宽家庭资产配置的研究范围;第二,将金融素养和家庭艺术品资产配置联系起来,深入探究金融素养对家庭艺术品资产配置的作用机制,寻找我国艺术品市场居民"有限参与"之谜的新证据,为后续研究提供新思路。

二、文献综述与研究假说

相比于证券市场、房地产市场,艺术品市场起步较晚,但伴随着世界经济的持续发展和居民生活水平的显著提高,各国艺术品市场均实现了快速发展,也推动了艺术品资产配置领域的研究进展。国内外有关艺术品配置影响因素的研究成果较为丰硕:Goetzmann 等(2011)指出,个体投资动机、收入水平和收入分配情况都会影响艺术品的成交价格;Kim(2017)发现个体持有艺术品资产的动机会因时间的推移而发生变动;张志元等(2018)通过主观询问获得研究样本,实证验证了居民幸福感、阶层差异和家庭艺术品投资之间的关系;李昕琪(2021)基于 CHFS 数据,以居民信贷约束为切入点,实证检验了信贷约束对家庭艺术品资产配置的影响。

---

① 《2021 年度艺术市场报告》由雅昌艺术市场监测中心(AMMA)和法国知名艺术机构 Artprice 联合发布,AMMA & Artprice. The Art Market in 2021[EB/OL]. https://www.artprice. com/artprice-reports/the-art-market-in-2021。

② 数据来源于 2019 年中国家庭金融调查。

（一）金融素养与家庭资产配置

家庭资产配置是通过个体参与各类资产市场和持有资产产品来实现的，专业性相对较高，需要参与者具备一定的金融素养，金融素养水平越高的家庭参与金融市场、持有各类资产的概率就越大（杜伟岸等，2021）。Alhenawi 等（2014）基于美国居民调查数据发现，居民的金融素养越高，资产配置和理财规划就越科学、越多元。吴卫星等（2018）提出，家庭资产配置组合的夏普比率和金融素养呈正相关关系，金融素养水平越高，家庭资产配置组合效率就越高。本文认为，艺术品资产作为重要的家庭资产之一，金融素养同样对其配置具有正向影响。此外，由于不同群体的金融素养水平参差不齐，配置艺术品资产的处境也各不相同，金融素养可能对家庭艺术品资产配置的影响存在差异。由此，提出以下研究假说：

研究假说 H_1：金融素养的提升能够提高家庭艺术品资产的持有可能性和持有比重。

研究假说 H_2：金融素养对家庭艺术品资产配置的影响存在显著的异质性。

（二）金融素养、风险偏好和家庭资产配置

一方面，金融素养能够提升个体的风险感知能力和风险防范能力，增加个体的社会互动行为，进而改变个体的风险偏好。陈晓红等（2020）认为，个体的金融素养通过提升风险感知能力影响个体决策的风险偏好。李国丞（2020）提出，投资者的风险防范意识和风险防范对策是金融素养的重要体现，它们会影响投资者决策时的风险态度。Dowling 等（1994）的风险认知理论研究表明，个体通过交流投资经验、参与互动学习等社会互动行为，不断提高金融素养水平，最终影响到个体对投资风险的偏好程度。另一方面，家庭投资风险偏好的选择其实是家庭资产配置最本质的问题，国内外诸多学者证实了偏好风险的投资者更有可能参与金融市场（Tobin，1980；刘环宇，2021）。基于金融素养、风险偏好和家庭资产配置三者之间的关系，本文推断，金融素养对家庭艺术品资产配置的影响一部分是直接影响，另一部分是通过风险偏好间接影响。由此，提出以下研究假说：

研究假说 H_3：风险偏好在金融素养影响家庭艺术品资产配置的作用机制中发挥着中介效应，金融素养通过提高风险偏好促进家庭艺术品资产配置。

（三）金融素养、家庭收入和家庭资产配置

金融素养究其本质是人力资本，诸多学者证实了金融素养对家庭收入的促进效应。譬如，陶维荣（2021）基于 CFPS 数据，实证得出金融素养的提升对家庭总收入具有正向影响。众多学者认为，家庭收入与资产配置之间存在密切联系，家庭收

入水平的提高能够增加各类资产的配置资金,还能够降低家庭所面临的信贷约束,进而影响家庭资产配置行为(刘雪颖等 2021)。根据金融素养、家庭收入和家庭资产配置三者之间的关系,结合李亚祥(2021)的研究成果,即提高户主金融素养水平能够提升家庭总收入,进而促进家庭金融资产多样化配置,本文推断,金融素养除了通过风险偏好间接影响家庭艺术品资产配置,还会通过家庭收入间接影响家庭艺术品资产配置。由此,提出以下研究假说:

研究假说 H_4:家庭收入在金融素养影响家庭艺术品资产配置的作用机制中发挥着中介效应,金融素养通过增加家庭收入推动家庭艺术品资产配置。

三、研究设计

(一)数据来源及变量选取

1. 数据来源

本文数据来源于 2019 年中国家庭金融调查(China Household Finance Survey,CHFS)。为保证调查的信度和效度,CHFS抽样方案采用了分层、三阶段与规模度量成比例(PPS)的抽样设计,借助先进的计算机辅助调查系统(CAPI)记录问卷,设计了具有明确、具体、独立测量意向的 CHFS 主观问题(傅联英,2018)。为保护受访者个人隐私、减少受访者因隐私顾虑对调查结果造成的偏误,CHFS 数据未公开披露受访者所属省级以下具体地理位置信息。2019 年 CHFS 数据覆盖我国 29 个省(自治区、直辖市),共获得了 34 643 户家庭的调查数据,剔除无效和缺失数据,最终获得有效样本 25 218 个。

2. 变量选取

(1) 被解释变量。以家庭是否持有艺术品资产和家庭艺术品资产持有比重为被解释变量。家庭是否持有艺术品资产($ArtassetP$):如果家庭持有艺术品资产则赋值为 1,否则赋值为 0,反映家庭艺术品资产参与广度。家庭艺术品资产持有比重($ArtassetR$):家庭艺术品资产价值占家庭其他非金融资产总价值的比重,反映家庭艺术品资产参与深度。CHFS 问卷中有关家庭艺术品资产的调查为 C8004a:"除问卷提到的资产以外,您家还拥有下列哪些资产,价值各是多少?"其中选项 5(珍贵邮票、字画和艺术品)和选项 6(古玩和古董)涉及家庭艺术品资产。

(2) 核心解释变量。学术界目前广泛接受的金融素养定义是由经合组织(OECD)提出的,即金融素养是做出合理金融决策并获得金融福祉的必要意识、知识、技术、态度和行为的结合。本文考虑到户主在家庭各类资产配置中处于决策和

领导地位,以户主的金融素养水平(*FinanceL*)为核心解释变量,借鉴周弘等
(2020)、盛智明等(2021)对金融素养变量构建的方法,根据 CHFS 问卷中对经济
和金融信息的关注度、本息和计算、通货膨胀预期和风险收益判断的回答情况,使
用评分加总的方式构建金融素养指标,评分赋值情况如下:受访者对经济和金融信
息的关注度为"从不关注""很少关注""一般""很关注""非常关注",依次赋值为
1—5;受访者对本息和计算、通货膨胀预期和风险收益判断的回答,正确的赋值为
1,否则赋值为 0。

(3)控制变量。综合家庭资产配置决策的各类影响因素,选取以下变量为控
制变量(Tobin,1980;Kim,2017;张志元等,2018;李昕琪,2021;朱文佩等,2022):
户主特征变量包括户主的性别、年龄、民族、政治面貌、婚姻状况、健康状况、受教育
程度、风险偏好和幸福感;家庭特征变量包括家庭人口规模、家庭年收入水平和家
庭总资产情况(为保证家庭收入和总资产变量的相对平稳,本文对其进行对数处
理);地区特征变量包括是否位于农村和是否位于东部地区。

(二)描述性统计

受访者家庭中持有艺术品资产的共 332 户,占全部受访者的比例仅为1.32%,
持有艺术品资产的平均价值为 140 299.92 元,占其他非金融资产平均价值的比重
仅为 0.34%,说明我国艺术品市场居民"有限参与"问题较为突出。受访者的平均
金融素养为 3.418 1,整体金融素养较低。主要变量的描述性统计如表 1 所示,受
访者大多为已婚男性,普遍处于中等学历水平,身体健康状况多介于"一般健康"与
"好"之间,风险偏好程度较低,家庭总资产和家庭总收入情况在不同受访者中的分
布差异较明显,受访者家庭位于城镇、东部地区的比例较大。

表 1　主要变量的描述性统计

变量名	变量定义	观测值	均值	标准差	最小值	最大值
ArtassetP	家庭是否持有艺术品资产:是=1;否=0	25 218	0.013 2	0.114 0	0	1
ArtassetR	家庭艺术品资产持有比重:艺术品资产价值占家庭其他非金融资产总价值的比重	25 218	0.003 4	0.045 2	0	0.994 0
FinanceL	金融素养	25 218	3.418 1	1.728 8	1	9

（续表）

变量名	变量定义	观测值	均值	标准差	最小值	最大值
Male	性别:男＝1;女＝0	25 218	0.753 4	0.431 0	0	1
Age	年龄	25 218	54.903 1	13.531 7	18	96
Nationality	民族:汉族＝1;少数民族＝0	25 218	0.848 2	0.358 8	0	1
Education	受教育年限	25 218	9.660 6	3.941 7	0	22
Communist	政治面貌:中共党员＝1;其他＝0	25 218	0.187 0	0.390 0	0	1
Marriage	婚姻状况:已婚＝1;其他＝0	25 218	0.856 9	0.350 2	0	1
Healthy	健康状况:非常不好＝1;不好＝2;一般健康＝3;好＝4;非常好＝5	25 218	3.329 7	0.981 5	1	5
PreferR	风险偏好:低风险＝1;较低风险＝2;中风险＝3;较高风险＝4;高风险＝5	25 218	1.726 7	1.056 1	1	5
Happiness	居民幸福感:非常不幸福＝1;不幸福＝2;一般＝3;幸福＝4;非常幸福＝5	25 218	3.852 6	0.849 3	1	5
Number	家庭人口规模(人)	25 218	3.120 5	1.503 4	1	15
Asset	家庭总资产(万元)	25 218	122.206 1	509.893 0	0.002 0	73 400
Income	家庭总收入(万元)	25 218	9.607 3	21.390 3	0.001 5	1 210
Lnasset	家庭总资产的对数	25 218	12.937 1	1.653 0	2.996 0	20.410 0
Lnincome	家庭总收入的对数	25 218	10.739 5	1.423 8	−1.894 0	16.310 0
Rural	位于农村＝1;位于城市＝0	25 218	0.319 8	0.466 4	0	1
East	位于东部地区＝1;位于其他地区＝0	25 218	0.501 8	0.500 0	0	1

(三) 模型设定

1. Probit 模型设定

由于家庭是否持有艺术品资产为二值虚拟变量,本文首先使用 Probit 模型分析金融素养对家庭艺术品资产持有可能性的影响,Probit 模型设定如下:

$$ArtassetP_i^* = \varphi_1 + \theta_1 FinanceL_i + \theta_2 X_i + \varepsilon_i \tag{1}$$

$$ArtassetP_i = \begin{cases} 1, if \ ArtassetP_i^* \\ 0, otherwise \end{cases} \tag{2}$$

式(1)和(2)中,$ArtassetP_i$ 表示家庭是否持有艺术品资产,$ArtassetP_i^*$ 表示家庭是否持有艺术品资产的观测值,$FinanceL_i$、X_i 分别表示第 i 受访者的金融素养变量和控制变量,φ_1、θ_1、θ_2 为待估计参数,ε_i 为随机扰动项。

2. Tobit 模型设定

家庭艺术品资产持有比重是一个介于 0 和 1 之间的数值,因此,使用双侧截尾 Tobit 模型来估计金融素养对家庭艺术品资产持有比重的影响,Tobit 模型设定如下:

$$ArtassetR_i = \begin{cases} 1 & ,if \quad ArtassetR_i^* \geqslant 1 \\ ArtassetR_i^* = \varphi_1 + \theta_1 FinanceL_i + \theta_2 X_i + \varepsilon_i, if & 0 < ArtassetR_i^* < 1 \\ 0 & ,if \quad ArtassetR_i^* \leqslant 0 \end{cases} \tag{3}$$

式(3)中,$ArtassetR_i$ 表示家庭艺术品资产持有比重,$ArtassetR_i^*$ 表示家庭艺术品资产持有比重大于 0、小于 1 的观测值。$FinanceL_i$、X_i、ε_i 等的含义与 Probit 模型中一致。

3. 中介效应检验模型设定

为深入探究金融素养对家庭艺术品资产配置的作用机制,参照温忠麟等(2014)提出的中介效应模型进行检验,中介效应检验模型设定如下:

$$\begin{cases} ArtassetP_i/ArtassetR_i = \varphi_1 + \theta_{11} FinanceL_i + \theta_{12} X_i + \varepsilon_1 & (a) \\ PreferR_i/Lnincome_i = \varphi_2 + \theta_{21} FinanceL_i + \theta_{22} X_i + \varepsilon_2 & (b) \\ ArtassetP_i/ArtassetR_i = \varphi_3 + \theta_{31} FinanceL_i + \theta_{32} PreferR_i/Lnincome_i + \theta_{33} X_i + \varepsilon_3 & (c) \end{cases} \tag{4}$$

式(4)中,将风险偏好($PreferR_i$)、家庭收入($Lnincome_i$)依次作为中介变量进行检验,$ArtassetP_i$、$ArtassetR_i$、$FinanceL_i$、X_i、ε_i 等的含义与前同。

四、实证分析

(一) 金融素养对家庭艺术品资产持有可能性的影响

为克服回归模型中可能出现的多重共线性问题,对 Probit 模型逐步加入控制变量,边际效应估计结果如表 2 第(1)—(3)列所示,可以看出金融素养变量的估计系数始终保持显著为正,模型具有较好的稳定性。以包含各类控制变量的表 2 第(3)列为基准进行讨论,金融素养对家庭是否持有艺术品资产的边际效应为0.068 1,在 1% 的水平上显著,说明在控制各类因素的情况下,受访者金融素养水平每提高 1 单位,家庭持有艺术品资产的可能性会增加 6.81 个百分点,金融素养能够提高家庭艺术品资产的参与广度。此外,从户主特征来看,户主年龄越大、受教育年限越高、健康状况越好、风险偏好程度越高,家庭持有艺术品资产的可能性就越大。从家庭特征来看,家庭人口规模对是否持有艺术品资产的影响显著为负,家庭年收入水平和总资产状况对家庭参与艺术品市场的可能性均产生正向影响。

表 2 　金融素养对家庭艺术品资产配置的影响:Probit、Tobit 模型的估计

解释变量	(1) $ArtassetP$ (Probit)	(2) $ArtassetP$ (Probit)	(3) $ArtassetP$ (Probit)	(4) $ArtassetR$ (Tobit)	(5) $ArtassetR$ (Tobit)	(6) $ArtassetR$ (Tobit)
$FinanceL$	0.097 0*** (0.013 9)	0.068 3*** (0.014 5)	0.068 1*** (0.014 5)	0.072 3*** (0.012 2)	0.047 9*** (0.012 0)	0.047 6*** (0.012 0)
$Male$	−0.114 4** (0.052 4)	−0.032 9 (0.054 1)	−0.033 4 (0.054 5)	−0.083 8* (0.044 3)	−0.015 0 (0.044 0)	−0.013 3 (0.044 3)
Age	0.014 5*** (0.001 8)	0.011 2*** (0.002 0)	0.011 3*** (0.002 0)	0.011 9*** (0.001 6)	0.008 5*** (0.001 6)	0.008 6*** (0.001 7)
$Nationality$	−0.097 2 (0.061 9)	−0.110 5* (0.066 4)	−0.107 0 (0.066 6)	−0.056 2 (0.053 0)	−0.080 8 (0.055 1)	−0.077 2 (0.055 2)
$Education$	0.059 8*** (0.007 4)	0.022 5*** (0.008 2)	0.023 0*** (0.008 3)	0.049 9*** (0.006 8)	0.019 3*** (0.006 8)	0.019 2*** (0.006 9)
$Communist$	0.037 5 (0.054 4)	0.032 6 (0.055 7)	0.030 8 (0.055 7)	0.036 5 (0.045 5)	0.030 3 (0.045 2)	0.029 1 (0.045 3)
$Marriage$	0.045 3 (0.068 7)	0.002 0 (0.074 4)	0.001 8 (0.074 4)	−0.002 6 (0.056 4)	−0.013 4 (0.059 5)	−0.013 1 (0.059 5)

（续表）

解释变量	(1) ArtassetP（Probit）	(2) ArtassetP（Probit）	(3) ArtassetP（Probit）	(4) ArtassetR（Tobit）	(5) ArtassetR（Tobit）	(6) ArtassetR（Tobit）
$Healthy$	0.084 3*** (0.025 9)	0.047 3* (0.027 3)	0.047 6* (0.027 3)	0.055 6** (0.021 9)	0.025 4 (0.022 3)	0.025 6 (0.022 3)
$PreferR$	0.079 9*** (0.021 5)	0.061 0*** (0.022 8)	0.060 7*** (0.022 8)	0.068 6*** (0.018 4)	0.054 6*** (0.018 7)	0.054 2*** (0.018 7)
$Happiness$	0.008 5 (0.029 0)	0.007 0 (0.030 2)	0.006 4 (0.030 3)	0.018 8 (0.024 5)	0.015 6 (0.024 7)	0.015 6 (0.024 8)
$Number$		−0.082 5*** (0.021 4)	−0.084 8*** (0.021 7)		−0.083 3*** (0.018 6)	−0.084 6*** (0.018 9)
$Lnincome$		0.097 8*** (0.026 8)	0.099 0*** (0.027 0)		0.067 7*** (0.021 8)	0.067 9*** (0.022 0)
$Lnasset$		0.166 0*** (0.021 7)	0.171 7*** (0.023 0)		0.129 3*** (0.018 7)	0.133 3*** (0.019 8)
$Rural$			0.014 2 (0.072 6)			−0.012 2 (0.060 6)
$East$			−0.044 3 (0.050 4)			−0.041 8 (0.041 1)
常数项	−4.422 5*** (0.217 1)	−6.668 4*** (0.347 5)	−6.746 0*** (0.370 6)	−3.630 5*** (0.260 9)	−5.104 2*** (0.381 0)	−5.139 3*** (0.396 8)
$Sigma$				0.812 7*** (0.042 5)	0.788 2*** (0.041 0)	0.788 3*** (0.041 0)
$LR\ chi^2$	321.62***	456.22***	457.03***	289.08***	411.10***	412.18***
$Pseudo\ R^2$	0.091 0	0.129 1	0.129 3	0.093 8	0.133 4	0.133 8
观测值	25 218	25 218	25 218	25 218	25 218	25 218

注：*、**、*** 分别指统计值在 10%、5% 和 1% 水平上显著，下同。

（二）金融素养对家庭艺术品资产持有比重的影响

表 2 第（4）—（6）列是逐步加入控制变量的 Tobit 模型边际效应的估计结果，可以看出金融素养变量的估计系数逐渐变小，但趋向稳定，说明金融素养对家庭艺术品资产持有比重的影响是一致的。以表 2 第（6）列为基准进行分析，金融素养对家庭艺术品资产持有比重的边际效应为 0.047 6，在 1% 的水平上显著，这意味着，在各类因素不变的条件下，受访者金融素养水平每提高 1 单位，家庭艺术品资产持

有比重会增加 4.76 个百分点,金融素养能够提高家庭艺术品资产参与深度。从控制变量来看,户主的年龄、受教育年限、风险偏好程度、家庭人口规模、家庭年收入水平和家庭总资产状况等变量回归结果的系数方向和显著性与表 2 第(3)列基本一致。综上,研究假说 H_1 得到验证。

(三)内生性的控制

金融素养和家庭艺术品资产配置之间可能存在反向因果和不可观测因素导致的内生性问题。为了解决这一偏误,根据 CHFS 中的区县代码,使用受访者所在区县其他家庭平均金融素养水平作为工具变量,运用 IV Probit 和 IV Tobit 方法进行估计。估计结果见表 3,Wald 检验值分别为 351.84、180.85,均在 1% 水平上通过了检验,表明金融素养影响家庭艺术品资产配置的两个模型中均存在内生性问题,金融素养为内生解释变量,采用工具变量法是合适的。第一阶段估计中工具变量 F 值为 597.94,显著高于 1% 水平的临界值,说明不存在弱工具变量问题,区县其他家庭平均金融素养对受访者金融素养具有较强的解释力。工具变量回归结果的系数方向和显著性与前文基本一致,说明金融素养对家庭艺术品资产持有可能性以及持有比重的正向影响依然十分显著,从而进一步验证了金融素养促进家庭艺术品资产配置的基本结论。

表 3　金融素养对家庭艺术品资产配置的影响:工具变量法

变量	ArtassetP		ArtassetR	
	一阶段	二阶段	一阶段	二阶段
受访者金融素养	—	0.434 1*** (−0.136 6)	—	0.285 3*** (−0.111 6)
区县其他家庭平均金融素养	0.352 9*** (−0.019 5)	—	0.352 9*** (−0.019 5)	—
控制变量	控制	控制	控制	控制
常数项	YES	YES	YES	YES
第一阶段 F 值	597.94		597.94	
工具变量 t 值	(−18.09)		(−18.09)	
Wald 检验	351.84		180.85	
P 值	(0.00)		(0.00)	
观测值	25 218	25 218	25 218	25 218

(四) 稳健性的检验

本文采用替换关键变量、更换模型和删减样本数三种方式检验实证结果的稳健性。(1)替换关键变量:用家庭艺术品资产持有种类变量(ArtassetN)替代是否持有艺术品资产变量进行 Order Probit 模型回归,用艺术品资产持有价值变量(Lnartasset)替代艺术品资产持有比重变量进行 OLS 模型回归。(2)更换模型:将估计方法由 Probit、Tobit 模型分别替换为 Logit、OLS 模型。(3)删减样本数:为剔除极端值对实证结果的影响,分别将家庭收入前后 5% 水平上的样本剔除。估计结果见表 4,检验前后实证结果的系数方向和显著性基本一致,说明本文的实证结果具有稳健性。

表 4   金融素养对家庭艺术品资产配置影响的稳健性检验

变量	(1)	(2)	(3)	(4)	(5)	(6)
	替换关键变量	替换关键变量	更换模型(Logit)	更换模型(OLS)	删减前后5%样本数	删减前后5%样本数
	ArtassetN	Lnartasset	ArtassetP	ArtassetR	ArtassetP	ArtassetR
FinanceL	0.067 0*** (0.014 4)	0.122 0*** (0.036 4)	0.150 6*** (0.035 0)	0.007 0*** (0.002 0)	0.079 4*** (0.015 6)	0.057 5*** (0.013 8)
控制变量	控制	控制	控制	控制	控制	控制
常数项	YES	YES	YES	YES	YES	YES
观测值	25 218	25 218	25 218	25 218	22 696	22 696

五、进一步分析:异质性分析、作用机制检验

(一)异质性分析

从不同收入、不同区域层面来分析金融素养对家庭艺术品资产配置的影响,分析结果如表 5 所示。从收入差异来看,相比于低收入和高收入家庭,金融素养对中收入家庭艺术品资产配置的影响更大。可能的原因在于:相比于低收入家庭,中收入家庭对经济金融方面的信息关注度和财富水平较高;相比于高收入家庭,中收入家庭艺术品资产配置仍有较大的提升空间,金融素养的边际效用处于递增阶段。分区域来看,金融素养对西部地区家庭艺术品资产配置的影响更大。可能的原因是:与东部地区和中部地区家庭相比,西部地区家庭艺术品资产的持有概率和持有比重更低,金融素养对家庭艺术品资产配置的作用更大。因此,研究假说 H_2 得到支持。

表5 分样本的模型估计结果

变量	ArtassetP（Probit）			ArtassetR（Tobit）		
	低收入	中收入	高收入	低收入	中收入	高收入
FinanceL	0.068 0* (0.039 0)	0.087 1*** (0.027 5)	0.056 8*** (0.019 2)	0.053 1 (0.033 6)	0.089 1*** (0.031 0)	0.029 9** (0.013 5)
控制变量	控制	控制	控制	控制	控制	控制
常数项	YES	YES	YES	YES	YES	YES
观测值	8 406	8 406	8 406	8 406	8 406	8 406
变量	ArtassetP（Probit）			ArtassetR（Tobit）		
	东部地区	中部地区	西部地区	东部地区	中部地区	西部地区
FinanceL	0.056 0*** (0.018 9)	0.075 0** (0.037 5)	0.099 1*** (0.029 4)	0.037 6** (0.016 3)	0.054 0* (0.028 1)	0.068 0*** (0.022 7)
控制变量	控制	控制	控制	控制	控制	控制
常数项	YES	YES	YES	YES	YES	YES
观测值	12 654	5 416	7 148	12 654	5 416	7 148

（二）作用机制检验

1. 风险偏好的中介效应检验

风险偏好中介效应检验模型的回归结果如表6第（1）和（2）列所示，各个方程的回归系数均与零有显著差异，加入中介变量风险偏好后家庭艺术品资产持有可能性的回归系数 θ_{31}（0.068 1）明显小于未加入前的回归系数 θ_{11}（0.079 5），金融素养对风险偏好的回归系数 θ_{21}（0.210 3）与风险偏好对艺术品资产持有可能性的回归系数 θ_{32}（0.060 7）的乘积为正号，与金融素养对艺术品资产持有可能性的回归系数 θ_{31}（0.068 1）同号，说明风险偏好在金融素养影响家庭艺术品资产持有可能性的作用机制中发挥着中介效应，中介效应为 0.012 8，占总效应的比例为 16.10%。类似地，风险偏好在金融素养影响家庭艺术品资产持有比重的作用机制中发挥着中介效应，中介效应为 0.011 4，占总效应的比例为 19.59%。由此验证了金融素养越高的家庭越有可能通过提高风险偏好来增加艺术品资产配置。

表6　风险偏好和家庭收入的中介效应检验结果

变量	(1)	(2)	(3)	(4)
	$ArtassetP$	$ArtassetR$	$ArtassetP$	$ArtassetR$
θ_{11}	0.079 5*** (0.013 8)	0.058 2*** (0.011 6)	0.071 7*** (0.014 4)	0.050 6*** (0.012 0)
θ_{21}	0.210 3*** (0.004 9)	0.210 3*** (0.004 9)	0.063 0*** (0.004 9)	0.063 0*** (0.004 9)
θ_{31}	0.068 1*** (0.014 5)	0.047 6*** (0.012 0)	0.068 1*** (0.014 5)	0.047 6*** (0.012 0)
θ_{32}	0.060 7*** (0.022 8)	0.054 2*** (0.018 7)	0.099 0*** (0.027 0)	0.067 9*** (0.022 0)
控制变量	控制	控制	控制	控制
常数项	YES	YES	YES	YES
观测值	25 218	25 218	25 218	25 218
中介效应($=\theta_{21}\times\theta_{32}$)	0.012 8	0.011 4	0.006 2	0.004 3
总效应($=\theta_{11}$)	0.079 5	0.058 2	0.071 7	0.050 6
中介效应占比	16.10%	19.59%	8.65%	8.50%

2. 家庭收入的中介效应检验

家庭收入的中介效应检验模型回归结果见表6第(3)和(4)列,各个方程的回归系数均与零有显著差异,加入中介变量家庭收入后家庭艺术品资产持有可能性和持有比重的回归系数均明显小于未加入前的回归系数,金融素养对家庭收入的回归系数与家庭收入对艺术品资产持有可能性和持有比重的回归系数的乘积均为正号,与金融素养对艺术品资产持有可能性和持有比重的回归系数同号,说明家庭收入在金融素养影响艺术品资产持有可能性和持有比重的作用机制中发挥着中介效应,中介效应分别为0.006 2、0.004 3,占总效应的比例分别为8.65%、8.50%。综上,金融素养对家庭艺术品资产配置的影响一部分是直接影响,另一部分是通过风险偏好和家庭收入间接影响,金融素养通过提高风险偏好、增加家庭收入推动家庭艺术品资产配置,研究假说 H_3 和 H_4 得到了证实。

六、研究结论与政策建议

（一）研究结论

本文基于 2019 年中国家庭金融调查（CHFS）数据，研究了金融素养对家庭艺术品资产配置的影响，得出以下三点结论：

第一，基于 Probit 和 Tobit 模型的回归结果显示，金融素养的提高对家庭艺术品资产持有可能性和持有比重均有显著的正向影响，金融素养的提高能够提升家庭艺术品资产的参与广度和参与深度，且该结论通过了稳健性和内生性的检验。此外，受访者受教育年限、健康状况、风险偏好、家庭人口规模、家庭收入水平和家庭资产情况均会直接影响家庭艺术品资产配置行为。

第二，从不同的收入和区域层面分析金融素养对家庭艺术品资产配置的影响，研究发现，金融素养对家庭艺术品资产配置的影响存在显著的异质性。具体来说，相比于低收入和高收入家庭，金融素养对中收入家庭艺术品资产配置的影响更大；相较于中部地区和东部地区家庭，金融素养对西部地区家庭艺术品资产配置的影响更大。

第三，通过构建中介效应检验模型，探究了金融素养对家庭艺术品资产配置的作用机制。结果表明，风险偏好和家庭收入在金融素养与家庭艺术品资产配置的关系中发挥着中介效应，金融素养对家庭艺术品资产配置的影响一部分是直接影响，另一部分是间接影响，即金融素养通过提高风险偏好、增加家庭收入促进家庭艺术品资产配置。

（二）政策建议

基于上述研究结论，提出三点政策建议：

第一，普及经济金融知识，提高全民金融素养。政府应及时将金融知识教育纳入国民教育体系，抓早抓小提高全民金融素养，达到"教育每个学生，影响各个家庭，带动整个社会"的效果。金融机构应开展常态化金融知识普及教育活动，借助自媒体、新媒体与融媒体传播经济金融知识，建立多渠道、多层次、全方位的金融教育内容体系。作为艺术品市场的重要参与主体，家庭应重视金融知识教育，深化对金融素养的认知，树立持续学习理念，实现家庭各类资产的理性决策。

第二，完善艺术品市场治理体系，保护投资者参与的积极性。适当放宽艺术品市场准入门槛，致力于打造不同区域、不同收入阶层家庭均可参与、均能参与和均愿参与的艺术品市场。健全艺术品市场运作交易机制，建立专门的艺术品消费者维权机构,降低艺术品消费者权益受损事件发生的概率。

第三,增加参与者的艺术品专业知识培训,引导居民合理配置艺术品资产。艺术品资产是一种特殊的消费品和投资品,不同的艺术品资产在价格、材料、工艺等方面存在极大的差别,投资风险较大,因此,投资者不仅需要有基本的金融素养,同时需要有一定的艺术品专业知识。艺术品市场的各类经营载体(如拍卖行和画廊等)应当对参与者开展艺术品鉴定、价值评估、投资和交易等内容的培训,引导投资者根据自身收入、家庭财富、风险承受情况合理进行艺术品资产配置。

参考文献

[1] 李云峰,徐书林,白丽华.金融知识、过度自信与金融行为[J].宏观经济研究,2018(3):15.

[2] 朱文佩,林义.金融素养、金融普惠性与养老金融资产配置[J].山西财经大学学报,2022,44(03):43-57.

[3] GOETZMANN W N, RENNEBOOG L, SPAENJERS C. Art and Money[J]. American Economic Review, 2011, 101(3):222-226.

[4] KIM O. Art as a Wartime Investment:Conspicuous Consumption and Discretion[J]. Economic Journal. 2017, 127(607): 2665-2701.

[5] 张志元,黄慧.阶层差异、幸福感与艺术资产配置:文献综述[J].东北财经大学学报,2018(04):82-89.

[6] 李昕琪.信贷约束对家庭艺术品资产配置的影响研究[D].山东财经大学,2021.

[7] 杜伟岸,熊桐.金融素养对家庭风险资产配置影响的实证研究[J].北京邮电大学学报(社会科学版),2021,23(02):36-44,68.

[8] ALHENAWI Y, ELKHAL K. Financial Literacy of U. S. Households:Knowledge vs. Long-term Financial Planning[J]. Financial Services Review, 2014, 22(3): 211-244.

[9] 吴卫星,吴锟,张旭阳.金融素养与家庭资产组合有效性[J].国际金融研究,2018(05):66-75.

[10] 陈晓红,赖俊彬,赵翠翠,等.基于访问深度的互联网金融产品投资风险偏好研究[J].中国软科学,2020(05):130-148.

[11] 李国丞.金融素养与投资风险的关系研究[D].青岛:山东科技大学,2020.

[12] DOWLING G R, STAELIN R. A Model of Perceived Risk and Intended Risk-handling Activity[J]. Journal of Consumer Research, 1994,21(1): 119-134.

[13] TOBIN J. Asset Accumulation and Economic Activity:Reflections on Contemporary

Macroeconomic Theory[M]. Chicago：University of Chicago Press，1980.

[14] 刘环宇.基于风险态度的金融素养对家庭风险资产配置的影响研究[D].吉首:吉首大学,2021.

[15] 陶维荣.金融素养对城乡居民家庭收入的影响研究——基于 CFPS 数据的实证分析[J].农业现代化研究,2021,42(03):526-536.

[16] 刘雪颖,王亚柯.商业健康保险对家庭风险金融资产投资的影响研究[J].财贸研究,2021,32(05):49-61.

[17] 李亚祥.户主金融素养与家庭保险资产配置研究[D].西安:西北大学,2021.

[18] 傅联英.信用卡支付如何影响主观幸福感?——基于萨缪尔森幸福公式的研究[J].财经研究,2018,44(03):32-44.

[19] 周弘,夏鸣,李继增.金融素养影响家庭风险资产配置的效果及其机制研究[J].青岛科技大学学报(社会科学版),2020,36(01):8-13.

[20] 盛智明,蔡婷婷.金融从业经历、金融素养与家庭风险投资——基于"中国家庭金融调查(CHFS)"2017 数据的分析[J].东南大学学报(哲学社会科学版),2021,23(05):79-88,151.

[21] 温忠麟,叶宝娟.中介效应分析:方法和模型发展[J].心理科学进展,2014,22(5):731-745.

作者简介

魏巍,安徽庐江人,安徽艺术学院教师。研究方向为产业经济学、家庭金融。

周世军,安徽全椒人,安徽工业大学商学院副院长,教授,硕士生导师,博士。研究方向为经济统计学、劳动经济学。

Financial Literacy and Household Art Asset Allocation— An Empirical Study Based on CHFS Data

Wei Wei   Zhou Shijun

Abstract: In order to explore the mystery of Chinese residents' "limited participation" in the art market, and further optimize household art asset allocation, the paper, based on the 2019 China Household Finance Survey (CHFS) data, constructs Probit, Tobit and mediating effect test models to study the impact of financial literacy on household art asset allocation and its mechanism. The empirical results show that: the improvement of financial literacy has a significant positive impact on the ownership and proportion of household art assets; And this kind of influence has heterogeneity when it comes to families with different incomes in different areas; Further mechanism tests show that financial literacy promotes household art asset allocation by increasing risk preference and household income. According to the above conclusions, the paper finally puts forward a series of policy recommendations from the perspective of improving residents' financial literacy, upgrading the art market governance system and guiding residents to reasonably allocate art assets.

Key words: Financial Literacy   Art Asset Allocation   Heterogeneity Mediating Effect

数字经济下文化企业社会责任与财务绩效关系研究*
——基于创新的视角

赵宇华　　姚蕴琪

摘　要: 文章以 2012—2021 年文化企业上市公司为样本,实证检验数字经济下文化企业是否实现了社会责任与财务绩效的协同发展,以及创新对二者关系的影响。研究结果表明:(1) 目前,文化企业履行社会责任对财务绩效有显著负向影响;(2) 企业履行社会责任能显著推动创新,创新在企业社会责任与财务绩效之间发挥完全中介效应,即双效关系并非对立冲突,是因为数字经济下创新尚未达到预期绩效;(3) 创新虽然未在国有文化企业双效关系中发挥中介效应,但能发挥正向调节效应,对国有文化企业改善双效冲突有积极的促进作用。

关键词: 文化企业　社会责任　财务绩效　企业创新　数字经济

一、引言

党的十九届五中全会明确提出了 2035 年建成社会主义文化强国的远景目标,并把将社会效益放在首位、实现社会效益和经济效益相统一(以下简称双效协同)视为文化业经营目标,实施文化产业数字化战略,将加快发展新型文化企业、文化业态列为健全现代文化产业体系的重要举措。文化产业是最早受数字技术革命影响发生产业融合的产业之一,自 2012 年《国家"十二五"时期文化改革发展规划纲要》公布以来,促进文化企业创新发展更成为文化业发展的关键议题。数字经济下

* 基金项目:本文系北京第二外国语学院"数字经济背景下文化企业转型升级驱动因素和经济效应提升策略研究"(KYZX21A009)、国家社科基金青年项目"文化距离影响对外直接投资的机制、影响因素和中国策略研究"(20CJL013)的阶段性研究成果。

的创新是对企业从生产资料、生产关系到商业活动的数字化渗透与重构,受探索性风险、企业资源能力约束等复杂因素影响,并非易事(赵振,2015;吴义爽等,2016)。根据《2019 中国企业数字转型指数研究》,目前我国企业普遍在探索数字化转型,但截至 2019 年末仅有 9% 的企业转型成效显著。由此,一个值得思考的问题是:现阶段,我国文化企业推进创新与促进双效协同两大目标能否同时实现?

数字经济下,文化企业的创新是技术、资本和内容的结合,其对双效协同发展的影响存在两类相反证据。一方面,数字经济下我国文化产业发展过程中暴露出技术和资本过度涌入,盲目追逐收视率、点击率、票房和发行码洋,审美低俗化等乱象,主流文化认同感和文化凝聚力正遭遇挑战(金元浦,2015)。另一方面,一些文化企业积极利用数字技术履行社会责任,实现了社会效益和经济效益双丰收,如某些主旋律题材的电视剧、电影等数字文化产品成为爆款(蔡青,2021)。

验证上述观点分歧的重要途径是通过实证研究得出更有说服力的结论,因此,本文将以文化业上市公司为研究对象,实证分析数字经济背景下,文化企业双效关系是否存在协同,以及创新对二者关系的影响。具体而言,若文化企业存在双效关系协同,我们将探讨创新是否发挥中介效应和正向调节效应,以为落实社会主义文化强国的远景目标提供经验证据;若文化企业双效关系存在冲突,则探讨是否因为创新中介效应导致双效冲突,以及创新可否起缓解作用,这将有助于明确双效冲突的深层原因,探寻促进创新和双效协同发展的具体路径。此外,考虑到我国文化产业的主力军既有国有企业,也活跃着大量的民营企业,二者在履行社会责任动机、推动创新的资源约束方面存在显著差异,本文还将区分产权性质分别探讨,以得出对落实社会主义文化强国远景目标更有针对性的政策建议。

本文对已有文献的补充有两点。第一,理论层面,基于创新视角,探究文化企业社会责任与财务绩效双效冲突的原因。结合代理理论、利益相关者理论和企业履行社会责任动机理论,阐释创新对文化企业发挥中介效应和调节效应的影响机制,指出现阶段的双效冲突不是因为二者对立互斥,而是因为创新的经济效应未完全体现出来,因此可通过推进创新,实现双效协同。第二,实证层面,采用内容分析法对 2012—2021 年 1 145 个文化企业样本的社会责任进行评价,探索文化企业特殊社会责任的构建,并应用工具变量法 2SLS 控制内生性,提升研究结论的稳健性。

二、相关文献回顾

长期以来,学者们发现企业社会责任与财务绩效的关系是复杂的,既存在正向促进关系,也存在负面影响,甚至并不显著(Orlitzky et al.,2003)。具体到文化产业,结论也有分歧。相当多学者认为当前我国文化产业存在片面追求经济效益,企业社会责任承担水平低的乱象(杨蕙馨等,2014)。也有学者从理论上指出文化价值观与竞争力是一种正向性关系,双效可以协同(张谨,2020),并列举出一些正向效应的典型案例,如新中国成立前商务印书馆实现了义利统一(刘洋,2015),同时发现了一些实证证据,如文化企业实施社会责任能提升投资效率(孙彤等,2016),提高公司盈利能力和运营价值(袁文华等,2020)。学者们的研究结论差异较大,大致有三方面原因:

第一,企业社会责任度量存在难度,导致实证结果存在偏差或不足(Waddock et al.,1997)。文化产业情况更为复杂,其具有意识形态和产业双重属性,除一般性社会责任以外,还需履行特殊社会责任(陈少峰等,2014)。目前第三方评级机构出台的企业社会责任评分标准未考虑该特殊性,采用该标准的研究结论缺乏可靠性。学者们主要采取两种方法自行构建文化企业社会责任指标:一是基于利益相关者理论选取特定财务数据通过因子分析法构建指标体系,其指标计算相对客观,然而同样忽略了文化企业社会责任的特殊性(潘爱玲等,2016);二是采取内容分析法,这也是企业社会责任指标构建常用的方法(Lanis et al.,2012;张兆国,2013),孙彤等(2016)、袁文华等(2020)采取内容分析法对70余家文化业上市公司的社会责任进行了探索,为后续研究提供了借鉴。

第二,企业履行社会责任的效果还受其动机和企业资源禀赋的影响。企业履行社会责任的动机可分为代理动机和战略动机。委托代理观认为代理成本的存在使得企业管理层承担社会责任成为浪费企业资源的一种行为,从而降低绩效(Friedman,1970)。战略动机是指企业基于所处的环境,为协调和各利益相关者间的关系而履行社会责任,是一种战略性投资(Waddock,2004)。尽管其所耗费的短期成本无法避免,但若能促使企业改善运营效率,获得诸如声誉资本等战略性资源,将有利于企业获得可持续性竞争优势,提高财务绩效(Branco et al.,2006)。然而,如果企业资源有限,短期内履行社会责任的成本支出超过企业战略性履行社会责任创造的价值,将对财务绩效产生不利影响(李正,2006)。

第三,遗漏了重要变量。解决双效关系结论分歧的另一个研究方向是将某些情境因素纳入企业社会责任与绩效关系的实证模型,如企业竞争行为、战略、广告营销、创新等无形资产(Mcwilliams et al.,2000;Mishra,2017;Hull et al.,2008)。其中,创新作为企业生存和发展的重要推动力是否对双效关系发挥中介效应或调节效应是学者们近期关注的重点。创新调节效应的研究结论并不一致。一方面,学者们发现成功的创新对双效协同有促进作用,认为创新程度越高的公司越倾向于履行社会责任以防范创新风险或向社会传达创新产品具有高质量的信号(Mishra,2017)。另一方面,也有实证研究发现创新对双效协同关系有负向影响(Hull et al.,2008;Jia,2020),这是因为企业创新需要资源投入,成功率较低,且往往长期才能产生效益(Tang et al.,2012),开展创新与履行社会责任是共同争夺公司有限的资源,负向影响双效协同。创新在双效关系中能否发挥中介效应,目前研究较少。Surroca 等(2010)、Blanco(2013)以及黄珺和等(2017)均发现双效具有协同关系,且技术创新在企业社会责任和公司价值正向关系之间起中介作用。然而创新与企业绩效的关系是复杂的,尽管有研究认为创新对企业绩效有积极促进作用(Chambers et al.,2002),但也有相反观点(Tang et al.,2012),数字经济背景下创新对企业价值创造具有颠覆性影响,此时创新是否以及如何发挥中介效应尚值得探讨。

综上所述,学者们对文化产业双效关系研究以理论分析、现象表述或案例分析为主,不仅实证研究较少,而且未将创新纳入双效关系模型。学者们以全部行业为研究样本,针对创新是否在双效关系中发挥中介效应和调节效应已展开了一定的讨论,但是结论并不一致。考虑到文化企业履行社会责任的特殊性,其他产业的研究结论并不适用于文化产业,由此亟待以文化企业为研究样本,针对性地构建社会责任指标,基于创新视角开展文化企业双效关系的实证研究。

三、理论分析与提出假设

(一)文化企业社会责任与财务绩效的关系

本研究基于利益相关者理论、代理理论以及企业履行社会责任的动机解释文化企业社会责任与企业财务绩效的关系。

利益相关者理论认为企业履行社会责任有助于满足各利益相关方的需求,改善与相关方的关系,进而有助于企业获得有价值的资产或资源,比如降低融资成本(Goss et al.,2011),提升雇员的忠诚度,增强企业核心竞争力,提高财务绩效(Branco et al.,2006)。委托代理观则认为代理成本的存在使得企业承担社会责任是浪费企业资源的管理者自利行为,会降低绩效(Brammer et al.,2008)。由此,代理动机下企业履行社会责任,将对财务绩效有负面影响;战略动机下履行社会责任,将有助于改善企业与利益相关者的关系,为企业带来有价值的资产或资源,提升财务绩效;但若企业资源有限,短期内承担社会责任创造的价值不能弥补资源的耗费,也将负面影响公司财务绩效。综上所述,提出竞争性假说 H1a和 H1b:

H1a:我国文化企业社会责任与公司财务绩效正相关。

H1b:我国文化企业社会责任与公司财务绩效负相关。

不同产权性质的文化企业,履行社会责任的动机存在差异。代理动机主要发生在两权分离严重的企业中。我国民营文化企业普遍成立时间不长,处于初创期和成长期,规模较小,实际控制人与经营管理者两权分离比国有文化企业低,因此民营文化企业管理层履行社会责任的代理动机较弱。相反,国有文化企业规模较大,且受国有文化企业的体制改革进程影响,行政化色彩较浓,两权分离现象比较突出,存在较大的代理成本。此外,我国国有文化企业在履行社会责任方面还比民营企业受到更强的监管。2015 年 9 月 14 日出台的《关于推动国有文化企业把社会效益放在首位、实现社会效益和经济效益相统一的指导意见》中明确指出,国有文化企业越是深化改革,越要把社会效益放在首位,因此国有文化企业管理层更可能基于政治任务或完成自身绩效考核等目标而履行社会责任。据此,相对于民营企业,国有企业更可能基于代理动机履行社会责任,对财务绩效有负向影响。

此外,作为市场主体,数字经济浪潮下,民营与国有文化企业均存在通过履行社会责任获得利益相关方支持,进而获取创新急需资源的战略动机。国有文化企业因与政府的政治联系,资源约束较轻,民营文化企业则受文化行业轻资产运营、知识产权等的影响,无形资产估值难,加之"所有制歧视"形成的金融错配现象(顾江等,2018),普遍存在融资约束,耗费资源履行社会责任对企业短期财务绩效的负面影响更为突出。

综上所述,民营文化企业主要基于战略动机履行社会责任,若其受财务资源限制少,对财务绩效有正面影响;反之,对财务绩效有负面影响,由此提出竞争性假说H1.1a 和 H1.1b。国有文化企业履行社会责任受代理动机和战略动机双重影响。代理动机下对财务绩效有负面影响,战略动机下对财务绩效有正向影响,由此提出竞争性假说 H1.2a 和 H1.2b。

H1.1a:民营文化企业社会责任与公司财务绩效正相关。

H1.1b:民营文化企业社会责任与公司财务绩效负相关。

H1.2a:国有文化企业社会责任与公司财务绩效正相关。

H1.2b:国有文化企业社会责任与公司财务绩效负相关。

(二)数字经济背景下文化企业创新与财务绩效关系

创新是一种"创造性破坏",虽然创新对绩效的正面效应已得到很多研究支持,但当创新是企业生存的关键,企业不得不创新时,创新对财务绩效的正向影响不显著,因为此时财务绩效已经不是企业关注的重点(Hull et al.,2008)。数字经济背景下,创新需要解构原先的产业价值链,与互联网价值链"跨链"重组,要有足够的资源培育出庞大的规模,才能实现规模经济,否则难以享受"互联网+"的技术红利(吴义爽等,2016)。具体到文化产业,随着信息技术、网络技术、数字技术的广泛应用,文化产业内部以及文化产业与其他产业之间的边界逐渐模糊,跨地域、跨行业、跨媒体等跨界融合成为文化产业的重要发展方向(李凤亮等,2015),创新是文化企业不得不面临的战略安排。然而现阶段,无论是国有文化企业还是民营文化企业,数字化创新尚停留在初步阶段,科技与文化融合深度不够,未能将企业的资源、能力和品牌与互联网的逻辑和机制深度整合形成较大的规模经济和较强的竞争优势,还可能会因为资源的消耗降低财务绩效。由此提出以下研究假说:

H2:数字经济背景下文化企业的创新会降低公司财务绩效。

H2.1:数字经济背景下民营文化企业的创新会降低公司财务绩效。

H2.2:数字经济背景下国有文化企业的创新会降低公司财务绩效。

(三)创新在文化企业社会责任与财务绩效关系中的中介效应研究

1. 数字经济背景下文化企业社会责任与创新的关系

如前所述,数字经济下的创新需要一定资源的积累才能形成企业核心竞争力。高级文化创意人才、高新技术人才和财务资源不足是文化企业数字化创新缓慢的原因。战略动机下,企业可通过履行社会责任从利益相关方获得上述资源和能力。代理动机下,国有企业履行社会责任对创新存在正反两方面影响:一方面,推动文化产业创新是我国重要的产业政策,国企管理者为了保持良好的政治声誉,具有创新投资的驱动力;另一方面,国企管理者也可能基于自利动机,规避风险,创新动力不足。由此提出以下竞争性研究假说:

H3:数字经济背景下文化企业履行社会责任会促进企业创新。

H3.1:数字经济背景下民营文化企业履行社会责任会促进企业的创新。

H3.2a:数字经济背景下国有文化企业履行社会责任会促进企业的创新。

H3.2b:数字经济背景下国有文化企业履行社会责任会阻碍企业的创新。

2. 数字经济背景下创新在文化企业社会责任和财务绩效关系中的中介效应

如前所述,文化企业履行社会责任水平越高,越有利于驱动创新。然而,现阶段文化企业尚处在数字经济的初步阶段,创新短期内对公司价值提升能力有限。由此,本文预期数字经济背景下文化企业履行社会责任对公司绩效有负面影响,创新在双效负向关系中起中介作用。相对于国有文化企业,民营文化企业更容易受融资约束,创新对短期财务绩效负向影响更加明显。由此提出以下假设:

H4:数字经济下文化企业创新在社会责任履行与公司财务绩效关系中发挥中介作用。

H4.1:数字经济下民营文化企业创新在社会责任履行和公司财务绩效关系间发挥中介作用。

H4.2:数字经济下国有文化企业创新在社会责任履行和公司财务绩效关系间发挥中介作用。

(四) 创新在文化企业社会责任与财务绩效关系中的调节效应研究

数字经济下文化企业实施创新战略,从资源投入到开发再到成功是一个长期的不确定性过程,该过程充满风险,也将对管理者薪酬、职位产生重要影响。为降低创新风险,企业管理者会抑制自利行为,以避免浪费资源,因此国有文化企业实施创新驱动战略将有助于抑制履行社会责任的代理动机,从而促进双效协同或者减弱双效冲突;民营文化企业履行社会责任主要出于战略动机,若随着创新投入增加,企业的绩效提升效果更明显,则创新对双效协同关系有促进作用或对双效冲突有改善作用;若随着创新投入的增加,公司资源耗费加剧,则创新对双效协同关系有负向调节效应。由此提出以下竞争性假设:

H5a:数字经济背景下文化企业创新能改善双效冲突关系。

H5b:数字经济背景下文化企业创新会恶化双效冲突关系。

H5.1a:民营文化企业驱动创新能改善双效冲突关系。

H5.1b:民营文化企业驱动创新会恶化双效冲突关系。

H5.2:国有文化企业驱动创新能改善双效冲突关系。

四、研究设计

(一) 研究样本与数据来源

本文参照《文化及相关产业分类》(2018 年)和申银万国行业分类标准,以

2012—2021 年间 162 家文化业上市公司 1 145 个观测值为研究样本。本文对所有连续变量进行上下 1‰缩尾处理，以消除极端值对结论的影响。论文数据来源于同花顺 iFind、上市公司官网，数据处理采用 stata。

（二）变量选择与说明

表 1　文化企业社会责任评价指标体系

一级指标	二级指标
A 社会价值观引导责任	A1 组织重大主题宣传活动
	A2 获得政府或行业协会颁发奖项
	A3 生产文化精品情况
B 文化对外传播责任	B1 对外贸易或传播
	B2 参加国际展会
	B3 获得政府支持出口情况
C 民族传统文化传承责任	C1 传统文化传承理念
	C2 开发民族文化相关产品
D 慈善责任	D1 公益获奖
	D2 公益活动
	D3 公益捐助
E 环境责任	E1 经营中节能减排、关注生态保护
	E2 倡导环境保护节约型办公理念
F 员工权益保护责任	F1 员工培训与培养
	F2 员工职业发展
	F3 员工人文关怀
	F4 遵守劳动标准

文化企业社会责任包含特殊性社会责任和一般性企业社会责任。结合已有学者研究，本文从社会价值观引导、文化对外传播以及民族传统文化传承 3 个维度衡量文化企业特殊性社会责任（杨蕙馨等，2014；陈少峰等，2014）；一般性责任主要借鉴 John Elkington "三重底线" 理论和 Carroll 的 "金字塔" 模型从慈善责任、环境责任以及对员工的权益保护责任 3 个维度衡量。上述 6 个维度是本文社会责任评价指标体系的一级指标，下设 17 个二级指标，如表 1 所示。各指标维度赋值采用内容分析法，借鉴王海妹等（2014）的研究成果，有详细指标数据的记为 3 分，存在

相关信息披露但缺乏具体数据支撑的指标记为 1 分，没有任何信息披露的相关指标记为 0 分，将各小项得分加总以此测算出文化企业社会责任（CSR）的大小，总分为 51 分。通过查阅上市公司年报、社会责任报告和官网，得到各样本社会责任得分。

创新变量（Inno）以公司的研发投入与公司资产之比表示，财务绩效采用总资产收益率（Roa）。控制变量方面分别采用资产负债率（Lev）、公司规模（Size）、第一大股东持股比例（Top1）、企业是否两职合一（Dual）、产权性质（Property），此外还控制了年份变量（Year）和行业变量（Industry），见表 2。

表 2　主要变量定义

变量名称	变量符号	变量定义
财务绩效	Roa	总资产收益率，公司净利润/总资产
文化企业社会责任	CSR	详见表 1
企业创新	Inno	研发投入/总资产
第一大股东持股比例	Top1	第一大股东持股数量占公司总股数的比例
公司资产负债率	Lev	公司总负债/总资产
公司规模	Size	公司总资产的对数
两职合一	Dual	董事长与总经理两职合一取 0，反之取 1
产权性质	Property	国有企业取值为 1，反之为 0
行业	Industry	文化业细分二级行业
年度效应	Year	年度虚拟变量

（三）研究模型设定

为检验文化企业双效是否协同，验证假设 H1a、H1b，设定模型（1），同时将社会责任变量滞后一期以控制企业财务绩效对社会责任的影响：

$$Roa_{i,t} = \beta_0 + cCSR_{i,t-1} + \sum Controls + \sum Year + \varepsilon_{i,t} \tag{1}$$

为检验创新对绩效的影响，验证假设 H2，设定模型（2）：

$$Roa_{i,t} = \delta_0 + \delta_1 Inno_{i,t} + \sum Controls + \sum Year + \varepsilon_{i,t} \tag{2}$$

为检验企业履行社会责任是否能提升创新，验证假设 H3，设定模型（3）：

$$Inno_{i,t} = \theta_0 + \alpha CSR_{i,t-1} + \sum Controls + \sum Year + \varepsilon_{i,t} \tag{3}$$

为检验创新是否在双效关系中发挥中介效应,验证假设 H4,借鉴温忠麟等中介效应检验方法,基于模型(1)和模型(3),再设定路径模型(4):

$$Roa_{i,t} = \eta_0 + c'CSR_{i,t-1} + bInno_{i,t} + \sum Controls + \sum Year + \varepsilon_{i,t} \quad (4)$$

为检验创新是否在双效关系中发挥调节效应,验证假设 H5 设定调节效应模型(5):

$$Roa_{i,t} = \alpha_0 + \alpha_1 CSR_{i,t-1} + \alpha_2 Inno_{i,t} + \alpha_3 CSR_{i,t-1} \times$$
$$Inno_{i,t} + \sum Controls + \sum Year + \varepsilon_{i,t} \quad (5)$$

本文将样本分为国有文化企业和民营文化企业组,重复上述模型对假设进行验证。

五、实证检验与稳健性分析

(一) 描述性统计分析

表 3 是各变量描述性统计。文化企业社会责任(CSR)均值 14.28,最大值 36,最小值为 1,说明文化企业社会责任两极分化严重;企业创新(Inno)均值 2.07,标准差 2.29,公司创新水平低且有较大差距;财务绩效(Roa)均值 1.18,标准差 14.71,可见财务绩效不高,且样本之间具有一定差异。

表 3 各变量描述性统计结果

变量	数量	平均值	中位数	标准差	最大值	最小值
CSRt-1	1 145	14.28	13	7.58	36	1
Inno	887	2.07	1.14	2.29	10.53	0.03
Roa	1 145	1.18	4.45	14.71	27.3	−63.5
Top1	1 145	33.59	29.99	17.3	76.81	7.14
Lev	1 145	36.18	32.43	20.71	104.51	5.11
Size	1 145	12.85	12.8	0.96	15	10.77
Dual	1 145	0.67	1	0.47	1	0

表 4 显示,民营和国有文化企业在关键变量上有显著差异。一是民营企业创新力度更大,但社会责任履行和企业绩效在 1% 水平上显著低于国企。二是民企两职合一程度显著高于国企,不存在严重的股东与管理者代理冲突,这与前文假设民企履行社会责任代理动机弱是一致的。三是国企资产负债率和公司规模均在

1%水平上显著高于民企,表明民企规模相对较小,负债水平较低,融资约束较高。相关性分析发现上述变量不存在显著多重共线性,均可纳入回归模型(篇幅有限,读者若感兴趣可向作者索取)。

表4　不同产权性质企业变量均值概况

变量	民营文化企业	国有文化企业	均值差异
CSR_{t-1}	12.32	17.20	−4.88***
Inno	2.72	0.97	1.75***
Roa	−0.36	3.49	−3.85***
Top1	27.36	42.88	−15.52***
Lev	34.74	38.32	−3.58**
Size	12.59	13.25	−0.67***
Dual	0.54	0.85	−0.31***

注:*、**、***分别表示在10%、5%和1%的水平上显著。

(二) 实证结果分析

1. 数字经济下文化企业社会责任、财务绩效与创新的关系

模型(1)—(3)针对全样本的回归结果见表5。模型(1)显示文化企业社会责任对公司财务绩效的回归系数为−0.268,在1%水平上显著,表明文化企业履行社会责任会降低公司的财务绩效,验证了假说H1b,我国文化企业未能实现双效协同,社会效益和经济效益存在冲突。模型(2)创新对公司财务绩效回归的系数为−1.433,在1%的水平上显著,假设H2成立,现阶段文化企业创新红利未能弥补短期的资源耗费,创新行为反而降低了公司财务绩效。模型(3)文化企业社会责任对企业创新的回归系数显著为正,假设H3得到验证,企业履行社会责任有助于驱动创新。

表5　全样本模型回归结果

变量	(1)Roa	(2)Roa	(3)Inno
CSR_{t-1}	−0.268*** (−2.78)		0.0540*** (3.44)
Inno		−1.433*** (−3.46)	

（续表）

变量	（1）Roa	（2）Roa	（3）Inno
ΣControls	控制	控制	控制
Cons	−120.0 *** （−4.94）	−29.24 （−1.27）	22.01 *** （4.96）
个体＋年度固定效应	控制	控制	控制
N	968	874	762
Adj. R²	0.318	0.332	0.233

注：括号中数值为估计系数的标准误差，并采用稳健标准误，*、**、*** 分别表示在10%、5%和1%的水平上显著。

表6 不同产权性质模型回归结果

变量	民营文化企业			国有文化企业		
	（1）Roa	（2）Roa	（3）Inno	（4）Roa	（5）Roa	（6）Inno
CSR_{t-1}	−0.503 *** （−2.67）		0.111 *** （4.07）	−0.112 （−1.72）		−0.000948 （−0.15）
Inno		−1.271 *** （−2.94）			−3.050 ** （−2.64）	
ΣControls	控制	控制	控制	控制	控制	控制
Cons	−144.2 *** （−4.93）	−24.12 （−0.98）	24.65 *** （4.96）	−79.67 *** （−2.86）	−40.69 （−1.16）	8.552 *** （3.58）
个体＋年度 固定效应	控制	控制	控制	控制	控制	控制
N	575	550	470	393	324	292
Adj. R²	0.363	0.356	0.291	0.27	0.358	0.084

注：括号中的数值为估计系数的标准误差，并采用稳健标准误，**、*** 分别表示在5%和1%的水平上显著。

表6是区分产权性质的回归结果。与全样本一致，民营文化企业表现出显著的双效冲突，且民营文化企业履行社会责任可促进创新，符合战略动机和利益相关者假说，验证了假设 H1.1b 和 H3.1。国有文化企业履行社会责任对财务绩效和创新的影响在统计上并不显著，这可能是因为国有企业履行社会责任对绩效和创新均有正负两方面影响，正负效应相互抵消，整体效应并不明显。回归结果（2）、

(5)验证了假设 H2.1 和 H2.2,与全样本一致,不同产权性质企业,创新都会显著降低绩效。

2. 数字经济下文化企业创新在社会责任与财务绩效关系间的中介效应

利用模型(4)分别对全样本和民营文化企业样本进行中介效应检验,回归结果如表 7 所示,创新变量的回归系数分别为 -1.683 和 -1.548,均在 1% 的水平上显著,而企业社会责任的系数不再显著,说明创新在双效关系中发挥了完全中介效应,假设 H4 和 H4.1 得到验证。

表 7 中介效应回归结果

变量	全样本	民营文化企业
	Roa	Roa
CSR_{t-1}	-0.158 (-1.47)	-0.171 (-0.86)
Inno	-1.683*** (-3.21)	-1.548*** (-2.74)
ΣControls	控制	控制
Cons	-40.96 (-1.55)	-34.71 (-1.21)
个体+年度固定效应	控制	控制
N	762	470
Adj. R^2	0.301	0.324

注:括号中数值为估计系数的标准误差,并采用稳健标准误,*、**、*** 分别表示在 10%、5% 和 1% 的水平上显著。

3. 数字经济背景下文化企业创新在社会责任与财务绩效关系间的调节效应

调节效应模型(5)的回归结果见表 8。其中全样本和民营文化企业中社会责任与创新交乘项 $CSR_{t-1} * Inno$ 的回归系数并不显著。国有文化企业样本中,交乘项 $CSR_{t-1} * Inno$ 的回归系数为 0.055,在 5% 的水平上显著,意味着创新在国企社会责任与公司财务绩效的关系中有正向调节效应。随着创新投入增多,国企管理者为防范创新风险,履行社会责任代理动机会减弱,更能体现出战略动机履行社会责任的效果,从而提升企业财务绩效,假设 H5.2 得到支持。创新对民营企业双效关系的调节效应不明显,表明现阶段整体上民营企业创新投入水平的增加还没有达到规模经济的临界值,不能显著提升企业财务绩效,但也未加剧企业财务绩效的下降。

本文还分别将全样本、民营企业样本和国有企业样本的创新变量根据中位数分为低创新组和高创新组进行调节效应分析,只有国有企业高创新组的交乘项回归系数显著为正,存在正向调节效应(篇幅有限,读者若感兴趣可向作者索取),说明创新程度越大越有利于国有文化企业降低履行社会责任的代理动机,再次印证了前面的结论。

表 8　调节效应回归结果

变量	全样本	民营文化企业	国有文化企业
CSR$_{t-1}$	Roa -0.236^*	Roa -0.420^*	Roa -0.211^*
Inno	(-1.91) -0.959^{***}	(-1.87) -1.091^{***}	(-1.89) -2.409^{***}
	(-3.54)	(-3.72)	(-4.08)
CSR$_{t-1}$×Inno	-0.002 (-0.14)	0.009 (0.52)	0.055^{**} (2.17)
ΣControls	控制	控制	控制
Cons	-160.1^{***} (-3.10)	-240.7^{***} (-6.35)	-37.25 (-1.03)
个体+年度固定效应	控制	控制	控制
N	792	500	292
Adj. R^2	0.335	0.359	0.431

注:括号中数值为估计系数的标准误差,并采用稳健标准误,*、**、***分别表示在10%、5%和1%的水平上显著。

4．稳健性检验

企业财务绩效水平也会影响企业履行社会责任的能力,为控制企业社会责任内生性,本文以相同年度行业的社会责任得分与企业社会责任总得分的比例(CSR-Industry)作为CSR的工具变量进行两阶段IV估计(宋献中等,2017),上述结论同样成立(篇幅有限,读者若感兴趣可向作者索取)。本文还利用特殊性社会责任(SCSR)替代文化企业社会责任(CSR)进行稳健性分析,结论不变,说明本文构建的社会责任变量具有稳健性,也意味着本文的结论可适用于文化企业履行特殊性社会责任与企业财务绩效关系(篇幅有限,读者若感兴趣可向作者索取)。

六、研究结论与政策建议

(一)研究结论

一是现阶段我国文化企业尚未实现双效协同,企业履行社会责任对财务绩效有显著负向影响,但企业履行社会责任能显著推动创新,创新在企业社会责任与财务绩效之间发挥完全中介效应。这表明文化企业双效关系虽然显著为负,但二者并非根本对立互斥,而是因为现阶段创新转型是每个文化企业不得不面对的战略选择,且文化企业正处于数字化转型创新的初步阶段,尚未达到规模经济,未能实现双效协同。

二是民营企业样本与全样本企业表现一致,双效关系显著为负,创新发挥完全中介效应。创新虽然未在国有文化企业双效关系中发挥中介效应,但能发挥正向调节效应,这表明创新有助于弱化国有文化企业履行社会责任的代理动机,对国有文化企业改善双效冲突有积极的促进作用。

(二)政策建议

现阶段不应过分关注文化企业履行社会责任是否提升了财务绩效,而是应通过关注数字经济时代企业推进数字化创新的需求,引导文化企业提升履行社会责任的自觉性,以期在长期实现双效协同。

具体而言,在缓解企业创新的融资约束方面建议文化产业基金筛选标的企业、资本市场支持文化企业开展债券融资、定向增发,登陆科创板时不仅关注企业的创新能力,还可重点关注文化企业履行社会责任的情况。此外,针对国有文化企业,一方面,要促进加强文化企业履行社会责任的行业法规尽快出台,通过合法合规的制度建设而非单纯的行政命令提高国有文化企业履行社会责任的自觉性,降低其履行社会责任的代理成本。另一方面,要进一步深化国有文化业的体制改革,推进国有文化企业创新的制度激励,提升其履行社会责任的主动性和战略性,以促进国有文化企业双效协同发展。

参考文献

[1]赵振."互联网+"跨界经营:创造性破坏视角[J].中国工业经济,2015(10):146-160.

[2]吴义爽,盛亚,蔡宁.基于互联网+的大规模智能定制研究——青岛红领服饰与佛山维尚家具案例[J].中国工业经济,2016(04):127-143.

[3] 金元浦.国际文化创意产业伦理问题研究的内容与路径——文化创意产业伦理研究之一[J].山东社会科学,2015(02):69-75.

[4] 蔡青.试论新世纪以来国产主旋律电影口碑与票房的双赢之路[J].电影文学,2021(01):31-34.

[5] ORLITZKY M, SCHMIDT F L, RYNES S L. Corporate Social and Financial Performance:A Meta-Analysis[J]. Organization Studies,2003,24(3):403-441.

[6] 杨蕙馨,艾庆庆.全球文化产业竞争下的文化企业社会责任[J].广东社会科学,2014(01):28-36.

[7] 张谨.文化建设的"两个效益"何以统一[J].中原文化研究,2020,8(06):51-57.

[8] 刘洋.商务印书馆(1897—1949)对我国现代出版业的启示[J].浙江社会科学,2015(8):122-129.

[9] 孙彤,刘璐,沈小秀.从社会责任角度评价文化创意企业投资效率[J].财会月刊,2016(24):29-33.

[10] 袁文华,秦晓楠,吴美玉.基于"义利"分析框架的文化企业社会责任与经济绩效关系研究——来自72家文化产业上市公司的实证分析[J].中国文化产业评论,2020,28(01):115-133.

[11] WADDOCK S A, GRAVES S B. The Corporate Social Performance-financial Performance Link[J]. Strategic Management Journal,1997,18(4):303-319.

[12] 陈少峰,李兴旺.论文化企业社会责任的特殊性[J].福建论坛(人文社会科学版),2014(08):51-55.

[13] 潘爱玲,邱金龙,闫家强."三跨"并购与文化企业综合竞争力提升研究——来自A股上市公司的实证证据[J].山东大学学报(哲学社会科学版),2016(3):1-12.

[14] LANIS R, RICHARDSON G. Corporate Social Responsibility and Tax Aggressiveness:An Empirical Analysis[J]. Journal of Accounting & Public Policy, 2012, 31(1):86-108.

[15] 张兆国,靳小翠,李庚秦.企业社会责任与财务绩效之间交互跨期影响实证研究[J].会计研究,2013(08):32-39,96.

[16] FRIEDMAN M. The Social Responsibility of Business Is to Increase Its profits[N]. The New York Times,1970-09-13.

[17] 黄速建,余菁.国有企业的性质、目标与社会责任[J].中国工业经济,2006(2):68-76.

[18] WADDOCK S A. Parallel Universes:Companies, Academics, and the Progress of Corporate Citizenship[J]. Business and Society Review,2004,109(1):5-42.

[19] BRANCO M C, RODRIGUES L L. Corporate Social Responsibility and Resource-

based Perspectives［J］. Journal of business Ethics，2006，69（2）：111－132.

［20］李正. 企业社会责任与企业价值的相关性研究——来自沪市上市公司的经验证据［J］. 中国工业经济，2006（02）：77－83.

［21］MCWILLIAMS A，SIEGEL D. Corporate Social Responsibility and Financial Performance：Correlation or Misspecification? ［J］. The Academy of Management Review，2000，26（5）：603－609.

［22］MISHRA D R. Post-innovation CSR Performance and Firm Value［J］. Journal of Business Ethics，2017，140（2）：1－22.

［23］HULL C E，ROTHENBERG S. Firm performance：The Interactions of Corporate Social Performance with Innovation and Industry Differentiation［J］. Strategic management journal，2008，29（7）：781－789.

［24］JIA X. Corporate Social Responsibility Activities and Firm Performance：The Moderating Role of Strategic Emphasis and Industry Competition［J］. Corporate Social Responsibility and Environmental Management，2020，27（1）：65－73.

［25］TANG Z，HULL C E，ROTHENBERG S. How Corporate Social Responsibility Engagement Strategy Moderates the CSR-Financial Performance Relationship［J］. Journal of Management Studies，2012，49（7）.

［26］SURROCA J，TRIBÓ J A，WADDOCK S A. Corporate Responsibility and Financial Performance：The role of Intangible Resources［J］. Strategic Management Journal，2010，31（5）：463－490.

［27］BLANCO B，GUILLAMÓN-SAORÍN E，GUIRAL A. Do Non-socially Responsible Companies Achieve Legitimacy through Socially Responsible Actions? The Mediating Effect of Innovation［J］. Journal of Business Ethics，2013，117（1）：67－83.

［28］黄珺，贺国亮. 企业社会责任，技术创新与企业价值［J］. 软科学，2017，31（7）：93－97.

［29］CHAMBERS D，JENNINGS R，THOMPSON R B. Excess Returns to R&D-intensive Firms［J］. Review of Accounting Studies，2002，7（2）：133－158.

［30］GOSS A，ROBERTS G S. The Impact of Corporate Social Responsibility on the Cost of Bank Loans［J］. Journal of Banking & Finance，2011，35（7）：1794－1810.

［31］BRAMMER S，MILLINGTON，A. Does It Pay to Be Different? An Analysis of the Relationship Between Corporate Social and Financial Performance［J］. Strategic Management Journal，2008，29（12）：1325－1343.

［32］顾江，车树林，贺达. 金融错配对文化产业全要素生产率的影响研究：理论与实证［J］. 江苏社会科学，2018（01）：58－66.

[33] 李凤亮,宗祖盼.跨界融合:文化产业的创新发展之路[J].天津社会科学,2015(03):49-53.

[34] 王海妹,吕晓静,林晚发.外资参股和高管.机构持股对企业社会责任的影响——基于中国A股上市公司的实证研究[J].会计研究,2014(08):81-87,97.

[35] 宋献中,胡珺,李四海.社会责任信息披露与股价崩盘风险——基于信息效应与声誉保险效应的路径分析[J].金融研究,2017(04):161-175.

作者简介

赵宇华,辽宁沈阳人,北京第二外国语学院经济学院副教授,经济学博士。研究方向为公司财务、文旅业投融资。

姚蕴琪,贵州安顺人,北京第二外国语学院经济学院金融学硕士研究生。研究方向为公司财务。

A Study on the Relationship of Social Responsibility and Financial Performance Among Cultural Enterprises in the Digital Economy —from the Perspective of Innovation

Zhao Yuhua   Yao Yunqi

Abstract：Based on the samples of listed companies in China's cultural industry in 2012—2021，this paper analyzes whether cultural enterprises have achieved coordinated development between social responsibility and financial performance and the effect of innovation on their relations. The results are as follows：（1）Cultural enterprises performing social responsibility has a negative effect on financial performance. （2）Enterprises' implementation of social responsibility positively affects innovation，and innovation plays a mediating role in social responsibility and financial performance among enterprises. In other words，the relationship between the above two factors is not a conflict，but illustrates the expected performance not attained by innovation in the digital economy. （3）Although innovation does not play an intermediary role in the above two factors of state-owned cultural enterprises，it acts as a positive regulator，which helps to alleviate the conflicts between social responsibility and financial performance among the aforesaid enterprises.

Key words：Cultural Enterprises   Social Responsibility   Financial Performance   Enterprise Innovation   Digital Economy

舒适物框架下的乡村旅游政策导向研究（2017—2022）*

吴志斌　林　薇

摘　要：从舒适物的发展框架来把握乡村旅游政策的导向，可以为乡村旅游政策在公共舒适物和市场舒适物的供给方面提供一个新的理论视角。本文选取2017—2022年中央、省、市、县发布的乡村旅游政策作为研究样本，构建基于舒适物的乡村发展框架，对乡村旅游政策导向进行分析。研究发现：（1）从政策力度看，乡村旅游政策密集发布，政策文种以通知和意见为主，政策发文主体层级高，多部门联合发文成为常态；（2）从政策内容看，围绕公共舒适物供给、市场舒适物供给和舒适物培育政策展开；（3）从政策工具看，混合型政策工具更受偏好，中央政府侧重乡村旅游发展的框架指导，地方政府兼顾了区域灵活性与管理规范性。对此，本文提出促进"宜居宜业和美乡村"的建设实践，有必要确立一种舒适物导向的乡村发展理念，建构一种舒适物供给的政策培育体系，创新一套激发多元主体参与舒适物供给的活力机制。

关键词：舒适物　乡村旅游　政策框架

一、引言

从十九大报告提出乡村振兴战略的总要求"产业兴旺、生态宜居、乡风文明、治理有效、生活富裕"，到二十大报告进一步提出"统筹乡村基础设施和公共服务布局，建设宜居宜业和美乡村"，发展乡村旅游日益成为乡村振兴的重要组成部分。

＊　基金项目：国家社科基金艺术学一般项目"舒适物视角下美丽乡村的文化与旅游融合发展研究"（19BH149）的阶段性研究成果。

乡村旅游作为立足"三农"、融合"三产"的新业态①，已经成为各级政府政策性支持的重要发展方向。乡村不再仅被看作农产品的生产地，也被视为乡村舒适物丰富集中的旅游体验场景。经济发展与合作组织（OECD）早在 20 世纪 90 年代就注意到舒适物对乡村发展的促进作用，并着手研究其成员国与舒适物相关的政策，进而从经济发展的视角专门讨论了乡村舒适物的培育问题。学者 Knickel 等基于德国区域行动方案的实践案例，提出一种舒适物导向（Amenity-led Development）的乡村发展。② Wu 则以中国幸福村为例，探讨舒适物引导的变革和消费驱动的乡村重构论题。③ 舒适物对于乡村旅游以及乡村发展的作用，已经获得学术上的理论关注与实践中的政策运用。而且，舒适物迁移研究也为乡村旅游政策的发展导向提供了参考。此外，从对 2023 年五一假期"特种兵"式旅游的调侃到淄博烧烤热的观察中不难发现，舒适性是游客对高质量旅游体验的重要诉求。因此，如何理解和把握我国乡村旅游政策的导向是需要关注的一个关键问题，而从舒适物导向的发展框架来研究乡村旅游政策，或许可以为理解这一关键问题提供新的思路。目前国内学者对乡村旅游政策的研究，主要集中在梳理不同历史阶段乡村旅游政策演进的特征和规律④⑤、乡村旅游政策文本分析⑥⑦⑧等方面，大多以中央政策为研究对象，较少关注中央和地方的乡村旅游政策导向问题，也鲜有学者将我国乡村旅游

① 舒伯阳，刘玲. 乡村振兴中的旅游乡建与包容性发展[J]. 旅游学刊，2018，33(7)：9 - 10.

② KNICKEL K，PETER S. Amenity-led Development of Rural Areas：The example of the Regional Action Pilot Program in Germany[C]// GREEN G P，MARCOUILLER D，DELLER S. Amenities and Rural Development：Theory，Methods and Public Policy. Northampton：Edward Elgar Publishing，2005:302 - 321.

③ WU M，GALLEN N. Second Homes，Amenity-led Change and Consumption-driven Rural Restructuring：The Case of Xingfu Village，China[J]. Journal of Rural Studies，2021，82 (1):391 - 403.

④ 舒伯阳，马静. 中国乡村旅游政策体系的演进历程及趋势研究——基于 30 年数据的实证分析[J]. 农业经济问题，2019(11)：94 - 107.

⑤ 姚旻，赵爱梅，宁志中. 中国乡村旅游政策：基本特征、热点演变与"十四五"展望[J]. 中国农村经济，2021，437(05):2 - 17.

⑥ 李玉新，吕群超. 乡村旅游产业政策演进与优化路径——基于国家层面政策文本分析[J]. 现代经济探讨，2018(10)：118 - 124.

⑦ 韦俊峰，何瀚林，明庆忠. 中国休闲农业和乡村旅游政策的演进特征（2001—2018）——基于政策文本量化分析[J]. 社会科学家，2019，263(03):84 - 90.

⑧ 孟凡丽，芦雲峰，高霞霞. 政策工具视角下我国乡村旅游政策研究——基于国家政策文本的量化分析[J]. 贵州民族研究，2023，44(1)：113 - 122.

政策的研究纳入舒适物导向的乡村发展框架下进行讨论。鉴于此,本文尝试构建一种乡村旅游政策的舒适物分析框架,对中央、省、市、县所出台的乡村旅游政策的政策力度、政策内容、政策工具进行分析,旨在为我国乡村旅游政策导向提供新的分析视角。

二、分析框架与样本选取

(一)分析框架

本文尝试构建乡村旅游政策的舒适物分析框架,将中央、省、市、县出台的乡村旅游政策纳入舒适物的培育体系,加强乡村基础设施和公共文化服务的"公共舒适物供给",以及提升乡村旅游服务品质的"市场舒适物供给",并借鉴傅广宛、费艳颖等的研究,从政策力度、政策内容、政策工具三个维度,在舒适物框架下对中央、省、市、县出台的乡村旅游政策进行分析,见图1。①② 其中,政策力度主要是通过政策的发文数量、发文机构、政策文种等衡量各级政府的重视程度;政策内容主要是采用质性数据分析方法对中央和地方政策文本进行高频主题内容的研究,反映乡村

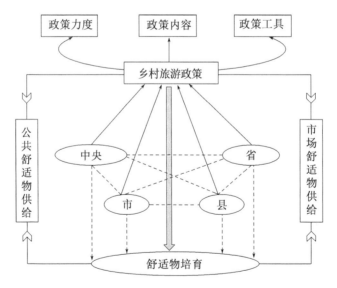

图1 中国乡村旅游政策的舒适物分析框架

① 傅广宛.中国海洋生态环境政策导向(2014—2017)[J].中国社会科学,2020(09):117-134,206-207.
② 费艳颖,刘彩薇.负责任创新视角下央地人工智能政策异质性研究[J].中国科技论坛,2021(11):40-50,148.

政策关注的重点和政策偏好；政策工具主要是将乡村旅游政策样本划分为强制型、混合型和自愿型三种政策工具类型进行中央和地方乡村旅游政策工具的差异化研究。

（二）样本选取

2017 年 10 月 18 日，十九大报告提出实施乡村振兴战略，从中央到地方各级政府陆续发布了一系列乡村旅游的相关政策。本文利用北大法宝网筛选了 2017 年 10 月 18 日至 2022 年 12 月 31 日约 6 年时间内，中央、省、市、县发布的政策标题或正文中含"乡村旅游"关键词的政策，并作为总体样本。在筛选政策样本过程中，如果样本中含有"乡村旅游"表述，但其政策文本与乡村旅游没有关联性，或者仅提及乡村旅游却没有具体的导向性或支持性政策，则不列入本文研究的政策样本范围，最终共筛选出 1 312 条乡村旅游政策，其中中央政策 223 条，省级政策 387 条，地市级政策 583 条，县级政策 119 条，涉及 31 个省（自治区、直辖市），234 个市（地区、自治州、盟）及 88 个县（县级市、市辖区、自治县、旗），见图 2。

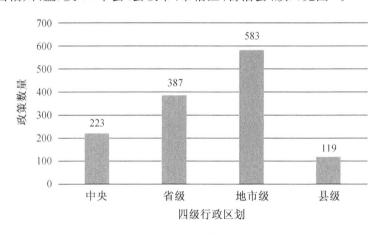

图 2　2017—2022 年中国乡村旅游政策研究样本的数量分布

三、乡村旅游政策力度分析

（一）发文数量

2017—2022 年，中央和地方发布的乡村旅游政策数量总体上呈现阶段性波动的态势。中央发布的政策文本数量在 2018 年和 2021 年两次达到波峰，分别发布 54 条和 58 条，呈现双波峰的波动趋势。省级和地市级发布的政策文本数量，均在 2018 年达到一个最高峰，分别发布 92 条和 176 条，而在 2020 年达到另一个小高峰,分别发布 85 条和 108 条,而 2021—2022 年发布的政策数量逐年降低。县级发布的乡村旅游政策数量相对较少,仅在 2018 年达到波峰,发布了 42 条,2019—2022 年,每年发布的乡村旅游政策数量变化不大,基本维持在 15—20 条,见图 3。

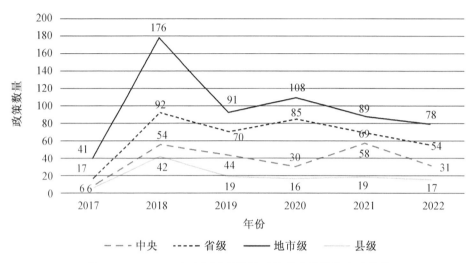

图 3 2017—2022 年中国乡村旅游政策发文数量的变动趋势

值得注意的是,2018 年乡村旅游政策密集式出台,从中央到省、市、县的政策发文量都快速增长,形成了乡村旅游政策发布的一波高峰。乡村振兴战略提出后,2018 年仅中央各部委就出台了 54 条政策文件。例如,2018 年 1 月,《中共中央国务院关于实施乡村振兴战略的意见》发布;2018 年 10 月,国家发展改革委、文化和旅游部等 13 个部门联合发布《促进乡村旅游发展提质升级行动方案(2018 年—2020 年)》;2018 年 11 月,文化和旅游部会同国家发改委、工业和信息化部等 17 个部门联合印发《关于促进乡村旅游可持续发展的指导意见》。在中央各部委的带动下,各级地方政府积极响应国家发展乡村旅游的号召,相继出台一系列乡村旅游相关的政策,加强对乡村旅游发展的规划、指导与落实。

从乡村旅游政策在四大经济区①的发布情况看,我国省级、地市级、县级共发布 1 089 条乡村旅游政策。在省级层面,西部地区发布乡村旅游政策最多,共 149 条;其次是东部地区发布的乡村旅游政策,共 125 条;中部地区和东北地区发布的

---

① 按照国家统计局 2021 年对于经济地带划分,将全国划分为东部 10 省(市)包括北京、天津、河北、上海、江苏、浙江、福建、山东、广东和海南;中部 6 省包括山西、安徽、江西、河南、湖北和湖南;西部 12 省(区、市)包括内蒙古、广西、重庆、四川、贵州、云南、西藏、陕西、甘肃、青海、宁夏和新疆;东北 3 省包括辽宁、吉林和黑龙江。

乡村旅游数量相对较少,分别是 78 和 35 条。在地市级层面,东部地区发布乡村旅游政策 205 条,位居第一;西部地区和中部地区旗鼓相当,分别发布了 183 条和159 条;东北地区仅发布 36 条。在县级层面,西部地区的县级乡村旅游政策最多,共 86 条,比东部地区、中部地区、东北地区的县级乡村旅游政策的总数还多;东部地区共发布了 30 条县级乡村旅游政策,而东北地区和中部地区发布县级乡村旅游政策仅有个位数,见表 1。

表 1　2017—2022 乡村旅游地方政策数量的四大经济区分布　　　　单位:条

经济区	省级	地市级	县级
东北地区	35	36	1
东部地区	125	205	30
中部地区	78	159	2
西部地区	149	183	86

(二)发文机构

2017—2022 年,中央层面共发布乡村旅游政策 223 条,主要涉及农业农村部、文化和旅游部、国家发展和改革委员会等 61 个发文主体。其中发文最多的是农业农村部,共发布 69 条乡村旅游政策,国务院(办公厅)、国家发展和改革委员会、财政部、文化和旅游部等部门也发布了较多的乡村旅游政策,均在 30 条以上。总体上来看,呈现出两大特点:一是政策发文主体层级高,中共中央(办公厅)发布 20条乡村旅游政策,其中联合发布 19 条;国务院(办公厅)发布了 34 条,其中联合发文 19 条,独立发文 15 条。二是多部门联合发文成为常态,联合发文的政策数量达到 94 条,约占总发文量的 42%。如文化和旅游部办公厅、国家发展改革委办公厅发布的《关于开展全国乡村旅游重点村名录建设工作的通知》,中央农办、农业农村部、卫生健康委等部门发布的《关于推进农村"厕所革命"专项行动的指导意见》等。

省级层面在 2017—2022 年共发布 387 条乡村旅游政策,涉及中共省委省政府、文化和旅游厅等 68 个发文主体。其中,省政府发文 193 条,省委发文 63 条,成为发文最多的两大主体,可见省级层面对乡村旅游发展的高度重视和支持。文化和旅游厅、农业农村厅、发展和改革委员会等主体发布的乡村旅游政策数量也很多,均在 30 条以上。虽然省级层面各部门单独发文的数量约占 70%,联合发文的政策数量 110 条,约占总发文量的 30%,但是文化和旅游厅、发展和改革委员会、

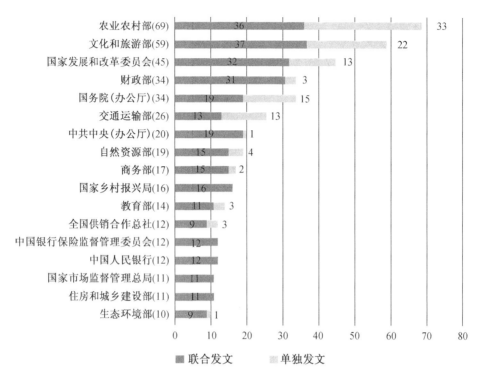

图 4 2017—2022 年中央层面发布乡村旅游政策的主体与数量(发文数量≥10 条)

财政厅、自然资源厅、生态环境厅、住房和城乡建设厅、交通运输厅、农业农村厅等部门也在加强合作,共同推进乡村旅游发展,见图 4。

此外,相对于中央和省级而言,地市级和县级发布乡村文化旅游政策的主体非常集中,主要是各级政府发文。地级市和县级共发布 583 条乡村文化旅游政策,其中地市级政府发布 424 条,约占发文量的 73%;县级的发文机构主要是县级政府,共发文 119 条,其中县级政府发文 109 条,约占县级总发文量的 90%。

(三)政策文种

"公共政策的时效区间、应用范围、效力边界、政策力度、发布主体等因素,都能够影响公共政策文种的选择。"①在乡村振兴战略背景下,我国乡村旅游政策文种共计出现 17 类,主要包括通知、意见、条例、办法、纲要、方案、建议等。从表 2 中可以看出,我国乡村旅游政策文种在中央、省、市、县都呈现出相似的特征,即通知和

---

① 傅广宛. 中国海洋生态环境政策导向(2014—2017)[J]. 中国社会科学,2020(09):117 - 134, 206 - 207.

意见占了绝大多数,占 85% 以上,而方案、办法、细则等指导乡村旅游发展的具体实施策略相对较少。

表 2　2017—2022 年中国乡村旅游政策文种分布

文种	中央	省级	地市级	县级	数量总计
办法	0	2	5	0	7
报告	3	0	0	0	3
方案	3	4	2	0	9
纲要	6	6	1	0	13
公报	1	0	0	0	1
公告	0	2	2	0	4
规定	0	5	1	0	6
规划	2	0	0	0	2
计划	0	1	0	0	1
建议	1	6	21	0	28
决定	1	3	2	0	6
决议	5	0	0	0	5
条例	0	28	51	10	89
通知	135	164	290	100	689
细则	0	0	1	0	1
意见	66	165	207	9	447
指引	0	1	0	0	1
数量总计	223	387	583	119	1 312

借鉴单晓红等学者的研究,将管控力度和主体关联度作为划分政策文种的标准。① 乡村旅游政策共 17 类文种,条例、规定、办法、细则,以及通知、公告、公报、决定、决议的用语通常采用"命令执行",管控力度最强,属于管控力度第一层次。意见、纲要、规划、计划、指引、方案的管控力度相对较弱,处于管控力度第二层次,其中意见侧重提出工作部署,指导性很强;纲要、规划、计划、指引侧重政策的宏观

① 单晓红,何强,刘晓燕,等."政策属性—政策结构"框架下人工智能产业政策区域比较研究[J].情报理论与实践,2021,44(03):194-202.

性指导;方案侧重具体的工作重点、实施策略等。建议、报告的管控力度最弱,处于管控力度第三层次。

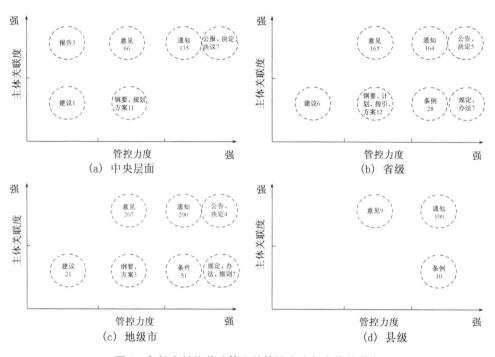

图5 各级乡村旅游政策文种管控力度与主体关联度

从图5中可以看到,乡村旅游政策文种中,通知是部门规范性文件,位于管控力度最强、主体关联度最高的层级,且无论在中央还是地方,都是发文数量最多的政策文种。中央层面发布的乡村旅游政策中,通知135条,占比61%;省级发文乡村的旅游政策中,通知164条,占比42%;地市级发布的乡村旅游政策中,通知290条,占比50%;县级发布的乡村旅游政策中,通知100条,占比84%。意见作为指导性文件,通常是上级领导机关对下级机关部署工作,主体关联度最高,而管控力度相对较弱。中央层面发布的乡村旅游政策意见66条,占比30%;省级发布的乡村旅游政策意见165条,占比43%;地市级发布的乡村旅游政策意见207条,占比36%;县级发布的乡村旅游政策意见9条,占比8%。条例是国家权力机关或行政机关依照政策和法令而制定并发布的,内容具有法规性和时效稳定性,管控力度强而主体关联度低。我国乡村旅游发展的条例,主要由省级、地市级和县级层面发布,分别为28条、51条和10条,主要涉及旅游促进、乡村振兴、土地管理、生态环境保护、农村公路等条例。

四、乡村旅游政策内容分析

本文将乡村旅游政策纳入舒适物的分析框架,可以发现 2017—2022 年的乡村旅游政策内容主要涉及公共舒适物供给、市场舒适物供给,以及培育舒适物的相关配套政策。"同一政策主题可能分布在不同的政策文本中,同一个政策文本也可能包含若干个不同的政策主题。"[①]比如,关于乡村厕所改革这一政策主题,就在不同的政策文本中出现:2018 年,中央农办、农业农村部、卫健委等部门关于推进农村"厕所革命"专项行动的指导意见;2022 年,农业农村部办公厅、自然资源部办公厅、生态环境部办公厅、住房城乡建设部办公厅、文化和旅游部办公厅、国家卫生健康委办公厅、国家乡村振兴局综合司《关于加强农村公共厕所建设和管理的通知》。再比如文化和旅游部等 17 个部门发布的《关于促进乡村旅游可持续发展的指导意见》中,既包括提升乡村旅游基础设施、完善乡村旅游公共服务体系的公共舒适物供给,还包括丰富乡村旅游产品类型的市场舒适物供给,以及整合资金资源、强化要素保障的舒适物培育政策等,类似这样包含多个政策主题的政策文本也不少。

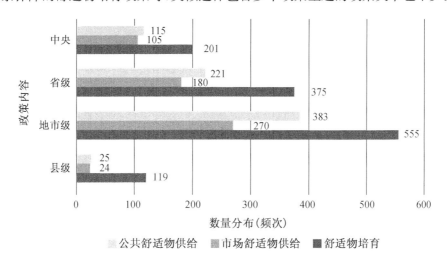

图 6   2017—2022 年中国乡村旅游政策内容分布

---

① 傅广宛. 中国海洋生态环境政策导向(2014—2017)[J]. 中国社会科学,2020(9):117 - 134,206 - 207.

从图 6 中可以看到,2017—2022 年,乡村旅游政策内容主要涉及公共舒适物供给、市场舒适物供给,以及舒适物培育的相关配套政策三大部分。无论中央还是地方,舒适物培育的配套政策数量均是最多的。舒适物培育政策,主要是指乡村旅游发展的配套支持政策、规范乡村旅游产品和服务的标准等,包括土地使用、房屋改建、财政投入、用地保障、金融支持(贷款、产业投资基金)、人才队伍培养、社会资本参与、乡村旅游培训、乡村旅游行业信用体系、乡村旅游市场监管、乡村旅游管理和服务水平。中央层面的舒适物培育政策共 201 条,占比将近 50%,而公共舒适物供给和市场舒适物供给仅为 115 条和 105 条;省级层面的舒适物培育政策共 375 条,也远远超过公共舒适物供给和市场舒适物供给;地市级层面,舒适物培育政策共 555 条,而公共舒适物供给和市场舒适物供给的数量分别是 221条和 180 条;县级层面的舒适物培育政策数量占比更高,达到 70%左右,而公共舒适物供给和市场舒适物供给政策总和不足 50 条。公共舒适物供给的政策数量占绝对优势,这与中国目前还处在以政策引导培育为主的阶段、基础设施建设有待加强、乡村旅游开发效率和水平有待提升①是基本吻合的。

公共舒适物供给,主要是指政府相关部门提供的公共基础设施和公共服务的配套供给,包括乡村旅游道路、乡村旅游停车场、乡村旅游供水供电、垃圾和污水处理、厕所革命、环境保护等方面的建设与完善。乡村的优美环境、清新空气、地形地貌、植被景观都构成了乡村特有的自然舒适物,而乡村基础设施和公共服务配套设施的完善,会进一步增强乡村自然舒适物、生产舒适物对游客的吸引力,也会改善村民的居住生活环境。但是需要注意的是,公共基础设施建设不能破坏村落、人与自然的乡村生态空间。学者 Bergstrom 认为,为了支持基于舒适物的开发和土地使用政策,需要更好地保护自然,维持农村生计,并保留自然舒适物的本真——开放的空间、清新的空气和愉悦的审美体验,这些构成了最初吸引移民的全部基础。②

市场舒适物供给,主要是指乡村旅游服务设施、乡村旅游产品或服务的供给,包括民宿、农家乐、乡村旅游景区景点、乡村旅游精品村、乡村文化旅游产品(农耕文化、民族民间文化、地域特色文化、传统手工艺、戏曲曲艺等非物质文化)。高品

① 孙九霞,张凌媛,罗意林. 共同富裕目标下中国乡村旅游资源开发:现状、问题与发展路径[J]. 自然资源学报,2023,38(2):318-334.
② BERGSTROM R D. Defining Sustainability in the Greater Yellowstone Ecosystem[J]. Journal of Sustainable Development,2018,11(1):32-43.

质的市场舒适物供给，能够维持农村文化遗产，增强农村地区的经济活力，但也要警惕乡村旅游项目盲目开发衍生出乡村村落的"建设性破坏"。乡村发展不能背离"乡村性"，更不能脱离当地的乡土文化。在乡村旅游政策内容中，较少涉及乡村旅游发展中可能存在的"建设性破坏"问题，这应引起相关职能部门的高度重视。学者 Hjerpe 等将美国西部基于舒适物的开发和保护区域作为研究对象，对目的地发展规模（Destination Development Scale）进行排名和回归分析，发现拥有更多荒野和国家纪念碑的农村地区与舒适物的开发关系更密切，而且保护区面积、数量均与舒适物的开发呈正相关关系。[①] 也就是说，乡村遗址、乡村非物质文化遗产、乡村文化旅游产品和体验项目等市场舒适物体供给，既能够为乡村旅游市场的发展带来更多机会，又能够维持农村文化遗产和农村地区的经济活力。

表 3　中国乡村旅游政策内容在数量上的相关性

		公共舒适物供给	市场舒适物供给	舒适物培育
公共舒适物供给	Pearson 相关性	1	.980**	.983**
	显著性（双侧）		0.000 604 494	0.000 420 274
	N	6	6	6
市场舒适物供给	Pearson 相关性	.980**	1	.979**
	显著性（双侧）	0.000 604 494		0.000 637 907
	N	6	6	6
舒适物培育	Pearson 相关性	.983**	.979**	1
	显著性（双侧）	0.000 420 274	0.000 637 907	
	N	6	6	6

注：** 表示在 0.01 水平（双侧）上显著相关。

从中国乡村旅游政策数量的相关性（表 3）来看，舒适物培育与公共舒适物供给、舒适物培育与市场舒适物供给，以及公共舒适物供给与市场舒适物供给均呈现显著正相关关系。这也说明乡村旅游发展是一个复杂的系统工程，乡村公共舒适物供给、市场舒适物供给、舒适物培育政策并不是彼此孤立的。"乡村舒适物的嵌

---

① HJERPE E, ARMATAS C A, HAEFELE M. Amenity-based Development and Protected Areas in the American West[J]. Land Use Policy, 2022:116.

入式开发,应该有别于城市舒适物,但也要顺应城市舒适物所注重的舒适性,有舒适的自然生态环境,舒适的社会环境,日常生活中舒适的慢生活方式,以及特别的农业生产体验和别具一格的乡村民宿文化精神舒适物等。"①农村的多功能和舒适物主导的发展应侧重于在不同活动之间实现互利和"双赢局面"②,公共舒适物供给是改善村民居住环境、吸引游客的天然资源优势,而市场舒适物供给是留住回头客、提高游客旅游体验的关键因素,舒适物培育则是为公共舒适物供给和市场舒适物供给提供配套支持,三者产生协同效应才能助推乡村旅游高质量发展。

五、乡村旅游政策工具分析

政策工具是政策目标实现过程中所采取的手段和机制③,或是政府用来产生、评估和实施政策选项的技术,一直是政策探讨的重要话题④。按照不同的标准,学者们将政策工具分为不同的类型。Rothwell 等根据政策的直接和间接作用,将政策工具分为 3 种类型,分别是供给型、需求型和环境型。⑤ Howlett 等根据政策强制程度,将政策工具分为强制型、自愿型和混合型 3 种类型。⑥ 本文借鉴学者 Howlett 和 Ramesh 的政策工具方法,以权力干预程度的不同作为划分依据,将乡村旅游政策划分为强制型、自愿型和混合型三类政策工具。强制型政策工具多表现为以具有强制性的手段直接作用于政策目标,只有很小甚至没有自由裁量的余地;自愿型政策工具是指政府很少或几乎不干预,主要依据自愿原则完成政策目标;混合型政策工具则是政策的发文主体允许其他主体在一定范围内自行解读和执行,或发文主体仅有限地介入其他主体的决策过程。

---

① 吴志斌,姜照君.最美乡村空间开发的评价指标体系构建——基于舒适物的分析视角[J].文化产业研究,2015(03):33 - 44.

② BRUNORI G, ROSSI A. Synergy and Coherence through Collective Action: Some Insights from Wine Routes in Tuscany[J]. Sociologia Ruralis, 2010, 40(4):409 - 423.

③ 刘雪华,孙大鹏. 政策工具视角下我国城镇化政策文本量化研究——基于 2014—2020 年的国家政策文本[J]. 吉林大学社会科学学报,2022,62(2):211 - 222,240.

④ 罗哲,单学鹏. 研究共识与差异取向:国内外政策工具研究的比较分析[J]. 西南民族大学学报(人文社会科学版),2022,43(11):223 - 231.

⑤ ROTHWELL R, ZEGVELD W. Reindusdalization and Technology[M]. London:Logman Group Limited,1985.

⑥ HOWLETT M,RAMESH M. Studying Public Policy:Policy Cycles and Policy Subsystems [M]. Oxford:Oxford University Press,1995.

表 4　2017—2022 年各级政策工具类型的数量及占比

		2017	2018	2019	2020	2021	2022	合计	占比/%
强制型	中央	0	1	1	1	0	0	3	1
	省级	0	1	1	6	9	2	19	5
	地市级	3	13	6	17	5	11	55	9
	县级	0	13	3	5	6	3	30	25
混合型	中央	6	52	43	28	58	30	217	97
	省级	17	88	65	71	53	46	340	88
	地市级	34	150	77	84	70	49	464	80
	县级	3	17	8	10	11	8	57	48
自愿型	中央	0	1	0	1	0	1	3	1
	省级	0	3	4	8	7	6	28	7
	地市级	4	13	8	7	14	18	64	11
	县级	3	12	8	1	2	6	32	27

　　中央、省级、地市级、县级发布乡村旅游政策的政策工具类型,可以概括为四大特点:(1)混合型政策工具是 2017—2022 年各级政府部门主要采用的政策工具。中央层面使用的混合型政策工具占比为 97%,省级层面使用的混合型政策工具占比为 88%,地市级层面使用的混合型政策工具占比为 80%,县级混合型政策工具占 48%。(2)相对于中央和省级而言,地市级和县级的强制型和自愿型政策工具更多。中央层面使用强制型和自愿型的政策工具共占 2%,省级层面强制型和自愿型的政策工具共占 12%,地市级自愿型和强制型政策工具分别占 11% 和 9%,而县级的自愿型和强制型政策工具则分别占到了 27% 和 25%。(3)从县级政策工具使用的纵向发展看,虽然县级的自愿型和强制型政策工具使用频率的占比高,但是使用的频率在逐步降低。具体来说,2018 年,县级使用强制型政策工具 13次,而在 2019—2022 年,基本维持在 5 次左右;2018 年,县级使用自愿型政策工具 12 次,2022 年降至 6 次,而在 2020 年和 2021 年仅有 1—2 次的使用频率。(4)从地市级的纵向发展趋势看,虽然强制型和自愿型政策工具的占比不高,但是这两类政策工具的使用频率有波动式增长的趋势。具体来说,2018 年和 2020 年,地市级分别使用了 13 次和 17 次强制型政策工具,而在 2021 年降至 5 次,2022 年又增加到 11 次;2018 年,地市级使用自愿型政策工具 13 次,2021 年和 2022 年的使用频

率分别增加到 14 次和 18 次。(表 4)

"政策目标和实施偏好,政策目标和政策工具,以及政策目标和工具校准,应该是一致和趋同的。"①实现乡村旅游发展的政策目标,需要在政策的设计过程中,选择合适的政策工具,实现政策工具与政策目标的相互匹配。中国乡村旅游政策使用政策工具偏好上,既有中央层面的宏观指导,也有地方层面政策执行的灵活变通和规范管理。中央和省级层面发布的中国乡村旅游政策侧重纲领性、指导性的意见,以鼓励和引导各级主管部门和各类主体投入乡村公共舒适物和市场舒适物的建设为主。而地方政策在给予主体一定的自主决策空间的同时,倾向于强化治理与管控。在涉及乡村旅游的土地管理、房屋建设、环境保护等问题上,由政府制定标准、办法进行规范管理、开发和建设,这也为乡村旅游的有序发展提供了政策保障。

六、结论与建议

本文构建乡村旅游政策的舒适物分析框架,选择 2017—2022 年中央、省级、地市级、县级发布的 1 312 条乡村旅游政策作为研究样本,从政策力度、政策内容、政策工具 3 个维度对乡村旅游政策导向进行探讨与分析,得到如下研究结论:

第一,从政策力度来看,中央和地方乡村旅游政策的发文数量趋势保持一致;政策文种是以通知和意见为主;政策发文主体层级高,多部门联合发文成为常态,有利于以舒适物培育为导向的跨部门协作。

第二,从政策内容来看,中央和地方乡村旅游政策主要涉及加强乡村基础设施和公共文化服务的公共舒适物供给,提升乡村旅游服务品质的市场舒适物供给,以及为乡村旅游发展提供的舒适物培育三大方面。基于舒适物的乡村旅游政策导向,侧重的是以消费驱动、服务导向的美丽乡村家园建设,关注的是提升旅游消费市场。

第三,从政策工具来看,中央和地方政府偏好混合型政策工具,尤其中央和省级层面,更侧重乡村旅游发展的框架指导,而非传统的干预主义政策,而地市级尤其是县级虽然也以混合型政策工具为主,但强制型和自愿型政策工具使用频率相对较高,兼顾了区域政策制定、执行的规范性和灵活性。

为了能够在舒适物的发展框架下更好地理解和把握乡村旅游政策的导向,本

① HOWLETT M. Governance Modes, Policy Regimes and Operational Choice and Policy Design [J]. Policy Sciences, 2009, 42(1):73 - 89.

文提出以下建议：

一是确立一种舒适物导向的乡村发展理念。舒适物视角下乡村发展的政策导向，意味着从乡村发展理念上要有以下转变：首先，要从以往将乡村作为单纯农业生产、农产品加工的生产场所变为一个更强调多功能消费增长的地方；其次，要从以农产品生产加工为主导的生产活动转向以舒适物为导向的消费活动；最后也最重要的是，要把乡村发展的目标从单一的乡村经济发展转向乡村生态、生产、生活和社会文化的全面协调发展。

二是建构一种舒适物供给的政策培育体系。舒适物导向政策培育体系的建构，要求在政策制定时从舒适物供给的角度来明确政策目标、激励措施和相应的管理办法。首先，政策目标旨在促进乡村公共舒适物和市场舒适物的供给，包括自然舒适物、生产舒适物、生活舒适物、社会舒适物和文化舒适物等。其次，激励措施是通过经济支持或荣誉奖励等激励方式，动员个体、企事业单位等社会多元主体集体行动参与舒适物的供给。最后，出台相应的管理办法，以具体规定来规范有关各方提供更多更高品质的舒适物，通过可居可游的乡村场景来吸引游客。

三是创新一套激发多元主体参与舒适物供给的活力机制。为了激发多元主体参与舒适物供给，需要用好乡村旅游政策工具。首先，多部门联合出台政策工具组合，通过一系列的政策更大范围地动员多元行动者参与舒适物的供给。其次，政策工具支持行动者网络的建构，既要重视激发人类行动者的参与活力，也要利用非人类行动者如新媒介平台的赋能。最后，政策工具应赋予行动者更大的灵活性，以扩大舒适物的供给，但也要有明确的规范要求，以避免造成"建设性破坏"的无序开发，实现乡村舒适物与乡村旅游的和谐发展。

作者简介

吴志斌，江西丰城人，南京航空航天大学艺术学院副教授，硕士生导师。研究方向为乡村传播与乡村旅游、传媒文化与产业。

林薇，山东烟台人，南京航空航天大学艺术学院硕士研究生。研究方向为媒介文化与产业。

A Study on the Policy Orientation of Rural Tourism under the Framework of Amenity-led Development (2017—2022)

Wu Zhibin Lin Wei

Abstract：Grasping the policy direction of rural tourism from the framework of amenity-led development can provide a new theoretical perspective for rural tourism policies in the supply of public and market amenities. This paper selects rural tourism policies issued by relevant authorities at the central, provincial, municipal, and county-level from 2017 to 2022 as samples, constructs an amenity-led rural development framework, and analyzes the policy orientation of rural tourism. The study found that：（1）From the perspective of policy strength, rural tourism policies are densely released, with policy texts mainly consisting of notices and opinions. When the main body of policy publications is at a higher level, it is a normal situation that joint publications will be released by multiple departments. （2）From the perspective of policy contents, it revolves around the supply of public amenities, market amenities supply, and amenities cultivation policies. （3）From the perspective of policy tools, hybrid policy tools are more preferred. The central government focuses on the framework guidance for rural tourism development, while local governments balance regional flexibility and management standardization. In this regard, to speed up the building of pleasant countryside easy to live and work in, it is necessary to establish an amenity-led rural development concept, construct a policy cultivation system for amenity supply, and innovate a dynamic mechanism to initiate collective actions for amenity supply.

Key words：Amenity Rural Tourism Policy Framework

孤独图书馆：基于社群融合的新型文化社区实践[*]

肖　波　　张远远

摘　要：信息技术的发展与普及使传统图书馆的发展出现阻滞,激发公共图书馆活力、拓展公共文化空间成为公共文化服务高质量发展的重要课题。政策引导、社会参与共同推动公共图书馆由供给端向需求端转变,贯彻以人为中心的发展理念。孤独图书馆摆脱了传统图书馆"物"的关怀向"人"的关怀转变,以"消费孤独"发展社群文化,以"营销孤独"营造孤独场景,以"治愈孤独"获得情感认同,打破"图书馆—社群—个人"之间的壁垒,形成良性互动。基于社群融合的新型图书馆运营模式,实现了以"满足用户需求"为核心的现代图书馆功能转型,为现代图书馆的功能拓展与运营创新提供参照。

关键词：孤独图书馆　人文主义　品牌营销　治愈孤独

一、引言

图书馆承担着保存人类文化遗产、参与社会教育、传递情报信息等功能。在数字化背景下,传统图书馆面临服务体系不完善、资源分配不均、缺乏人文关怀等问题,较难满足人们日益增长的美好生活需要。受技术、创新和需求三要素的驱动[①],图书馆正处于创新发展和转型升级期,在信息内容激增和阅读载体改变的同时,用户的阅读行为和习惯也发生改变[②]。现代图书馆逐步确立了"普遍开放、平

---

[*] 基金项目：武汉大学国际问题研究项目"全球文化治理的理论、政策与实践研究"、国家社科基金一般项目"中国古代经典传说的当代价值与转化类型研究"(21B2W117)的阶段性研究成果。

[①] 柯平,邹金汇. 后知识服务时代的图书馆转型[J]. 中国图书馆学报,2019,45(1):4-17.

[②] 王晓光,刘晶. 近10年来国内外移动阅读行为研究述评[J]. 图书情报工作,2018,62(13):119-126.

等服务、以人为本"的基本服务原则①,2009 年国际图联卫星会提出"作为场所与空间的图书馆""作为第三空间的图书馆"两大主题②。此后,图书馆作为"第三空间"的社会交流功能、文化功能日益凸显,经过理论和实践领域持续的深入探索逐步成为学界共识③④⑤。《"十四五"公共文化服务体系建设规划》提出建设以人为中心的图书馆,将图书馆建设成为有温度的文化社交中心。国家政策与地方公共文化服务实践,共同助推公共图书馆成为开放、创新的新型公共文化空间,促使公共图书馆在拉近人与人之间的距离、营造地方文化氛围方面发挥重要作用。当前学界对图书馆功能的研究,多聚焦于图书馆的服务功能、文化治理功能和转型策略三个方面。

一是公共图书馆在公共文化服务中所发挥的效能研究。如柯平等分析公共图书馆的社会教育、社会阅读、信息服务和促进社会和谐四大功能。⑥ 二是公共图书馆空间服务功能的发展方向研究。肖珑提出图书馆空间创新、空间再造的功能和需求框架与对应策略。⑦ 三是新时期公共图书馆的转型方向和策略研究。秦殿启等从提高信息素养、培育智慧馆员等五方面提出智慧图书馆的建构策略。⑧ 综上,从学界的理论研究和图书馆的相关实践来看,关于图书馆功能的研究不再局限于传统的教育功能,而是着眼于公共图书馆作为"第三空间"在文化建设中所发挥的作用。学界对图书馆在社区文化治理效用方面的研究不足,针对公共图书馆与社群文化融合实践的研究较为匮乏。

鉴于上述情况,本文以孤独图书馆为例,分析社会力量参与公共文化服务、实现图书馆功能拓展和运营创新的运行逻辑,探讨"图书馆—社群—个人"何以形成稳固的联结,以期为公共文化服务体系社会化背景下公共图书馆的现代转型提供参照。

---

① 中国图书馆学会.图书馆服务宣言[J].中国图书馆学报,2008(6):5.
② 程小澜.文化遗产与图书馆未来——参加第 75 届国际图书馆联合会大会札记[J].新世纪图书馆,2009(6):3 - 6.
③ 周旖,肖鹏.我国公共图书馆规定性角色研究[J].国家图书馆学刊,2015,24(04):32 - 44.
④ 肖更浩.深圳图书馆史寻踪[J].公共图书馆,2021(1):55 - 60.
⑤ 程焕文,彭嗣禹,高雅,等.改变 21 世纪中国公共图书馆进程的十大创新[J].图书馆杂志,2018,37(11):26 - 34.
⑥ 柯平,尹静.省级公共图书馆在公共文化服务体系中的功能定位[J].国家图书馆学刊,2008(04):40 - 45.
⑦ 肖珑.后数图时代的图书馆空间功能及其布局设计[J].图书情报工作,2013,57(20):5 - 10.
⑧ 秦殿启,张玉玮.智慧图书馆功能图式建构[J].图书馆论坛,2022,42(03):145 - 153.

二、当代图书馆的功能拓展与社群融合实践

(一) 孤独图书馆:新型文化社区实践的产物

孤独图书馆又称"三联书店海边公益图书馆",是文旅地产阿那亚北戴河项目的配套设施,坐落于河北省秦皇岛市昌黎县阿那亚社区内。该馆占地约 450 平方米,共有三层,包括阅读空间、冥想空间与活动室,于 2015 年 4 月 23 日世界读书日正式建成投用。孤独图书馆的功能如下:一是保留了传统图书馆的基本阅览功能,在藏书方面,主要分布于一层书桌、各层书柜与储藏室,以小说、散文居多,包括中国文学与外国艺术类书籍,有少量历史、哲学类书籍;二是作为社区公共文化空间承载艺术活动,传递社区相融的生活美学。

阿那亚的核心价值观是"人生可以更美",在艺术与生活之间寻找契合点,通过建筑媒介架构艺术与生活的桥梁①。孤独图书馆的爆红源于自媒体品牌"一条"发布的视频,视频发布后,其单日客流量达到 2 500 人次。2015 年 6 月 1 日始,孤独图书馆启动每日 200 人次的预约制。作为阿那亚社区的文化空间,孤独图书馆将其价值观融入设计与营销中,以此引起读者的情感共鸣。本文选择孤独图书馆为例为研究对象,原因如下:

其一,孤独图书馆作为城市社区公共文化空间,实现了公共图书馆空间功能的创新。在实践层面上,孤独图书馆借助网络虚拟空间与实体物理空间为"孤独人群"打造孤独场所。阿那亚社群诞生于 2014 年,最初以解决客户诉求为主要业务,后发展为"以服务客户为核心"的服务理念,并为地产项目带来了稳定的客源。阿那亚品牌成立之初,就将目标客群锁定为城市中产阶级,通过艺术、兴趣重构人与人之间的亲密关系。

其二,孤独图书馆为公共图书馆运营理念的转变提供了新路径,表现为经营方式与理念的创新。在理念定位上,阿那亚将其核心价值观融入生活美学,激发群体创造价值,强化个体的归属感与认同感。由图书馆承载的各类艺术活动,与图书馆本体在外化、对象化的过程中形成文化符号加以储存②,成为社群文化记忆保存和重现的机制。

作为社区公共文化空间,孤独图书馆在发挥传统阅读服务功能的同时,也成为

---

① 王云秀. 集群视角下阿那亚当代建筑实践研究[D]. 天津:天津大学,2019:41.
② 扬·阿斯曼,管小其. 交往记忆与文化记忆[J]. 学术交流,2017(01):10-15.

社区文化服务与社群建设的载体,在满足公众文化需求、推进公共文化服务社会化方面发挥着重要作用。因此,以孤独图书馆为例考察公共图书馆功能拓展与运营模式创新、社会力量推动公共文化服务社会化的实践,具有重要的现实意义。

(二)聚焦孤独:图书馆社群融合的分析框架

新型图书馆作为公共文化服务体系的新形态,除了传统图书馆的基础功能外,还创新出更多功能,表现为对"人"的关怀。传统图书馆主要由馆藏图书、设备、空间、馆员等要素组成,其中设备、空间和馆员均服务于馆藏图书这个核心[1],形成了以图书为基础的典藏、管理和借还的运营模式。新型图书馆首先对物理空间进行拓展,将馆内部分资源分配给非阅读空间,创新出文化交流、社群建构等新功能(表1)。此外,还开拓了网络虚拟空间,借助社交媒体建立虚拟社区[2]、搭建文化共享平台,新型图书馆的服务理念实现了从"物"的关怀向"人"的关怀的转变。

表1 传统图书馆与新型图书馆形态对比

维度/类型	传统图书馆	新型图书馆
服务理念	"物"的关怀	"人"的关怀
空间形态	物理空间	物理空间＋虚拟空间
功能	保存人类文化遗产 参与社会教育 传递情报信息 文化娱乐	创新交流环境 注重多元素养 建构社群文化 (原有基础上增加的功能)

基于图书馆功能拓展和运营创新审视孤独图书馆的实践,可以为我国传统图书馆的转型升级提供参照,国内学者的研究也从不同层面与此呼应或契合。如徐红玉从宏观、中观、微观三个方面构建图书馆服务实践策略,微观层面上呼应本文关注的图书馆空间环境和空间体验实践。[3] 周久凤提出图书馆的转型应"打通虚实空间""发挥多功能复合联动效应"。[4] 因此,探讨公共图书馆的转型方向,发掘孤独图书馆消费孤独、营销孤独与治愈孤独的内在逻辑,可以为传统图书馆的转型

① 王跃虎.图书馆中的空间服务及其创新研究[J].图书馆.2021(4):60-67.
② 肖波,宁蓝玉.俄罗斯实体书店的"第三场所"转向——以"订阅书店"为例[J].出版科学,2022,30(01):59-66.
③ 徐红玉.图书馆空间转型的信息学原理及其功能价值研究[J].图书馆,2021(1):84-91.
④ 周久凤.图书馆空间的多维表征及再造策略[J].图书馆,2016,(06):75-79.

升级提供参照。

阿那亚地产项目依托孤独图书馆形成诸多文化社群,创新了地产项目开发和运营方式,建立起图书馆、社群与个人之间的关联;依托现代传媒营销"孤独"理念,打造精神建筑构筑"孤独"场景,使读者产生情感认同。该模式创新了传统图书馆的空间设置,有效促进了社群文化的发展。

三、消费孤独:从社群界定到理念传播

(一)依托现代传媒维系社群情感

基于城市异地空间重构的社会关系,有别于传统的血缘部落。① 莫里斯·哈布瓦赫提出:"个人只有作为群体成员在社会情境中才能获得记忆和识别,对记忆加以定位。"②阿那亚的文化社群,正是在特定的"记忆之场"③中形成了稳固的联结。这种社会关系不仅存在于孤独图书馆的物理空间,还通过网络虚拟空间建立新的联结。

孤独图书馆以"孤独""艺术"为标签,推出具有品牌特色的社交模式,依托社群与场景稳固品牌形象,进而发展社群文化。在阿那亚创建的话语体系中,个体"通过参与互动寻求价值认同,进而构成具有较强的协作性与消费力的群体"④。Muniz等将"品牌社群"(Brand Community)阐释为:消费者是品牌社群的核心,社群经济的运营与产品、消费者以及企业三者之间的双向互动息息相关。⑤ 阿那亚以艺术为纽带联结个人与社群,通过音乐、诗歌、舞蹈等形式激发个人的归属感和集体感⑥,使社群内部建立稳固的情感联结。

(二)借势多种渠道宣扬品牌理念

孤独图书馆秉承阿那亚核心价值观,采用"艺术＋生活""线上＋线下"的营销

---

① 安东尼·吉登斯.现代性与自我认同[M].赵旭东,等,译.北京:生活·读书·新知三联书店,1998:19.

② 莫里斯·哈布瓦赫.论集体记忆[M].毕然,郭金华,译.上海:上海人民出版社.2002:36 - 37.

③ 皮埃尔·诺拉.记忆之场:法国国民意识的文化社会史[M].黄艳红,等,译.南京:南京大学出版社,2017:11.

④ 金韶,倪宁."社群经济"的传播特征和商业模式[J].现代传播,2016,38(04):113 - 117.

⑤ MUNIZ A M, O'GUINN T C. Brand Community[J]. Journal of Consumer Research,2001,27(Mar):412 - 432.

⑥ 罗宾·邓巴.深度理解社群系列 社群的进化[M].李慧中,译.成都:四川人民出版社.2019:46.

模式,将内容与受众之间的消费关系升级至情感关系,架构起读者与图书馆之间的精神桥梁。

1. "线上"贯通大众审美

互联网技术的发展为图书馆的转型提供契机,阿那亚借助现代传媒获得流量变现的机会。以线上渠道为例,孤独图书馆除了借助官方渠道外,还将话题引入自媒体平台,借助视频类、社交类等大众传媒平台,以音图文等数字媒介进行营销,包括微信公众号("孤独图书馆")、微博("阿那亚孤图")、阿那亚官网等媒介。其中在微信公众号与 bilibili 平台受到的关注度较高,前者单篇文章阅读量平均在 4 000 次以上,部分文章阅读量超过 5 万次。此外,孤独图书馆也开放多种反馈渠道以推动服务升级、理念传播。如借助大众点评、美团与携程等平台,让读者以音图文等形式参与反馈,为个人、图书馆之间的沟通提供全方位、专业化、个性化的服务。

微信公众号是孤独图书馆进行影像传播、艺术参与的主阵地。作为图文声像并茂的营销平台,微信公众号"孤独图书馆"既是企业文化的输出者,又通过"文章精选"栏目的"影像""迷影""看图说话""个人相册"四个板块邀请读者参与创作,同时推出"驻留计划"为艺术家提供创作空间和多元文化社区。

2. "线下"丰富艺术体验

孤独图书馆以多种线上渠道塑造品牌形象,举办线下活动与客群建立稳定联结,主要通过艺术活动(音乐会、业主诗歌活动)、媒体访谈和商演等形式展开。截至目前,在孤独图书馆举办的活动有数十余种,包括行为艺术展、读书分享会、音乐会等多种类型的艺术活动。

2019 年 7 月,咖啡品牌 Soloist 入驻孤独图书馆,将咖啡消费文化与品牌理念融合,为读者提供良好的阅读体验。2021 年 12 月 30 日,由网易云音乐发起的"'没关系'音乐罐子治愈计划"活动在孤独图书馆周围举行。阿那亚的营销方式使图书馆与读者在双向沟通交流的过程中达成共识,实现彼此的价值交换。① 2022 年 9 月 2 日,歌手李健在阿那亚金山岭山谷音乐厅举办了一场主题为"向往"的线上演唱会,观看人数超过 3 000 万。活动突破空间限制,音乐厅的建筑结构、演唱形式回应金山岭的自然景观,实现了艺术与自然的融合。

孤独图书馆从开放至今已 7 年有余,拥有近百个艺术社群。美国巴里·费格

---

① 特伦斯·A. 辛普. 整合营销沟通(第 5 版)[M]. 熊英翔,译. 北京:中信出版社,2003:4.

教授首次将"情感"引入营销理论中，并命名为"情感营销"。[①] 孤独图书馆以"孤独"情感定位目标人群，从视觉、听觉、触觉构建"孤独"场景、通过"线上专栏＋线下活动"搭建情感交流平台，以"艺术介入生活"的方式发展社区文化。

四、营销孤独：从场所建构到场景营造

Wiegand 以"图书馆作为场所"为立意研究了图书馆的角色扮演和功能定位。[②] 图书馆可以为读者提供互动场所，架构起读者之间互动的桥梁。孤独图书馆的场景营造，诠释了建筑与建筑、建筑与外部空间、建筑与人之间的关系[③]。孤独图书馆通过静态的建筑本体与动态的活动形式构建场所，借助多元场景形式联络人与空间，构建在地文化以建立人与场景之间的连接。

（一）基于建筑现象学营造场所精神

法国存在主义代表梅洛·庞蒂从知觉现象学阐释了"感知至上"的概念，孤独图书馆建筑师董功则将主观"感知"贯穿于图书馆客观场地和场所的营建。从其内部文化空间来看，着重以空间形态表现图书馆的孤独主题。在空间设计上，建筑师考虑人与自然的互动，注重从视觉效果、听觉刺激、触觉感知方面平衡图书馆空间设计之间的关系，通过光影变化、自然声音与座位设计等营造静谧友好的阅读环境。

图书馆的通透设计可以使读者在馆内观赏海景，丰富读者的阅读体验。阅览空间作为空间主体，建筑立面的材质和阶梯形阅读平台共同实现了"面朝大海，春暖花开"的诗意场景。冥想空间将环境声音融入空间设计，为读者的冥想活动营造静谧和谐的氛围。活动室、阅读空间与冥想空间都与海产生不同方式的联系，访客置身其中便可通过不同视野、高度变化回应自然场所。建筑艺术的元素是光和影、墙和空间[④]，孤独图书馆将光影设计与建筑本体合二为一，从时间推移与空间明暗变化共同强化建筑的孤独感。触觉作为最直接的在场性体验，是读者与图书馆进行情感交流的桥梁。孤独图书馆坐落于沙滩中，读者踏沙而入，行进过程中可从不

① 巴里·费格. 市场营销：攻心为上[M]. 上海：上海人民出版社，1998.

② WIEGAND W A. To Reposition a Research Agenda：What American Studies Can Teach the LIS Community about the Library in the Life of User[J]. The Library Quarterly，2003（4）：369－382.

③ 勒·柯布西耶. 走向新建筑[M]. 陈志华，译. 西安：陕西师范大学出版社. 2004：7.

④ 勒·柯布西耶. 走向新建筑[M]. 陈志华，译. 西安：陕西师范大学出版社. 2004：34.

同角度观察景致的变化,真实地感受沙滩、海水、贝壳等自然景物,这也强化了环境给读者带来的孤独感。

构建视觉场景时,建筑师通过不同水平面的设计和建筑材质的选择,使人与环境进行直接对话。在听觉接受方面,建筑师将自然声音充分纳入空间并使其成为空间的一部分。在触觉感知方面,读者在行进过程中对图书馆所在的场所产生真实直接的感受。

(二)构建精神建筑渲染"孤独"氛围

建筑师通过对场地元素的提取与转译,营造以环境为主题的空间场所。通过建筑材料的选择、场地的设计、场所的营造,从形与神两个维度呼应"孤独"这一主题:"形"侧重于建筑呈现的意向与场地特征的吻合,以直观的方式呼应环境;"神"则强调建筑给人的感受,使人联想与场地特征相关的场景,以间接的方式回应环境。

建筑的存在目的是使"场地成为场所",即从特定环境中揭示潜在意义。孤独图书馆通过水泥和木条纹理的结合赋予了建筑墙体自然机理,使其与自然环境浑然一体,实现了馆体与外部秩序的有序协调,并以庞大的几何建筑与自然环境之间形成一种强烈的对立关系[1]。其所处的环境包括灰色的建筑本体、大海、沙滩、天空,视野宽阔,这种独特的建筑风貌与场地相结合,与在地文化共同营造孤独氛围。相比于场地设计关注建筑与环境之间的关系,场所营造更注重挖掘场地环境的隐性特征,延伸场地文化内涵。这种场所设计方式同时也被应用于其他类型的建筑设计中,如安藤忠雄设计的光之教堂、兵库县立美术馆等。

五、治愈孤独:从形象感知到情感认同

根据传播学理论,传播与反馈是传播者与受传者之间以信息中介的相互沟通、相互作用的操作行为[2]。孤独图书馆通过大众传播、组织传播、人际传播等方式催生文化社群、传播品牌理念,实现营销目标。读者则可以通过大众传播、人际传播等反馈机制进行情感表达,由此可得出读者对孤独图书馆的真实体验。

在数据渠道方面,以提供地区生活服务的O2O消费全场景平台美团作为孤独图书馆评论的来源网站(收集时间截至2022年6月22日)。选择美团App评论

① 王云秀. 集群视角下阿那亚当代建筑实践研究[D]. 天津:天津大学,2019:44.
② 邵培仁. 传播学[M]. 北京:高等教育出版社,2000:222.

作为数据来源的原因如下：一是在生活服务板块，美团向消费者提供了多方面生活服务类产品信息，涉及阿那亚社区的服务设施和相关产品，具有较好的代表性；二是孤独图书馆点评数量多于其他同类平台，达 1 916 条，共计 242 574 字。孤独图书馆在携程旅行网的评论仅有 104 条，在阿那亚 App 的评论有 765 条（精选）。因此，本文选择美团作为孤独图书馆评论的来源网站。

本文以孤独图书馆的评论为反馈的主要参照，借助 Rost CM6.0 软件对孤独图书馆在美团 App 中的评论进行研究。首先对在美团 App 上获取的关于孤独图书馆的评论进行筛选，剔除默认评论后得到 1 874 条有效评论，通过文本分析中的词频分析、语义网络分析、情感分析等方法对孤独图书馆的认知形象、情感形象、情感表达进行研究。为使搜集的评论尽量精炼，在对文本正式分析之前，借助 Rost CM6.0 对文本进行处理，步骤如下：（1）新建过滤词表，将冠词、介词、助词等无关词汇载入过滤词表。（2）进行预处理，并根据分词结果调整自定义词表，增删新词、组合术语等词汇，将"阿那亚""孤独图书馆""面朝大海"等词语添加到自定义词表；合并近义词，将"海水""海浪""大海"合并为"大海"，"拍照""照相"合并为"照相"。（3）再次修改中文自定义词表，对文本进行一般性处理，并设置统计频度，对结果进行处理。

（一）真实多元的形象感知表达

网络评论内容具有较强的主观性、多元化、多样性等特征，能够真实直接地反映读者对孤独图书馆的整体形象感知。首先，对评论文本进行总体词频分析，识别孤独图书馆在受众群体中的总体形象。在读者形象感知方面，通过语义网络分析图（图 1）可得，"孤独图书馆""孤独""大海"等词汇被多次提及，反映出读者对孤独图书馆的整体认知，这与孤独图书馆官方投射形象的关键词"大海、孤寂、光影、真实、冥想、神秘"[①]较为吻合。此外，孤独图书馆的营销使该地在开馆初期成为网红打卡地，这正是其实施限制预约人数、禁止馆内拍照举措的主要原因。

其次，对排名前 50 位的高频词进行归纳和整理（表 2），得出以下结论：（1）从前 50 名高频词来看，受众对于孤独图书馆的认知与其整体形象认知基本一致，说明受众对孤独图书馆品牌形象的感知较为一致。（2）受众对于孤独图书馆整体形象认知的高频词可以主要分为 3 大类型，包括综合服务类、环境设施类、读者感知类，其中具体词频分析如下。

---

① 任毅. 孤独图书馆的品牌社群营销[J]. 艺术科技，2019(11)：90 - 91.

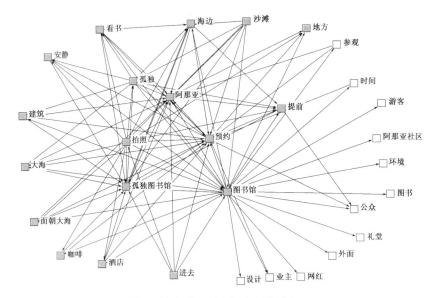

图 1　读者感知形象语义网络分析图

表 2　孤独图书馆整体形象认知高频词

序号	词语	词频	序号	词语	词频	序号	词语	词频
1	预约	1 767	18	设计	201	35	最孤独的图书馆	114
2	照相	917	19	图书	193			
3	孤独	854	20	游客	186	36	秦皇岛	114
4	阿那亚	796	21	网红	180	37	门口	114
5	孤独图书馆	772	22	公众	176	38	阿那亚礼堂	113
6	海边	554	23	阿那亚社区	159	39	静静	110
7	看书	454	24	社区	150	40	冬天	109
8	大海	376	25	海滩	150	41	享受	107
9	建筑	348	26	书籍	144	42	海浪	101
10	咖啡	340	27	感受	142	43	舒服	98
11	沙滩	319	28	免费	139	44	座位	98
12	安静	317	29	位置	134	45	北戴河	94
13	面朝大海	307	30	读书	129	46	海风	92
14	参观	242	31	惬意	120	47	看海	91
15	礼堂	211	32	馆内	119	48	淡季	85
16	业主	209	33	景点	118	49	玻璃	84
17	环境	207	34	阅读	115	50	开放	83

① 综合服务类高频词：包括"看书""咖啡""安静"等。相关评论有"预约""免费参观""看看书喝喝咖啡"等，说明了孤独图书馆的公益性特征、馆藏图书类别与相关服务。

② 环境设施类高频词：包括"建筑""沙滩""面朝大海"等。包括建筑本体、馆内设施、周边环境等方面，反映出的图书馆的环境设施与官方宣传形象基本一致。

③ 读者感知类高频词：包括"孤独""安静""惬意"等。其中"孤独"反映了图书馆的核心特征，"安静""享受"等词汇表现读者对其馆内外环境感受的一致性，说明读者对孤独图书馆的感知与品牌形象相符。

（二）正负兼具的隐性情感趋向

美团 App 为读者提供了满意度评分和文本点评两种渠道进行评价，满意度评分表现出读者对孤独图书馆的显性情感评价，文本点评则表现其隐性情感趋势。从满意度评分来看，评论的平均分数为 4.29 分，整体呈现比较满意的结果。

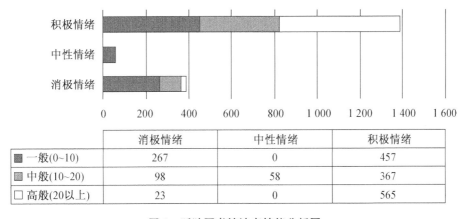

	消极情绪	中性情绪	积极情绪
■ 一般(0~10)	267	0	457
▨ 中般(10~20)	98	58	367
□ 高般(20以上)	23	0	565

图 2　孤独图书馆读者情绪分析图

读者对孤独图书馆的情感认知是对图书馆感知的重要表现形式之一。首次将情感分析融入认知过程的 Lawson & Bond-Bovy，提出个体对特定地点的想象、情感表达是目的地形象的重要组成部分①。通过对孤独图书馆评论分析可知（图 2），总体上，读者对孤独图书馆表现出积极情绪的评论占比最多，为 75.69%；消极情绪次之，为 21.14%；中性情绪最少，为 3.16%。其中带有消极情绪的评论有"只在门口看了看，没有进去，太过孤独不敢靠近""个人以为孤独概念炒作比较成功，就

① 　LAWSON F，BOND - BOVY M. Tourism and Recreational Development ［M］. London：Architectural Press，1977.

图书馆来说并不是很成功"等,主要表现为对其营销方式的质疑。整体来看,读者对孤独图书馆的品牌理念、场景营造与形象塑造以积极情绪为主,而读者的消极情绪则表现在对其营销方式的质疑。

整体而言,读者对孤独图书馆的整体形象感知与其塑造的品牌形象基本一致,以"孤独"为核心衍生出一系列相关感知。通过对评论数据进行情感分析后发现,虽然读者对孤独图书馆营销所引发的"网红化"产生了少量消极情绪,但大部分读者对其品牌形象的塑造、理念的传播持认可态度,对孤独图书馆总体表现出积极情绪,比如认为孤独图书馆与其塑造的孤独、艺术形象相符,孤独图书馆提供咖啡、不允许馆内拍照等举措能够给读者提供良好的阅读环境。

六、结语

在"互联网+"经济普及、传统行业转型发展的背景下,城市化进程的加剧使个体的精神世界变得愈发匮乏。传统公共文化系统存在"由社会意志和人民群众心愿所根本制约的制度刚性"[①],图书馆也面临因电子阅读的普及、服务单一而可能被淘汰的境地。我国缺乏基于本土特色形成的公共图书馆,具有综合服务功能的图书馆数量不多。公共文化服务体系社会化吸引社会力量参与公共图书馆的转型升级,形成了"图书馆—社群—个人"之间良性互动的新型关系。以孤独图书馆为代表的新型公共文化空间,既需要文化政策从外支持,也需要社会力量从内推动。

孤独图书馆积极向"满足用户需求"转型,从单一的阅读空间积极拓展至综合型"第三空间",成为社区公共图书馆发展的范例。孤独图书馆通过消费孤独打造品牌 IP,吸引目标客户参与文化消费;借助孤独营销营造"孤独"场景,发扬场所精神,获得读者群体情感认同,治愈个体孤独。孤独图书馆通过开展一系列的艺术文化活动确立目标群体,发展成独具特色的图书馆经营模式:一是场景营建孤独感,让孤独的灵魂有安放之处;二是治愈孤独,用艺术充实孤独者的精神世界;三是营建社群,以兴趣为纽带,推动社群之间的交流互动。

与孤独图书馆的运营方式相似,四川甘孜塔公草原存在一座纳朗玛社区图书馆。该图书馆的出资者、建造者与负责人均为当地居民久美,旨在为公共文化服务供给不足、教育资源匮乏的塔公草原居民提供学习与交流的场所,并邀请各类艺术家为读者授课。由此,图书馆实现了"自循环",曾经的读者会继续推动图书馆的运

---

① 王列生.警惕文化体制空转与工具去功能化[J].探索与争鸣,2014(05):16-18.

营。这座图书馆远离城市街区,成为高原文化绿洲,因此获得"最孤独的图书馆"一誉。纳朗玛社区图书馆的场景孤独感源于其地处高原的独特地理方位,面向高原居民免费开放,为其提供精神栖息地;开展多种艺术活动,为读者寻找价值认同。此外,由湖北省孝感市、孝南区委区政府,杨店镇委镇政府与卓尔文旅集团共建的桃花驿·卓尔书店,对政府与社会力量共建公共文化服务具有借鉴意义。卓尔书店重新定义传统乡村书店,集阅读空间、休闲水吧、小剧场与路演空间于一体,将人文、艺术与生活相融合,打造特色文化生态绿洲,为孤独的灵魂提供精神栖息地。公共图书馆的转型应当秉承"将图书馆建设成为有温度的文化社交中心"的理念,立足于以人为本的城市更新、乡村振兴、美好生活需求,从场所选择、空间营造、场景构建三方面创新,激活新型图书馆的生命力,向更加个性化、专业化的方向发展。

作者简介

肖波,湖北随州人,武汉大学国家文物财政政策研究基地主任、教授。研究方向为文化遗产、文化产业。

张远远,安徽阜阳人,合肥市文化和旅游局科员。研究方向为文化遗产、文化产业。

The "Loneliest Library": New Cultural Community Practice Based on Community Integration

Xiao Bo   Zhang Yuanyuan

Abstract: The development and popularization of information technology hinder the growth of traditional libraries. Stimulating the vitality of public libraries and expanding public cultural space have become an important issue for the high-quality development of public cultural services. Policy support and social participation jointly promote the transformation of public libraries from the supply side to the demand side, and implement the people-centered development concept. The "Loneliest Library" gets rid of the traditional library's concern for "things" and changes to "people", develops community culture with the "consumption of loneliness", creates loneliness scenes with "marketing loneliness", obtains emotional recognition with "healing loneliness", and breaks the barriers among the library, community and individual, forming a benign interaction among these elements. The new library operation mode based on community integration realizes the transformation of modern library functions with "satisfying users' requirements" as the core, and provides a reference for the function expansion and operation innovation of modern libraries.

Key words: The "Loneliest Library"   Humanism   Brand Marketing   Heal Loneliness

文化消费

数字文化产品的消费特征与营销策略研究:基于自我决定理论[*]

周志民　林叙含　孙晓辉　张　宁

摘　要:随着科技与文化的发展,数字文化产业正逐步成为我国文化产业发展新的增长点。理解消费者对数字文化产品的消费特征,是推动数字文化产品营销的关键。本文基于自我决定理论,结合消费者的内在动机和数字文化产品的行业特点,提出数字文化产品具有"自主、能力、社交"三大消费特征;基于这三大消费特征,提出了推广数字文化产品的营销策略,以期为数字文化产品从业者提供建议。

关键词:数字文化产业　数字文化产品　自我决定理论　消费特征　营销策略

一、引言

近年来,受技术、国家政策等多重因素的影响,数字文化产业凭借互联网逆势增长,迸发出强大的经济活力。传统文化产业数字化转型升级,"云端"新业态消费快速增长。消费者对线下文化娱乐服务的需求日趋线上化,使得我国文化产业的虚实结构发生改变,不断推动着逆向 O2O(Offline to Online)的发展(黄永林,2020)。与此同时,文化消费作为一种满足精神需求的消费正在持续升级,并逐渐从有形物质消费向虚拟体验消费转变(张宝英等,2019)。因此,在数字文化产业飞速发展之际,探讨消费者的数字文化消费需求以及数字文化产品的消费特征,对满足消费者的数字文化消费需求,促进数字文化产品的创新与营销,拉动数字经济发

---
* 　基金项目:国家社会科学基金重大项目"文化产业数字化战略实施路径和协同机制研究"(21ZDA082);国家自然科学基金面上项目"品牌文化资本的维度、合法性成因及对品牌绩效的影响研究"(72172093);广东省哲学社会科学规划项目一般项目"社交媒体中消费者参与公益项目的行为模式、驱动机制和公益项目设计策略的研究"(GD19CGL39)。

展具有长远意义。

在数字文化消费热潮里,人们的消费需求越来越个性化、多样化、品质化。数字技术的支持催生了文化产业的新业态,面对新场景、新机遇和新力量,传统文化产业在内容的传播和创新上打开了新的想象空间(黄永林,2020)。例如,消费者通过"云端设备"就可足不出户游览全国,使用"手机端"就能享受一场视听觉盛宴。已有研究通过对当前数字文化消费现状或不同的数字文化消费场景进行了相关的数字文化消费特征描述(李凤亮等,2018;张宝英等,2019;秦开凤等,2022),但对消费特征的归纳各有差异,从消费者需求相关的理论视角出发且较为系统性的归纳研究还较少。为此,本研究基于消费者需求视角,将自我决定理论引入数字文化消费的场景中,深度探讨数字文化产品的消费特征,并据此提出相应的营销策略,既拓展了数字文化消费领域的相关理论支持,也丰富了文化企业营销实践的管理启示。

二、文献综述

(一)数字文化新业态及产品特征

1. 数字文化新业态

数字技术的变革改变了人们的生活模式,催生了一大批新型事物。在互联网、云计算、大数据、5G 等数字技术的助力下,数字技术与影视传媒业、动漫游戏业、在线教育、旅游业、文化博物业等产业进行融合创新(黄江杰等,2022)。传统的文化产业开始向数字化转型,演变出数字技术与文化创意内容相结合的新业态——数字文化产业,包含数字影视产业、数字媒体产业、数字电竞产业、网络文学产业、动漫及衍生品产业、数字营销产业、虚拟现实产业、数字教育产业等新业态(顾江,2022)。与此同时,数字阅读、数字音频、数字文旅、网络视频、网络游戏、在线教育等数字文化产品也在不断扩大消费,促使消费者实现消费升级。

数字文化产业的发展正在深刻影响整个文化的发展生态,改变文化形态,数字技术应用加速了数字文化产业的推陈出新,也让消费者的数字生活更加丰富多彩。具体来讲,在数字影视行业,线上视频与线上直播呈现爆发式增长。短视频营销持续发力,直播平台继续保持增长态势,在直播中加入虚拟动效元素,运用元宇宙概念为消费者开拓更多新的消费场景。在网络文学产业中,科技赋能数字阅读,阅读方式不断更新迭代,使得线上阅读的场景更加多元化,电子书、有声读物等数字阅读方式逐渐成为消费者获取知识的新途径。在虚拟现实产业中,数字游戏、数字文旅等数字产品受到广泛关注。借助数字技术,数字游戏为消费者提供更加真实的游戏场景,增加了游戏的体验感与沉浸感。数字文旅则能够向游客展现或还原未开放旅游区域,游客可以通过手机程序实现"云"旅游,极大地降低了旅游成本(张晓欢,2021)。在数字教育行业中,在线教育获得井喷式发展,成为疫情期间亿万学生的刚性需求,在线教育的产品体系不断细化与完善,各年龄层的学生覆盖面广泛(朱静雯等,2021)。此外,随着数字技术的日渐成熟,新的产业业态也逐渐呈现,线下文娱活动实现云端转型,线上演唱会、线上音乐会、"云"综艺等云上模式不断出圈,让消费者耳目一新。

2. 数字文化产品特征

数字文化产品在数字技术的支持下不断创新与发展,展现出更加丰富的形式,功能性、价值性不断被深化。在数字文化产品的发展与构建过程中,文化内容与创意是发展的灵魂,数字技术创新是发展的引擎(黄永林,2020)。数字技术与文化内容在深度、广度、速度、宽度以及效度等方面的多维融合,不仅展现了现代技术的先进性,而且展示了数字技术对文化产业带来的深刻影响(黄永林,2020)。在数字文化产品中,文化内涵是产品本体。文化作为人的精神生产成果的信息形态,文化产品首先需要满足人自身的精神需要,体现精神世界的丰富内容。同时,在文化产品传播过程中,文化价值也在不断传播,人的精神创造也在不断地互动与交流,从而碰撞出更多的思想火花(郑琼洁等,2022)。数字文创产品、数字文学内容、线上视频内容等数字文化产品充分挖掘优质的文化资源,展示和传播优质的精神文化,增强了文化内容的丰富性,促进了文化内容的创新与发展。数字技术是数字文化产品的表现形式。随着 VR、AR、云计算、大数据、人工智能等数字技术的发展,文化内容的呈现方式和意义表达方式更加生动具体。数字文化产品如虚拟现实产品充分借助数字技术的便利性与快捷性,拓展了消费者接触资源的广度,满足了消费者对数字资源的独特性需求,同时提高了消费者对虚拟资源的真实性感知。

当前数字文化产品还存在一定的问题与不足。在数字技术方面,存在数字核心技术受限、数字知识产权保护不足、数据共享存在壁垒等问题(张晓欢,2021;袁晗,2022)。在文化内容方面,存在文化内容供给不足、已有文化资源挖掘不够深入等问题(张晓欢,2021)。由此看来,数字文化产品未来的发展还具有很大的进步空间。

（二）数字文化产品消费特征的研究

数字文化消费的研究仍处于起步阶段。回顾以往学者们对数字文化消费的研究，主要包括定性与定量研究。在理论研究中，李凤亮等（2018）认为，数字时代背景下的文化消费已经呈现出碎片式、延伸式、沉浸式、社交式和虚拟式的特征；张宝英等（2019）提出数字创意时代文化消费的新特征包括个性化、社交化、虚拟化、延伸化；秦开凤等（2022）提出数字文化消费具有沉浸式、社交性、延伸式的特征；黄永林（2022）则提出数字文化消费包括生产消费平台化、消费空间在线化、消费主体多元化、消费模式多样化、消费推送精准化、消费体验场景化等特征。

在定量的研究中，学者们大多从需求侧与供给侧进行分析。在需求侧的分析中，学者从消费者的收入水平（曹祎遐等，2021）、文化程度（韩东林等，2023）、消费者的心理感知（张春华，2018）等进行实证探究。如张春华（2018）通过对网络游戏消费的影响因素探究，发现网络游戏消费的重要影响因素是娱乐性感知、有用性感知。在供给侧中，学者大多针对单一数字文化产品进行消费影响因素的分析，如服务供给价格、数量、质量等（耿达等，2020）。如 Barata 等（2021）通过探究数字音乐的消费，发现资费下降、内容优质化会使消费者需求加大。除此之外，相关统计报告主要对数字文化消费的地域、人群特征等进行宏观统计①。

由此可以看出，国内外已有关于数字文化消费特征的理论研究与实证研究，但缺乏统一的体系，数字文化消费特征还存在较大差异。此外，当前数字文化类型众多，以往研究只针对单一类型进行研究，缺少共性研究。因此，本文基于自我决定理论，从消费者需求的角度对数字文化消费的特征进行归纳总结。

（三）数字文化产品营销策略的研究

在现有研究中，已有学者对数字文化产业的发展提出相关的建议，少数学者提到了数字文化产品营销策略。在对数字文化产业的建设中，大多数学者提出了较为宏观的建议。例如，张宝英等（2019）提出我国文化消费需从传统文化植入生产，助力消费升级；以消费需求为导向，健全文化产业链；规范网络文化供给，提高交换层次；落实配套政策措施，推动文化消费自我提升等几个方面进行提升。郑琼洁等（2022）从文化资本、文化主体、文化市场和文化安全四个方面提出数字文化产业高

---

① 《中国网络版权产业发展报告（2020）》，https://www.ncac.gov.cn/chinacopyright/upload/files/2021/6/9205f5df4b67ed4.pdf；《中国数字经济发展报告（2022）》，http://www.caict.ac.cn/kxyj/qwfb/bps/202207/P020220729609949023295.pdf。

质量发展要保护知识产权、守稳安全底线、开放共享数据、规范市场秩序。张晓欢(2021)则从数字文化产业创新发展的角度提出对策建议,如增强数字文化内容的创新力度,注重相关人才的培育和引进,尽快完善数字文化产业服务和治理模式,使数字文化产业和文化建设有效衔接。黄江杰等(2020)通过对数字创意产业现状的分析,从数字创意产业的科技攻关、创新机构、平台企业、人才培养、监管服务、产业聚集等方面提出了对策建议。顾江(2022)则提出文化资源数字化、文学艺术创作数字化传播、传统文化数字化转型、知识产权质押融资、全面数字人才培养、高效数字市场治理、数字文化产品多点出海等发展战略。在具体的数字文化营销策略中,完颜邓邓等(2021)从公共数字文化服务供给和用户需求两个角度出发,探究用户、资源、平台三个维度文化服务营销的营销方法和形式。胡佳豪等(2021)基于网络整合营销4I原则提出了公共数字文化服务营销策略,如融入趣味元素,吸引公众参与,重视公众需求,提升使用价值等。

综上,已有研究更多探讨的是数字文化产业的发展建议与策略,针对数字文化产品的具体的营销策略研究还较少。因此,本文基于自我决定理论归纳的数字文化产品消费特征提出相应的数字文化产品营销策略。

三、基于自我决定理论的数字文化产品消费特征

(一)自我决定理论的引入

当前,互联网、大数据、云计算、5G等技术使得数字文化产品的消费不受地域、时空限制,科技赋能和创新加持,让用户在享受文化消费产品的同时,拥有了更加独特的体验。随着人们的文化鉴赏能力和审美水平的逐步提升,以"价值向"内容为主体的知识分享和艺术创作作品的消费需求正不断升级。数字文化产品具有资源丰富性、传播网络化、消费个性化等特点,数字文化消费也更加多元化。已有学者认识到数字文化产品消费中消费者需求的重要性,但在数字文化消费中,消费者的消费特征还不明晰。数字文化产品能否满足消费者自身需求以及能否为消费者带来精神的满足和愉悦还有待进一步探究。因此,了解消费者的消费特征,需明确消费者的消费动因与消费需求。本文从消费者需求入手,引入自我决定理论,对消费者的自主需要、能力需要、社交需要三项基本心理进行探讨,探究与总结基于上述基本心理的数字文化产品的消费特征。

20世纪80年代,美国心理学家Deci & Ryan提出关于人类自我决定行为的动机过程理论——"自我决定理论"(Self-Determination Theory),其研究的主要问

题是人们基本心理需要的满足程度和主观幸福感的关系。自我决定理论的子理论基本心理需求理论提出,人类的内在心理需求包括能力(Competence)、自主(Autonomy)和社交(Relatedness)三个维度(Ryan et al.,2000)。其中,能力是对自己行为的感知,即个体可有效地应对外界需要并与所处的环境进行互动(李晓明等,2017),可以通过直接和积极的反馈、挑战等提高。自主指的是行为、选择自主,是个体出于自主的意愿而进行相关的活动,同时个体可根据自己的兴趣与价值从而选择不同行为的程度。人们通过增加自我选择、自我感受和自我导向的机会,增强自主性。社交指个体在活动过程中与活动对象建立连接,希望能够通过付出时间和精力等成本来获得他人接受或认同的感觉(李晓明等,2017)。通过提高与他人的互动与联系可以满足社交需求(Ryan et al.,2001)。当环境能够支持内在需求时,个体可以增强自我激励并有效地发挥作用(刘丽虹等,2010)。

数字文化产业的生态系统具有存储、传播、交往以及创新等特点(郑琼洁等,2022),这使得数字文化产品能够以数字化、智能化、社交化的形式展现在消费者面前,满足消费者的能力、自主、社交的内在需求,为人们促进自我发展与自我实现创造良好的环境支持。例如,数字文化产品中 VR、AR 等数字技术的运用,能够让消费者身临其境地探索虚拟世界,满足消费者的好奇心,从而增加消费者的知识储备;数字产品中的社交场景的搭建与应用,如数字游戏、数字音乐会等,在满足消费者自身享乐需要的同时,也提供了社交与互动平台,促进消费者与他人的互动;短视频的发展为消费者创作提供了平台,大量用户生成内容(User Generated Content,UGC)不断被创作、接收,消费者能够自主选择和编辑,从而满足了自主性的需求。由此可见,数字文化产品为消费者需求的满足提供了条件支持,因此,本文以自我决定理论视角中能力、自主和社交需求三个维度为基础,进一步提炼消费者进行数字文化产品消费时的消费特征。

(二) 数字文化产品的消费特征

根据"自我决定理论",满足自主、能力、社交三大心理需求能够增强个体心理需要的内部动机,提升精神幸福感和满足感。对于数字文化产品而言,当产品能够满足消费者的心理需求时,消费者对产品的消费意愿也会增强。由此,本文根据消费者的自主、能力、社交的心理需求,将数字文化产品的消费特征划分为相应的自主、能力、社交三大维度(图1),每一维度下包括相应的消费特征。

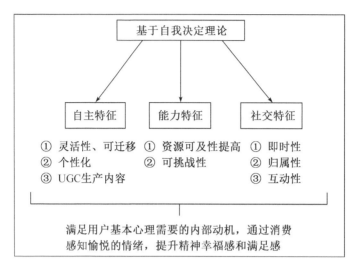

图 1　数字文化产品的消费特征

1. 基于自主的消费特征维度

自我决定理论提出,如果环境能够让人们感受到自主性(如发表看法、个人意志及采取主动),或在某一行为中的自我决定程度较高时,个体能够感知其可以决定自身行为,增强个体本身的内部动机(刘丽虹等,2010)。对于消费者而言,数字文化产品能够赋予其不触及法律的高度自由,消费者不仅能够自主选择消费内容,还可以自主创作,甚至能够与原创作者一起协作,进行二次创作。这一特征能够促进消费者提高主观积极性,降低消费者对于新兴事物的观望态度,增强消费者的好奇心,从而激发其消费兴趣。

基于自主性的特征,本文总结出数字文化产品拥有灵活性、可迁移、个性化和用户自我生成内容等特点,能够提升消费者的自主性感知。在线上短视频平台消费中,用户可以把自己创作的短视频内容上传到平台,通过丰富的剧情吸引粉丝,体现了数字文化产品的灵活性、个性化以及用户自我生成内容等特点。可迁移体现在两个方面:一是其他消费者也可以根据视频内容创作类似的视频内容;二是平台与消费者内容共创的形式还能够从线上迁移延伸到线下,如海南省与腾讯联合举办的"TGC腾讯数字文创节"。TGC以腾讯旗下的游戏IP和优秀传统文化IP线上文化内容为基础,鼓励消费者以内容再创造的方式参与官方的文化展览。在线下活动的艺术共创馆中,通过邀请游戏中不同地域的玩家和玩家家乡的非遗艺术大师,共同创作不同形式的艺术内容。这种官方提供内容、用户自由创作的联动方式,不仅产生了强大的吸引力,还延续了消费者们在线上积累的情感。

因此,数字文化产品通过提供自由创作平台,提高消费者的创作热情、满足消费者的自主性需求,进而体现出数字文化消费的灵活、可迁移、个性化与用户自我生成内容等特点。

2. 基于能力的消费特征维度

能力需要指个体对自身的学习活动或行为能够达到某一水平的信念,相信自己能够胜任,如能够完成把人的积极性最大程度调动起来的有效力、恰到好处的挑战(刘丽虹等,2010)。在5G通信技术、AI、VR/AR/MR/ER等技术的支撑下,文化生产、传播、营销、服务等链条的全面数字化得到快速推进(张宝英等,2019)。数字文化产品也在数字技术的支持下赋予消费者一种"打破限制"的能力,让消费者能够接触到更多的资源,拓宽眼界,提升自身素质。比如,虚拟真实化的电影能够将浩瀚的宇宙或尘封的历史展现在消费者眼前,使消费者身临其境。与此同时,数字文旅、数字博物馆平台也不断受到关注。人们通过线上 App,足不出户即可欣赏风格迥异的人文风光,观赏优秀的传统文化作品,获取丰富的文化资源,从而增长地理、历史知识,提升自身的文化素质。

数字文化产品还能够通过建立现实虚拟化场景,让消费者挑战自我,提升自我的能力感知。在沙盒游戏《我的世界》中,通过做任务等方式,玩家能够在游戏中挑战自我,塑造理想的自我形象,构造出与现实世界完全不同的另一种人生,从而在虚拟世界中获得掌控自我的能力。米哈游公司开发的《原神》将游戏剧情与人文特色相结合,增强了消费者的游戏参与感。除此之外,这个游戏还引入了以"燃"为代表的格斗技巧,不仅增强了消费者的感官体验,还激发了消费者挑战自我的欲望。

因此,数字文化产品不仅能够提高资源的可及性,使消费者在消费过程中打破时空限制、获取知识、提高能力,还可以通过挑战性的任务与积极反馈,使消费者在消费过程中展示自我能力,体验自我成就感。

3. 基于社交的消费特征维度

社交需要指个体需要来自周围环境或其他人的关爱、理解、支持,体验到归属感(刘丽虹等,2010)。当个体处于友好的社交环境中时,就会体验到精神的满足感,从而内心会更加愉快。数字技术的成熟为消费者提供了社交支持,通过实时互动平台,消费者能够在"云"上建立人际关系网,结交志同道合的朋友,提升满足感和幸福感。

与传统文化产品不同,数字文化产品具有及时性、归属性和互动性等特点。在网络直播中,主播和粉丝之间能够实时互动,粉丝能够向主播倾诉自己的心声并通过打赏等方式表示认同。通过线上音乐会或演唱会,粉丝们不仅能够享受到极致的音质和高清的画质,还能随时通过网络平台发表评论或者弹幕,与朋友或兴趣相同的陌生人实时互动、交流心得。微博、小红书等也为消费者提供了社交平台,消费者不仅能够在这些平台中发布自己的动态,也能够在别人的动态评论区留言。此外,消费者还可以根据自己的兴趣爱好找到不同的社交圈,如微博超话,通过与社群成员的互动建立良好的社交关系,增强群体归属感。因此,数字文化产品作为搭建良好人际关系的平台,满足了消费者的社交需求。这种基于互联网形成的云社交文化,使人们的社交形式更加多元化,人们的精神需要得到了全方位、更高层次的满足。

四、针对消费特征的数字文化产品营销策略

美国营销专家劳特朋教授提出,以消费者需求为导向是在市场决胜的关键。依照前文分析,基于自我决定理论,消费者数字文化产品的消费行为可提升其精神幸福感和满足感。为了推动数字文化产品的创新与传播,促进数字文化产业的成熟与发展,本文根据前文总结的数字文化产品的消费特征,从满足和促进消费者自主、能力与社交需求三个方面提出数字文化产品的营销策略(图2)。

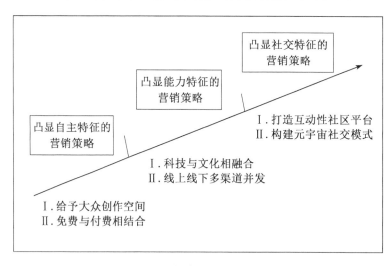

图2 数字文化产品的三层营销策略

(一)凸显自主特征的营销策略

根据社会化媒体营销理论,数字文化产品所具备的实时性、技术性和公开性等产品特征能够满足企业进行社会化媒体营销的要求。社会化媒体在营销实践中,

常带有参与性、公开性和传播性等特征(唐兴通,2012)。不同类别的数字文化产品可以让消费者在社交媒体营销中与多方无障碍沟通、共享信息,满足消费者在平台里自主展现的个人需求,为消费提供不同的价值,让消费者具有更强的选择权和自主性。因此,企业需要通过数字技术为消费者营造更具有吸引力,更能够让消费者表达自我、展示个性、发挥自主性的平台与空间。

1. 给予大众创作空间,丰富消费内容

自由的创作空间能够帮助消费者满足个性化需求。在 Web2.0 时代,用户生成内容/用户创作内容(UGC),其制作和传播方式模糊了创作者、传播者与接受者角色之间的界限,有着高度的开放性、自主性特征,所有网络用户皆可在个人兴趣、喜好的基础上生成相应的原创内容(王智洋,2022)。企业应让数字文化产品在初创时能够适度"留白",以丰富多样的创作形式吸引消费者共同协作,使文化产品融入更多个性化、创新性的元素。通过结合当下"热点"话题,抓住市场引爆点,增加"二次出圈"的可能性。

比如,专门拍摄农村情景剧的"张同学"的作品,虽然没有优美的风景、酷炫的特效,但在他的视频中,展现出独特的东北农村场景与生活日常,引起了观众对农村真实生活的共鸣。因此,自由、真实的创作往往更能够打动人心。此外,企业与消费者的共同创作也能够提升消费者的参与感和成就感。2022 年,北京冬奥会吉祥物"冰墩墩"和"雪容融"在刚发布且未被进一步宣传时,其周边就已经售罄,出现了"一墩难求"、网友们争相要求早日实现"一户一墩"的名场面。"冰墩墩"如此受欢迎,不仅是因为其可爱的形象,还因为官方给予了大众较高的自由创作空间。消费者根据冬奥会的时事热点,将"冰墩墩"和"雪容融"的形象与一些运动员们的表情和动作、当下流行词汇等相结合,创作出系列表情包在网络上传播,增加了大众对吉祥物的关注度。通过二次创作,消费者能够更好地进行个性化与情感表达,从而增强消费者购买相关的数字文创产品、周边等衍生产品的意愿。

2. 免费与付费相结合,提高文化消费的自主性

企业实施付费自主策略也能够满足消费者的自主选择需求,在尊重消费者内容选择的基础上,引导消费者自主选择知识获取方式。克里斯·安德森所提出的"长尾理论"是线上免费营销模式的理论基础,其指出人们已从被动的消费者转变为主动的生产者,实现了从"消费主义"向参与性"生产主义"的转变(Lee et al.,2011)。当前 Free(免费)+Premium(增值付费)也在逐渐成为一种新的运营模式,即通过基础的免费服务快速占领用户市场,然后利用付费的增值服务获得后续的盈利渠道(夏静,2014)。数字文化产品具备在线知识付费产品的特性,企业可以采用免费与付费相结合的运营模式。对于具有普适性的文化内容可以免费向消费者开放,但对于专业程度较高的内容,可以通过"付费订阅"或"会员"服务的方式让消费者进行知识付费。如知乎、喜马拉雅 FM、得到、豆瓣等知识付费平台,通过多层级消费的方式有效区分不同的受众群体,培养消费者数字文化产品的消费观念,促进"创作者"与消费者双向的良性发展。

除喜马拉雅 FM、豆瓣、简书等这种"付费内容＋免费海量内容"形式的平台外,其他数字文化产品也出现了"两费"相结合的现象。腾讯视频、芒果 TV 和爱奇艺等视频平台推出互动剧、电影互动预告片、互动综艺等多款作品来布局互动视听业务。消费者能够沉浸在免费的剧情互动中,还可以自主选择是否要付费解锁更多剧情。这种模式使消费者在获得沉浸式体验的同时拥有更多的选择自主权。除提供"付费"服务外,"会员订阅"服务也是数字文化产品消费自主的另一种形式。2022 年第二季度,知乎平均月付费会员数为 470 万,同比增长 121.1%;腾讯增值服务付费会员数同比增长 2%,达到 2.35 亿。"付费"服务在企业盈利中的占比不断增加。

因此,数字文化产品可以根据产品本身特点,创建"免费"与"付费"的两大消费模块,引导消费者的知识付费习惯,满足用户的自主选择需求,激发潜在的消费触点。

(二)凸显能力特征的数字文化营销策略

为消费者提供多样化的知识获取渠道与方式能够提升消费者的能力感知,满足数字文化产品消费的能力需求。由科技支持的虚拟世界更逼近于现实世界,在此条件下,消费者对挑战自我、展示自我能力、塑造不同人生的情境具有很高的真实性感知,能够增强消费者的自我能力感知。

1. 科技和文化融合加速,释放沉浸式体验新动力

自我决定理论认为,能力作为内在心理需要之一是个体快乐与幸福的基础(Deci et al. ,2000)。"心流是指个体完全沉浸在某种行为里,在此过程中无视其他事物存在的状态。"(米哈里·契克森米哈赖,2017)这种体验让用户在参与消费活动时,增强了完全参与感、享受感、控制感和专注感,并满足了其内在兴趣。企业可借助 AR、VR、人工智能等技术,运用流体验(Flow Experience)的方式,增强消费者的参与感与沉浸感。同时,以先进的数字技术加速融合文化,融入消费者的想象力和创造力,刻画出具有高真实性的线上消费场景,为消费者提供及时、积极的反

馈,使消费者在体验过程中感知能动性。

在沉浸式体验中,科技能够储存文化、传播文化、创造文化,使消费者不断体验文化多样性。例如,被大火损毁的世界艺术瑰宝巴黎圣母院,在育碧发行的《刺客信条:大革命》游戏中被1∶1等比例还原,这一科技与文化遗产相结合的数字文化产品,使消费者在休闲娱乐的同时,也能够观赏标志性建筑和历史文化遗产,足不出户便可开拓视野,提升文化素养。环球影城的水上世界运用先进的VR、AR技术,使游客能够近距离感受水上终极对决、亲身操控水上摩托艇、模拟实战场景、挑战自我极限,增强了消费者的沉浸式体验。

因此,数字文化消费产品中数字技术与文化的结合,为消费者体验不同人生带来了更多的可能性,在科技打造的虚拟世界中,进一步感受数字产品的魅力。

2. 线上线下相结合,多渠道促进文化消费增长

当前媒体的盈利路径已从渠道争夺变为终端多融合,企业转型、盈利的关键是对场景进行开发应用(汤定娜等,2018)。面对消费者越来越个性化、多样化、品质化的文化需求,文化产品和服务可以利用互联网"逆流而上",为消费者提供更丰富的资源。为了打破时间、空间、场景的限制,许多过去以线下形式展现的音乐演出、场馆展览等文化产品不断地向线上迁移。如在上海、武汉、纽约三地举办的云端音乐会《武汉十二锣》,其通过5G直播在线演奏,吸引了7 000多万名观众欣赏。线上技术的革新为消费者带来了身临其境的效果,获得了听众的一致好评。

除传统的线下演出、展览外,许多旅游目的地也充分借鉴此思路,利用数字技术打破时空限制,促进数字文化产品消费。"富春山居实景游线上沉浸式体验互动馆"是由杭州市富阳区文化和广电旅游体育局携手打造的新数字文化产品,其颠覆之前的传统,利用视频、PLOG(图片记录)等当下主流的信息传播方式,全方位、多角度地向游客展示富阳的风景、美食、运动生活、非遗技艺等丰富多样的内容,为游客打造出完美的沉浸式线上出行体验。

因此,通过线上线下相结合的方式,为消费者提供更多接近资源的机会,也能够进一步展现和传递文化内容,提升消费者的文化素养,促进数字文化产品的消费。

(三)凸显社交特征的数字文化营销策略

数字文化产品通过数字技术连接消费者、增强互动性、满足消费者的社交需求。企业可以利用已有技术充分挖掘数字文化产品的社交功能,培育多样化的社交圈层;同时开发新的互动模式,打造元宇宙社交生态,促进数字文化产品溢价,从而增强消费意愿。

1. 打造互动性社区平台,培育多样化的互动文化圈层

对于数字原"住民"来说,虚拟化沟通的在线通信工具已无法充分满足他们的社交需求。有学者指出,在社会资本理论视角下,虚拟品牌社群中的社会互动、信任互利和自我类化可正向影响消费者社会价值感知,社会价值正向促进消费者形成社群归属感(杨宁等,2019)。在虚拟品牌社群中,社群成员所拥有的社会资本降低了个体间的交流和协调成本,进而完成认知维度上的"自我类化",收获社会认同。因此,企业在打造数字文化产品的过程中,需要注意聚焦与包容。在打造互动平台以及进行社区建设时,凸显社交属性,对数字文化社区进行市场细分、培育圈层文化,帮助消费者增强群体归属感,促进消费者的认同和共鸣。

在文化互动圈层打造中,网易云音乐推出了"云村"线上社区板块。用户在虚拟社区中可以加入与自己兴趣爱好相类似的音友圈,实时交流音乐感想和生活趣事。"哔哩哔哩"以二次元为连接点,通过严格的答题考核机制,筛选出真正热爱二次元的用户,并在此基础上进行二次分层,形成拥有高度同质性(例如身份、兴趣、目标、利益)的群体文化圈层。通过在 UP 主评论区评论、弹幕互动等形式,让消费者形成强烈的群体归属感和认同感。

因此,企业在对数字文化产品进行营销时,在满足消费者社交需求的同时,也要为消费者创造社交机会。通过满足消费者的社交需求,让产品同消费者紧密连接,提高用户黏性。

2. 开发新的互动模式,构建元宇宙社交生态

元宇宙(Metaverse)即超越宇宙,是区别于现实世界的数字化的虚拟世界。之所以被称为"真实的虚拟世界",是因为用户和作者都力求能够在其中找到真实的存在感(周磐,2022)。在元宇宙中,个体可基于"兴趣、价值、诉求、内容、距离、群体"等社交因素,建立彼此间的关系连接(李曦方,2022)。基于此,企业可根据数字文化产品在社交属性上的消费特征,构建元宇宙中的新社交生态来增强消费者在真实与虚拟世界的互动与连接。

在元宇宙中,以融合图形、AI、实时渲染等技术为支撑的数字文化产品,促进了品牌虚拟 IP 和虚拟偶像的诞生,并能够支持开展"动态分享""粉丝互动"等环节,充分满足了消费者的互动社交功能。如超写实虚拟代言人 Ayayi 凭借一张大头证件照在小红书掀起一波浪潮,高颜值的外在形象引起大量用户进行二次创作,在评论后台中纷纷进行交流互动。同时,企业还可依托元宇宙为数字文化产品搭

建新的营销场景,通过 AI＋AR 技术打造虚拟社交商圈,为消费者提供便捷的购物选择和更有互动感的消费体验。

通过开发新的互动模式能够提高消费者的社交互动消费。元宇宙社交形式的出现激发了消费者进一步探索虚拟与现实世界的社交连接,增强了消费者参与,促进了数字文化消费的进一步发展。

五、结语

当前,我国数字文化经济快速发展,数字文化产业机会与挑战并存。企业要想从激烈的竞争中脱颖而出、吸引消费者,就必须深入探究消费者进行数字文化消费时的动机和需求。通过了解消费者的数字文化消费特征,从而与消费者建立良好的互动关系,增强消费者的消费意愿。当前数字文化消费特征的研究主要是对单一的数字产品的消费影响因素进行探究,以及部分学者对数字文化消费特征进行的归纳,但其归纳的特征也各有不同,缺乏一定的体系。

本文从自我决定理论的视角出发,提出数字文化产品消费具有自主、能力、社交三大特征,并在此基础上提出三个方面的营销策略,丰富了数字文化消费领域的相关研究。首先,数字文化产业平台要以满足客户需求为导向,充分利用数字技术所带来的便利与益处,赋予消费者对产品自主消费的感知,传递文化内涵,提升消费者在精神层面的满足感;其次,要从消费者的心理动机出发,增强知识的可及性,打造出贴合用户基本心理需求的文化产品,提高产品的共享价值;最后,要以情感表达及互动体验需求为切入点,增强消费者在数字文化产品消费过程中的幸福感与满足感,促进数字文化产品形成稳中向好、向上发展的良好态势。

参考文献

［1］BARATA M L，COELHO P S. Music Streaming Services：Understanding the Drivers of Customer Purchaseand Intention to Recommend［J］. Heliyon，2021，7（2）：e07783.

［2］曹祎遐,廖繁. 文化娱乐消费的影响因素研究——以中国电影行业为例［J］.社会科学,2021（10）:179－192.

［3］耿达,饶蕊. 新时代中国文化消费发展的结构特征与优化路径［J］.图书馆,2020（06）:1－9.

［4］顾江. 文化强国视域下数字文化产业发展战略创新［J］.上海交通大学学报（哲学社会科学版）,2022,30（04）:12－22.

[5]黄永林.数字文化产业发展的多维关系与时代特征[J].人民论坛,2020(17):22-29.

[6]黄江杰,汤永川,孙守迁.我国数字创意产业发展现状及创新方向[J].中国工程科学,2020,22(02):55-62.

[7]胡佳豪,戴艳清.基于网络整合营销4I原则的公共数字文化服务营销[J].图书馆论坛,2021,41(6):25-33.

[8]黄永林.数字经济时代文化消费的特征与升级[J].人民论坛,2022(9):116-121.

[9]韩东林,宣文娟."双循环"下我国数字文化消费及其影响因素研究[J].重庆工商大学学报(社会科学版),2023:1-13.

[10]LEE J, LEE J, SHIN H. The Long Tail or the Short Tail:The Category-Specific Impact of Ewom On Sales Distribution[J]. Decision Support Systems, 2011, 51(3): 466-479.

[11]米哈里·契克森米哈赖.心流:最优体验心理学[M].张定绮,译.北京:中信出版社,2017.

[12]李晓明,张辉.顾客品牌契合行为的心理机制研究:自我决定理论视角[J].旅游学刊,2017,32(7):57-68.

[13]李凤亮,单羽.数字创意时代文化消费的未来[J].福建论坛(人文社会科学版),2018(6):44-49.

[14]刘丽虹,李爱梅.动机的自我决定理论及其在管理领域的应用[J].科技管理研究,2010(15):115-119.

[15]李曦方."元宇宙营销"的价值、困境与路径研究——基于人、社交、互动视角[J].办公自动化,2022,27(15):62-64,52.

[16]秦开凤,张陈一轩.新发展格局下数字文化消费的内涵、潜力与发展路径[J].东岳论丛,2022,43(12):17-26.

[17]DECI E L, RYAN, R M. Intrinsic Motivation and Self-Determination in Human Behavior (Perspectives in Social Psychology)[M]. New York, United States of America: Plenum Press, 1985.

[18]RYAN R M, DECI E L. Self-Determination Theory and The Facilitation of Intrinsic Motivation, Social Development, and Well-Being[J]. American Psychologist, 2000, 55(1): 68.

[19]RYAN R M, DECI E L. On Happiness and Human Potentials:A Review of Research on Hedonic and Eudaimonic Well-Being[J]. Annual Review of Psychology, 2001, 52(1): 141-166.

[20]唐兴通.社会化媒体营销大趋势——策略与方法(第2版)[M].北京:清华大学出版社,2012.

[21]汤定娜,廖文虎,许冬.多渠道整合质量对消费者线上购买意愿的影响研究[J].价格理

论与实践,2018(01):154 - 157.

[22]完颜邓邓,戴艳清.公共数字文化服务营销的三个维度[J].图书馆论坛,2021,41(6):17 - 24.

[23]王智洋.参与式文化视野下 UGC 剪辑视频的文本再生产与媒介传播[J].民族艺术研究,2022,35(06):31 - 38.

[24]夏静.线上免费营销模式研究[J].价格理论与实践,2014(9):107 - 109.

[25]杨宁,陈慧.虚拟品牌社群消费者公民行为缘何而来——基于社会资本理论的视角[J].企业经济,2019,38(9):31 - 38.

[26]袁晗.自媒体时代数字文化旅游发展研究[J].艺术科技,2022,35(13):89 - 91.

[27]张春华,温卢.网络游戏消费行为及其影响因素的实证研究——基于高校学生性别、学历的差异化分析[J].江苏社会科学,2018(06):50 - 58.

[28]张宝英,张鸿暄.数字创意时代我国文化消费的驱动机理与提升对策研究[J].发展研究,2019(07):51 - 59.

[29]张晓欢.数字文化产业发展的趋势、问题与对策建议[J].重庆理工大学学报(社会科学),2021,35(02):1 - 7.

[30]朱静雯,姚俊羽.后疫情时代数字文化产业新业态探析[J].出版广角,2021(03):16 - 20.

[31]郑琼洁,成一贤.文化产业的数字生态与高质量发展路径[J].南京社会科学,2022(01):155 - 163.

[32]周磐.未来元宇宙时代下市场营销策略的发展趋势研究[J].现代商业,2022(28):48 - 50.

作者简介

周志民,江西抚州人,深圳大学管理学院教授、博士生导师。研究方向为品牌管理、文化营销等。

林叙舍,广东汕头人,深圳大学管理学院硕士研究生。研究方向为品牌管理、消费者行为。

孙晓辉,山东青岛人,深圳大学管理学院硕士研究生。研究方向为品牌管理、消费者行为。

张宁,河南安阳人,深圳大学管理学院副教授、硕士生导师。研究方向为品牌管理、消费者行为等。

Research on Consumption Characteristics and Marketing Strategies of Digital Cultural Products: Based on the Self-Determination Theory

Zhou Zhimin　　Lin Xuhan　　Sun Xiaohui　　Zhang Ning

Abstract: With the development of science, technology and culture, the digital cultural industry is gradually becoming a new growth point of Chinese cultural industries. Understanding the consumption characteristics of digital cultural products is the key to improving their product marketing. Based on the Self-Determination Theory, this paper combines consumers' intrinsic motivations and the industrial characteristics of digital cultural products, and summarizes three consumption characteristics of digital cultural products as independence, competence, and relatedness. Furthermore, based on these three consumption characteristics, this paper puts forward some marketing strategies to expand the consumption of digital cultural products, thus offering suggestions to personnel related to digital cultural products.

Key words: Digital Cultural Industry　Digital Culture Products Self-Determination Theory Consumption Characteristics　Marketing Strategy

媒介可供性对音乐流媒体
付费意愿的影响
——基于大学生音乐消费的实证研究

刘　恋　王一鸣

摘　要:本文基于媒介可供性理论框架,结合感知价值理论、满意度理论构建了媒介可供性对付费意愿影响的理论模型。通过对大学生群体的调查研究发现,生产可供性对提升满意度有着最为显著的影响,社交可供性对提升感知价值和付费意愿有着最为显著的影响,移动可供性为用户使用音乐流媒体提供了基础环境,感知价值与满意度的链式中介效应成立。本文通过实证分析研究了大学生群体音乐流媒体付费行为意愿的影响机制,拓展了媒介可供性理论的研究范畴。

关键词:媒介可供性　音乐流媒体　付费意愿　大学生　实证研究

一、引言

自20世纪初音乐外化为实体消费品以来就成为文化产业中不可撼动的核心产业。随着20世纪90年代互联网时代的到来,音乐消费随着媒介的变化逐步走向虚拟无形化。据中国互联网络信息中心(CNNIC)统计,截至2021年12月,中国网民规模达10.32亿,普及率达73%,网络音乐用户达7.29亿,占整体网民的70%,用户同比增长4.1%。经济学中的市场一般由三个部分组成:可供交换的商品、提供商品的卖方和买方。在音乐消费品提供方——卖方市场方面,IFPI数据显示,2021年音乐流媒体市场占据了整个录制音乐市场的65%,音乐流媒体收入增长24.3%,其中订阅用户付费收入同比增长21.9%。而在世界音乐市场排名中,中国音乐市场相较于2020年的第7名,继续攀升至第6名,超越韩国,成为亚洲音乐市场的第1名。从IFPI提供的数据可以看出,随着实体音乐和数字音乐下载收入的持续下降,音乐流媒体已然成为全球音乐产业收入的核心来源。数字音乐消费者在经历了十几年的版权观念培养后,音乐付费习惯正在逐步养成。国内音乐流媒体市场业已形成了腾讯(QQ 音乐、酷狗、酷我)和网易(网易云音乐)两家独大的局面。CNNIC 的第 46 次《中国互联网络发展状况统计报告》显示,在中国的网民职业结构中有 23.7% 的人是学生,是 14 类职业中占比最高的。因此,研究音乐流媒体的重要消费力量——大学生群体的付费意愿对推动该产业的发展有着积极的指导作用。

二、文献回顾

(一)"可供性"理论

美国生态心理学家 James J. Gibson 在 1979 年首次出版的《生态学的视觉论》中给出了可供性(Affordance)的定义,他认为"环境的可供性也就是环境为动物承担了什么、供应了什么、备置了什么,这些或许是有益的,或许是有害的"。学者张志安等人(2020)在 Gibson 较为模糊的定义中做出了进一步解释,认为"可供性"指的是环境提供给动物的东西,不同的环境具有不同的可供性。该概念是相对而言的,对某种动物是正可供性(Positive Affordance),对其他动物则可能是负可供性(Negative Affordance)。Gibson 从来不反对将生态学的可供性概念运用到社会文化领域。可供性不仅体现在自然环境中,同时也体现在文化环境中。他认为人工和自然不能绝对地割裂,人造物的来源就是自然。同样,文化环境和自然环境也不能被割裂。

循着将可供性放置在社会文化领域的研究路径,一些学者从不同的研究视角扩展了可供性的概念,大大丰富了其原先的内涵。由于可供性的概念打破了前置研究中对物质环境中各要素的忽视,因此,在国内的研究中最早出现在设计学领域。该理论被运用在景观设计、环境设计、工业设计和产品设计领域,尤其是交互性设计的研究。除了在设计领域的运用,越来越多的学者开始从传播学、管理学和社会学的视角关注可供性理论。英国社会学家 Ian Hutchby 在 2001 年首次提出传播可供性,指出特定技术形式下会产生特定行动的可能性。从传播的角度,可供性理论帮助学者洞察不同平台和用户之间的感知、资源供给和交互(张志安等,2020)。从这个角度来看,可供性研究包括两个层面:社会可供性(Social Affordances)和传播可供性(Communicative Affordances)。两者都侧重于可感知的线索如何影响个人行为和认知。随着媒介技术的进步,对于可供性理论的研究也在推进,一些学者提出了"技术可供性"与"媒介可供性"概念。潘忠党(2017)提出了新媒体的三种可供性:信息生产的可供性(Production Affordances)、社交可供性(Social Affordances)和移动可供性(Mobile Affordances)。此类研究强调行动者在信息技术中的行动可能性。潘强调该理论框架中的各项可供力能对当前的媒介平台和应用进行具体评估。(表 1)

表 1 媒介可供性的构成

生产可供性	社交可供性	移动可供性
可编辑	可致意	可携带
可审阅	可传情	可获取
可复制	可协调	可定位
可伸缩	可连接	可兼容
可关联		

由于"可供性"理论具有可延展性,该理论与行动者理论存在互通之处,有研究开始关注可供性理论下的企业、组织管理。音乐研究视角下的"可供性"理论主要聚焦于音乐本体的研究,分析音乐对人所具有的可供性。但随着音乐消费媒介的发展,音乐消费活动变得更具流动性、选择性和个性。"可供性"理论似乎成为连接音乐消费和音乐媒介研究的切入点。此外,"可供性"理论还能对音乐消费者的消费行为给出人造环境和人的能动性的相互关系的解释。"可供性"理论对于愈发平台化的音乐消费媒介——音乐流媒体的消费研究也有着借鉴意义,音乐流媒体中的行动者包含音乐用户和平台机制两个有机存在。音乐流媒体作为数字时代最核心的音乐消费媒介,既有着便捷的数据收集渠道,又能跟踪分析用户消费喜好和消费行为。该理论可被运用于平台行动者之间互动关系的研究。音乐技术的发展让音乐流媒体可以快速定位用户的需求与消费习惯,通过平台机制的个性化设计满足用户的信息生产、移动性社会交往的需求。(张耀兰等,2019)此外,可供性理论虽然受限于自然环境,但人可利用自身的能动性对人造环境加以改造。用户作为音乐流媒体中的有机体对于平台的创新功能开发也有着不容小觑的作用。平台机制与用户通过信息的不断流通相互磨合、相互适应。本文基于媒介视角下的"可供性"理论,对音乐流媒体与用户的关系场进行研究。

(二)音乐流媒体付费意愿研究

付费意愿(Willingness to Pay,WTP)指消费者对所接受的货物与劳务的估价或愿意付出的代价。(黄汉江,1990)随着互联网技术的发展和文化消费能力的提升,学者们开始关注文化内容,尤其是在线文化内容的付费意愿研究,通过定量研究方法分析付费意愿的影响因素,用以指导当下内容平台的建构。音乐消费中的付费意愿研究基本也遵循着该路径。何文芊（2021）、李延婷（2021）和王小航（2019）等人均以感知价值理论为基础，结合技术接受与使用理论、计划行为理论、满意度理论和理性行为理论对在线音乐的付费意愿的影响因素进行了研究。王栋晗等人（2019）以刺激—机体—反应（SOR）理论研究了在线内容付费意愿的影响机制。李延婷（2021）特别关注了大学生用户，针对该群体构建了在线音乐平台大学生用户付费意愿影响因素研究模型。目前依托于感知价值理论与满意度理论对付费意愿进行分析的文献未见将两个理论结合的研究，已有文献仅以其中一种为理论基础构建研究模型。

三、研究假设与理论模型

本研究以潘忠党所提出的媒介可供性为理论基础，以生产可供性、社交可供性与移动可供性作为研究的具体维度，潘认为"各类媒介平台或应用形式都能够根据这三种可供性的维度加以区分"，三种维度下又由各项可供力所支撑，可供力越高的媒体，越具解放性，也越能激发用户的行为。音乐流媒体中的生产可供性（可编辑、可审阅、可复制、可伸缩、可关联）指平台中的个人信息编辑、歌单编辑，听过的音乐、使用过的音乐流媒体，将平台上的音乐作品或相关信息复制到其他平台等；社交可供性（可致意、可传情、可协调、可连接）指用户可以通过各种方式表达情感，协调社交关系，建立社会网络连接等；移动可供性（可携带、可获取、可定位、可兼容）指方便携带且适用于多种场景，并能随时随地使用，兼容多种不同的信息元素。本研究以媒介可供性理论为基础，结合感知价值理论、满意度理论对大学生群体音乐流媒体付费意愿的影响因素进行考察；通过梳理已有文献，提出对应研究假设。

Zeithaml（1988）认为，顾客感知价值（Customer Perceived Value，CPV）指用户基于其所能感知到的利得与其实际付出，几相权衡后对某一服务或产品效用的总体评价。刘艳君（2021）通过对企业内部借助社交媒体改善工作环境的分析，发现可见性和可交互性两种可供性会正向影响员工的三种感知价值。Xu（2022）基于某电商平台387名游戏化的Mini App消费者的调查研究，发现感知游戏化可供性可以产生心理所有权并影响消费行为。Wang等（2020）以游戏为研究对象，借鉴消费价值框架和可供性理论，发现游戏的公平性以及挑战和技能的平衡可供性显著影响感知的享受价值。因此，有理由认为，音乐流媒体平台的可供力越强，用户感知到的价值越高。根据既有研究成果，本研究假设：

H1a：生产可供性对音乐流媒体用户感知价值产生显著的正向影响。

H2a：社交可供性对音乐流媒体用户感知价值产生显著的正向影响。

H3a：移动可供性对音乐流媒体用户感知价值产生显著的正向影响。

Kotler 认为顾客满意度是个人所感觉到的愉悦和满足的程度，源自顾客对产品功能特性或结果的感知及其与产品期望的比较。Shin(2019)通过借鉴可供性概念，研究考察了个人信息学习的用户体验，结果证实了连接性、控制性和同步性可供性对于期望、确认和满意度等变量的重要作用。Shao 等(2020)研究交互性、信息和导航三种技术可供性对用户满意度和 SNS 黏性的影响，通过对中国某著名高校回收的在线数据进行分析发现三种技术可供性对用户满意度有不同程度的影响，进而增强社交网络黏性。因此，有理由认为，音乐流媒体平台的可供力越强，用户对平台的满意度越高。根据既有研究成果，本研究假设：

H1b：生产可供性对音乐流媒体平台满意度产生显著的正向影响。

H2b：社交可供性对音乐流媒体平台满意度产生显著的正向影响。

H3b：移动可供性对音乐流媒体平台满意度产生显著的正向影响。

Sun 等(2019)从信息技术可供性的角度构建理论模型，探讨直播如何影响中国社交商务客户的购买意愿，研究发现 IT 可供性(包括可见性可供性、元语音可供性和指导购物可供性)对直播购物参与(包括沉浸感和临场感)有显著影响，且直播购物参与与客户购买意愿呈正相关关系。Tuncer(2021)利用 SOR 理论和可供性视角，探索技术可供性、流体验和信任对社交商务意愿的作用，分析结果表明可见性可供性通过影响卖家和社交媒体平台的信任程度进而影响客户的购买意愿。Joo(2022)对有过直播商务经验的韩国人进行在线调查，发现信息技术可视性、元话语、引导购物等信息技术可视性通过感知交互性和沉浸感的连续中介效应对购买意愿产生正向影响。因此，有理由认为，音乐流媒体平台的可供力越强，用户付费意愿越大。根据既有研究成果，本研究假设：

H1c：生产可供性对音乐流媒体用户付费意愿产生显著的正向影响。

H2c：社交可供性对音乐流媒体用户付费意愿产生显著的正向影响

H3c：移动可供性对音乐流媒体用户付费意愿产生显著的正向影响。

王小航(2019)对"耳朵经济"时代的移动音频平台的用户使用行为和习惯进行研究，以满意度理论、理性行为理论和感知价值理论为依托构建模型，研究发现用户感知价值和满意度积极正向影响付费意愿，用户感知价值在满意度和付费意愿之间起中介作用。李延婷(2021)结合计划行为理论、感知价值理论及粉丝经济相关理论构建了在线音乐平台大学生用户付费意愿影响因素研究模型，研究发现内容体验与价格感知显著影响大学生用户音乐付费的行为态度。何文芊等(2021)以顾客感知价值理论、技术接受与使用统一理论、粉丝热忱理论等为依据构建研究模型,研究表明感知价值、人际影响、粉丝热情和个人付费意识直接影响在线音乐用户的付费意愿。因此,有理由认为,用户感知到音乐流媒体平台的价值越大,对平台的满意度越高,对平台的付费意愿越大。根据既有研究成果,本研究假设:

H4:音乐流媒体用户感知价值对平台满意度产生显著的正向影响。

H5:音乐流媒体用户感知价值对付费意愿产生显著的正向影响。

Oliver(1980)在其所提出的满意决策因果认知模型中指出,态度在满意度和行为意向之间起中介作用。Cronin等(1992)的研究发现,顾客满意度正向影响顾客购买意向。Wang(2008)的研究发现中国大学生对韩国流行音乐的总体满意度引发了对韩国流行音乐的偏好,从而影响了对韩国文化产品的购买意愿。Parker(2020)分析了影响消费者使用在线音乐服务的行为意向的因素、用户对其体验的满意程度,以及客户满意度和回购意愿之间的关系,发现消费者满意度正向影响回购意愿。因此,有理由认为,用户对音乐流媒体平台的满意度越高,付费意愿越大。根据既有研究成果,本研究假设:

H6:音乐流媒体平台满意度对用户付费意愿产生显著的正向影响。

董雪艳(2018)基于技术可供性、社会资本理论与关系理论视角,构建了满意度和忠诚度在技术可供性(文章中分为6个维度:可视性、表达性、提醒关注性、购物导向性、社会化联结性和交易性)与社会化购买意愿间的中介作用模型。研究发现,技术可供性对社会化购买意向产生显著的正向影响,满意度与忠诚度在技术可供性和社会化购买意向间起到部分中介作用。刘艳君(2021)发现员工不同的感知价值会引发不同程度的过度使用行为,感知价值的不同会间接影响企业的社交媒体可供性与过度使用行为。叶子青等(2020)探讨生活方式对大学生在线音乐购买意向的影响机制,研究发现,在线音乐感知价值在时尚品位与大学生在线音乐购买意向之间起部分中介作用,在崇尚自由与大学生在线音乐购买意向之间起完全中介作用,在中庸内敛、积极进取与大学生在线音乐购买意向之间起中介效应。叶子青等(2022)探讨了大学生在线音乐感知价值的潜在类型及其在参照群体、购买意向和购买行为中的作用机制,研究显示,在线音乐感知价值在参照群体、购买意向和购买行为之间起部分中介作用。根据既有研究成果,本研究假设:

H7:音乐流媒体用户感知价值和平台满意度在媒介可供性和用户付费意愿之间起到链式中介的作用。

本研究基于媒介可供性理论框架,结合感知价值理论、满意度理论构建的媒介可供性对音乐流媒体付费意愿影响的理论模型如图1所示。

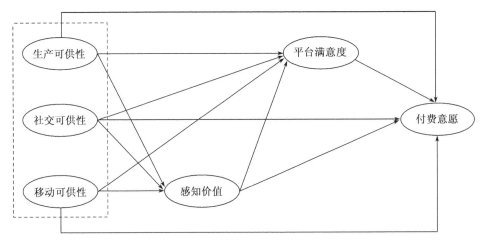

图1 媒介可供性对音乐流媒体付费意愿影响的理论模型图

四、量表设计与数据收集

(一)量表设计

本研究测量题项中的生产可供性、社交可供性与移动可供性主要参考自潘忠党等(2017)提出的媒介可供性论理论,感知价值参考自 Jin 等(2020),满意度参考自 Flavián 等(2006),付费意愿参考自 Chen 等(2017)。为了使测量题项更符合本文的研究内容,结合研究情境进行了修改,最终形成了包含6个变量和人口统计信息在内的共计33个测量题项,此处仅列26个,如表2所示。本研究使用李克特5级量表对题项进行测量。

表2 变量设计、题项与参考来源

变量	指标编码	测量题项	量表来源
生产可供性	PA1	音乐流媒体具备可编辑(edit-ability)功能(如个人信息编辑、歌单编辑等)	潘忠党等(2017)
	PA2	音乐流媒体具备可审阅(review-ability)功能(如听过的音乐、使用过的音乐流媒体等)	
	PA3	音乐流媒体具备可复制(replicability)功能(如可以将平台上的音乐作品或相关信息复制到其他平台)	
	PA4	音乐流媒体具备可伸缩(scalability)功能(即能被大量的用户看到和听到)	

（续表）

变量	指标编码	测量题项	量表来源
	PA5	音乐流媒体具备可关联（associability）功能（平台用户与内容的关联性）	
社交可供性	SA1	音乐流媒体具有可致意（greet-ability）性	
	SA2	音乐流媒体具有可传情（emotion-ability）性	
	SA3	音乐流媒体具有可协调（coordinate-ability）性（如能和其他各类平台协调社交关系）	
	SA4	音乐流媒体具有可连接（connect-ability）性（能够建立起社会网络连接，如网易云音乐的云村）	
移动可供性	MA1	音乐流媒体具有可携带（portability）性（适用不同场景，方便携带）	
	MA2	音乐流媒体具有可获取（availability）性（随时随地可用）	
	MA3	音乐流媒体具有可定位（locatability）性（如音乐流媒体的场景音乐功能和定位功能）	
	MA4	音乐流媒体具有可兼容（multimediality）性（兼具除音乐平台以外的其他媒介功能）	
感知价值	PV1	音乐流媒体提高了我的工作和生活效率	Jin 等（2020）
	PV2	音乐流媒体让我可以简单便捷地获取我所需要的内容	
	PV3	总的来说，音乐流媒体很有用	
	PV4	音乐流媒体很有趣	
	PV5	音乐流媒体令人兴奋	
	PV6	音乐流媒体令人愉悦	
满意度	CS1	我认为使用音乐流媒体听音乐是正确的决策	Flavián 等（2006）
	CS2	我对使用音乐流媒体听音乐的体验是满意的	
	CS3	概括地说，我对使用音乐流媒体很满意	
	CS4	总的来说，我对从音乐流媒体获得的产品和服务是满意的	
付费意愿	WTP1	我将考虑把音乐流媒体的付费音乐产品和服务作为收听音乐的第一选择	Chen 等（2017）
	WIP2	我想要通过音乐流媒体的付费音乐产品和服务收听音乐	
	WTP3	我期待我会通过音乐流媒体的付费音乐产品和服务收听音乐	

（二）数据收集

本研究通过问卷星平台进行数据收集，收集时间为 2022 年 9 月，收回问卷 559 份，最终获得有效问卷 526 份，有效回收率为 94.10%。回收的问卷数据显示，从性别上来看，超过五成的样本为女性，46.39% 的样本为男性；从年龄分布上来看，32.32% 的样本为 20—24 岁；从教育程度的分布来看，样本大部分为大学本科，占比为 40.68%；31.56% 的样本选择居住二线城市；选择月可支配收入为 1 000—2 000 元的样本占比为 33.65%；29.28% 的样本每月使用音乐流媒体的频率为 11—20 次。

五、数据分析

（一）信效度分析

在正式分析数据前，本研究对量表的信效度进行了分析，以确认量表的题项的可靠性和有效性。如表 3 所示，6 个变量的 Cronbach α 系数均大于 0.8，且总量表 Cronbach α 系数也大于 0.8，说明本量表可靠度较高，信度良好，可用于进一步分析。根据 Steiger(1990) 的观点，当 KMO 值大于 0.8 时，表示量表非常适合进行因子分析。通过 KMO 和 Bartlett 球形检验，可以确定各变量的题项满足因子分析的条件。如表 4 所示，通过对 KMO 和 Bartlett 球形检验，确定各变量的题项满足因子分析的条件。通常来说，AVE 值大于 0.5，CR 值大于 0.7，说明收敛效度良好 (Fornell et al.，1981)。通过表 3 数据可以看出 6 个变量的 CR 值均大于 0.7，6 个因子对应的 AVE 值均大于 0.5，表明分析数据具有良好的收敛效度。区分效度检验结果如表 5 所示，6 个变量的 AVE 平方根值均大于因子间相关系数绝对值的最大值，表明各变量区分效度良好。

表 3　测量模型的克隆巴赫、CR 和 AVE

变量	Cronbachα 系数	CR	AVE
生产可供性	0.892	0.892	0.623
社交可供性	0.864	0.866	0.617
移动可供性	0.877	0.878	0.642
感知价值	0.908	0.909	0.623
平台满意度	0.876	0.876	0.638
付费意愿	0.819	0.819	0.601

表 4　KMO 和 Bartlett 的检验

KMO 值		0.963
Bartlett 球形度检验	近似卡方	8 690.297
	df	325
	p 值	0.000

表 5　潜变量相关系数与 AVE 平方根

	生产可供性	社交可供性	移动可供性	感知价值	平台满意度	付费意愿
生产可供性	0.79					
社交可供性	0.644	0.785				
移动可供性	0.616	0.632	0.801			
感知价值	0.555	0.589	0.58	0.79		
平台满意度	0.65	0.608	0.608	0.552	0.799	
付费意愿	0.583	0.588	0.572	0.57	0.566	0.775

（二）结构模型检验

1. 模型拟合检验

本研究通过 AMOS24 软件对模型拟合进行检验,检验发现卡方自由度比值 ($\chi 2/df$) 为 1.262,小于 3;拟合优度指数(GFI)、相对拟合指数(NFI)、比较拟合指数(CFI)分别为 0.95、0.96、0.991,均大于 0.9;近似误差均方根(RMSEA)为 0.022,小于 0.08;均值平方残差的平方根(RMR)为 0.027,小于 0.05。各指标表明研究模型适配度良好,模型拟合程度良好。

2. 路径分析

通过相关性分析和路径检验发现,各变量均呈现出显著性,相关系数值分别是 0.644、0.616、0.555、0.650 与 0.583,且相关系数值均大于 0,说明各变量之间存在正相关关系。如图 2 数据显示,生产可供性、社交可供性、移动可供性对感知价值的影响系数分别为 0.181、0.310、0.300;社交可供性、移动可供性、感知价值、生产可供性对平台满意度的影响系数分别为 0.175、0.220、0.126、0.378;平台满意度、感知价值、生产可供性、社交可供性、移动可供性对付费意愿的影响系数分别为 0.152、0.220、0.177、0.204、0.157,且 12 条路径系数均显著($p < 0.05$)。

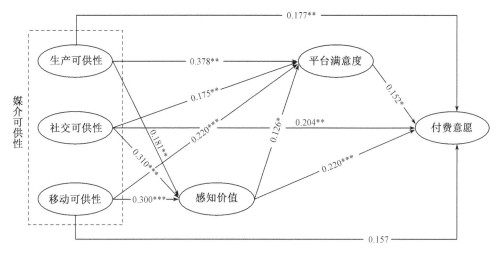

图2 模型路径系数

注:* p<0.05,** p<0.01,** * p<0.001

3．中介效应分析

通过中介效应检验发现,生产可供性－>感知价值－>付费意愿的中介效应为0.038,生产可供性－>平台满意度－>付费意愿的中介效应为0.054,生产可供性－>感知价值－>平台满意度－>付费意愿的中介效应为0.003,社交可供性－>感知价值－>付费意愿的中介效应为0.066,社交可供性－>平台满意度－>付费意愿的中介效应为0.026,社交可供性－>感知价值－>平台满意度－>付费意愿的中介效应为0.006,移动可供性－>感知价值－>付费意愿的中介效应为0.062,移动可供性－>平台满意度－>付费意愿的中介效应为0.031,移动可供性－>感知价值－>平台满意度－>付费意愿的中介效应为0.005,9条中介均显著。检验结果如表6所示。

表6 中介效应检验

路径	Estimate	Lower	Upper	P
生产可供性－>感知价值－>付费意愿	0.038	0.01	0.087	0.006
生产可供性－>平台满意度－>付费意愿	0.054	0.005	0.121	0.03
生产可供性－>感知价值－> 平台满意度－>付费意愿	0.003	0	0.013	0.019
社交可供性－>感知价值－>付费意愿	0.066	0.024	0.134	0.000

（续表）

路径	Estimate	Lower	Upper	P
社交可供性－＞平台满意度－＞付费意愿	0.026	0.002	0.08	0.029
社交可供性－＞感知价值－＞ 平台满意度－＞付费意愿	0.006	0.001	0.021	0.022
移动可供性－＞感知价值－＞付费意愿	0.062	0.026	0.118	0.000
移动可供性－＞平台满意度－＞付费意愿	0.031	0.004	0.08	0.021
移动可供性－＞感知价值－＞ 平台满意度－＞付费意愿	0.005	0.001	0.019	0.022

六、结论与启示

（一）研究结论

本文基于可供性理论中的媒介可供性研究框架,研究了生产、社交与移动可供性对大学生群体音乐流媒体付费意愿的影响机制。通过实证分析进一步了解了大学生群体音乐流媒体的付费行为,从理论与现实层面产生了一定的研究价值。第一,本文丰富了媒介可供性理论的研究对象,进一步论证了该理论框架中各项可供力实证研究的合理性。"可供性的变化,不仅对公共内容生产与传播产生影响,也对公共内容消费、媒介使用行为产生影响。"(彭兰,2022)本文从可供性理论出发,借鉴媒介可供性的生产、社交与移动三大维度,根据潘忠党所提出的各项可供力来评价音乐流媒体平台所构建的媒介环境对大学生群体付费意愿的影响。实证检验结果发现生产可供性、社交可供性与移动可供性对付费意愿均产生正向影响,证实了可供性理论下人造环境和人的行动存在互动关系,探寻了音乐流媒体平台和用户之间的感知、资源供给和互动。第二,本文构建了媒介可供性对付费意愿的影响理论模型,检验了感知价值与满意度的链式中介作用。通过验证发现链式中介作用均成立,说明媒介可供性的三个维度能从不同程度上让用户感知到价值,且通过感知价值影响满意度,进而影响付费意愿。通过链式中介模型的检验,拓展了媒介可供性理论与付费意愿研究的思路。第三,本文为音乐流媒体的付费意愿研究提供了理论研究的指导框架。此前关于可供性理论与付费意愿的研究多关注社交功能的影响,对音乐流媒体这一研究对象的关注较少。

（二）研究启示

根据实证分析结果,结合音乐流媒体平台的发展现状,得到以下启示。第一,生产可供性对提高满意度有着最为显著的影响。此发现说明用户对于音乐流媒体平台上的歌单的编辑、查阅使用记录、复制该平台上的信息到其他平台等生产性功能较为看重，生产性功能越完善，用户的满意度越高。生产可供性调动了用户的主观能动性，增强了用户与平台间的互动，满足了用户差异化的平台消费需求。音乐流媒体平台提供用户个性化的消费空间，该虚拟空间中的用户生产行为构建了一个一个的"微空间"，"微空间"的形成使得用户获得个体所需的综合场景。第二，社交可供性对提高感知价值和付费意愿有着最为显著的影响。音乐流媒体平台的社交可供性给用户提供了情感表达的途径，既能自我表达，也能通过音乐社区等与其他用户建立心理连接。平台社交建构了大大小小的数字关系网络，多重社交给用户带来了构建自我的渠道，社交网络的形成给用户建立了数字世界的群体认同，对平台产生较强黏性。音乐流媒体平台通过加强用户间的连接提升用户的感知价值，通过构建虚拟社交关系提升用户的付费意愿。第三，移动可供性为用户使用音乐流媒体提供了基础环境。音乐流媒体对日常生活的渗透，消弭了私人时间和公共时间、私人空间和公共空间的边界，现实和虚拟的重叠打破了原有的音乐消费方式，用户的音乐流媒体消费无处不在、无时不在。方便携带、随时随地可使用，场景定位和媒介兼容等功能作为移动可供性的具体表现，为用户使用音乐流媒体提供了便利条件。综上所述，生产可供性、社交可供性与移动可供性三者共同构建了音乐流媒体的人造环境资源，缺一不可，用户感知环境并在该环境中产生行动，形成"正可供性"环境。

本文选择音乐流媒体平台的大学生用户为主要考察对象，样本选择具有一定的针对性，得出的结论仅适用于该样本人群。由于不同类型的用户行为差异性较大，对其他用户来说本研究的结论仅能提供参考。未来研究需扩大样本，细化分析对象类别，进行对比分析，更需要突破媒介可供性的理论框架，进行延展性思考，拓展研究维度。

参考文献

[1] 张志安,黄桔琳.传播学视角下互联网平台可供性研究及启示[J].新闻与写作,2020(10):87-95.

[2] 王宁.美感穿插实践与日常生活的美感化——音乐消费工具、可供性与音乐消费革命[J].山东社会科学,2018(10):27-28.

［3］张耀兰,原平方.智媒体生态中人工智能技术的可供性理论探究［J］.中国传媒科技,2019(05):22‐24.

［4］潘忠党,刘于思.以何为"新"?"新媒体"话语中的权力陷阱与研究者的理论自省——潘忠党教授访谈录［J］.新闻与传播评论辑刊,2017(1):2‐19.

［5］彭兰.新媒体技术下传播可供性的变化及其影响［J］.现代出版,2022(06):60‐73.

［6］王小航."耳朵经济"时代下移动音频平台用户行为意愿研究［D］.天津:天津财经大学,2019.

［7］李延婷.大学生在线音乐付费意愿影响因素研究［D］.武汉:武汉大学,2021.

［8］何文芊,聂卉,裴雷.在线音乐用户付费意愿影响因素的探索性分析［J］.现代情报,2021,41(06):118‐128.

［9］董雪艳.技术可供性与用户关系对社会化商务购买意向影响研究［D］.哈尔滨:哈尔滨工业大学,2018.

［10］刘艳君.企业社交媒体可供性对员工在工作中过度使用行为的影响机理研究［D］.杭州:浙江工商大学,2021.

［11］叶子青,叶一舵.生活方式对大学生在线音乐购买意向的影响:有调节的中介模型［J］.心理科学,2020(3):637‐644.

［12］叶子青,马建平,叶一舵.大学生在线音乐感知价值的作用机制:基于结构方程混合模型［J］.心理科学,2022(2):372.

［13］高翔.消费者感知质量对线上购买意愿的影响机理研究［J］.商业经济研究,2019(06):73‐76.

［14］JIN X, XU F. Examining the Factors Influencing User Satisfaction and Loyalty on Paid Knowledge Platforms［J］. Aslib Journal of Information Management，2020.

［15］FLAVIÁN C, GUINALÍU M, GURREA R. The Role Played by Perceived Usability, Satisfaction and Consumer Trust on Website Loyalty［J］. Information & Management，2006，43(1): 1‐14.

［16］CHEN A, LU Y, WANG B. Customers Purchase Decision-making Process in Social Commerce: A Social Learning perspective［J］. International Journal of Information Management，2017，37(6): 627‐638.

［17］GIBSON J J. The Ecological Approach to Visual Perception［M］. Boston: Houghton Mifflin,1979.

［18］黄汉江.投资大辞典［M］.上海:上海社会科学院出版社,1990.

作者简介

刘恋,湖北荆州人,武汉音乐学院音乐学系讲师,澳门城市大学人文社会科学学院文化产业研究在读博士。研究方向为音乐产业与艺术管理。

王一鸣,山东滕州人,澳门城市大学人文社会科学学院文化产业研究在读博士。研究方向为文化经济、非物质文化遗产保护。

The Influence of Media Affordances on the Willingness to Pay for Music Streaming Services
—An Empirical Study Based on College Students' Music Consumption

Liu Lian　Wang Yiming

Abstract: Based on the theoretical framework of media affordances, combined with the perceived value theory and satisfaction theory, this paper constructs a theoretical model of the impact of media affordances on willingness to pay. Through the investigation of college students, this paper finds that production affordances impact most significantly on improving satisfaction, social affordances have the most significant impact on improving perceived value and willingness to pay, mobile affordances provide a basic environment for users to use music streaming services, and the chain mediating effect of perceived value and satisfaction is established. It further studies the mechanism influencing college students' payment behavior for music streaming services through empirical analysis, expanding the research range of the media affordances theory.

Key words: Media Affordances　Music Streaming Service　Willingness to Pay　College Students　The Empirical Study

文化消费对公众幸福感的影响[*]
——获得感的中介作用与主观阶层感知的调节作用

陈雪薇　张　铮

摘　要：文化消费是衡量民生福祉的重要指标。本文使用中国综合社会调查数据，试图从获得感的理论视角出发，构建一个有调节的中介模型，旨在探究公众文化消费与获得感、幸福感的关系效应及其边界条件。在以频率与多样性作为文化消费的测量指标的基础上进行研究，结果表明，文化消费与幸福感之间存在显著的正相关关系；文化消费与获得感具有显著的正相关关系；获得感部分中介了文化消费与幸福感之间的正相关关系；主观阶层认同调节了文化消费与幸福感之间的关系以及获得感的中介效应。研究结果拓展了文化消费与民生福祉的关系研究，对丰富人民群众精神文化生活具有启发意义。

关键词：文化消费　获得感　幸福感　主观阶层认同

一、问题缘起

有关文化消费的研究由来已久，学者们将文化消费界定为"人们为满足自身的精神文化需求而对文化产品和服务实施的消费行为"（顾江等，2022），它涵盖了人们"一切精神心理满足的社会实践"（胡惠林，2014），如文化艺术活动参与、媒介消费。回顾既有研究，学者们侧重于探讨文化消费与民生福祉的关系议题，他们认为文化消费是"大众满足自我美好生活需要的过程"（范周等，2020）以及"衡量高品质生活的重要指标"（贾旭东，2022）。因此，本研究的初衷是考察文化消费与公众美

---

*　基金项目：国家社科基金艺术学项目"新型数字文化消费对 Z 世代生活方式的影响研究"（22BH156）、中国博士后科学基金资助项目（2022M721177）的阶段性成果。

好生活的关系问题,将其放置于本土化视角和现实问题中开展探索性研究。

如上所述,文化消费表现为消费者对精神文化产品及服务的消费活动。如今,文化消费构成了人们基本的日常生活方式,覆盖越来越多的闲暇时间,诸如网络休闲、参观展览、参与演艺活动、看电影、读书、听音乐等等。2021 年 5 月,文化和旅游部正式发布了《"十四五"文化产业发展规划》(简称《规划》),《规划》中指出,"人民美好生活需要日益广泛,对精神文化产品供给提出更高要求,文化产业将成为增强人民群众获得感、幸福感的重要途径",它明确了"十四五"时期文化产业满足人民群众精神文化需求、促进精神生活共同富裕的前进方向。同时,党的二十大报告进一步强调了"人民精神文化生活更加丰富"这一目标任务。值得关注的是,《规划》提及的文化产业的产品供给能否增强人民群众的获得感、幸福感呢? 本文将这一现实问题转化为社会科学知识体系下的学术问题,将获得感、幸福感作为美好生活的重要指标,利用国家层面的截面数据建立一个有调节的中介模型,试图从需求端的视角探究文化消费与获得感、幸福感的关系及边界条件。

二、文献综述与研究假设

(一) 文化消费与幸福感的关系

回顾以往研究,文化消费与幸福感的关系议题得到了学者们的关注,基本观点为文化消费正向预测个体的幸福感,其本质原因与文化产业、文化产品及服务本身的体验属性息息相关。从产业属性上来看,"文化娱乐产业是体验经济的典型"(王建磊,2021),从产品及服务属性上看,文化产品和服务既是信息产品也是体验性产品(Huter,2008),李世晖(2018)在对文化经济与内容产业的研究中指出,"文化经济的消费行为已成为满足人类需求,并产生满足、快乐、挫折或失望等情绪体验的过程"。由此可知,文化消费在本质上是一种体验式的消费。心理学家丽芙·范波文(Leaf Van Boven)与托马斯·吉洛维奇(Thomas Gilovich)认为体验型消费指的是获得生活体验或经历的购买行为,如看电影、去博物馆看展、看演出等,它们都属于文化消费的主要范畴。而且,体验型消费带来的幸福感水平要远高于从物质性消费中获得的幸福感水平(Gilovich et al.,2015;Yu et al.,2016;余樱等,2019),这也意味着个体能从文化消费体验中获得更多的幸福感和快乐。

然而,如何测量文化消费呢? 经济管理学领域的学者关注文化消费支出、城镇居民文化消费水平与文化消费时长(高莉莉,2019;王亚楠,2020;顾江等,2021),而在其他社会科学研究中,文化消费的频率(frequency)与多样性(diversity)是较为常见的衡量标准,本研究将延续后者的测量方式,将频率和多样性设置为文化消费的测量指标。频率反映的是个体"对文化产品的接触和使用程度"(罗茜,2018),多样性则强调数量上的杂食,指的是使用文化产品或者参与文化活动的数量之和(Warde et al.,2009)。国内外研究已经考察了文化消费的频率、多样性与幸福感的关系,验证文化消费的频率、多样性对个体的幸福感增强效应(李光明等,2018;Lee et al.,2021),所以本研究提出如下假设:

H1a:文化消费频率与个体的主观幸福感呈正相关关系。

H1b:文化消费多样性与个体的主观幸福感呈正相关关系。

(二)作为解释机制的获得感

1. 获得感的理论渊源:相对剥夺感理论(Relative deprivation)

尽管获得感来源于政策文本,但它是一个可以被测量的社会学变量。国内政治学、心理学领域的研究者格外重视对获得感概念内涵与测量方式的探索,他们对获得感的理论渊源的讨论众说纷纭,莫衷一是。在相关理论之中,相对剥夺感是广受学者们认可的理论之一(王浦劬等,2018;徐延辉等,2021)。

相对剥夺感指的是个体在与某一参照群体进行比较时,发现自己处于不利地位的主观感知,多为愤怒、不满等负面情绪(熊猛等,2016;Walker et al.,2002)。既有研究将剥夺感视为获得感的"对立面",后者强调"个体基于社会比较而产生的对自身需求满足程度的一种主观判断"(徐延辉等,2021),是一种积极的情绪感受,相对而言,前者则指向以参照对象为目标发现自己未获得收益的失落感(王浦劬等,2018)。从中可以看出,社会比较理论是解释相对剥夺感的重要依据,该理论由利昂·费斯廷格(Leon Festinger)提出,他认为人们可以对自己的意见和能力进行自我评价,一种方式是通过直接的、物理的客观标准来衡量从而获得自我评价,另一种是当上述客观标准不适用时,个人会将自己与其他人进行比较。沃尔特·卢西曼(Walter Runciman)依据社会比较中参照对象所处的个体层次和群体层次,将相对剥夺感划分为个人相对剥夺感(过去/将来)和群体相对剥夺感(群体内/群体外/群体之间)。有鉴于此,本文基于相对剥夺感理论将获得感划分为三个指标,分别是:① 纵向获得感,指的是时间坐标上的前后比较,参照对象为过去的自己;② 横向获得感,指的是与群体中的其他人做比较,参照对象是群体内的人;③ 位置获得感,指的是自己所在群体的当前状态在大群体中所处的位置。

2. 获得感的中介作用

国内学者关注到了文化消费与获得感之间的关系问题。既有研究探究了玩游戏、看视频、听歌、浏览网页等线上文化休闲活动和获得感之间的关系,研究结果表明文化休闲活动的频率越高,个体的获得感水平越高(袁洁,2019);相关研究也探究了文化参与和获得感之间的关系,研究结果表明参观美术馆、博物馆、画廊等艺术活动的次数越多,个体的获得感越强(林靖等,2018)。我们提出如下假设:

H2a:文化消费频率与获得感呈现正相关关系。

H2b:文化消费多样性与获得感呈现正相关关系。

对在有关获得感和主观幸福感的讨论中,以往研究发现个体的获得感水平越高,则主观幸福感水平越高(石晶,2017;郑建君,2020)。由此可见,研究获得感对幸福感的正向预测作用是一个明确的路径。然而,在前人关于获得感的研究中,往往将获得感作为前置因素或结果变量纳入理论模型中,极少有研究探究获得感的中介作用,或极少使用获得感解释两个核心变量之间的间接关系。基于以上研究,我们发现文化消费会提升个体的获得感,获得感又会对幸福感发挥正向预测作用,因此提出如下假设:

H3a:获得感中介了文化消费频率与主观幸福感之间的关系。

H3b:获得感中介了文化消费多样性与主观幸福感之间的关系。

(三)区隔与补偿:主观阶层认同的调节作用

通过对既有研究的梳理发现,文化消费与幸福感关系的边界条件还不明确,因此,本研究计划从主观阶层认同切入,探究文化消费与幸福感关系的边界条件。社会阶层是一个重要的社会心理学变量,它是社会经济地位的象征,可以通过客观与主观社会阶层来测量,其中,客观社会阶层可以被操纵化为收入、受教育程度、职业等等,主观阶层认同指的是个人对自己在社会中的等级的看法,以及自己与其他地位群体之间的关系(Ostrove et al.,2000)。本文则关注后者,即个人对自己所处社会阶层地位的主观认知与自我评定。

文化消费与阶层是不可分割的两个关键词,谈及文化消费就难以摆脱对阶层的讨论,布迪厄的"同源性"以及彼得森与科恩的"杂食"和"单食"理论都揭示了文化消费与阶层之间密不可分的关系。消费者所处的阶层不同,因而他们在休闲或文化消费偏好、品位乃至生活形态上都有所差异,不仅如此,文化消费的参与方式、参与次数和种类都能凸显阶层的存在(张孝铭,2013),既有国内外研究通过教育程度、职业层次、收入等客观阶层指标和主观阶层认同来预测文化消费行为(Hek et al.，2013；Koen，2015；张铮等，2018)，对文化消费有较强的预测效力。一项研究表明,文化消费和幸福感的关系在不同主观阶层认同的个体中存在差异,相较于高主观阶层认同的个体,主观阶层认同较低个体的文化消费频率越高,幸福感越高,研究者总结为文化消费的"幸福补偿"能够让"穷者变富",能够让主观阶层较低的个体通过文化消费获得更高的幸福感(张铮等,2018)。因此,本研究借鉴文化消费的"幸福补偿"理论,作出如下假设:

H4a:相较于主观阶层认同较高的个体,低水平主观阶层认同个体的文化消费频率越高,幸福感越高。

H4b:与主观阶层认同较高的个体相比,低水平主观阶层认同个体的文化消费越呈现多样性,幸福感越高。

再者,阶层与幸福感、获得感的关系已经得到了部分研究者的验证。诸如,王恬等(2018)研究者分析了阶层、获得感和幸福感的关系,研究发现,阶层越高的个体,其获得感和幸福感都随之提升,换言之,高阶层个体的幸福感和获得感要高于低阶层个体的幸福感和获得感。王俊秀(2018)探究了主观阶层认同与幸福感、获得感之间的关系,他发现除了阶层处于最上层的个体之外,与最下层的个体相比,中上阶层的个体幸福感、获得感水平都很高,换言之,中上层以下个体的获得感和幸福感要高于上层个体。因此,我们猜测阶层能够调节获得感和幸福感之间的关系,并提出如下假设:

H5:相较于主观阶层认同较高的个体,低水平主观阶层认同个体的获得感越高,幸福感越高。

结合上述的讨论,我们猜测主观阶层认同调节了文化消费与幸福感之间的间接关系,即调节了文化消费与幸福感间接关系的后半路径。由此,我们假设:

H6a:相比于主观阶层认同较高的个体,低水平主观阶层认同个体的文化消费频率会通过获得感正向作用于幸福感。

H6b:与主观阶层认同较高的个体相比,低水平主观阶层认同个体的文化消费多样性会通过获得感正向作用于幸福感。

综上所述,本文构建了一个有调节的中介模型(图 1),系统地考察了文化消费对个体幸福感的影响机制及边界条件。

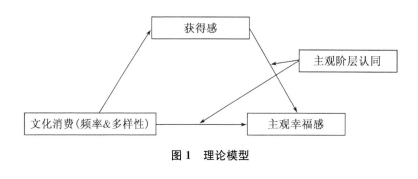

图 1　理论模型

三、研究设计

（一）数据来源

为了提升数据的代表性,本文参考心理学、政治学等领域的相关研究成果,选取国家层面的截面数据开展本次研究。中国人民大学中国调查与数据中心发布的中国综合社会调查(CGSS)数据是我国目前较为综合、系统、纵向的大型社会调查数据集,该数据集公开发布,采用多阶分层抽样,样本具有代表性。CGSS2015 涉及 28 个省/市/自治区,有效问卷共计 10 968 份,这一数据包含本研究观测的几个核心变量,适用于检验本研究的研究问题。其中,男性占比 46.8%(n＝5 134),女性占比 53.2%(n＝5 834);农业户口为 6 194 人,占总调查数的 56.6%,非农业户口为 4 753 人,占比 43.4%,人均教育年限为 9 年。

（二）变量选择和测量

1. 因变量:主观幸福感

CGSS2015 使用一题项的自陈式幸福感评价来测量公众的主观幸福感,即"总的来说,您觉得您的生活是否幸福",使用 5 点李克特量表进行计分(1＝非常不幸福,5＝非常幸福)。在许多社会科学研究中,尽管学者们对幸福感的测量方式、测量维度、计分方式不尽相同,但一题项的幸福感仍然是测量主观幸福感的有效方式(Mean＝3.87,SD＝0.82)。

2. 核心自变量:文化消费频率和多样性

在文化消费频率测量方面,使用 CGSS2015 问卷中"过去一年,您是否经常在空闲时间从事以下活动"一题,筛选 6 类常见的艺术活动与传媒消费模式:看电视或者看碟、出去看电影、读书/报纸/杂志、参加文化活动(比如听音乐会,看演出和展览)、在家听音乐、上网。计分方式为:1＝从不,5＝每天(Mean＝2.41,SD＝0.76)。

在文化消费多样性测量方面,在文化消费频率测量的基础上,我们将数值进行替换,我们将"从不"替换为"0",同时将每天、一周数次、一月数次、一年数次替换为"1",即将文化消费划分为一个二分类变量:0＝不参与,1＝参与。最后6个题项累加得分,获得文化消费多样性变量(Mean＝3.20,SD＝1.84)。

3. 中介变量:获得感

我们参考既有研究对获得感的考察方式(王浦劬等,2018;吕小康等,2021),选定 CGSS2015 数据集中的"与同龄人相比,您认为您本人的社会经济地位是"来测量横向获得感(1＝较高,2＝差不多,3＝较低);选定"与三年前相比,您认为您的社会经济地位是"来测量纵向获得感(1＝上升了,2＝差不多,3＝下降了);采用"您家的家庭经济状况在所在地属于哪一档"一题来测量家庭经济状况,被试者会对自己的家庭经济情况进行评分(1＝远低于平均水平,5＝远高于平均水平)。我们进一步对变量进行了预处理,把横向获得感和纵向获得感的计分方式进行反向计分,对计分方式进行调整后,分数越高,说明被试者对自己的横向获得感和纵向获得感的评分越高,并替换为5点计分形式(既有计分乘以5/3)。为了得到一个综合的获得感测量指标,本研究最终计算了3个题目的平均值(Mean＝3.08,SD＝0.65)。

4. 调节变量:主观阶层认同

主观阶层认同是个体对自己所处阶层的主观评价,CGSS2015用一个梯子图片让被试者选择自己所在的层级(1＝底部,10＝顶部),主观阶层认同的平均值为4.32,标准差为1.64。

5. 控制变量:性别、受教育程度、户口类型

基于研究理论和前人的结论(周春平,2015),本研究选取性别、受教育程度、户口类型为控制变量。此外,我们参照于嘉等(2013)、李光明等(2018)对受教育程度的测量方式,将受教育程度转换为受教育年限。

四、研究结论

根据 Hayes(2013)提出的检验方法,并使用 SPSS PROCESS 的 Model 15 检验有调节的中介模型,如表1所示。文化消费频率可以正向预测幸福感($\beta＝0.151,p<0.001$),文化消费杂食能够正向预测幸福感($\beta＝0.035,p<0.001$),H1a、H1b 被证实。

表 1　有调节的中介模型检验结果(N＝10550)

| 变量 | 模型 1 | 模型 2 | 模型 3 | 模型 4 |
| | M:获得感 | Y:幸福感 | M:获得感 | Y:幸福感 |
	β(SE)	β(SE)	β(SE)	β(SE)
性别	0.004 (0.013)	−0.024 (0.015)	0.005 (0.013)	−0.027 (0.015)
户口	−0.033* (0.014)	0.015 (0.017)	−0.028* (0.014)	0.025 (0.017)
受教育程度	0.010*** (0.002)	−0.003 (0.002)	0.012*** (0.002)	0.004 (0.002)
X_1:文化消费频率	0.138*** (0.011)	0.080*** (0.013)		
X_2:文化消费多样性			0.052*** (0.004)	0.006 (0.005)
M:获得感		0.312*** (0.013)		0.318*** (0.013)
W:主观阶层认同		0.076*** (0.005)		0.077*** (0.005)
X_1 x M		−0.026*** (0.006)		
X_2 x M				−0.009** (0.003)
W x M		−0.054*** (0.006)		−0.056*** (0.007)
R^2(%)	4.3	15.3	4.1	15
F	120.173***	238.223***	113.942***	232.206***

注:* $p<0.05$,** $p<0.01$,*** $p<0.001$。

从模型 1 和模型 2 的数据结果来看,文化消费频率与获得感呈正相关($\beta=$ 0.138,$p<0.001$),获得感与幸福感呈正相关($\beta=0.312$,$p<0.001$),获得感的部分中介效应被证明,H2a、H3a 被证实。同理,文化消费杂食与获得感呈正相关 ($\beta=0.052$,$p<0.001$),获得感与幸福感呈正相关($\beta=0.318$,$p<0.001$),H2b、H3b

被证实。在模型 2 中,文化消费频率与主观阶层认同的交互项对幸福感的预测作用显著(β=−0.026,p<0.001),获得感与主观阶层认同的乘积项对幸福感的预测作用也显著(β=−0.054,p<0.001),这表明主观阶层认同既可以负向调节文化消费频率与幸福感的直接路径,又可以调节中介效应的后半路径,说明本研究提出的 H4a 和 H5 被证实。模型 4 的研究结果显示,文化消费多样性与主观阶层认同的交互项对幸福感的预测作用显著(β=−0.009,p<0.01),获得感与主观阶层认同的乘积项对幸福感的预测作用也显著(β=−0.056,p<0.001),这表明主观阶层认同既能负向调节文化消费多样性与幸福感的直接路径,又能调节获得感中介效应的后半路径。

　　简单斜率图如图 2 所示。相较于高水平主观阶层认同的个体(simple slope=0.031,t=2.238,p<0.05)而言,主观阶层认同较低的个体的文化消费频率对幸福感预测作用更强(simple slope=0.173,t=11.951,p<0.001)。高阶层认知个体的文化消费多样性不能显著预测幸福感(simple slope=0.001,t=0.197,p>0.05),相较而言,主观阶层认同较低个体的文化消费频率对幸福感预测作用更强(simple slope=0.053,t=8.751,p<0.001)。与高主观阶层认同个体相比(simple slope=0.222,t=13.390,p<0.001),低主观阶层认同的个体的获得感越高,幸福感则越高(simple slope=0.419,t=26.478,p<0.001)。

　　最后,本研究检验了有调节的中介效应是否显著。在主观阶层认同调节文化消费频率与幸福感关系中,有调节的中介效应值为−0.007,95%的置信区间为[−0.010,−0.005],有调节的中介效应显著,H6a 被证实。这意味着获得感的中介过程受到主观阶层认同的调节,主观阶层认同较低的个体,其文化消费频率对幸福感的间接效应为 0.055,95%的置信区间为[0.035,0.051];主观阶层认同较高的个体,其文化消费频率对幸福感的间接效应为 0.031,95%的置信区间为[0.024,0.038]。在主观阶层认同调节文化消费多样性与幸福感的关系中,有调节的中介效应值为−0.003,95%的置信区间为[−0.004,−0.002],有调节的中介效应显著,H6b 被证实。该结果验证了获得感的中介效应受到主观阶层认同的调节,主观阶层认同较低的个体,其文化消费多样性对幸福感的间接效应值为 0.021,95%的置信区间为[0.017,0.025];主观阶层认同较高的个体,其文化消费多样性对幸福感的间接效应为 0.012,95%的置信区间为[0.009,0.015]。

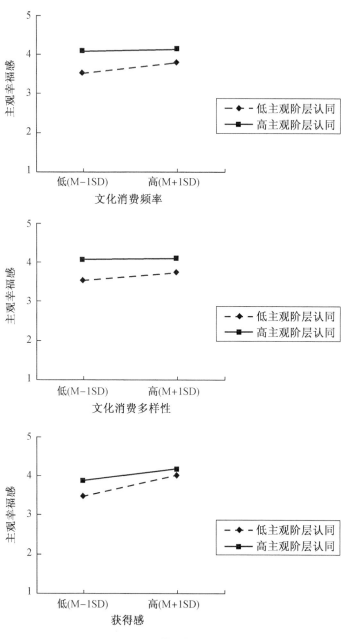

图 2　简单斜率图

五、结论与建议

（一）结论

首先，本文利用 CGSS2015 全国大规模截面数据，剖析了文化消费是否以及在什么条件下影响公众的获得感与幸福感。从现实问题出发，回归到学术问题的探讨中，本文的研究结论与现实问题相呼应，即文化消费频率越高，个体的获得感和幸福感水平越高；文化消费越多样化，个体的获得感和幸福感水平越高。研究发现支持了《规划》中对现实问题的阐述，即文化产业的文化产品及服务供给成为提升人民群众获得感、幸福感的重要途径，因此，本研究在一定程度上验证了政策文本中相关变量的预设关系。

其次，本研究拓展了文化消费与幸福感研究的内在机制，从本土化着手，验证了获得感这一中介变量的有效性。在理论层面，本研究以相对剥夺感为理论基础，从纵向、横向、位置建构了获得感的概念结构，有学者认为剥夺感是个体从纵向比较、横向比较、位置参照而产生的"损失"或"减少"心理，与之相对，获得感是个体从纵向比较、横向比较、位置参照而产生的"收益"或"增加"体验。本研究建立了文化消费（频率与多样性）—获得感—幸福感之间的路径，研究结果显示，获得感会部分中介文化消费与幸福感之间的正向关系，验证了获得感在文化消费与幸福感关系之间扮演着增强型内在机制的角色。同时，这一结论与既有研究具有一致性，他们的研究结果表明，参观美术馆、博物馆、画廊等文化艺术活动的次数越多，个体的获得感越强，生活满意度越高。

最后，基于阶层区隔与"幸福补偿"观点，本研究进一步验证了文化消费与幸福感关系发生的边界条件。一方面，与既有研究提出的"幸福补偿"效应相吻合，主观阶层认同较低的个体通过增加文化消费频率获得更高的幸福感（张铮等，2018），但是文化消费多样性与幸福感之间的正相关关系在高水平的主观阶层认同个体身上不显著，一个可能的解释是，主观阶层认同水平较高的群体更加注重高质量、高品质、高品位的文化消费，特别是审美型、发展型文化产品及服务，本研究使用的 CGSS2015 数据对文化消费的考察中基础型的传媒文化产品较多。另一方面，从主观阶层认同对获得感与幸福感的调节效应上看，相较于主观阶层认同较高的个体而言，低水平主观阶层认同个体的获得感越高，幸福感就越高，与前人研究结果相符。获得感表征着个体的预期阶层流动或向上流动感知，既有研究指出，相较于高主观阶层认同群体而言，中低阶层群体的预期阶层流动越快，则幸福感就越强

(周雪娇等,2021)。

(二)建议

基于上述结果的讨论,本研究从推动文化消费转型升级的角度提出以下提升公众获得感、幸福感的对策建议:

第一,以"可及性"为出发点,丰富文化消费的供给方式,提升文化消费体验。该建议的本质是提升文化产品及服务的"可及性",深度应用大数据、虚拟现实、增强现实、5G等技术,推动文化产品及服务的数字化生产、供给与消费,大力培育数字艺术(云观展、云游览、云演艺)、数字娱乐等数字文化业态,实现文化产品及服务的随手可及、唾手可得以及随时参与。研究发现,文化消费频率、多样性是提升公众获得感与幸福感的来源,因此,要增强公众获得感与幸福感需要围绕"可及性"来激发公众的文化消费意愿,促进公众获得感与幸福感的提升。

第二,以"均衡性"为落脚点,保障公民文化权利的实现,扎实推进人民群众精神文化生活的共同富裕。本研究验证了主观阶层认同的调节效应,文化消费本身就是具有阶层区隔特征的行为,特别是以文化消费的数字化缓解数字不平等的议题值得业界关注。由于城乡居民、世代群体之间的文化消费不均衡,文化政策制定者需要重视文化消费不均衡、文化需求不能得到充分满足等现象,有必要针对不同地区、人群制定针对性的、匹配的文化政策,让文化真正地、实实在在地惠民,进一步保障他们的美好文化生活需求得到满足。

第三,以"高质量"为着力点,培育优质的文化产品及服务,让消费者获得优质的文化消费体验。大力推动文化消费扩容提质增效,以社会主义核心价值观为核心,打造文化领域的精品力作,培育高质量、高品位、发展型的文化消费。目前,关乎文化产业高质量发展的标准尚未制定,亟须健全与完善高质量发展的评定体系。积极转变文化产品供给的思路,以"扩容提质"为核心目标开发高质量的文化产品与服务,实现文化产品在制作、传播、展示和呈现过程中优质内容、创意内容的输出以及视听体验的升级,加大优质文化产品与服务的供给力度。

参考文献

[1] 顾江,刘柏阳.人力资本积累、家庭人口结构与文化消费升级[J].江海学刊,2022,339(03):75-81.

[2] 胡惠林.文化经济学[M].北京:清华大学出版社,2014.

［3］范周,林一民.消费回补与市场重塑:后疫情时期的文化消费趋势探析［J］.艺术评论,2020(05):33－43.

［4］贾旭东.高品质生活视域下的文化消费——基于居民消费支出的考察［J］.山东社会科学,2022(02):76－83,92.

［5］王建磊.短视频消费体验的复杂感受及其影响因素［J］.新闻与传播评论,2021,74(03):24－33.

［6］HUTTER M. Creating Artistic from Economic Value:Changing Input Prices and New Art［M］//HUTTER M,THROSBY D. Beyond Price:Value in Culture,Economics,and the Arts. Cambridge:University Press,2008.

［7］李世晖.文化经济与日本内容产业:动画、漫画与与游戏的炼金术［M］.台北:智胜文化事业有限公司,2018.

［8］VAN BOVEN L,GILOVICH T. To Do or to Have? That is the Question［J］. Journal of Personality and Social Psychology,2003,85(6):1193－1202.

［9］GILOVICH T,KUMAR A,JAMPOL L. A Wonderful Life:Experiential Consumption and the Pursuit of Happiness［J］. Journal of Consumer Psychology,2015,25(1):152－165.

［10］YU Y,JING F,SU C T,et al. Impact of Material vs. Experiential Purchase Types on Happiness:The Moderating Role of Self-discrepancy［J］. Journal of Consumer Behaviour,2016,15(6):571－579.

［11］余樱,景奉杰,杨艳.怎样花钱更幸福? 购买类型对幸福感的影响［J］.心理科学进展,2019,27(12):2133－2140.

［12］高莉莉.中国文化消费水平提升问题研究［M］.北京:经济科学出版社,2019.

［13］王亚楠.房价压力会刺激文化消费吗? ［J］.南方经济,2020,(03):40－52.

［14］顾江,王文姬.科技创新、文化产业集聚对城镇居民文化消费的影响机制及效应［J］.深圳大学学报(人文社会科学版),2021,38(04):47－55.

［15］罗茜.文化消费行为的城乡差异及其对主观幸福感的影响——基于CGSS2012数据的实证研究［J］.文化产业研究,2018(01):54－69.

［16］WARDE A,GAYO-CAL M. The Anatomy of Cultural Omnivorousness:The Case of the United Kingdom［J］. Poetics,2009,37(2):119－145.

［17］李光明,徐冬柠.文化消费对新市民主观幸福感的影响机理研究——基于CGSS2015的数据分析［J］.兰州学刊,2018,(12):158－168.

［18］LEE H,HEO S. Arts and Cultural Activities and Happiness:Evidence from Korea［J］. Applied Research in Quality of Life,2021,16:1637－1651.

［19］王浦劬,季程远.新时代国家治理的良政基准与善治标尺——人民获得感的意蕴和量度［J］.中国行政管理,2018(01):6-12.

［20］徐延辉,李志滨.社会质量与城市居民的获得感研究［J］.南开学报(哲学社会科学版),2021(04):169-181.

［21］熊猛,叶一舵.相对剥夺感:概念、测量、影响因素及作用［J］.心理科学进展,2016,24(03):438-453.

［22］WALKER I, SMITH H J. Relative Deprivation: Specification, Development, and Integration［M］. Cambridge: Cambridge University Press, 2002.

［23］FESTINGER L. A Theory of Social Comparison Processes［J］. Human Relations, 1954, 7: 117-140.

［24］RUNCIMAN W G. Relative Deprivation and Social Justice［M］. London: Routledge and Kegan Paul, 1966.

［25］袁浩,陶田田.互联网使用行为、家庭经济状况与获得感——一项基于上海的实证研究［J］.社会发展研究,2019,6(03):41-60,243.

［26］林立菁,李嘉文,洪煌佳,等.民众艺文活动参与、获得感对生活满意影响之研究［J］.休闲与社会研究,2018(17):75-84.

［27］石晶.新的美好生活,新的感受期盼——当前公众获得感幸福感安全感状况及影响因素调查报告［J］.国家治理,2017(44):15-36.

［28］郑建君.中国公民美好生活感知的测量与现状——兼论获得感、安全感与幸福感的关系［J］.政治学研究,2020(06):89-103,127-128.

［29］OSTROVE J M, ADLER N E, KUPPERMANN M, et al. Objective and Subjective Assessments of Socioeconomic Status and their Relationship to Self-rated Health in an Ethnically Diverse Sample of Pregnant Women［J］. Health Psychology, 2000, 19(6): 613-618.

［30］张孝铭.休闲消费者行为学［M］.台北:华都文化事业有限公司,2013.

［31］HEK M V, KRAAYKAMP G. Cultural Consumption across Countries: A Multi-level Analysis of Social Inequality in Highbrow Culture in Europe［J］. Poetics, 2013, 41(4): 323-341.

［32］KOEN E. Social Inequality in Cultural Consumption Patterns［J］. International Encyclopedia of the Social & Behavioral Sciences: Second Edition, 2015: 331-337.

［33］张铮,吴福仲.从社会分层到文化消费分层:基于职业视角的考察［J］.全球传媒学刊,2019,6(02):129-146.

［34］张铮,陈雪薇.文化消费在收入与主观幸福感关系中的中介作用及边界条件探究［J］.南京社会科学,2018(08):149-156.

［35］王恬,谭远发,付晓珊.我国居民获得感的测量及其影响因素［J］.财经科学,2018(09):

120－132.

　　[36] 王俊秀.不同主观社会阶层的社会心态[J].江苏社会科学,2018(01):24－33.

　　[37] 吕小康,孙思扬.获得感的生成机制:个人发展与社会公平的双路径[J].西北师大学报(社会科学版),2021,58(04):92－99.

　　[38] 周春平.文化消费对居民主观幸福感影响的实证研究——来自江苏的证据[J].消费经济,2015,31(01):46－51.

　　[39] 於嘉,谢宇.社会变迁与初婚影响因素的变化[J].社会学研究,2013,28(04):1－25,242

　　[40] HAYES A F. Introduction to Mediation, Moderation, and conditional Process Analysis:A Regression-based Approach[J]. Journal of Educational Measurement, 2013, 51(3): 335－337.

　　[41] 周雪娇,崔江龙,吕静.阶层定位、社会公平感对居民幸福感的影响[J].人口与社会,2021,37(02):94－108.

作者简介

　　陈雪薇,山东淄博人,华东政法大学传播学院特聘副研究员,博士后。研究方向为文化消费、受众与媒介效果。

　　张铮,天津人,清华大学新闻与传播学院副院长、长聘副教授、博士生导师,清华大学文化创意发展研究院副院长。研究方向为数字文化产业、新媒体与人的发展、文化消费与文化传播。

The Relationship Between Cultural Consumption and Well-being: The Mediating Role of the Sense of Gain and the Moderating Role of Subjective Status Identification

Chen Xuewei   Zhang Zheng

Abstract: Cultural consumption is an important indicator of people's livelihood and well-being. According to CGSS2015, this paper attempts to construct a regulating mediation model from the theoretical perspective of sense of gain, and then explore the relationship between cultural consumption, sense of gain and well-being. On the premise that frequency & diversity are regarded as measurement indexes of cultural consumption, the study has found that cultural consumption is positively related to the sense of gain and well-being, the sense of gain positively mediates the effect of cultural consumption on well-being. Moreover, the results also showed that subjective status identification moderates the relationship between cultural consumption and well-being as well as the mediating role of the sense of gain. The findings enrich the academic understanding of the relationship between cultural consumption and well-being, and have enlightening implications for enriching people's spiritual life.

Key words: Cultural Consumption   Sense of Gain   Well-being   Subjective Status Identification

优质国产剧消费对青年群体文化认同影响研究*

庞胜楠　司　若

摘　要： 以主旋律、现实题材为代表的优质国产剧消费对青年群体文化认同起着重要的作用，研究发现，优质国产剧的消费频率对青年群体认知、情感、行为和社会化层面的文化认同具有显著的正向影响，代表受众"共鸣"的喜爱度在其中起完全中介作用，因此，创作感知时代脉搏、反映当代青年群体关心的"大事""真事"是获得青年群体"共鸣"的核心。娱乐消费动机负向调节喜爱度与认知、情感、行为和社会化文化认同间的直接关系，休闲动机则负向调节喜爱度与认知层面和社会化层面文化认同的直接关系，利益动机在情感层面和行为层面并没有起到调节作用，说明当代青年群体在朴素的爱国情感和文化自信方面具有较强的稳定性，未来在电视剧创作中可以围绕青年群体情感层面和社会化层面的文化认同开展创作，更好地与青年群体获得"共鸣"，增强传播影响力。

关键词： 优质国产剧　消费频率　消费动机　文化认同　喜爱度

一、研究背景

文化认同作为人们对于文化的倾向性共识与认可[1]在青年群体成长过程中扮演着重要的角色，是青年群体树立文化自信、形成正确价值观的基础。青年群体的文化认同受到诸多因素的影响，语言、文字、习俗、宗教等都对文化认同的形成产生重要的作用。数字文化时代，文化产品的消费成为影响青年群体文化认同的重要

＊　基金项目：国家社会科学基金重大项目"视听艺术精品推动中华优秀传统文化创造性转化与创新性发展"（22ZDA083）的阶段性研究成果。
①　郑晓云. 文化认同与文化变迁［M］. 北京：中国社会科学出版社，1992：4.

因素。电视剧、电影、短视频等文化产品通过各种新型媒介渠道直达青年群体内心,从认知、情感、行为和社会化等多个层面形塑青年群体的文化认同。近年来,受短视频、直播等新兴文化产品的影响,电视剧在青年群体中的影响力逐渐降低,但是随着中国电视剧"高质量发展"目标的提出,在"减量提质、降本增效"的背景下[①],以《觉醒年代》《人世间》《山海情》等为代表的优质国产剧为观众带来高质量的视听体验的同时,也对青年群体的文化认同产生了深刻的影响。优质国产剧是指具备影像视听品质高、叙事手法多元、画面构图惊喜且视觉冲击力强等要素的在电视台和视频网站平台播出的国产电视剧[②]。优质国产剧消费主要指观众通过电视、视频网站等平台对优质国产剧的收视行为。根据艾媒咨询的统计数据,2021—2022年,在中国消费者偏好的不同形式影视作品中,74.5%的消费者选择了电视剧,电视剧已成为人们文化消费的重要产品。电视剧对受众文化认同的影响一直备受学界关注,当前国内对此问题的研究主要集中于通过对某类题材或某部电视剧的叙事手法、艺术特征、人物塑造、思想内核等方面的剖析,阐述其对某一特定群体,尤其是青年群体产生影响的原因,其研究对象为电视剧本体而非电视剧受众。还有一些研究使用实证方法,从受众视角对青少年的媒介接触行为和媒介消费行为与文化认同的关系进行研究,但是电视剧消费往往被纳入整体研究中,很少被重视。

本研究使用实证方法,将优质国产剧青年群体消费者作为研究对象,重点考察青年群体在主旋律和现实题材类型优质国产剧中的消费行为对其多层面文化认同的影响,挖掘影响青年群体消费行为与不同层面文化认同的因素,为进一步提高优质国产剧在青年群体中的影响力提供参考。

二、文献回顾与问题提出

(一)媒介消费与文化认同

诸多学者从不同媒介角度研究媒介消费对文化认同的影响,如有研究发现报

---

① 尹鸿,张维肖.减量提质 降本增效——2022中国电视剧、网络剧发展趋势[J].传媒,2023,391(02):16-18,20.
② 尹鸿,宋欣欣.新主流电视剧高质量发展之路——中央广播电视总台《2022年中国电视剧发展报告(白皮书)》述评[J].电视研究,2022(05):94-98.

刊的消费对移民的文化认同与身份建构产生了重要的影响①，粤语媒体的接触对马来西亚华裔的中华文化认同具有显著的影响②。媒介消费对文化认同的积极影响已经被证实，有实证研究指出，不同媒介类型和媒介内容对受众的文化认同有正向影响——接触电视、报纸、杂志中的中国文化内容越多，对中国文化的认同度就越高。但由于研究对象的差异也出现了不同的研究结果，有研究发现，留学生社交媒体消费时长越长，对中国文化的认同度越高，但是电视消费时长则对中国文化的认同具有消极作用③，说明不同类型媒介消费对不同消费群体的文化认同的影响具有差异性。吴世文等的研究发现，不同媒介类型消费影响着文化认同的认知、情感、行为意向三个层次④，受众接触书籍、报纸和电视中的中国文化内容对其中国文化认同具有显著的积极影响，且接触频率越高，对文化认同的影响越大，受众在不同媒介中接触外国文化内容不但没有对其中国文化认同产生负面影响，反而具有微弱的积极效果。因此，媒介消费是影响受众文化认同的重要因素。

（二）电视剧消费与文化认同

电视剧消费作为一种媒介消费形式对文化认同的影响一直被内置于媒介消费与文化认同关系研究之中，但是根据涵化理论，电视剧对人们的理念、态度和价值观的影响早已在学界达成共识。有研究认为，大学生群体的文化认同容易受电视剧消费的影响，当电视剧中所传递的价值观与社会主义核心价值观存在偏差时，极易导致文化认同危机⑤。但是这些研究未明确区分电视剧消费对受众文化认同的影响范畴。文化认同是指对人们之间或个人同群体之间的共同文化的确认，使用相同的文化符号、遵循共同的文化理念、秉承共有的思维模式和行为规范是文化认同的依据。⑥ 陈致中等认为组织文化认同包含认知、情感、行为和社会化四个层

① 曹小杰.认同的阈限：媒介消费与移民身份的建构——以新西兰报刊广告为镜像[J].新闻与传播研究,2018,25(09):81-94,127-128.
② 彭雨晴,谢颖.以侨搭桥：马来西亚华裔粤语媒介使用对中华文化认同的影响[J].现代传播（中国传媒大学学报）,2022,44(11):82-91.
③ 任迪,姚君喜.外籍留学生媒介使用与中国文化认同的实证研究[J].西南民族大学学报（人文社科版）,2019,40(09):147-153.
④ 吴世文,石义彬.我国受众的媒介接触与其中国文化认同——以武汉市为例的经验研究[J].新闻与传播研究,2014,21(01):94-108,128.
⑤ 吕文艳,陈明媚.当代大学生文化认同危机及矫正对策——基于电视剧消费对大学生文化认同的影响[J].新西部（理论版）,2016,388(22):133-134.
⑥ 崔新建.文化认同及其根源[J].北京师范大学学报（社会科学版）,2004(04):102-104,107.

次,其中认知层面是指对于文化的内涵、价值观、典型人物与事迹、品牌和宣传词的了解程度;情感层面是指对组织的文化价值观、工作氛围和组织形象的喜爱程度;行为层面是指对组织文化建设、宣传、维护声誉的主动程度;社会化层面是指对组织的价值观、制度和规范的内化程度。[①] 组织文化认同的概念能够将电视剧消费对受众的文化认同的影响范畴明确化,便于进一步挖掘影响电视剧消费对受众文化认同的因素。对青年群体而言,他们所面临的社会就是一个大型组织,因此可以引入组织文化认同的概念,对电视剧消费影响的文化认同范畴进行界定。

媒介消费频率是影响青年群体文化认同的重要因素,但是现有研究也发现,并不是媒介消费越多,对文化认同的影响就越大,有时甚至会有负面影响,说明消费频率并非影响青年群体文化认同的唯一因素。格伯纳在涵化理论中对主流效果的研究发现,只有当电视中所播放的内容、所表达的观点与个人所持有的观点相一致时,才能产生"共鸣"效果,而这种共鸣能够增强涵化效果,进而影响受众的价值观、文化认同等。因此,电视剧产品不仅需要吸引受众不断消费,还要获取受众与它产生的"共鸣",这种共鸣就是受众对电视消费产品的喜爱程度。近年来,青年群体被多部现象级主旋律电视剧所吸引也印证了此观点。因此,可以推断青年群体对优质国产剧的喜爱程度在消费频率和文化认同之间起到中介作用。基于以上论述,本研究提出以下假设:

H1:优质国产剧的消费频率对青年群体的认知层面(a)、情感层面(b)、行为层面(c)、社会化层面(d)文化认同具有显著的积极影响。

H2:喜爱度在优质国产剧消费频率和青年群体的认知层面(a)、情感层面(b)、行为层面(c)、社会化层面(d)文化认同之间起中介作用。

此外,本研究还试图探究电视剧消费动机是否对青年群体文化认同产生影响。关于媒介接触的研究早已证实不同消费动机对受众的媒介消费有着不同的影响,当受众对某一电视剧产生"共鸣"时,不同的消费动机能够影响受众对媒介所传递信息的接受程度。基于此,本研究提出以下两个研究假设:

H3:娱乐动机在喜爱度对青年群体在认知层面(a)、情感层面(b)、行为层面(c)、社会化层面(d)文化认同的影响中起显著的调节作用。

---

① 陈致中,张德. 中国企业背景下组织文化认同度之概念与模型建构[J]. 中国软科学,2009(S2):269 - 275.

H4：社交动机在喜爱度对青年群体在认知层面（a）、情感层面（b）、行为层面（c）、社会化层面（d）文化认同的影响中起显著的调节作用。

三、研究方法

（一）数据来源

本研究通过问卷调查法以参与电视剧消费的青年群体为总体，对青年群体在主旋律和现实题材优质国产剧消费方面的相关情况进行调研。为保证数据覆盖的全面性和抽样的科学性，本研究在全国 23 个省、5 个自治区、4 个直辖市和澳门特别行政区中分别抽取一所青年群体集中的高等教育学校，采用整群抽样，在每个学校中抽取一个自然班的学生填写问卷。通过在线调查软件腾讯问卷平台编制和发放问卷，问卷运行时间为 2023 年 1 月 15 日—2023 年 1 月 25 日，共 10 天，共收获问卷 3 861 份，根据前期对该问卷作答时间进行的测试，将作答时间低于 180 秒的问卷剔除。根据问卷中被调查者填写具体年龄这一题目，将问卷中年龄填写不符合常理（如 1 岁、99 岁等）的问卷剔除，最终获得了 2 426 份有效问卷，有效问卷比例为 62.8%。

样本偏重于文史、艺术、新闻传播、管理、教育、经济、法学等广义文科类学生（约 70%），这部分大学生是电视剧的重度用户和核心受众。其中男性 580 人（23.9%），女性 1 846 人（76.1%），年龄集中在 20—23 岁，整体年龄分布符合在校大学生的年龄结构，平均年龄 22.21 岁（SD=2.45）。学生籍贯分布覆盖中国境内所有省级行政区的 261 个城市，且适当向发达地区和高人口密度区域集中；教育程度覆盖 141 个城市的 195 所各类高校的本专科生（89.1%）和硕博研究生（10.9%），其中硕士研究生及以上 265 人（10.9%），大学本科学历 1 896 人（78.2%），专科 247 人（10.9%）。月消费水平在 1 000 元及以下的 232 人（9.6%），1 001—2 000 元的 1 397 人（57.6%），2 001—3 000 元的 478 人（19.7%），3 001—4 000 元的 153 人（6.3%），4 001—5 000 元的 70 人（2.9%），5 001 元以上的 96 人（4%）。该样本能够较好地代表当前青年群体的总体且集中于优质国产剧受众。

（二）核心变量测量

1. 消费频率

消费频率在本研究中是指青年群体每天观看电视剧的频繁程度。本研究使用定距变量对其进行测量，题目为"请问您平时观看电视剧的时长是"，题项从 1 小时以内到 12 小时以上，分别代表 1 分到 14 分。被调查者观看电视剧的时长集中在

1—3小时,其中1小时以内478人(19.7%),1小时左右465人(19.2%),2小时左右712人(29.3%),3小时左右343人(14.1%)。

2.喜爱度

喜爱度在本研究中是指青年群体对优质国产剧的喜爱程度,为保证本问题测量的准确度,在征求业内专家意见的基础上选取了2021—2022年播出的29部主旋律和现实题材优质国产剧,被调查者根据熟悉度和喜爱度对其打分:完全没看过(1分),非常不喜欢(2分),不喜欢(3分),一般(4分),喜欢(5分),非常喜欢(6分)。对29个题目进行主成分分析后发现所有题项共同构成同一因子(特征根=5.04,解释方差=41.97%),将题项相加取平均数构成喜爱度指标(M=3.41,SD=1.73,α=0.82)。

3.文化认同

文化认同在本研究中是指青年群体对社会的组织文化认同,本研究在陈致中等研发的组织文化认同量表上进行了适应性改进,将文化认同分为认知、情感、行为和社会化层面四个维度(表1)。采用李克特5级量表进行测量,选项为:非常不同意(1分),不同意(2分),一般(3分),同意(4分),非常同意(5分)。通过主成分分析提取特征根,将各维度题项相加取平均数构成认知层面文化认同指标(特征根=4.23,解释方差=84.68%,M=4.30,SD=0.86,α=0.95)、情感层面文化认同(特征根=4.43,解释方差=88.67%,M=4.41,SD=0.84,α=0.97)、行为层面文化认同(特征根=4.41,解释方差=88.27%,M=4.40,SD=0.85,α=0.97)、社会化层面文化认同(特征根=5.41,解释方差=90.2%,M=4.46,SD=0.83,α=0.98)。[①]

表1 文化认同变量题项

变量名称	题目
认知层面文化认同	观看优质国产剧让我非常清楚地了解我国的优良传统文化
	观看优质国产剧可以让我非常清楚地说出我国的优良传统文化
	观看优质国产剧让我对媒体宣传的各种典型人物或事迹很熟悉
	观看优质国产剧让我对我国的国家形象有清晰的认识
	观看优质国产剧我非常清楚地了解国家提倡的价值观

① 注:M为平均数,SD为标准差,α为克隆巴哈系数。

（续表）

变量名称	题目
情感层面 文化认同	观看优质国产剧让我非常欣赏我国的文化价值观
	观看优质国产剧让我认为国家所提倡的价值观正好也是我做事的准则
	观看优质国产剧让我很喜欢我国的社会氛围
	观看优质国产剧让我赞赏我国的国家形象
	观看优质国产剧让我对我国的文化感到自豪
行为层面 文化认同	观看优质国产剧让我愿意为我国的发展建设贡献自己的力量
	观看优质国产剧让我愿意主动对外宣传我国的国家形象和价值理念
	观看优质国产剧让我愿意为我国的发展建言献策
	观看优质国产剧让我愿意积极参加与传播优良传统文化相关的活动
	观看优质国产剧让我愿意主动维护我国的国家形象
社会化层面 文化认同	观看优质国产剧让我认为我与国家是命运共同体
	观看优质国产剧让我认为我与国家共同成长、共同进步
	观看优质国产剧增强了我的家国情怀
	观看优质国产剧让我自觉遵守国家的法律和规范

4．消费动机

本研究借鉴前人研究从休闲动机和利益动机两个维度测量青年群体的电视剧消费动机。其中休闲动机包含 2 个题项，分别为消磨时间和放松心情；利益动机包括 3 个题项，分别为获取知识、感受正能量、了解更广阔的世界。分别使用李克特5 级量表对其进行测量，选项分别为：非常不同意（1 分），不同意（2 分），一般（3 分），同意（4 分），非常同意（5 分）。分别对上述两个维度进行主成分分析后发现，休闲动机的 2 个题项共同构成一个因子（特征根＝1.52，解释方差＝75.80%），将题项相加取平均数构成娱乐动机指标（M＝4.18,SD＝0.88,α＝0.67）；利益动机的 3 个题项共同构成一个因子（特征根＝2.43，解释方差＝80.97%），将题项相加取平均数构成娱乐动机指标（M＝3.96,SD＝0.99,α＝0.88）。

四、研究结果

(一)相关性分析

在对核心变量进行标准化处理后,本研究使用 SPSS25.0 软件对变量间的相关关系进行分析,研究结果显示(表 2),青年群体电视剧观看频率与认知、情感、行为和社会化层面文化认同均具有显著的相关性,与青年群体对优质国产剧的喜爱度、娱乐动机、利益动机也具有显著的相关性。认知、情感、行为和社会化层面文化认同与喜爱度、娱乐动机和利益动机同样具有显著的相关性,说明可以使用回归分析等方法进一步对变量间的关系进行探究。

表 2　变量间的相关关系分析结果

	1	2	3	4	5	6	7	8
1	1	0.087**	0.058**	0.067**	0.065**	0.243**	0.141**	0.199**
2		1	0.878**	0.842**	0.807**	0.324**	0.432**	0.552**
3			1	0.905**	0.882**	0.267**	0.425**	0.531**
4				1	0.916**	0.266**	0.421**	0.541**
5					1	0.246**	0.406**	0.510**
6						1	0.196**	0.372**
7							1	0.620**
8								1

注:(1) ** 表示双尾 0.01 级别,相关性显著;
(2) 表格中数字:1 表示观看频率,2 表示认知层面文化认同,3 表示情感层面文化认同,4 表示行为层面文化认同,5 表示社会化层面文化认同,6 表示喜爱度,7 表示娱乐动机,8 表示利益动机。

(二)回归分析

本研究首先使用分层线性回归分析对青年群体电视剧观看频率与认知、情感、行为和社会化层面文化认同之间的关系进行检验。H1 认为优质国产剧的消费频率对青年群体的认知层面(a)、情感层面(b)、行为层面(c)、社会化层面(d)文化认同具有显著的积极影响。将性别、年龄、受教育程度和月消费水平作为控制变量放入模块 1,电视剧观看频率作为自变量放入模块 2,认知层面、情感层面、行为层面、社会化层面文化认同分别作为因变量进行线性回归分析得出结果(表 3),青年群体观看电视剧的频率对认知层面文化认同具有显著的积极影响（β＝0.077，p<0.001），观看频率越高，认知层面文化认同越高，H1a 成立。青年群体观看电视频率对情感层文化认同（β＝0.048，p<0.05）、行为层面文化认同（β＝0.057，p<0.01）、社会化层面文化认同（β＝0.054，p<0.001）同样具有显著的积极影响，H1b、H1c、H1d 均成立，因此 H1 成立。

表3　观看频率与认知、情感、行为和社会化层面文化认同回归分析结果

	认知层面文化认同		情感层面文化认同		行为层面文化认同		社会化层面文化认同	
	模块2 β	模块1 β	模块2 β	模块1 β	模块2 β	模块1 β	模块2 β	模块1 β
性别	0.015	0.014	0.065*	0.065*	0.062**	0.062**	0.072***	0.072***
年龄	−0.054*	−0.052*	−0.057*	−0.055*	−0.064**	−0.063**	−0.052*	−0.05*
受教育水平	−0.085***	−0.077**	−0.076**	−0.071*	−0.07*	−0.064*	−0.062*	−0.056*
月消费水平	−0.03	−0.035	−0.047*	−0.05*	−0.039*	−0.042*	−0.043*	−0.047*
观看频率		0.077***		0.048*		0.057**		0.057***
ΔR²		0.08		0.02		0.03		
F	11.685***	12.27***	15.549***	13.592***	14.677***	13.381***	13.205***	12.074***

注：* 表示 p<0.05，** 表示 p<0.01，*** 表示 p<0.001。

（三）中介效果分析

在明确观看频率对各个维度文化认同显著的积极作用后，本研究使用 Hayes 编制的 Process 宏对与中介效果相关的研究假设进行检验，H2 认为喜爱度在优质国产剧消费频率和青年群体的认知层面（a）、情感层面（b）、行为层面（c）、社会化层面（d）文化认同之间起中介作用。本研究选择 PROCESS Model 4 将性别、年龄、受教育程度、月消费水平设为控制变量，将观看频率设为自变量，喜爱度设为中介变量，认知、情感、行为、社会化文化认同分别设为因变量进行分析，共有 4 个中介模型被检验。如表 4 所示，在控制了性别、年龄、受教育程度、月消费水平等因素后，观看频率与认知层面文化认同的直接效应没有显著相关性（B＝0.004 5，SE＝0.019 8，95%CIs＝[−0.034 3,0.043 4]），但是总效应显著（B＝0.076 6，SE＝0.020 2，95%CIs＝[0.036 9,0.116 2]），中介路径观看频率→喜爱度→认知层面

文化认同效应显著（B＝0.072 0，SE＝0.007 9，95％CIs＝[0.057 1，0.088 1]），说明喜爱度在观看频率和认知层面文化认同的关系中具有中介效应，且这种中介效应为完全中介效应，观看频率是通过喜爱度对认知层面文化文化认同产生影响的，因此 H2a 成立。

观看频率与情感层面文化认同的直接效应没有显著相关性（B＝－0.013 4，SE＝0.200 2，95％CIs＝[－0.052 7，0.025 9]），且其对情感层面文化认同的影响为负向，但是观看频率对情感层面文化认同的总效应显著（B＝0.047 9，SE＝0.020 2，95％CIs＝[0.008 4，0.087 5]），中介路径观看频率→喜爱度→情感层面文化认同效应显著（B＝0.061 4，SE＝0.007 3，95％CIs＝[0.047 7，0.076 5]），说明喜爱度在观看频率和情感层面文化认同关系中具有中介效应，且这种中介效应为完全中介效应，观看频率是通过喜爱度对情感层面文化认同产生影响的，且喜爱度在一定程度上抵消了观看频率对情感层面文化认同的负面作用，H2b 成立。

观看频率与行为层面文化认同的直接效应为负向，且也不显著（B＝－0.003 3，SE＝0.020 1，95％CIs＝[－0.042 7，0.036 0]），但是观看频率对情感层面文化认同的总效应显著（B＝0.057 2，SE＝0.020 2，95％CIs＝[0.017 6，0.096 8]），中介路径观看频率→喜爱度→行为层面文化认同效应显著（B＝0.060 5，SE＝0.007 2，95％CIs＝[0.047 0，0.075 0]），说明喜爱度在观看频率和行为层面文化认同关系中也具有完全中介效应，观看频率通过喜爱度对行为层面文化认同产生影响，并在一定程度上抵消了观看频率对行为层面文化认同的负面作用，H2c 成立。

观看频率对社会化层面文化认同的直接效应不显著（B＝0.000 1，SE＝0.020 2，95％CIs＝[－0.039 4，0.039 7]），但是总效应显著（B＝0.056 8，SE＝0.0202，95％CIs＝[0.017 2，0.096 4]），中介路径观看频率→喜爱度→社会化层面文化认同效应显著（B＝0.056 7，SE＝0.007 0，95％CIs＝[0.043 7，0.071 4]），说明喜爱度在观看频率和社会化层面文化认同关系中也具有完全中介效应，观看频率通过喜爱度对行为层面文化认同产生影响，H2d 成立。

表 4 中介效应检验结果

路径		Effect	BootSE	95%CI		效应占比/%
				Lower	Upper	
认知层面模型	直接效应（观看频率→认知层面文化认同）	0.004 5	0.019 8	−0.034 3	0.043 4	6
	中介路径（观看频率→喜爱度→认知层面文化认同）	0.072 0	0.007 9	0.057 1	0.088 1	94
	总效应	0.076 6	0.020 2	0.036 9	0.116 2	100
情感层面模型	直接效应（观看频率→情感层面文化认同）	−0.013 4	0.200 2	−0.052 7	0.025 9	−30
	中介路径（观看频率→喜爱度→情感层面文化认同）	0.061 4	0.007 3	0.047 7	0.076 5	130
	总效应	0.047 9	0.020 2	0.008 4	0.087 5	100
行为层面模型	直接效应（观看频率→行为层面文化认同）	−0.003 3	0.020 1	−0.042 7	0.036 0	−5
	中介路径（观看频率→喜爱度→行为层面文化认同）	0.060 5	0.007 2	0.047 0	0.075 0	105
	总效应	0.057 2	0.020 2	0.017 6	0.096 8	100
社会化层面模型	直接效应（观看频率→社会化层面文化认同）	0.000 1	0.020 2	−0.039 4	0.039 7	2
	中介路径（观看频率→喜爱度→社会化层面文化认同）	0.056 7	0.007 0	0.043 7	0.071 4	98
	总效应	0.056 8	0.020 2	0.017 2	0.096 4	100

（四）调节作用分析

本研究使用 Process 宏 Model 对调节效应进行检验，将性别、年龄、受教育程度、月消费水平设为控制变量，喜爱度设为自变量，娱乐动机和利益动机设为调节变量，认知层面、情感层面、行为层面、社会化层面文化认同分别设为因变量进行分析，共对 8 组调节模型分别进行检验，如表 5 所示。研究发现，娱乐动机在喜爱度和认知层面(b=－0.05,p<0.01)、情感层面(b=－0.06,p<0.01)、行为层面(b=－0.06,p<0.01)、社会化层面(b=－0.07,p<0.01)的关系间均具有负面的调节作用,说明娱乐动机会降低喜爱度对文化认同的积极影响,因此 H3a、H3b、H3c、H3d 均成立。利益动机的表现与娱乐动机存在一定差异,如表 6 所示,利益动机在喜爱度和认知层面文化认同(b=－0.04,p<0.01)和社会化层面文化认同(b=－0.04,p<0.05)方面仍然起到显著的消极作用,H4a、H4d 成立,但是在喜爱度与情感层面文化认同(b=－0.03,p>0.05)和行为层面文化认同(b=－0.03,p>0.05)之间没有显著的调节作用,因此 H4b、H4c 不成立。

表5 娱乐动机在喜爱度与文化认同各层面的调节作用分析结果

	认知层面	情感层面	行为层面	社会化层面
性别	0.10*	0.20***	0.19***	0.21***
年龄	－0.01	－0.01	－0.01	－0.01
受教育水平	－0.05	－0.05	－0.04	－0.03
月消费水平	－0.04*	－0.05**	－0.05**	－0.05**
喜爱度(X)	0.48***	0.45***	0.44***	0.46***
娱乐动机(W_1)	0.42***	0.43***	0.42***	0.41***
$X * W_1$	－0.05**	－0.06**	－0.06**	－0.07**

注:* 表示 p<0.05,** 表示 p<0.01,*** 表示 p<0.001。

表6 利益动机在喜爱度与文化认同各层面的调节作用分析结果

	认知层面	情感层面	行为层面	社会化层面
	B	B	B	B
性别	0.09	0.19***	0.18***	0.20***
年龄	0.00	－0.01	－0.01	0.00
受教育水平	0.01	0.01	0.02	0.03
月消费水平	－0.02	－0.04*	－0.03	－0.03*
喜爱度(X)	0.15***	0.10***	0.09***	0.09***
利益动机(W_2)	0.49***	0.48***	0.50***	0.47***
$X * W_2$	－0.04**	－0.03	－0.03	－0.04*

注:* 表示 p<0.05,** 表示 p<0.01,*** 表示 p<0.001。

五、讨论与结论

本研究考察了青年群体的优质国产剧消费行为对其文化认同的影响,主要使用回归分析、中介效应检验、调节效应检验对研究假设进行验证,研究得出以下主要结论:(1)青年群体的电视剧消费频率对认知、情感、行为和社会化层面的文化认同均具有显著的积极影响;(2)青年群体对优质国产剧的喜爱程度在电视剧消费频率与文化认同的四个层面之间均具有完全中介作用,在情感层面和行为层面还起到了抵消消费频率对其负面影响的作用;(3)青年群体不同的电视剧消费动机影响着喜爱度与各个层面文化认同之间的关系,其中娱乐动机在喜爱度与认知、情感、行为和社会化层面的文化认同均具有显著的负向调节作用,而利益动机的调节作用则仅表现在认知层面和社会化层面。

本研究从实证角度证实了优质国产剧消费能够对青年群体文化认同产生重要影响,对今后进一步利用优质国产剧强化青年群体对国家和中华优秀文化产生认同具有如下启示:

第一,消费频率越高,电视剧对青年群体各个层面的文化认同影响越大,因此吸引青年受众是通过电视剧强化青年群体文化认同的基础。但是消费频率对各个层面文化认同的直接效应并不显著,在情感层面和行为层面甚至可能会产生负面效果,而喜爱度是影响消费频率与文化认同之间关系的完全中介变量,说明让观众与电视剧产生"共鸣"才是电视剧引导青年受众对本国文化产生深刻认同的关键影响因素。早期涵化理论常被用于解释电视剧对人们造成的负面影响,其主要原因是电视剧所传递的负面信息对价值观念尚未定型的青年群体具有重要的影响,因此,电视剧中所传递的价值取向尤为重要。某些电视剧所反映的人物和事件与现实生活完全脱节、价值观扭曲,这会直接影响青年群体对优质国产剧的好感。作为一种文化消费品,国产电视剧有着诸多的竞品,当本国电视剧无法吸引青年群体的注意时,其他国家提供的文化消费品自然会进入青年人的消费视野,其所承载的由他国价值体系为基础的信息元素同样会影响青年群体的文化认同,因此,创作感知时代脉搏、反映当代青年群体关心的"大事""真事"才是获得青年群体"共鸣"的核心。

第二,消费动机在青年群体对优质国产剧的喜爱度和各个层面的文化认同之间起到部分负面的调节作用,说明通过电视剧消费对青年群体的文化认同产生影响并非易事。青年群体进行电视剧消费的主要目的是消磨时间或获取知识,主观上并没有通过电视剧消费获得文化认同提升的诉求,因此生硬刻板的说教和具有强烈距离感的表达是无法轻易触达青年受众内心的。近两年,主旋律电视剧的精品化创作在电视剧强化青年群体的文化认同方面做出了表率,以《觉醒年代》《山海情》为代表的主旋律电视剧使用青春化的叙事手段成功引发了青年群体的共鸣,在本研究喜爱度一题中,65.2%的被访者为《觉醒年代》打出了6分的满分,其平均分为5.07,远远超过其他影片。利益动机在情感层面和行为层面并没有起到调节作用,说明当代青年群体在朴素的爱国情感和文化自信方面具有较强的稳定性,在以后的电视剧创作中可以充分利用这一点,围绕青年群体情感层面和社会化层面的文化认同开展创作,能够更好地与青年群体获得"共鸣",增强传播影响力。

本研究还存在一定的局限和不足。首先,本研究选择的电视剧集中于主旋律和现实题材优质国产电剧,并未考虑到其他类型电视剧和近年来出现的如微短剧、互动剧等新兴剧目形态。其次,本研究虽借鉴组织文化认同的量表对青年群体的文化认同展开研究,但是对文化认同各个层面的区别没有深入分析。未来可以对青年群体的优质国产剧消费情况进行追踪研究,根据不同类型优质国产剧特点对青年群体文化认同的影响进行深度剖析,同时关注青年群体在新型剧目方面的消费情况,进一步挖掘影响青年群体电视剧消费行为与文化认同之间的其他影响因素,为今后创作更多引发青年群体"共鸣"的优质国产剧提供帮助。

作者简介

庞胜楠,山东德州人,清华大学新闻与传播学院博士后,清华大学影视传播中心助理研究员。研究方向为影视传播。

司若,山东青岛人,本文通讯作者,清华大学新闻与传播学院教授,博士生导师。研究方向为影视传播。

A Study on the Influence of Premium Chinese TV Series Consumption on Youth's Cultural Identity

Pang Shengnan   Si Ruo

Abstract：The consumption of high-quality domestic dramas represented by the main themes of the times and realistic themes plays an important role in the cultural identity of young people. The research finds that the consumption frequency of premium Chinese TV series has a significant positive impact on the cultural identity of young people at the level of cognition, emotion, behavior and socialization, and the preferences on behalf of audience "resonance" plays a complete mediating role in this relationship. Therefore, the core of the "resonance" of youth groups is to create a sense of the pulse of the times and reflect the "great events" and "true events" that contemporary youth groups care about. Entertainment consumption motivation negatively moderates the direct relationship between preferences and cultural identity in cognition, emotion, behavior and socialization, while leisure motivation negatively regulates the direct relationship between preferences and cognitive & socialized cultural identity. Profit motivation has no moderating effect on emotional and behavioral levels. It shows that contemporary youth groups have strong stability in simple patriotic feelings and cultural confidence. In the future, TV dramas can be created around the cultural identity of the youth groups at the emotional and socialized levels, so as to better obtain "resonance" with the youth groups, thus enhancing the influence of communication.

Key words：Premium Chinese TV Series   Consumption Frequency   Consumption Motivation   Cultural Identity   Preferences

文化认同视角下游客对博物馆文创产品的购买意愿研究
——基于 782 份调查问卷的实证分析

张之悦　　陈天宇

摘　要:厘清影响游客对博物馆文创产品购买意愿的关键因素对于精准设计博物馆文创产品,推动馆藏文物资源的创造性转化与创新性发展意义重大。本文基于 782 份调查问卷,从文化认同的视角,分别从"信息获取""社会交往""兴趣认同""平台活动"四个维度六个方面重点分析游客对博物馆文创产品购买意愿的影响因素。全样本分析表明,"了解并喜爱博物馆文化 IP"的主观文化认同并不是影响游客文创产品购买意愿的关键因素。当游客针对博物馆文化 IP 产生"分享推荐""参与群组"等具有社交属性的文化认同行为时,会正向提升对相关文创产品的购买意愿。从平台活动的维度看,游客愿意参加与博物馆文化 IP 相关的活动并不会影响其对博物馆文创产品的购买意愿,而"参观博物馆次数"甚至对购买意愿产生负向作用。异质性分析表明,青年群体更容易受相关圈层感染效应的影响而产生购买意愿,但更倾向于购买新奇的博物馆文创产品;非青年群体消费习惯相对稳定,在频繁地参与博物馆活动过程中容易对博物馆文化 IP 产生情感认同进而形成消费黏性。相对于受过初中等教育的群体,受过高等教育的群体参与与博物馆有关的文化 IP 活动更能激发其对博物馆文化的认同,进而强化对文创产品的购买意愿;相较于低收入群体,高收入群体只要参与了博物馆文化 IP 的相关活动,其对博物馆文创产品的购买意愿就会增强。

关键词:文化认同　博物馆文创产品　购买意愿　博物馆文化 IP

一、引言

党的二十大报告提出要"增强中华文明传播力影响力"。自 2008 年全国博物馆实施"免费开放"政策以来,资金短缺成为各大博物馆面临的重要难题。在《关于推动文化文物单位文化创意产品开发的若干意见》《关于进一步推动文化文物单位文化创意产品开发的若干措施》等系列政策的指引下,博物馆文创产品的销售成为很多博物馆重要的收入来源。依托馆藏文化资源设计博物馆文创产品,对于推动中华优秀文化的传承与创新、提升国家文化软实力、丰富人民群众精神文化生活意义重大。十八大以来,伴随着"博物馆热"与"国潮"的兴起,博物馆文创产品越来越受到游客的青睐。2019 年《中国博物馆发展报告》显示,全国各类博物馆文创产品的销售额已超过 500 亿元,年复合增长率高达 20% 以上。然而,博物馆文创产品的开发、设计与售卖也出现了"波特之问",即叫好不卖座,模仿抄袭严重,能让游客喜闻乐见的高体验、强审美的爆款产品少,文化资源优势并没有转化成资本优势。如有数据表明,我国三分之一的文创产品销售额不足 10 万元,只有不到 5% 的文创产品销售额超过 100 万元。因此,如何依托博物馆馆藏文物资源,开发设计出符合游客需求特别是年轻人需求的文创产品成为核心问题。解决该问题的关键是分析游客购买博物馆文创产品的行为机制,厘清影响游客对博物馆文创产品购买意愿的关键因素。

伴随着消费需求的不断升级,人们对物品的消费逐渐从实用价值转变为符号价值,更多消费的是文创产品表征的文化意涵。对文化意涵的肯定即文化认同,文化认同是一个人对自己所属文化的认同感和归属感,是个人在群体中形成的自我意识和身份认同的一种表现。传统文化是文化认同的重要载体。基于文化认同,越来越多的人开始关注和购买博物馆文创产品,文化认同主要通过情感参与和认知参与来对游客购买博物馆文创产品的意愿产生影响。一方面,游客的文化认同程度越高,其对博物馆文化的情感参与和认知参与就会越强,其对博物馆文创产品的购买意愿也就越强。另一方面,博物馆文创产品所呈现的文化符号能够引起游客的文化共鸣,增强他们的文化认同,进而产生购买意愿。实际上,游客购买博物馆文创产品,既受博物馆文创产品"价格""场景设计"等外生力量影响,也受"社交需求""审美需求"等内生因素驱动。从任何单一方面研究游客对博物馆文创产品的购买意愿都有失偏颇。基于此,本文在将年龄、收入、价格、"场景设计"等外生变量作为控制变量后,将"文化认同"设计为内生变量,基于 782 份线下调研问卷,分别从"信息获取""社会交往""兴趣认同""平台活动"四个维度六个方面重点分析游客对博物馆文创产品购买意愿的影响因素。

二、文献综述

学者们认为,当下我国博物馆文创产品存在文化符号挖掘深度不够、文化核心要素丢失、产品设计创意不足且同质化、产品制作精细程度低、产品销售缺乏市场化运作五大问题。因此,聚焦具体的博物馆案例,尝试从价值链视角、营销沟通等视角切入,提出供给端博物馆文创产品开发思路。李六三(2017)系统梳理了中国国家博物馆文创产业从注重文创产品开发到打造文创产品平台的转型升级历程,总结了国博文创"馆藏 IP+互联网"、跨界融合、平台资源整合等运营模式。吕昌霖等(2018)分析了武汉中山舰博物馆现有的"借船出海""抱团取暖""独立自主"三种博物馆文创产品开发模式,同时指出中山舰博物馆文创开发所面临的知识产权问题,并提出了针对性的知识产权管理和保护建议。孙亚云等(2018)在营销沟通视角下分析故宫博物院文创产品的开发经验,提出了在设计环节应注重"轻文化""日用化""社交货币"要素,在推广环节应采用多样化渠道、拟人化沟通、IP 营销等运营手法。王毅等(2019)考察英国国家博物馆和国家图书馆官方网站文化创意产品的物质载体、文化创意内容、开发模式和营销策略,提出适合我国公共图书馆文创产品的设计思路、开发模式和多元化营销体系。伴随着人工智能、VR/AR 等技术的不断成熟,博物馆文化创意产品的外延被拓展。段杨波(2017)认为,互联网时代博物馆文化创意产品是指以博物馆文化要素为对象,通过运用先进科学技术,以创意表现形式,借助于知识产权,专门制造、生产和传播的满足顾客差异化、个性化需求的文化内容产品和服务。

从市场需求的角度出发,对博物馆文创产品消费的研究显得单薄。Tony Kent(2010)通过深度访谈和问卷调查相结合的方式评估博物馆商店在拓展游客参观博物馆教育文化体验中所起的作用,最终证实博物馆商店作为游客观光目的地在拓展博物馆教育活动和文化体验中充当着重要角色。麓美妮(2018)基于陕西省 274 份游客调查问卷,构建博物馆文化创意产品购买意向影响因子模型与假设,经过实证分析得出游客购买行为意向主要受用户满意度与感知购买成本的影响,而满意度则主要受感知文化性的影响。田甜(2021)基于"刺激—有机体—反应"模型,调研实证了实用价值、享乐价值和销售行为对非遗文创产品游客满意度的正向影响,进而提出提升游客的购买意愿的措施。随着学者们对文创产品的游客需求、消费心理研究的不断深入，"文化认同"成为探究文创产品消费行为的重要切入点。陈萱（2022）提出，文化认同是博物馆文创产品消费的内在动力，博物馆文创的外在形象和情感符号共同激发了游客对文创产品的文化认同。孙恺祈等（2022）以"Z世代"为对象研究游客对博物馆文创产品的购买意愿，调研结果表明，产品的颜值、实用性、质量及媒体宣传等会影响"Z世代"的消费意愿，而"文化认同"则是传导这些影响的关键中介变量。王赛兰（2023）结合"人—物—地"的理论框架，基于情景实验实证检验文化认同、设计认同与文创产品购买意愿、体验后悔之间的关系，发现游客更愿意为文化认同买单，且因此产生的购后后悔感更低。

基于此，区别于以往研究中对游客文化认同的测度方式以调查主观感受为主，本研究强调依据信息获取、社会交往等行为判断游客对于博物馆文化IP的认同，避免因博物馆文创产品本身的设计、价格、销售渠道等影响游客对文化认同的判断，探究文化认同影响游客购买博物馆文创产品意愿的净效应。本研究在为博物馆关注不同游客文化需求、实施差异化策略提供理论支撑的同时，也为精准开发设计适宜消费者多样化需求的博物馆文创产品提供了参考。

三、调查设计与描述性统计

（一）调查设计

采用问卷调查法，调查样本为在南京博物院、南京中国科举博物馆、六朝博物馆、南京云锦博物馆4个博物馆出口处或休闲区随机选取的游客。为了最大程度地减少由于受访者文化程度差异带来的理解偏差，确保问卷的真实性和有效性，调查问卷由调查员辅助填写。共发放调查问卷821份，剔除填写不规范或者关键信息缺失的问卷39份，有效回收问卷782份，有效回收率为95.25％。

调查问卷内容主要分为三个部分：一是对博物馆游客的人口特征进行统计，包括性别、年龄、受教育程度、职业/身份等；二是对游客的文化认同行为进行统计，包括"是否了解且喜爱该博物馆的文化IP""是否会主动将该博物馆文化IP分享推荐给朋友"等；三是对游客文创产品偏好进行统计，包括倾向的产品类型、产品风格、可接受的产品价格区间等。

（二）描述性统计

从表1可以看出，在参与调研的用户中，男性和女性的比例分别为43.9％和56.1％。从年龄结构来看，参观博物馆的游客集中于18—40岁，占调研样本总数的55.2％，具有中间多、两头少的分布特征。从职业/身份来看，学生群体占比最大,达到 37.5%。从受教育程度来看,本科及以上的占比近 80%,博物馆游客主要为拥有较高知识水平的群体。从居住地来看,非南京市本地居民占比达到 71.4%,南京各博物馆对外地游客的吸引力较强,且超过半数居民来自江苏省外城市,辐射范围较广。从月收入来看,63.4% 的用户月收入在 5 000 元以下。整体上看,南京四个博物馆的游客呈现"年轻化""高学历""中低收入""非本地"的特征。

表 1　样本基础信息描述性统计

统计题项	类别	频率	百分比/%
性别	男	343	43.9
	女	439	56.1
年龄	18 岁以下	44	5.6
	18—40 岁	432	55.2
	41—60 岁	226	28.9
	60 岁以上	80	10.2
受教育程度	初中以下	82	10.5
	高中	77	9.8
	专科/大学	532	68.0
	硕士研究生	83	10.6
	博士研究生	5	1.0
职业/身份	学生	293	37.5
	企业人员	176	22.5
	事业单位人员	108	13.8
	个体经营者	61	7.8
	退休	82	10.5
	其他	62	7.9
居住地	南京市	224	28.6
	南京市以外其他城市	558	71.4
月收入	2 000 元以下	283	36.2
	2 000—5 000 元	213	27.2
	5 000—10 000 元	207	26.5
	10 000 元以上	79	10.1

从表 2 可知,被调研的游客中,有 65.5% 的游客了解且喜爱所参观的博物馆文化 IP,主观上的文化认可度较高;但仅有 46.7% 的游客会主动将与博物馆文化 IP 有关的内容分享推荐给朋友。从兴趣认同维度来看,仅有 260 个游客参与了与博物馆文化 IP 相关的兴趣小组,可能是因为围绕博物馆文化 IP 建立的关系社群本身较少;被调研对象中,有一半以上的游客至少已经买过 1 次同一文化 IP 下的其他文创产品。在平台活动维度方面,61.4% 的游客愿意参与博物馆文化 IP 的宣传推广活动;绝大部分游客仅参观该博物馆 1—2 次,3 次及以上的仅占 13.4%,游客对博物馆重复参观率较低,馆内陈列展览的文物、文创产品更新率有待提高。

从被调研游客对文创产品的评价来看,近 60% 的游客认为博物馆已有的文创产品实用性不高,43.9% 的游客认为博物馆的文创产品定价较高。对于销售渠道的评价,59.1% 的游客认为目前博物馆文创产品的销售渠道较为单一;91.7% 的游客对博物馆的场景体验感评价较高。从被调研游客对文创产品的偏好来看,文具类、传统复古型的文创产品最受游客喜爱,分别占 46.7% 和 55.1%,这一定程度上源于这两种类型、风格与博物馆文化 IP 具有天然的适配性,文创产品的创新必须以文化内涵为基础。

表 2　游客文化认同行为、文创产品评价与偏好统计

统计题项	类别	频率	百分比/%
是否了解且喜爱该博物馆的文化 IP	是	512	65.5
	否	270	34.5
是否会主动将该博物馆文化 IP 分享推荐给朋友	是	365	46.7
	否	417	53.3
是否参与了与博物馆文化 IP 相关的兴趣小组	是	260	33.2
	否	522	66.8
是否购买过同一文化 IP 主题下的其他文创产品	是	423	54.1
	否	359	45.9
是否愿意参加博物馆文化 IP 的宣传推广活动	是	480	61.4
	否	302	38.6
参观该博物馆的次数	1—2 次	677	86.6
	3—5 次	64	8.2
	5 次以上	41	5.2

（续表）

统计题项	类别	频率	百分比/%
请您评价该博物馆文创产品的实用性	不实用	466	59.6
	一般	237	30.3
	非常实用	79	10.1
请您评价该博物馆文创产品的价格水平	低廉	170	21.7
	一般	269	34.4
	较高	343	43.9
请您评价该博物馆文创产品销售渠道	单一	462	59.1
	多样化	320	40.9
请您评价该博物馆场景设计的体验感	体验感较差	65	8.3
	一般	298	38.1
	体验感较好	419	53.6
倾向的博物馆文创产品类型	服饰类	57	7.3
	生活日用类	163	20.8
	文具类	365	46.7
	玩具类	48	6.1
	家居类	79	10.1
	食品类	41	5.2
	其他	29	3.7
倾向的博物馆文创产品风格	时尚潮流型	104	13.3
	传统复古型	431	55.1
	萌系小清新型	85	10.9
	文艺型	99	12.7
	搞笑恶搞型	63	8.1
能够接受的博物馆文创产品价格区间	50 元以内	145	18.5
	50—150 元	298	38.1
	150—300 元	176	22.5
	300—500 元	42	5.4
	价格不重要	121	15.5

（三）信度与效度检验

使用 SPSS22.0 软件对问卷量表进行信度检验，整体问卷变量的 Cronbach'α 系数为 0.92，各个分量表的信度系数均达到 0.90。使用因子分析法对问卷进行效度检验，样本的 KMO 测度大于 0.7。最后，Bartlett 球形检验的卡方统计值显著性检验的结果为 0.000，小于 0.05，说明问卷设计的量表效度良好。

四、实证结果分析

经过信度与效度分析后，模型在指标可靠性、收敛有效性及判别效度方面表现良好，能够进行下一步的检验。因此，运用 SPSS22.0 软件，采取逐步回归分析验证模型提出的假设，探究各因变量与游客对博物馆文创产品购买意愿之间的关系。回归模型 R2 值为 0.333 7，通过 F 检验（F＝20.13，p＝0.000＜0.05），模型整体拟合效果较好。

（一）全样本实证分析

在信息获取维度，信息获取的回归系数为值为 0.102，并没有通过显著性检验。这说明游客了解且喜爱博物馆的文化 IP 正向影响了游客对博物馆文创产品的购买意愿，但并不是影响游客对文创产品购买意愿的关键因素，这可能是营销宣传不够有效、定价过高、品质不佳以及购买渠道不便等原因所致。如笔者对 109 位了解并喜爱博物馆文化 IP 的游客的调研表明，53％的游客是因为文创产品品质不佳，34％的游客是因为定价过高，29％的游客是因为购买渠道受限，21％的游客是因为并没有接触到博物馆文创产品的营销宣传信息而没有产生购买意愿。

在社会交往维度，社会交往的回归系数为 0.058，通过了 1％的显著性检验。这说明社会交往需求是影响游客对博物馆文创产品购买意愿的关键因素。可能的原因是，博物馆文创产品本身所承载的审美以及其在营销宣传过程中所传递的博物馆文化，在"蜂鸣效应"和同侪压力的作用机制下，会吸引对同一博物馆文化主题有共同兴趣爱好的群体形成圈层，这些圈层内的迷群体在不断购买博物馆文创产品的过程中强化了社交需求，并有可能成为博物馆文创产品的"设计者""生产者""宣传者"。特别是，伴随着我国盲盒市场的火热，富有文化内涵的、新奇的博物馆盲盒文创产品更是受到年轻人的追捧，盲盒的不确定性会激发游客的购买欲望，进而增强其购买意愿。此外，博物馆隐藏文创盲盒的稀缺性使其成为炫耀性商品，这会进一步强化其社交属性进而影响游客的购买意愿。

在兴趣认同维度，兴趣认同 I"是否参与了与博物馆文化 IP 相关的兴趣小组"

的回归系数是 0.117,兴趣认同 II"是否购买过同一文化 IP 主题下的其他文创产品"的回归系数是 0.076,均通过了 1‰的显著性检验。这说明,在兴趣共同体效应、产品推荐和评价、亲身体验和分享以及社交等因素的作用下,参与与博物馆文化 IP 相关的兴趣小组正向影响了游客对博物馆文创产品的购买意愿。这其中可能的原因有:一是在博物馆文化 IP 相关的兴趣小组中,游客可以交流分享、推介、评价他们所喜爱的文创产品,更好地了解产品的特点和优势,从而产生购买意愿;二是博物馆文化 IP 相关的兴趣小组通过组织成员参观博物馆、讨论文化 IP 等活动增强游客对文化 IP 的认同感和情感连接,产生购买意愿;三是受社交和口碑效应的影响,如果游客的朋友购买了某款文创产品并且对其评价良好,那么游客也更有可能购买该产品。而购买过同一文化 IP 主题下的其他文创产品会正向影响游客对博物馆文创产品的购买意愿,这可能是品牌效应、客群重叠、信任度提高以及游客购买力有限等多种因素共同作用的结果。首先,博物馆作为文化机构,拥有一定的品牌知名度,其销售的文创产品往往能够借助这一品牌效应获得更高的关注度和认可度,从而增强游客的购买意愿。这种品牌效应会扩散到同一文化 IP 主题下的其他文创产品,让它们更容易被游客注意和接受,进而影响游客的购买意愿。其次,购买博物馆文创产品的游客往往是对该文化或主题比较感兴趣的人群,这些人群的消费偏好可能与其他文创产品的游客重叠,因此,他们会更容易被同一主题下的其他文创产品所吸引,进而产生购买行为。最后,博物馆本身所具有的专业性和权威性,使游客对博物馆文创产品产生信任度,这种信任度会扩散到同一文化 IP 主题下的其他文创产品,从而强化游客的购买意愿。

在平台活动维度,平台活动 I"是否愿意参加博物馆文化 IP 的宣传推广活动"的回归系数是 0.128,并未通过显著性检验,这说明参与与博物馆文化 IP 相关的活动并不是影响游客对博物馆文创产品购买意愿的关键因素,可能的原因是活动与产品之间的联系不够紧密、活动宣传不到位、游客对文创产品的需求不高,以及文创产品本身对游客吸引力不够等。如一些博物馆尽管举办了很多推介博物馆文创产品的活动,但活动更多仅限于介绍文化知识、展示文物,并未凸显文创产品的特点和价值。再加上博物馆文创产品本身的设计、品质、定价等方面存在问题,无法满足游客的需求和期望,即使通过活动等方式吸引游客的注意力,也很难使其产生购买意愿。而平台活动 II"参观博物馆的次数"的回归系数是 −0.054,通过了 5%的显著性检验。这说明游客参观博物馆活动的次数越多,其对文创产品的购买意愿越低,可能原因如下:一是随着游客参加博物馆活动次数的增加,其对博物馆的文化 IP 的需求可能会趋于饱和,由于已经购买了相关的文创产品,其对博物馆文创产品的购买意愿会降低;二是博物馆活动本身就是目的,而不是推介或售卖文创产品,再加上博物馆文创产品本身与博物馆活动或文化 IP 的关联度不高、品质不佳,会使游客的购买意愿降低;三是博物馆并没有通过多样化的宣传方式来激发游客的购买意愿(表 3)。

表 3 全样本回归结果

	模型 1	模型 2	模型 3	模型 4
信息获取	0.185	0.153*	0.121	0.102
社会交往	0.084**	0.070**	0.066**	0.058***
兴趣认同 I	0.174***	0.148***	0.135**	0.117**
兴趣认同 II	0.102**	0.092	0.083*	0.076***
平台活动 I	0.267	0.189	0.146	0.128
平台活动 II	−0.079*	−0.065*	0.063	−0.054**
产品实用性		0.258	0.196*	0.177
产品价格		−0.565***	−0.432**	−0.303***
渠道多样性			0.290*	0.232**
场景设计				0.176***
常数项	0.814***	0.720***	0.460***	0.761***
观测值	782	782	782	782
调整 R2	0.326 4	0.475 8	0.345 5	0.333 7

注:***、**与*分别对应 1%、5%和 10%的显著性水平。

(二)影响不同群体对博物馆文创产品购买意愿的差异性分析

考虑到不同群体的购买意愿的差异,为了进一步测度上述 6 个自变量对不同群体对博物馆文创产品购买意愿的影响程度,分别依据年龄、受教育程度与月收入的差异,对不同群体对博物馆文创产品购买意愿的影响因素做了异质性分析(表 4)。

表 4　年龄、学历、月收入的异质性检验

	年龄异质性检验		受教育程度异质性检验		收入异质性检验	
	青年群体 （模型 5）	非青年群体 （模型 6）	初中等教育 （模型 7）	高等教育 （模型 8）	中低收入 （模型 9）	高收入 （模型 10）
信息获取	0.204	0.107**	0.083	0.064	0.089	0.037**
社会交往	0.112*	0.063**	0.016	0.086**	0.088***	0.027***
兴趣认同 I	0.195***	0.133**	0.085	0.061**	0.097	0.106*
兴趣认同 II	0.183**	0.064	0.021**	0.093**	0.052	0.064**
平台活动 I	0.255	0.289***	0.056**	0.109	0.112*	0.134**
平台活动 II	−0.068**	−0.053	−0.013	−0.052***	−0.063*	−0.047*
控制变量	是	是	是	是	是	是
常数项	0.781**	0.569*	0.154***	0.633***	0.781***	0.270**
观测值	432	350	159	623	703	79
调整 R^2	0.407	0.326	0.368	0.324	0.571	0.410

注：***、** 与 * 分别对应 1％、5％和 10％的显著性水平。

（1）年龄的异质性分析。由模型 5 与模型 6 可知，对于青年群体和非青年群体而言，其对博物馆文创产品的购买意愿具有较大的差异性。对青年群体而言，"社会交往""兴趣认同""参观博物馆的次数"均通过了显著性检验。其中，兴趣认同 I"是否参与了与博物馆文化 IP 相关的兴趣小组"的影响程度最强，这说明，青年群体在对博物馆文创 IP 的相互交流与推介中产生情感连接和文化认同，更容易受相关圈层感染效应的影响而产生购买意愿。平台活动 II"参观博物馆的次数"负向影响了其对博物馆文创产品的购买意愿，这说明青年群体在消费预算有限的约束下，更倾向于追求新奇的博物馆文创产品，其对博物馆文创产品的消费更理性，并不会随着参观博物馆次数的增多而强化其购买意愿。对于非青年群体而言，"信息获取""社会交往""兴趣认同 I""平台活动 I"均通过了显著性检验，其中"兴趣认同 I"和"平台活动 I"的影响强度最强，这表明相对于青年群体，非青年群体具有更稳定的消费习惯和更高的购买力，他们可能更愿意花费时间和金钱购买自己感兴趣的文创产品，并且更加注重购买的实用性和品质。此外，非青年群体可能更加重视历史和传统文化，更容易与博物馆文化 IP 产生情感认同，进而产生购买相关文创产品的意愿。

（2）受教育程度的异质性分析。根据我国教育体系对初等教育、中等教育、高等教育的划分标准，考虑到样本数量的均衡性，将全样本用户分成初中等教育、高等教育两个样本组。由模型 7 与模型 8 可知，对于接受初中等教育的游客而言，只有"兴趣认同 II"和"平台活动 I"通过了显著性检验，这说明对于这一群体而言，"是否购买过同一文化 IP 主题下的其他文创产品""是否愿意参加博物馆文化 IP 的宣传推广活动"会显著影响其对文创产品的购买意愿，可能的原因是，这一群体正处于对博物馆知识的学习和探索的初级阶段，更容易产生模仿和追随行为，购买同一文化 IP 主题下的文创产品和参加宣传推广活动可以让他们对博物馆文化 IP 产生更深刻的印象，进而增强他们的文化认同感，产生购买意愿。而对于受过高等教育的游客而言，"社会交往""兴趣认同 I""兴趣认同 II""平台活动"分别通过了 10% 和 5% 的显著性检验，其中"兴趣认同 I"影响系数最高，这说明，受过高等教育的群体更注重文化素养和文化体验，参与博物馆文化 IP 相关的兴趣小组可以帮助他们更深入地了解文化背景、历史内涵和艺术价值，从而增强其对文创产品的认知和价值感受。此外，具有高等教育背景的人往往有更高的审美要求和消费能力，参与博物馆文化 IP 相关的兴趣小组可以获得更高质量、更加广泛的文创产品选择空间，满足其个性化消费需求。

（3）收入的异质性分析。考虑到不同月收入用户的偏好差异，为进一步探究各潜在变量对不同月收入群体对博物馆文创产品购买意愿的影响，参照《中国统计年鉴 2019》中我国各阶层收入数据，将调研对象分为高收入、中低收入两个样本组。由模型 9 与模型 10 可知，从高收入群体用户来看，"信息获取""社会交往""兴趣认同""平台活动"均通过了显著性检验，其中"兴趣认同 I""平台活动 I"的影响程度最高，这说明高收入群体，只要参与了博物馆文化 IP 的相关活动，其对文创产品的购买意愿就会增强；而对于中低收入群体而言，参与了博物馆文化 IP 的相关小组，会显著正向影响其对文创产品的购买，可能的原因是，中低收入群体的消费能力相对较弱，但是他们同样具有对博物馆文创产品的欣赏和追求。参与博物馆文化 IP 的相关小组可以获得更多、更深入的文化知识和背景，帮助中低收入群体更好地了解博物馆文化 IP 的内涵和价值，增强其对文创产品的认知和价值感受。此外，博物馆文化 IP 的相关小组还可以为中低收入群体提供更多的价格、种类、质量等文创产品信息，以帮助他们选择更适合自身消费需求的博物馆文创产品。

五、结论及建议

本研究得到以下结论。(1)全样本分析表明,了解且喜爱博物馆的文化 IP 的主观文化认同并不是影响游客文创产品购买意愿的关键因素,购买意愿受文创产品的价格、质量及购买渠道多样性等的综合影响。当游客针对博物馆文化 IP 产生"分享推荐""参与群组"等具有社交属性的文化认同行为时,会正向增强其对相关文创产品的购买意愿。从平台活动的维度看,游客愿意参加博物馆文化 IP 的宣传推广的活动未对博物馆文创产品购买意愿产生影响,而参观博物馆次数甚至与购买意愿产生了负向作用。(2)异质性分析表明,青年群体更容易受相关圈层感染效应的影响而产生购买意愿,但是更追求新奇的产品特征;非青年群体消费习惯相对稳定,在频繁的活动参与中易与文化 IP 产生情感认同进而形成消费黏性。接受初中等教育的游客对博物馆文化 IP 的认同易源于模仿和追随,参加博物馆文化 IP 的宣传推广活动会显著提升其对文创产品的购买意愿;受过高等教育的群体更注重文化体验带来的文化认同。相较于中低收入游客,高收入游客对博物馆文创产品的购买意愿极大程度上受到文化认同的影响。

为增强游客文化认同,提升文创产品购买意愿,提出以下对策建议。第一,举办多样化的博物馆文化活动。举办展览、讲座、工作坊、音乐会、电影展映等各种形式的文化活动,以历史、艺术、科技等不同主题为基础,吸引不同类型的游客参与。增加活动的互动体验,创新场景设计,如虚拟现实展览、实景演出、沉浸式体验等,让游客在参观中更深入地体验博物馆文化。第二,强化博物馆文化 IP 的营销宣传。深入挖掘博物馆文化 IP 的特色与价值,针对不同的游客群体进行差异化宣传营销,如对于文艺青年强调 IP 的创意性和艺术价值。利用社交媒体、电视广告、户外广告等多种渠道宣传,与其他文化机构、知名品牌合作,推出联名文创产品。创新营销方式,如限量销售、会员特权、线上抢购等,激发游客的购买欲望。利用数字营销手段,如虚拟展览、AR 互动体验等,提高博物馆文化 IP 的曝光度和游客参与度。第三,强化博物馆文创产品的社交属性。通过产品设计和场景设计,创造出更丰富的文化体验,激发游客的兴趣和参与度;推出与社交媒体互动的文创产品,让游客可以通过社交平台分享使用体验,展示文化素养。

参考文献

［1］金青梅,张鑫.博物馆文创产品开发研究［J］.西安建筑科技大学学报(社会科学版),2016,35(6):42－46.

［2］李六三.中国国家博物馆文创产业发展探索［J］.美术观察,2017(12):7－9.

［3］吕昌霖,庄松燕.博物馆文创产品开发中的知识产权保护研究——以中山舰博物馆为例［J］.中国博物馆,2018(1):22－28.

［4］孙亚云,王凡.营销沟通视角下博物馆文化创意产品设计及推广研究——以故宫博物院为例［J］.文化艺术研究,2018,11(2):7－13.

［5］王毅,林巍.英国国家博物馆和国家图书馆文化创意产品开发现状和启示［J］.国家图书馆学刊,2019,28(2):14－24.

［6］段杨波.关于互联网背景下博物馆文创事业的几点思考［J］.中华文化论坛,2017(6):35－39.

［7］KENT T. The Role of the Museum Shop in Extending the Visitor Experience［J］. International Journal of Nonprofit & Voluntary Sector Marketing, 2010, 15(1): 67－77.

［8］虢美妮.博物馆文化创意产品感知价值与消费意向研究［J］.包装工程,2018,39(16):235－239.

［9］田甜.基于S－O－R模型的非遗文创产品游客购买意愿研究［J］.统计与信息论坛,2021,36(12):116－124.

［10］陈萱.文化认同与符号消费:博物馆文创的符号建构研究［J］.东南传播,2022(1):86－88.

［11］孙恺祈,范姣,刘一龙.价值引领语境下博物馆文创产品消费行为研究——基于Z世代故宫文创产品消费意愿的经验证据［J］.经营与管理,2022(2):34－41.

［12］王赛兰.文化认同或设计认同:旅游文创产品的消费意愿研究［J］.西南民族大学学报(人文社会科学版),2023,44(1):46－54.

作者简介

张之悦,江苏南京人,东华大学服装与艺术设计学院、教育部重点实验室——现代服装设计与技术基地助理研究员。研究方向为创意设计、创意产业。

陈天宇,河北石家庄人,通讯作者,同济大学人文学院博士研究生。研究方向为文化创意与文化消费。

Research on Visitors' Willingness to Purchase Museum Cultural and Creative Products from the Perspective of Cultural Identity
—An Empirical Analysis Based on 782 Questionnaires

Zhang Zhiyue   Chen Tianyu

Abstract: To clarify the key factors affecting visitors' willingness to purchase museum cultural and creative products (MCCP) is of great significance to accurately design MCCP and promote the creative transformation and innovative development of cultural heritage resources in museum collections. Based on the 782 questionnaires, this paper adopted cultural identity as an angle to analyze factors influencing visitors' willingness to purchase MCCP from six aspects in the four dimensions of "information acquisition", "social interaction", "interest identity", and "platform activities". The analysis of the full sample shows that the subjective cultural identity of "knowing and liking museum cultural IP" is not a key factor influencing visitors' willingness to purchase corresponding products. When visitors generate relevant social-cultural identity behaviors such as "sharing and recommending" and "participating in groups" in response to museum cultural IPs, they will positively increase the purchase intention of related cultural and creative products. In terms of platform activities, visitors' "willingness to participate in activities related to museum cultural IP" does not affect their purchase intentions of museum cultural products, while the "number of museum visits" even has a negative effect on their purchase intentions. The heterogeneity analysis shows that the youth group is more likely to be influenced by related circles, but tends to buy new and unique MCCP; groups excluding young people have relatively stable consumption habits and are more likely to emotionally identify with the cultural IP through frequent participation in activities, thus forming consumption stickiness. Compared with those with primary and secondary education, those with higher education "participating in museum-related cultural IP activities" can significantly stimulate their identification with museum culture and then strengthen their willingness to purchase MCCP; compared with the low-income group, the high-income group will be more willing to purchase MCCP as long as they participate in museum-related cultural IP activities.

Key words: Cultural Identity　Museum Cultural and Creative Products Purchase Intention　Museum Cultural IP

产业创新

基于动态演化博弈的高质量文化产品供给研究[*]

刘柏阳　姜照君

摘　要: 高质量的文化产品供给是助推中国文化产业高质量发展的重要着力点。本文构建以地方政府、企业和消费者为主体的三方演化博弈模型,进行仿真分析,探究高质量文化产品供给过程中参与主体的策略选择及其博弈均衡,得到不同情形下模型的演化稳定策略。结果表明:政府率先采取严格监管策略或消费者率先采取购买文化产品策略,可以实现三方帕累托最优策略均衡,而由企业率先采取生产高质量文化产品策略无法达成帕累托最优策略均衡。对此,建议加强需求侧管理,政府采取降低监管成本或加大对消费者购买文化产品优惠补贴力度等方式,增强消费者对文化产品的偏好,形成文化产品需求牵引文化高质量产品供给,进而达到文化产品供给创造文化产品需求的更高水平动态均衡。

关键词: 文化产品　演化博弈　高质量

一、引言

党的二十大报告提出要传承中华优秀传统文化,不断提升国家文化软实力,推进社会主义文化强国建设。这既对我国经济提出了新要求,也对文化产业提出新要求,迫切需要提升文化产品供给质量。随着人们生活水平的提高,文化消费不断升级,消费者追求更丰富的文化体验和更高质量的文化产品,以满足日益增长的精神文化需求。Morris 等(2015)通过文化动态建构理论研究发现,消费者通过产品

---

* 基金项目:国家社科基金艺术学重大项目"5G 时代文化产业新业态、新模式研究"(20ZD05)、研究阐释党的十九届四中全会精神国家社科基金重点项目"健全现代文化产业体系和市场体系研究"(20AZD065)、中央高校基本科研业务费科研基地创新基金项目"长江经济带文化产业协同创新机制研究"(NJ2022054)的阶段性研究成果。

接触体验到某种文化后，会发展出对此文化的认知表征，进而会期望以这种被激活的文化方式进行思考和行动。袁胜军等（2012）通过分析五种作用机制发现，消费者对一个国家的文化印象会影响他们对来自该国产品的态度。消费者会更多地期望或要求品牌能够告知他们与产品有关的来自特定地方的文化，这使得越来越多的企业尝试将中国的文化元素嵌入营销活动中。Steenkamp 等（2010）的研究发现，产品中文化元素的应用有可能会使来源国信息表征化，一个国家独特的文化元素能够为异国消费者带来产品差异化的联想，从而影响消费者对产品的态度。刘英为等（2020）基于中国品牌海外社交媒体广告的多案例研究，深入探讨了基于国家文化原型的品牌国际化传播策略，检验了不同情景下消费者反应的差异。何佳讯等（2017）发现与国货意识构念相比，文化认同构念更能有效地预测消费者对国产品牌和国外品牌的行为，企业应该重视文化认同战略对消费者行为的重要影响，利用本土文化元素进行品牌建设将更为有效。

衡量文化产业发展水平，要看能不能提供更多满足人民精神文化需求的文化产品。在数字经济时代，文化产品的质量与企业的商誉变得尤为重要。然而我国当前文化市场呈现出过剩和短缺并存的局面，部分文化产品出现同质化竞争，而高质量文化产品却供不应求，加强内容创新、优化供给内容的任务还很艰巨。张旭梅等（2013）认为，政府监管尤其是监管力度会影响企业行为。曹裕等（2020）研究发现政府补贴对供应链最优生产与社会责任投入决策具有重要影响。浦徐进等（2013）证明了在监管的过程中，政府对市场不法行为的处罚程度会影响监管博弈结果。目前大多文献将文化传统、制度背景与企业行为结合起来，从文化特质、文化差异等视角对公司和消费者行为进行研究，而鲜有涉及高质量文化产品供给的理论与实证研究。本文构建以地方政府、企业和消费者为主体的三方演化博弈模型，并进行仿真分析，探究高质量文化产品供给过程中参与主体的策略选择及其博弈均衡，得出不同情形下模型的演化稳定策略。研究结论对于提供高质量文化产品供给，助力中国文化产业高质量发展具有重要的现实意义。

二、模型构建

在高质量文化产品供给过程中，主要存在三方博弈主体：地方政府、企业和消费者。针对参与人有限理性的特点，本文使用演化博弈模型来刻画高质量文化产品供给过程中地方政府、企业和消费者的策略选择及博弈均衡。

(一) 提出假设

地方政府行为策略假设。地方政府在博弈中会出现两种行为：(1)政府通过补贴、惩罚等相关监管措施引导企业(消费者)研发(消费)高质量文化产品；(2)政府对文化产品市场不采取干预或激励行为。因此假设政府行为策略空间为 S_G＝(监管,不监管)，两种策略概率分别为 x 和 $1-x(0 \leqslant x \leqslant 1)$。政府在采取严格监管策略时，所支付的监管成本为 C_g，收益为 R。政府对企业的研发补贴为 L_e，对购买文化产品的消费者提供优惠补贴为 L_c。当企业选择高质量文化产品供给策略时，政府收获的由文化元素带来的社会效益为 ΔO_2。若企业不选择高质量文化产品供给策略时，政府会有 $\theta(0 \leqslant \theta \leqslant 1)$ 的概率发现企业的骗补行为，此时政府会收回对企业的研发补贴并且对其进行惩罚性税收，罚金为 P。

企业行为策略假设。企业在博弈中会出现两种行为：(1) 在生产一般产品的基础上，投入较高成本来研发高质量文化产品；(2) 生产成本相对低的劣质低俗文化产品。因此，假设企业行为策略空间为 S_E＝(研发高质量文化产品,生产劣质低俗文化产品)，两种策略概率分别为 y 和 $1-y(0 \leqslant y \leqslant 1)$。企业选择生产高质量文化产品时所支付的创意研发成本为 C_e，给企业带来的长期销售利润为 T_1，此时企业收获的由文化元素带来的社会效益为 ΔO_1。若企业选择生产劣质低俗文化产品，给企业带来的短期销售利润为 T_2，造成商誉等无形损失为 ΔS。消费者购买一般产品时企业的销售利润为 T_3。

消费者行为策略假设。消费者在博弈中会出现两种行为：(1) 购买文化产品；(2) 购买一般产品。因此，假设消费者行为策略空间为 S_P＝(购买文化产品,购买一般产品)，两种策略概率分别为 z 和 $1-z(0 \leqslant z \leqslant 1)$。消费者购买高质量文化产品时效用为 $U_0+\Delta U(\Delta U$ 表示由文化元素带来的效用)，购买劣质低俗文化产品时效用为 U_0，购买一般产品时效用为 U_1，且需要向政府缴纳税费 A。

变量大小假设。文化产品不同于一般产品，它的特殊性在于文化产品要坚持社会效益优先原则，不能只强调经济效益最大化。因此，假设当企业选择生产高质量文化产品时，由文化元素带来的社会效益 ΔO_1 要大于给企业带来的长期销售利润 T_1，即 $\Delta O_1 > T_1$。

(二) 建立支付矩阵

基于以上假设，得到三方收益支付矩阵如表 1 所示。

表 1　三方收益矩阵

政府	企业	消费者	
		购买文化产品 z	购买一般产品 $1-z$
监管 x	研发高质量文化产品 y	$R-C_g-L_e-L_c+\Delta O_2$	$R-C_g-L_e+A$
		$T_1+L_e-C_e+\Delta O_1$	$T_3+L_e-C_e$
		$U_0+\Delta U+L_c$	U_1-A
	生产劣质低俗文化产品 $1-y$	$R-C_g-L_c+\theta P-(1-\theta)L_e$	$R-C_g+\theta P-(1-\theta)L_e+A$
		$T_2-\theta P+(1-\theta)L_e-\Delta S$	$T_3-\theta P+(1-\theta)L_e$
		U_0+L_c	U_1-A
不监管 $1-x$	研发高质量文化产品 y	$-L_e-L_c+\Delta O_2$	$-L_e$
		$T_1+L_e-C_e+\Delta O_1$	$T_3+L_e-C_e$
		$U_0+\Delta U+L_c$	U_1
	生产劣质低俗文化产品 $1-y$	$-L_e-L_c$	$-L_e$
		$T_2+L_e-\Delta S$	T_3+L_e
		U_0+L_c	U_1

（三）导出三方博弈的复制动态方程

设 U_{1x} 和 U_{1n} 分别为政府选择监管、不监管策略的期望收益，$\overline{U_x}$ 为政府行为的平均期望收益：

$$\begin{cases} U_{1x}=yz(R-C_g-L_e-Lc+\Delta O_2)+y(1-z)(R-C_g-L_e+A)+(1-y)z \\ \qquad [R-C_g-L_c+\theta P-(1-\theta)L_e]+(1-y)(1-z)[R-C_g+\theta P-(1-\theta)L_e+A] \\ U_{1n}=yz(-L_e-L_c+\Delta O_2)+y(1-z)(-L_e)+(1-y)z(-L_e-L_c)+(1-y)(1-z)(-L_e) \\ \overline{U_x}=xU_{1x}+(1-x)U_{1n} \end{cases}$$

政府的复制动态方程为：$F(x)=\dfrac{dx}{dt}=x(U_{1x}-\overline{U_x})$。

设 U_{2y} 和 U_{2n} 分别为企业选择研发高质量文化产品与生产劣质低俗文化产品策略的期望收益，$\overline{U_y}$ 为企业行为的平均期望收益：

$$
\begin{cases}
U_{2y}=xz(T_1+L_e-C_e+\Delta O_1)+x(1-z)(T_3+L_e-C_e)+z(1-x)(T_1+L_e-C_e+\Delta O_1)\\
\qquad +(1-x)(1-z)(T_3+Le-C_e)\\
U_{2n}=xz(T_2-\theta P+(1-\theta)L_e-\Delta S)+x(1-z)(T_3-\theta P+(1-\theta)L_e)+z(1-x)(T_2+L_e-\Delta S)\\
\qquad +(1-x)(1-z)(T_3+L_e)\\
\overline{U_y}=yU_{2y}+(1-y)U_{2n}
\end{cases}
$$

企业的复制动态方程为：$F(y)=\dfrac{dy}{dt}=y(U_{2y}-\overline{U_y})$。

设 U_{3z} 和 U_{3n} 分别为消费者选择购买文化产品、购买一般产品的期望收益，$\overline{U_z}$ 为消费者行为的平均期望收益：

$$
\begin{cases}
U_{3z}=xy(U_0+\Delta U+L_c)+x(1-y)(U_0+L_c)+(1-x)y(U_0+\Delta U+L_c)\\
\qquad +(1-x)(1-y)(U_0+L_c)\\
U_{3n}=xy(U_1-A)+x(1-y)(U_1-A)+(1-x)yU_1+(1-x)(1-y)U_1\\
\overline{U_z}=zU_{3z}+(1-z)U_{3n}
\end{cases}
$$

消费者的复制动态方程为：$F(z)=\dfrac{dz}{dt}=z(U_{3z}-\overline{U_z})$。

整理上式可得三者的复制动态方程 $F(x)$，$F(y)$，$F(z)$，三维动力系统如式：

$$
\begin{cases}
F(x)=\dfrac{dx}{dt}=x(U_{1x}-\overline{U_x})=x(1-x)\big[\theta(1-y)(P+L_e)+(1-z)A+R-C_g\big]\\
F(y)=\dfrac{dy}{dt}=y(U_{2y}-\overline{U_y})=y(1-y)\big[\theta x(P+L_e)+(T_1-T_2+\Delta O1+\Delta S)z-C_e\big]\\
F(z)=\dfrac{dz}{dt}=z(U_{3z}-\overline{U_z})=z(1-z)(y\Delta U+Ax+U_0-U_1+L_c)
\end{cases}
$$

三、稳定性分析

（一）求解均衡点

令 $Fx=\dfrac{dx}{dt}=0$，$Fy=\dfrac{dy}{dt}=0$，$Fz=\dfrac{dz}{dt}=0$，得到以下 8 个局部均衡点：E1(0,0,0)，E2(0,0,1)，E3(0,1,0)，E4(0,1,1)，E5(1,0,0)，E6(1,0,1)，E7(1,1,0)，E8(1,1,1)。

根据 Fredman 提出的稳定性理论，系统在平衡点处的渐进稳定性可以通过分析系统雅可比矩阵的特征值来判断。该系统的雅可比矩阵（J）如下：

$$J = \begin{bmatrix} \dfrac{\partial Fx}{\partial x} & \dfrac{\partial Fx}{\partial y} & \dfrac{\partial Fx}{\partial z} \\[2mm] \dfrac{\partial Fy}{\partial x} & \dfrac{\partial Fy}{\partial y} & \dfrac{\partial Fy}{\partial z} \\[2mm] \dfrac{\partial Fz}{\partial x} & \dfrac{\partial Fz}{\partial y} & \dfrac{\partial Fz}{\partial z} \end{bmatrix} =$$

$$\begin{bmatrix} (1-2x)\begin{bmatrix}\theta(1-y)(P+L_e)+\\(1-z)A+R-C_g\end{bmatrix} & -x(1-x)\theta(P+L_e) & -x(1-x)A \\[2mm] y(1-y)\theta(P+L_e) & (1-2y)\begin{bmatrix}\theta x(P+L_e)+\\(T_1-T_2+\Delta O_1+\Delta S)z-C_e\end{bmatrix} & y(1-y)(T_1-T_2+\Delta O_1+\Delta S) \\[2mm] z(1-z)A & z(1-z)\Delta U & (1-2z)(y\Delta U+Ax+U_0-U_1+L_c) \end{bmatrix}$$

将 8 个均衡点带入雅可比矩阵中,可以得到各个均衡点所对应的 3 个特征值,当满足雅可比矩阵的所有特征值都为非正时的均衡点才是系统的演化稳定点(ESS),如表 2 所示。

表 2　系统的平衡点及其特征值

均衡点	特征值 λ_1	特征值 λ_2	特征值 λ_3
E1(0,0,0)	$\theta(P+L_e)+A+R-C_g$	$-C_e$	$U_0-U_1+L_c$
E2(0,0,1)	$\theta(P+L_e)+R-C_g$	$T_1-T_2+\Delta O_1+\Delta S-C_e$	$-(U_0-U_1+L_c)$
E3(0,1,0)	$A+R-C_g$	C_e	$\Delta U+U_0-U_1+L_c$
E4(0,1,1)	$R-C_g$	$-(T_1-T_2+\Delta O_1+\Delta S-C_e)$	$-(\Delta U+U_0-U_1+L_c)$
E5(1,0,0)	$-[\theta(P+L_e)+A+R-C_g]$	$\theta(P+L_e)-C_e$	$A+U_0-U_1+L_c$
E6(1,0,1)	$-[\theta(P+L_e)+R-C_g]$	$\theta(P+L_e)+T_1-T_2+\Delta O_1+\Delta S-C_e$	$-(A+U_0-U_1+L_c)$
E7(1,1,0)	$-(A+R-C_g)$	$-[\theta(P+L_e)-C_e]$	$\Delta U+A+U_0-U_1+L_c$
E8(1,1,1)	$-(R-C_g)$	$-[\theta(P+L_e)+T_1-T_2+\Delta O1+\Delta S-C_e]$	$-(\Delta U+A+U_0-U_1+L_c)$

(二) 结果讨论

通过分析,共有 7 种情形存在 ESS 点。为了更清晰地描述上述演化博弈模型的复制动态过程,采用 Matlab 软件对演化均衡过程进行仿真模拟。

(1) 情形 1:

当满足条件①,即 $C_g>\theta(P+L_e)+A+R$ 且 $U_1>U_0+L_c$ 时,政府监管的成本大于监管给政府带来的收益、向购买一般产品消费者征收的税费,以及向骗补企业征收的罚金之和,且消费者购买一般产品时的效用大于购买劣质低俗文化产品时的效用与政府提供给消费者的优惠补贴之和。由表3可以看出,均衡点 E1$(0,0,0)$ 对应的稳定策略为(不监管,生产劣质低俗文化产品,购买一般产品)。

表 3 情形 1 的稳定性分析

均衡点	λ_1	λ_2	λ_3	判断
E1$(0,0,0)$	$-$	$-$	$-$	ESS
E2$(0,0,1)$	$-$	$+,-$	$+$	不稳定点
E3$(0,1,0)$	$-$	$+$	$+,-$	不稳定点
E4$(0,1,1)$	$-$	$+,-$	$+,-$	鞍点
E5$(1,0,0)$	$+$	$+,-$	$+,-$	鞍点
E6$(1,0,1)$	$+$	$+,-$	$+,-$	鞍点
E7$(1,1,0)$	$+$	$+,-$	$+,-$	鞍点
E8$(1,1,1)$	$+$	$+,-$	$+,-$	鞍点

此时参数设置为:$T_1=6$,$T_2=3$,$U_0=2$,$U_1=4$,$\Delta U=1.5$,$\Delta S=3$,$\Delta O_1=8$,$\Delta O_2=2$,$C_g=10$,$C_e=10$,$L_e=1$,$L_c=0.5$,$A=0.5$,$R=2$,$P=6$,$\theta=0.5$。收敛结果见图 1。

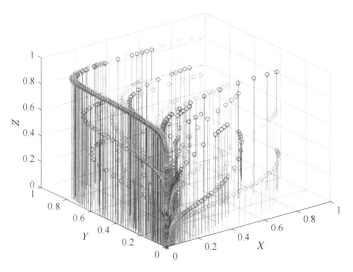

图 1 情形 1 的稳定性分析

(2) 情形 2

当满足条件②,即 $C_g>\theta(P+L_e)+R$、$T_1+\Delta O_1-C_e<T_2-\Delta S$ 且 $U_1<U_0+L_c$

时,政府监管的成本大于监管给政府带来的收益与向骗补企业征收的罚金之和,生产劣质低俗文化产品的销售利润减去无形损失的值大于生产高质量文化产品的销售利润与社会效益的和再减去创意研发成本后的值,且消费者购买一般产品时的效用小于购买劣质低俗文化产品的效用与政府提供给消费者的优惠补贴之和。由表 4 可以看出,均衡点 E2(0,0,1)对应的稳定策略为(不监管,生产劣质低俗文化产品,购买文化产品)。

表 4　情形 2 的稳定性分析

均衡点	λ_1	λ_2	λ_3	判断
E1(0,0,0)	+,-	-	+	不稳定点
E2(0,0,1)	-	-	-	ESS
E3(0,1,0)	+,-	+	+	鞍点
E4(0,1,1)	-	+	-	不稳定点
E5(1,0,0)	+,-	+,-	+	鞍点
E6(1,0,1)	+	+,-	-	不稳定点
E7(1,1,0)	+,-	+,-	+	鞍点
E8(1,1,1)	+	+,-	-	不稳定点

此时参数设置为:$T_1 = 6, T_2 = 3, U_0 = 8, U_1 = 4, \Delta U = 1.5, \Delta S = 3, \Delta O_1 = 8,$ $\Delta O_2 = 2, C_g = 10, C_e = 9, L_e = 1, L_c = 0.5, A = 0.5, R = 2, P = 6, \theta = 0.5$。收敛结果见图 2。

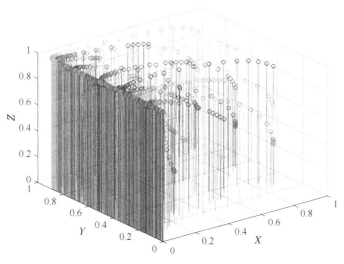

图 2　情形 2 的稳定性分析

（3）情形3：

当满足条件③，即$C_g > R$、$T_1 + \Delta O_1 - C_e > T_2 - \Delta S$ 且 $U_1 < U_0 + \Delta U + L_c$ 时，政府监管的成本大于监管给政府带来的收益，生产劣质低俗文化产品时的销售利润减去无形损失的值小于生产高质量文化产品的销售利润与社会效益的和再减去创意研发成本后的值，且消费者购买一般产品时的效用小于购买高质量文化产品时的效用与政府提供给消费者的优惠补贴之和。由表5可以看出，均衡点 E4(0,1,1) 对应的稳定策略为（不监管，研发高质量文化产品，购买文化产品）。

表5 情形3的稳定性分析

均衡点	λ_1	λ_2	λ_3	判断
E1(0,0,0)	+，−	−	+，−	鞍点
E2(0,0,1)	+，−	+	+，−	鞍点
E3(0,1,0)	+，−	+	+	鞍点
E4(0,1,1)	−	−	−	ESS
E5(1,0,0)	+，−	+，−	+，−	鞍点
E6(1,0,1)	+，−	+	+，−	鞍点
E7(1,1,0)	+，−	+，−	+	鞍点
E8(1,1,1)	+	−	−	不稳定点

此时参数设置为：$T_1 = 6$，$T_2 = 3$，$U_0 = 2$，$U_1 = 4$，$\Delta U = 1.5$，$\Delta S = 3$，$\Delta O_1 = 8$，$\Delta O_2 = 2$，$C_g = 10$，$C_e = 3$，$L_e = 2$，$L_c = 1$，$A = 0.5$，$R = 8$，$P = 6$，$\theta = 0.5$。收敛结果见图3。

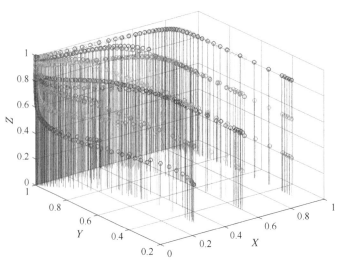

图3 情形3的稳定性分析

（4）情形 4：

当满足条件④，即 $C_g < \theta(P+L_e)+A+R$、$\theta(P+L_e) < C_e$ 且 $U_1-A > U_0+L_c$ 时，政府监管的成本小于监管给政府带来的收益、向消费者购买一般产品征收的税费以及向骗补企业征收的罚金之和，企业生产高质量文化产品时所支付的创意研发成本大于罚金，且消费者购买一般产品时的效用减去向政府缴纳的税费大于购买劣质低俗文化产品时的效用与政府提供给消费者的优惠补贴之和。由表 6 可以看出，均衡点 E5(1,0,0)对应的稳定策略为（监管，生产劣质低俗文化产品，购买一般产品）。

表 6　情形 4 的稳定性分析

均衡点	λ_1	λ_2	λ_3	判断
E1(0,0,0)	+	−	−	不稳定点
E2(0,0,1)	+，−	+，−	+	鞍点
E3(0,1,0)	+，−	+	+，−	鞍点
E4(0,1,1)	+，−	+，−	+，−	鞍点
E5(1,0,0)	−	−	−	ESS
E6(1,0,1)	+，−	+，−	+	鞍点
E7(1,1,0)	+，−	+	+，−	鞍点
E8(1,1,1)	+，−	+，−	+，−	鞍点

此时参数设置为：$T_1=6$，$T_2=3$，$U_0=2$，$U_1=6$，$\Delta U=1.5$，$\Delta S=4$，$\Delta O_1=8$，$\Delta O_2=2$，$C_g=4$，$C_e=9$，$L_e=1$，$L_c=0.5$，$A=0.5$，$R=8$，$P=6$，$\theta=0.5$。收敛结果见图 4。

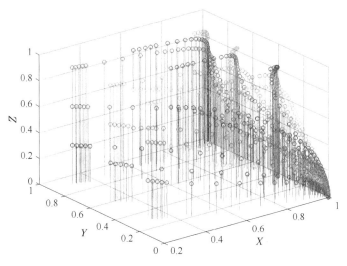

图 4　情形 4 的稳定性分析

（5）情形5：

当满足条件⑤，即 $C_g < \theta(P+L_e)+R$、$T_1+\Delta O_1-C_e < T_2-\Delta S-\theta(P+L_e)$ 且 $U_1-A < U_0+L_c$ 时,政府监管的成本小于监管给政府带来的收益以及向骗补企业征收的罚金之和,生产劣质低俗文化产品的销售利润无形损失与罚金的值大于生产高质量文化产品的销售利润与社会效益的和再减去创意研发成本后的值,且消费者购买一般产品时的效用减去向政府缴纳的税费小于购买劣质低俗文化产品时的效用与政府提供给消费者的优惠补贴之和。由表7可以看出,均衡点 E6(1,0,1) 对应的稳定策略为(监管,生产劣质低俗文化产品,购买文化产品)。

表 7　情形 5 的稳定性分析

均衡点	λ_1	λ_2	λ_3	判断
E1(0,0,0)	＋	－	＋,－	不稳定点
E2(0,0,1)	＋	－	＋,－	不稳定点
E3(0,1,0)	＋,－	＋	＋,－	鞍点
E4(0,1,1)	＋,－	＋	＋,－	鞍点
E5(1,0,0)	－	＋,－	＋	不稳定点
E6(1,0,1)	－	－	－	ESS
E7(1,1,0)	＋,－	＋,－	＋	鞍点
E8(1,1,1)	＋,－	＋	－	不稳定点

此时参数设置为:$T_1=3$,$T_2=6$,$U_0=5$,$U_1=4$,$\Delta U=1.5$,$\Delta S=3$,$\Delta O_1=8$,$\Delta O_2=2$,$C_g=4$,$C_e=9$,$L_e=2$,$L_c=1$,$A=0.5$,$R=8$,$P=6$,$\theta=0.5$。收敛结果见图5。

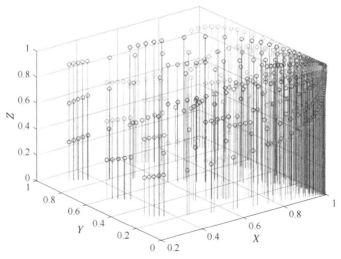

图 5　情形 5 的稳定性分析

（6）情形 6：

当满足条件⑥，即 $C_g < A + R$、$\theta(P + L_e) > C_e$ 且 $U_1 - A > U_0 + \Delta U + L_c$ 时，政府监管的成本小于监管给政府带来的收益与向消费者购买一般产品征收的税费之和，企业生产高质量文化产品时所支付的创意研发成本小于生产劣质低俗文化产品时的罚金，且消费者购买一般产品时的效用减去向政府缴纳的税费大于购买高质量文化产品时的效用与政府提供给消费者的优惠补贴之和。由表 8 可以看出，均衡点 E7(1,1,0)对应的稳定策略为（监管，研发高质量文化产品，购买一般产品）。

表 8 情形 6 的稳定性分析

均衡点	λ_1	λ_2	λ_3	判断
E1(0,0,0)	+	−	−	不稳定点
E2(0,0,1)	+，−	+，−	+	鞍点
E3(0,1,0)	+	+	−	不稳定点
E4(0,1,1)	+，−	+，−	+	鞍点
E5(1,0,0)	−	+	−	不稳定点
E6(1,0,1)	+，−	+，−	+	鞍点
E7(1,1,0)	−	−	−	ESS
E8(1,1,1)	+，−	+，−	+	鞍点

此时参数设置为：$T_1 = 6$，$T_2 = 3$，$U_0 = 2$，$U_1 = 6$，$\Delta U = 1.5$，$\Delta S = 3$，$\Delta O_1 = 7$，$\Delta O_2 = 2$，$C_g = 4$，$C_e = 3$，$L_e = 2$，$L_c = 0.5$，$A = 0.5$，$R = 8$，$P = 8$，$\theta = 0.5$。收敛结果见图 6。

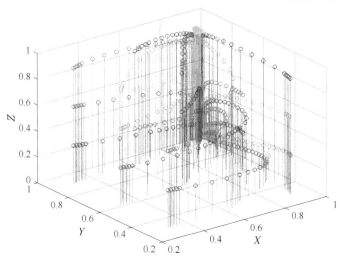

图 6 情形 6 的稳定性分析

（7）情形 7：

当满足条件⑦，即 $C_g < R$、$T_1 + \Delta O_1 - C_e > T_2 - \Delta S - \theta(P + L_e)$ 且 $U_1 - A < U_0 + \Delta U + L_c$ 时，政府监管的成本小于监管给政府带来的收益，生产劣质低俗文化产品的销售利润减去无形损失与罚金的值小于生产高质量文化产品的销售利润与社会效益的和再减去创意研发成本后的值，且消费者购买一般产品时的效用减去向政府缴纳的税费小于购买高质量文化产品时的效用与政府提供给消费者的优惠补贴之和。由表 9 可以看出，均衡点 E8(1,1,1) 对应的稳定策略为（监管，研发高质量文化产品，购买文化产品）。

表 9　情形 7 的稳定性分析

均衡点	λ_1	λ_2	λ_3	判断
E1(0,0,0)	+	−	+，−	不稳定点
E2(0,0,1)	+	+，−	+，−	鞍点
E3(0,1,0)	+	+	+，−	鞍点
E4(0,1,1)	+	+，−	+，−	鞍点
E5(1,0,0)	−	+，−	+，−	鞍点
E6(1,0,1)	−	+	+，−	不稳定点
E7(1,1,0)	−	+，−	+	不稳定点
E8(1,1,1)	−	−	−	ESS

此时参数设置为：$T_1 = 6, T_2 = 3, U_0 = 2, U_1 = 2, \Delta U = 1.5, \Delta S = 3, \Delta O_1 = 8, \Delta O_2 = 2, C_g = 3, C_e = 3, L_e = 2, L_c = 1, A = 0.5, R = 8, P = 6, \theta = 0.5$。收敛结果见图 7。

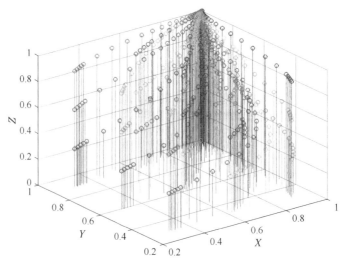

图 7　情形 7 的稳定性分析

(三）三方动态演化博弈的演变路径与分析

通过以上情形分析，可以得出文化产品供给的质量是由政府、企业和消费者三方博弈主体共同决定的，任意一方的策略变化会影响到其他两方博弈主体的策略选择。因此，本部分将文化产品质量的提升路径分为三种经验性的模式，即政府驱动型、企业创新型和消费者主导型。

1. 政府驱动型

政府可以从政府监管、供给端和需求端三方面出发刺激博弈演变。首先，当政府降低监管成本时，满足 $C_g<\theta(P+L_e)+A+R$，政府会选择严格监管策略。在政府的严格监管下，企业在生产劣质低俗文化产品时的罚金较大，满足 $\theta(P+L_e)>C_e$，企业会选择生产高质量文化产品策略。在企业选择生产高质量文化产品时，会使得消费者购买文化产品的效用值增加，满足 $U_1-A<U_0+\Delta U+L_c$，消费者也会选择购买文化产品，最终形成（监管，生产劣质低俗文化产品，购买文化产品）的演化稳定策略。此时的演化路径为：$(0,0,0)\to(1,0,0)\to(1,1,0)\to(1,1,1)$。

其次，当政府提高文化产品的社会效益、加大对企业的研发补贴力度时，满足 $T_1+\Delta O_1-C_e>T_2-\Delta S$ 或 $\theta(P+L_e)>C_e$，会促使企业趋向于生产高质量文化产品，但这种状态只是暂时的，企业不会长期选择生产高质量文化产品策略，因为政府仍然不满足 $C_g<R$，消费者仍然不满足 $U_1<U_0+L_c$，根据上文的分析 $(0,1,0)$ 无法成为 ESS 点，最终形成（不监管，生产劣质低俗文化产品，购买一般产品）的演化稳定策略。此时的演化路径为：$(0,0,0)\to(0,1,0)\to(0,0,0)$。

最后，当政府加大对消费者购买文化产品的优惠补贴力度时，满足 $U_1<U_0+L_c$，消费者会选择购买文化产品。如果政府的补贴是长期的，那么消费者也会长期选择购买文化产品，企业的长期收益会更大，满足 $T_1+\Delta O_1-C_e>T_2-\Delta S$，企业会选择生产劣质低俗文化产品，进而使得政府的监管成本降低，满足 $C_g<R$，政府也会选择严格监管策略，最终形成（监管，研发高质量文化产品，购买文化产品）的演化稳定策略。此时的演化路径为：$(0,0,0)\to(0,0,1)\to(0,1,1)\to(1,1,1)$。如果政府的补贴是短期的，那么消费者只会短期选择购买文化产品，企业的短期收益会更大，满足 $T_1+\Delta O_1-C_e<T_2-\Delta S$，企业会选择生产劣质低俗文化产品，直到政府不进行补贴后，消费者也会选择购买一般产品，最终形成（不监管，生产劣质低俗文化产品，购买一般产品）的演化稳定策略。此时的演化路径为：$(0,0,0)\to(0,0,1)\to(0,0,0)$。

2. 企业创新型

企业从供给端出发,刺激博弈演变。当企业降低创意研发成本时,满足 $\theta(P+L_e)>C_e$,会促使企业趋向于生产高质量文化产品,但这种状态只是暂时的,企业不会长期选择生产高质量文化产品策略,因为政府仍然不满足 $C_g<R$,消费者仍然不满足 $U_1<U_0+L_c$,根据上文的分析 $(0,1,0)$ 无法成为 ESS 点,最终形成(不监管,生产劣质低俗文化产品,购买一般产品)的演化稳定策略。此时的演化路径为:$(0,0,0)\rightarrow(0,1,0)\rightarrow(0,0,0)$。

3. 消费者主导型

消费者从需求端出发,刺激博弈演变。当消费者购买文化产品获得的效用值较大时,满足 $U_1<U_0+L_c$,消费者选择购买文化产品。同时消费者对文化产品供给质量的要求更高,需要高质量的文化产品,使得当企业选择生产高质量文化产品时,企业收获的由文化元素带来的社会效益更高,当企业选择生产劣质低俗文化产品时,造成商誉等无形损失更大,满足 $T_1+\Delta O_1-C_e>T_2-\Delta S$,企业会选择生产高质量文化产品,进而使得政府的监管成本降低,满足 $C_g<R$,政府也会选择严格监管策略,最终形成(监管,研发高质量文化产品,购买文化产品)的演化稳定策略。此时的演化路径为:$(0,0,0)\rightarrow(0,0,1)\rightarrow(0,1,1)\rightarrow(1,1,1)$。

四、结语

本文运用演化博弈的方法,构建了包含政府、企业和消费者的三方演化博弈模型,研究文化产品推广过程中参与人的策略选择及在不同情形下的博弈均衡,并展开仿真分析。本研究的主要结论:文化产品供给的质量是由政府、企业和消费者三方博弈主体共同决定的,任意一方的策略变化会影响到其他两方博弈主体的策略选择,高质量文化产品供给过程存在博弈均衡。提高文化产品供给的质量,如果只采取政府驱动和消费者主导两种模式,企业创新模式是不稳定的。政府率先采取监管策略或消费者率先采取购买文化产品策略,会实现三方帕累托最优策略均衡,由企业率先采取生产高质量文化产品策略无法达成帕累托最优策略均衡。因此,政府和消费者的行为是推动高质量文化产品供给的关键。

从政府主体来讲,政府应采取降低监管成本、加大对消费者购买文化产品优惠补贴力度的方式推动高质量文化产品供给,进而形成文化产品供给创造文化产品需求的更高水平动态均衡。如果政府的监管成本足够小或者政府对消费者购买文化产品的优惠补贴力度长期较大,那么最终可以形成(监管,研发高质量文化产品,购买文化产品）的演化稳定策略。因此，要从以下三方面着手，促进文化产业在有序的基础上蓬勃发展。一是明确政府监管部门职责，采取多样化的政府监管方式，完善文化产品质量监管行政法规，从生产、流通到消费构建起一套完整的规制体系。二是通过扩大社会、舆论监督，提高文化产品质量监管效能，高度重视舆论导向作用。通过加强行业自律，保障文化产品的供给质量，鼓励市场主体承担社会责任，同时提高消费者对文化产品质量的可预测性，缩减政府监管投入。三是完善文化消费补贴政策，优化文化消费补贴方式，加大政府对消费者购买文化产品的优惠补贴力度。

从消费者主体来讲，消费者若能从主观上增强对文化产品的偏好，注重需求侧管理，可形成文化产品需求牵引文化产品供给。如果消费者购买文化产品时获得的效用值较大，那么最终可以形成（监管，研发高质量文化产品，购买文化产品）的演化稳定策略。因此，本文建议从以下三方面提高消费者购买文化产品时的效用：一是挖掘文化消费热点，打造高品质文化消费新场景，培养居民文化消费习惯；二是丰富文化产品价值内涵，提升高质量文化产品附加值，不断创新文化产业的业态和模式；三是充分利用新兴媒体手段和舆论引导功能，加强文化消费活动的宣传力度，使文化消费观念深入居民日常生活之中。综上所述，一方面，营造良好文化消费氛围，提高消费者购买文化产品时的效用和由文化元素带来的社会效益是提高文化产品供给质量的最直接措施。另一方面，完善文化产品质量监管行政法规，降低监管成本，加大政府对消费者购买文化产品优惠补贴力度，可以加速释放文化消费潜力。

参考文献

［1］CHIU C Y, KWAN L Y, LIOS S. Culturally Motivated Challenges to Innovation in Integrative Research: Theory and Solutions[J]. Social Issue and Policy Review, 2013, 10(7): 149-172.

［2］MORRIS M, CHIU C Y, LIU Z. Polycultural Psychology[J]. Annual Review of Psychology, 2015, 66(10): 631-659.

［3］袁胜军, 符国群. 原产地形象对中国品牌国际化的启示[J]. 软科学, 2012, 26(02): 41-45.

［4］何佳讯. 中国品牌全球化:融合"中国元素"的品牌战略——"李宁"案例研究[J]. 华东师

范大学学报(哲学社会科学版),2013,45(04):124-129,155-156.

[5] STEENKAMP E M, MARTIJN G J. A Global Investigation into the Constellation of Consumer Attitudes toward Global and Local Products[J]. Journal of Marketing, 2010, 74(10): 18-40.

[6] 刘英为,汪涛,聂春艳,等.如何应用国家文化原型实现品牌的国际化传播——基于中国品牌海外社交媒体广告的多案例研究[J].管理世界,2020,36(01):88-104,236.

[7] 何佳讯,吴漪,丁利剑,等.文化认同、国货意识与中国城市市场细分战略——来自中国六城市的证据[J].管理世界,2017(07):120-128.

[8] 马士远."互联网+"时代文化产业发展新向度[J].管理世界,2018,34(02):180-181.

[9] 张旭梅,邓流生,丁雪峰.盗版:厂商的质量选择与政府的反盗版政策[J].系统工程理论与实践,2013,33(07):1782-1790.

[10] 曹裕,周默亭,胡韩莉.考虑政府补贴与企业社会责任的两级供应链优化[J].中国管理科学,2020,28(05):101-111.

[11] 浦徐进,吴亚,路璐,等.企业生产行为和官员监管行为的演化博弈模型及仿真分析[J].中国管理科学,2013,21(S1):390-396.

[12] 顾江,刘柏阳.人力资本积累、家庭人口结构与文化消费升级[J].江海学刊,2022(03):75-81.

[13] 周锦,刘柏阳.物联网赋能家庭文化消费的机理及效应[J].深圳大学学报(人文社会科学版),2022,39(06):52-62.

[14] 侯建荣,赵慧,张宋燕.文化差异会影响中西消费者预付卡办卡意愿吗?——以上海电影院行业为例[J].中国管理科学,2015,23(S1):143-149.

[15] HAFSTROM J L, CHAE J S, CHUNG Y S. Consumer decision-making styles: Comparison Between United States and Korean Young Consumers[J]. Journal of Consumer Affairs, 1992, 26(1): 146-158.

[16] 张苏缘,刘柏阳."十四五"时期怎样培育文化消费新增长极?——以江苏省为例[J].文化产业研究,2020(03):80-96.

[17] LYSONSKI S, DURVASULA S, ZOTOS Y. Consumer Decision-making Styles: A Multi-Country Investigation[J]. European Journal of Marketing, 1996, 30(12): 10-21.

[18] 王文姬,刘柏阳,李欣哲.数字普惠金融如何影响城乡文化消费差距?[J].农村经济,2021(10):90-98.

[19] FRIDEMAN D. Evolutionary Games in Economics[J]. Econometrica, 1991, 59(3): 637-666.

作者简介

刘柏阳,黑龙江齐齐哈尔人,南京大学长三角文化产业发展研究院博士研究生。研究方向为文化产业经济学。

姜照君,山东龙口人,南京航空航天大学教授,南京大学长三角文化产业发展研究院研究员。研究方向为传媒经济与文化产业。

Study on the Supply of High-quality Cultural Products Based on the Dynamic Evolutionary Game

Liu Baiyang   Jiang Zhaojun

Abstract: The supply of premium cultural products is the key to promoting the high-quality development of China's cultural industry. This paper builds a tripartite evolutionary game model taking local governments, enterprises and consumers as the main body, conducts simulation analysis, explores the strategy selection and game equilibrium of the participants in the supply of high-quality cultural products, and obtains the evolutionary stability strategy of the model under different situations. The results show that when the government takes the lead in adopting a strict regulation strategy or consumers take the lead in purchasing cultural products can the equilibrium strategy of Pareto optimality among the above three parties be achieved, while the enterprise takes the lead in producing high-quality cultural products cannot achieve the equilibrium strategy of Pareto optimality. In this regard, it is suggested that demand-side management should be strengthened, and the government should reduce regulatory costs or increase preferential subsidies for consumers to buy cultural products to enhance their preference for cultural products, so as to form the demand for cultural products to lead the supply of high-quality cultural products, thus achieving a higher level of dynamic equilibrium between the supply and demand of cultural products.

Key words: Cultural Product   Evolutionary Game   High-quality

基于引力模型的演艺产业经济联系强度分析[*]
——以江苏省为例

孙传明　陈　熙　叶盼盼

摘　要:基于引力模型,计算江苏省13个地级市演艺产业经济联系强度及时空演变特征。整体来看,演艺产业经济联系强度形成完整网络,地级市之间联系减弱,其联系呈现南部强、北部弱的特征;局部来看,各市之间演艺产业经济联系强度内部差异较大。同时,应用地理探测器探析导致时空演变的因素,结果表明,经济、人口与经营状况为时空演变的主要驱动因素,需要从市场需求、资金来源、政策支持等角度为实现演艺产业生态圈构建与高质量一体化发展提供路径指导与参考。

关键词:演艺产业　经济联系　时空演变　江苏省

一、引言

演艺产业是在剧场、戏院、音乐厅、体育场等室内外演出场所进行的、面向大众的商业化艺术表演活动,以及与之相关的创作、策划、经纪、票务等活动。(曹晋彰,2012)作为文化产业体系的核心产业之一,演艺产业凭借其创意密集性、能耗低与可持续性发展强、辐射能力和拉动力强等多重特点,成为培育经济发展新动能的重要引擎。2022年1月,文化和旅游部发布《"十四五"旅游发展规划》,提出要"促进旅游演艺提质升级,支持各级各类文艺表演团体参与旅游演艺发展,提升创作质量",凸显出"十四五"期间促进演艺产业高质量发展的必要性与迫切性。

---

[*]　基金项目:湖北文化产业经济中心开放基金"智能时代非物质文化遗产保护传承融合发展研究"(HBCIR202208)的阶段性研究成果。

综合来看,促进演艺产业的高质量发展具有不可或缺的现实意义。其一,高度发展的演艺产业具有双效统一的独特优势。文化和旅游部发布的《中华人民共和国文化和旅游部 2020 年文化和旅游发展统计公报》显示,2020 年全国艺术表演团体共演出 225.61 万场,演出收入 86.63 亿元。同时,演艺产业涉及交通、餐饮和住宿等诸多行业,不仅可以培育出完整的产业链,也可以带动一系列相关产业发展。此外,它能够为塑造城市文化品牌提供潜在动力,更是丰富大众精神生活与展现意识形态的有力抓手。其二,在文化产业体制改革带来市场化弊端与大众娱乐需求多元化的背景下,演艺产业发展近年来速度放缓、区域发展差异大,扭转演艺产业的发展局面,为经济提质增效迫在眉睫。

2009—2021 年,江苏省文化产业异军突起。2021 年前三季度,江苏省 8 403 家规模以上文化及相关产业实现营业收入 8 847.2 亿元,同比增长 20.5%。2009 年以来,江苏文化产业增加值稳居全国第二位,其中,文化核心领域营业收入 3 666.2 亿元(江苏省统计局,2021)。因此,本文以江苏省为实证研究对象,探讨演艺产业经济联系强度及时空演变驱动因素,并为演艺产业突破各自为营的发展桎梏、构建演艺产业生态圈提出发展策略。

二、相关研究评述

目前,从宏观视角看,演艺产业相关文献主要聚焦于从营销学视角、文化演艺与旅游产业要素的耦合、政府与市场等外部力量这三个方面进行研究。其中,在营销学视角的相关研究中,刘姝(2017)提出演艺产业应该在新媒体时代下着眼于资金来源、营销推广、票务销售等渠道的优化整合。在政府与市场等外部力量相关研究中,赵静等(2013)提出在市场选择与政府扶持共同作用下,通过产业链整合实现多元化发展。黄炜等(2018)以张家界为例,运用层次分析与因子分析法,将视野着眼于演艺产业内生发展动力的研究。但整体而言,大部分学者将研究重点置于城市本身演艺产业的个体发展,忽视了城市间演艺产业的整体发展。

从文化产业领域来看,部分学者将重点置于体育业、会展经济、旅游业的经济联系模型构建。其中,在旅游业上,刘大均等(2021)运用社会网络分析、GIS 空间分析等研究方法构建地震冲击后九寨沟区域旅游经济联系模型并探讨其演进规律;王桀等(2021)对云南面向东盟国家的旅游经济联系和空间网络演化进行研究,探讨建设"一带一路"面向南亚与东南亚的辐射中心。在会展经济上,吴建等人(2011)基于城市间的交通可达性分析长三角城市会展经济的联系,解决其经济联动的困局。

从微观视角来看，演艺产业相关文献集中于演艺产业的内容载体即演艺项目的运营上。例如，刘利娟（2021）以国内大型实景演艺项目《寻梦牡丹亭》为研究对象，针对《寻梦牡丹亭》演艺项目运营的现状及对策进行深入探讨，以期为国内其他旅游景点的实景演艺项目的发展提供借鉴与参考；张文馨（2022）以旅游演艺项目"千古情"系列为代表，研究大型旅游演艺项目如何摆脱地域限制，探索大型旅游演艺项目在多地复制发展过程的共通性与旅游演艺发展的更多可能性。

通过对文献的梳理可知：第一，以演艺产业影响因素的研究为切入点的实证分析较少，以往研究大多采用定性方式来阐释演艺产业发展的影响因素，鲜有研究通过定量方法测度不同因素对区域演艺产业发展的影响程度，少有来自实证层面的研究和结论可资参考；第二，少有学者以省市为个案，从演艺产业整体发展、集群发展角度对演艺产业进行思考；第三，将经济联系模型与演艺产业的发展相结合的研究较少。因此，本文从引力模型出发，以江苏省为实证研究对象，分析演艺产业经济联系强度的时空演变，并用地理探测器模型对其时空演变的驱动因素进行分析，以期为演艺产业的整体发展提供参考，促进演艺产业生态圈构建，实现演艺资源的优化配置。

三、研究设计

（一）研究框架

研究主要分为四个流程，如图 1 所示，分别是采集数据源、引力模型构建、驱动因素探测、结论及对策。

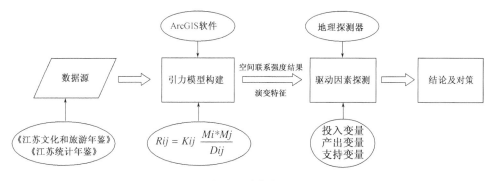

图 1 研究框架图

（二）研究方法

（1）引力模型

引力模型最早起源于19世纪40年代，天体物理学家斯图尔特（Stewart）通过研究得出原始引力模型：$I = \dfrac{P_1 * P_2}{D}$。其中 I 表示两个城市之间的吸引力指数，P_1 和 P_2 表示两个城市之间的人口数量，D 表示两个城市之间的距离。考虑到区域间旅游经济联系的差异性和方向性，王茂松（2020）将引力模型进行修正为 $R_{ij} = K_{ij}\dfrac{M_i * M_j}{D_{ij}}$，其中 $K_{ij} = \dfrac{G_i * P_i}{G_i * P_i + G_j * P_j}$，$G_i$ 表示 i 城市地区生产总值，P_i 表示 i 城市常住人口数量。

由于艺术表演经济联系的方向性和差异性还受艺术表演机构数和演（映）出场次的影响，并借鉴已有研究成果（刘晓萌等，2020）和演艺产业发展情况，将 k_{ij} 进行修正，建立演艺产业经济联系强度模型：

$$R_{ij} = K_{ij}\frac{M_i * M_j}{D_{ij}} \tag{1}$$

$$K_{ij} = \frac{G_i P_i S_i T_i}{G_i P_i S_i T_i + G_j P_j S_j T_j}, M_i = W_i * G_i, M_j = W_j * G_j$$

其中，R_{ij} 表示城市 i 和城市 j 之间演艺产业经济联系度，G_i 表示 i 城市地区生产总值，P_i 表示 i 城市常住人口数量，S_i 表示 i 城市艺术表演机构数，T_i 表示 i 城市艺术表演（映）出场次，W_i 为 i 城市艺术表演观众人次合计，G_i 为 i 城市艺术表演收入，D_{ij} 为两城市之间的距离。

（2）地理探测器

地理探测器是揭示空间分异性及其驱动力的一组统计方法，它主要包括四个探测器，分别是：分异及因子探测、交互作用探测、风险区探测以及生态探测（王劲峰，2017）。地理探测器在时空分异及驱动因素上有非常广泛的应用，如李云涛等（2022）借此探讨2008—2017年云南边境州市旅游发展水平的空间分异。借助地理探测器分析其影响因素，对演艺产业经济联系时空分布的驱动因素研究有启示作用。

因子探测器能够探测某自变量 X 多大程度上解释了因变量 Y，用 q 值度量（Wang et al.，2010），表达式为：

$$q = 1 - \frac{\sum_{h=1}^{L} N_h \sigma_h^2}{N \sigma^2} = 1 - \frac{SSW}{SST} \tag{2}$$

$$SSW = \sum_{h=1}^{L} N_h \sigma_h^2, SST = N\sigma_h^2$$

式(2)中，q 为探测因子 X 的探测力值，其取值为 $[0,1]$，q 值越大，说明因素 X 对演艺产业经济影响力值影响越大；h 和 L 为变量 Y 或因子 X 的分层；N_h 和 N 分别为因素 X 的类型 h 内的样本数和研究区域内的所有样本数；σ_h^2 和 σ^2 分别是层 h 和全区 Y 的方差；SSW 和 SST 分别是层内方差之和、全区总方差（周国华等，2018）。

本部分将演艺产业经济的影响力值作为因变量 Y，其表示为：

$$Y_i = \sum_{j=1}^{n-1} R_{ij} \tag{3}$$

即设区域内城市 i 与城市 j 的艺术演艺经济联系强度为 R_{ij}，城市 i 在区域中的艺术表演经济影响力值为城市 i 与区域内其他所有城市的艺术表演经济联系之和 Y_i（李云涛等，2022）。

（3）指标选定

演艺产业作为文化产业的核心组成部分，其发展受到经济、人口等多种因素的影响。本文借鉴相关研究成果（武金爽等，2021；李明悦，2021；张海鹏，2015），从演艺产业吸引力模型所用变量与演艺产业投入和产出 3 个角度出发，选取 9 个变量作为衡量江苏省演艺产业经济影响力演变影响因素，各变量依次对应 X1 到 X9 且解释如表 1 所示。

表 1　江苏省演艺产业经济影响力演变的解释变量体系

一级变量	二级变量	变量解释
投入变量	艺术演出财政拨款（千元）	衡量各城市对演艺产业的重视程度和支持力度
	艺术表演机构数（个）	衡量各城市艺术表演创作能力
	艺术表演从业人员（人）	衡量各城市艺术表演表现能力
	艺术表演演（映）用地面积（万平方米）	衡量各城市艺术表演空间规模程度
产出变量	艺术表演演（映）出场次（万）	衡量各城市艺术表演的密集程度
	艺术表演观众人次合计（万）	衡量各城市艺术表演的观众规模
	艺术表演收入（千元）	衡量各城市艺术表演的经济规模

一级变量	二级变量	变量解释
支持变量	地区生产总值（亿）	衡量各城市艺术表演所依托的地区经济实力
	常住人口（万）	衡量各城市艺术表演所依托地区人口规模

（三）数据来源及解释

原文化部发布的报告显示，截至 2010 年底，全国文化系统承担改革任务的 2 086 家国有文艺院团中，已有 461 家完成转企改制（李湘宜，2013）；而到 2012 年 9 月，全国文化系统中承担改革任务的 2 103 家国有文艺院团中，已有 61% 完成改制（邹胜男等，2021）。故本文选取 2009 年国有文艺院团转企前数据和 2013 年转企后数据，意将转企前后江苏省各市的演艺产业经济强度进行对比。2020—2022 年，演艺产业相关演艺数据波动较大。因此，选择数据参考性较强的 2019 年数据，力图呈现江苏省演艺产业转企后发展对比。

考虑到数据的可获得性和对比分析性，本文选取数据的样本为 2009 年、2013 年和 2019 年。其中，投入变量和产出变量数据来源于《江苏文化和旅游年鉴》，支持变量数据来源于《江苏统计年鉴》。江苏省各市矢量数据来源于中国科学院资源环境科学与数据中心 2015 年中国地市行政边界数据，城市之间距离为 ArcGIS10.6 计算的各市政府所在位置空间投影距离，各市政府经纬度坐标来源于腾讯位置服务 API 查询。

四、演艺产业经济联系强度及驱动因素分析

（一）基于引力模型的空间联系分析

（1）空间联系强度结果分析

运用 ArcGIS 通过引力模型公式（1）分别对 2009 年、2013 年和 2019 年江苏省各市演艺产业经济联系强度进行计算，结果如表 2 和表 3 所示。

表2　2009年和2013年江苏省演艺产业经济联系强度

城市	无锡	常州	苏州	镇江	南京	南通	泰州	扬州	淮安	宿迁	盐城	徐州	连云港
连云港	2.118 78	2.931 45	0.174 36	6.111 42	4.303 07	1.848	15.668 1	11.938 8	36.795 1	6.292 06	6.875 46	6.033 96	
徐州	30.944 1	32.602 3	3.073 5	17.791 8	70.438 6	19.531 6	54.454 8	117.534	104.093	32.038	40.067 9		404.841
盐城	454.762	441.734	53.202	153.106	449.951	402.016	1116.85	1616.45	798.868	16.9507		29.173 3	186.803
宿迁	0.141 96	0.214 7	0.011 08	0.962 18	0.441 16	0.108 96	1.463 33	1.055 6	4.406 37		2 345.22	954.546	196.803
淮安	20.245	20.606 4	1.591 14	49.953 2	56.557 2	16.146 7	154.339	183.479		327.979	7 584.9	76.627 8	423.366
扬州	1 018	2 088.45	74.584 6	10 544.4	3 785.57	525.397	7 751.9		2 152.66	321.9	12 476.1	158.954	455.139
泰州	88.161	233.2	5.326 67	490.398	107.346	73.581 5		12 165.4	602.216	195.57	5 082.41	86.934 2	180.057
南通	2 980.25	1 549.57	381.655	162.357	397.267		65.723 8	1 434.76	383.488	51.765 5	5 515.37	31.357 5	111.179
南京	766.659	1 065.52	67.381 1	1 115.63		2 975.95	122.743	16 041.7	2146	27.278	13 428.1	166.311	350.72
镇江	6.283 14	20.519 7	0.351 7		13 732.4	726.602	955.268	32 760.5	303.145	126.051	1 417.29	58.654 3	145.26
苏州	109 657	14 053.5		2.203 62	3 196.23	3 116.2	9.074 4	393.937	133.392	11.807 8	3 866.79	7.983 39	23.972 3
常州	5 529.29		86 698.9	156.048	20 113.1	8 667.72	493.008	9 167.35	794.987	185.104	5 859.36	105.707	298.927
无锡		10 934.7	510 039	21.425 5	8 987.21	8 771.48	82.255	2 333.45	414.703	69.090 5	3 901.96	43.589 0	126.391

注：左上角为2009年城市间演艺产业经济联系强度，右下角为2013年城市间演艺产业经济联系强度。

表 3 2013 年和 2019 年江苏省演艺产业经济联系强度

城市	无锡	常州	苏州	镇江	南京	南通	泰州	扬州	淮安	宿迁	盐城	徐州	连云港
连云港	126.391	298.927	23.972 3	145.26	350.72	111.179	280.057	455.139	423.366	1 442.65	186.803	404.841	
徐州	43.590 8	105.707	7.983 39	58.654 3	166.311	31.357 5	86.934 2	158.954	76.627 8	954.546	29.173 3		5.803 98
盐城	3 901.96	5 895.36	3 866.79	1 417.29	13 428.1	5 515.37	5 082.41	12 476.1	7 584.9	2 345.22		12.193 9	10.645 1
宿迁	69.090 5	185.104	11.807 8	126.051	275.278	51.765 5	195.57	321.9	327.979		2.207 5	89.083 9	20.762 8
淮安	414.703	794.987	133.192	303.769	2 146	383.488	602.216	2 152.66		4.070 66	5.780 05	18.126 8	14.503 7
扬州	2 333.45	9 167.35	393.93	32 760.5	16 041.7	1 434.76	12 165.4		0.172 12	0.094 24	0.299 26	0.457 41	0.210 03
泰州	82.255	493.008	9.074 4	955.268	122.743	65.723 8		0.076 96	5.333 66	2.635 34	34.652 3	130.067	41.801 2
南通	8 771.48	8 667.72	3 116.2	13 732.4	726.602		148.475	0.000 56	0.139 32	0.092 45	1.072 59	57.185 6	3.304 7
南京	8 987.21	20 113.1	3 196.23	13 732.4		6 823.78	1 392.48	0.034 78	3.819 72	2.844 87	10.437 7	499.397	47.870 3
镇江	21.425 5	156.048	2.203 62		1 783.24	312.283	543.716	0.173 9	1.520 8	0.909 52	4.046 83	11.497 2	4.464 16
苏州	510 039	86 698.9		0.331 78	218.112	5 742.26	30.018 1	0.000 17	0.037 13	0.027 86	0.208 37	16.515 1	0.881 86
常州	10 934.7		117 042	12.34	4 068.8	22 523.6	881.198	0.004 95	0.525 21	0.345 35	2.852 66	142.567	9.680 42
无锡		168 131	168 131	1.738 29	1 074.93	33 475.7	152.571	0.000 82	0.145 78	0.104 64	0.815 59	76.314 8	3.275 11

注：左上角为 2013 年城市间演艺产业经济联系强度，右下角为 2019 年城市间演艺产业经济联系强度。

同时，利用自然间断点法将上述演艺产业经济联系强度划为 5 级，以此具象地展现江苏省 2009 年、2013 年和 2019 年的经济联系强度演变趋势，见表 4。

表 4　江苏省城市演艺产业经济联系强度级别

联系强度级别	2009 年		2013 年		2019 年	
	联系城市	联系强度	联系城市	联系强度	联系城市	联系强度
一级联系	苏州—无锡	14 053.5 — 196 057	苏州—无锡	86 698.9 — 510 039	南通—常州 南通—无锡 苏州—常州 苏州—无锡	6 283.78 — 33 475.7
二级联系	苏州—常州	77 751.9 — 14 053.5	苏州—常州	32 760.5 — 86 698.9	南京—南通 南京—常州 苏州—南通	1 783.24 — 6 283.78
三级联系	无锡—常州 泰州—扬州	3 785.57 — 7 751.9	南京—常州 扬州—镇江	16 041.7 — 32 760.5	南京—泰州 南京—无锡	881.198 — 1 783.24
四级联系	南京—常州 南京—扬州 南京—镇江 盐城—扬州 盐城—泰州 南通—常州 南通—无锡	798.868 — 3 785.57	南京—盐城 南京—扬州 南京—镇江 南京—无锡 盐城—淮安 盐城—扬州 盐城—常州 南通—无锡 南通—常州 泰州—扬州	5 515.37 — 16 041.7	南京—徐州 泰州—镇江 南通—镇江 常州—泰州	218.111 — 881.198 8
五级联系	南京—无锡、 淮安—盐城 南京—盐城等	0.011 08 — 798.867	南京—徐州 泰州—常州 镇江—南通 苏州—南通 南京—南通 南京—泰州 泰州—镇江 等	2.203 62 — 5 515.37	南京—盐城 盐城—扬州 盐城—常州 南京—扬州 等	0.000 17 — 218.111

选择 1～5 级联系强度作为主干，对比 2009 年、2013 年和 2019 年江苏省城市间演艺产业经济联系强度变化特征。其中，2009 年苏州与无锡（109 657）的演艺产业经济联系强度最大，为一级强度；苏州与常州（14 053.5）的联系强度次之，为二级强度；无锡与常州（5 529.29）等的联系强度为三级联系，南京与常州（1 065.52）等的联系强度为四级，南京与无锡（766.659）等的联系强度为五级。

2013 年,三级强度以后的城市线发生明显的变化,南京与常州(20 113.1)由 2009 年的四级强度提升为三级强度,南京与无锡(8 987.21)等由 2009 年的五级强度都跃升为四级强度,而泰州与扬州(12 165.4)由 2009 年的三级强度降为四级强度。2013 年,四级联系强度中,新增了南京与盐城等四条线。

2019 年演艺产业经济联系强度发生更为明显的变化,除苏州与无锡(168 131)依然为一级强度以外,南通与常州(22 523.6)等由 2013 年的四级强度跳跃性地上升为一级强度,苏州与南通(5 742.26)由 2013 年的五级强度跃升为二级强度。但是,南京与扬州(0.347 8)等均由 2013 年的四级强度降为五级强度。整体来看,虽然局部城市间联系强度增强,但从联系强度水平来看,2019 年相较于 2013 年与 2009 年有大幅降低。

(2)时空演变特征分析

时空演变特征变化是对研究对象在时间与空间上发展状况、规律与未来趋势的可视化反映,为其发展的总体规划提供科学依据与方向支撑。综合上述计算结果发现,江苏省各市之间的演艺产业经济联系的时空演化特征主要表现为以下几个方面:

第一,演艺产业经济联系整体呈现先增强后减弱的特点。2013 年,城市间演艺产业经济联系强度大幅提高,而 2019 年城市间演艺产业经济联系强度大幅降低,只有局部城市间联系强度增强。其中,苏州与常州等核心城市间的经济联系增强,表明核心城市的远辐射能力减弱,进一步说明转企改革后,演艺产业得以释放市场活力,政府、市场和单位三角协调,市场诱导力量和单位自主改革力量共同促进演艺产业发展。

第二,演艺产业经济形成完整网络,并且以两个三角区呈现。各城市间演艺产业经济联系城市线密集,并突破以苏州为核心的单中心格局,实现"扬州—南京—常州"与"南通—常州—苏州"的两个三角区联系强度格局。"徐州—连云港—盐城—南通—苏州—南京"之间的外围演艺产业经济联系圈基本形成,城市间的基础设施水平、演艺资源、经济发展水平的差异依托密切的经济联系从某种程度上得以弥补。

第三,演艺产业经济联系南北差异大,以苏南密集、苏北稀疏的格局逐渐明晰。演艺产业发展与经济发展水平关系密切,这一特征与江苏省的经济发展格局相似,说明演艺产业经济与区域经济发展水平具有趋同性(刘海龙等,2021)。

(二)时空演变的驱动因素分析

运用地理探测器模型,以各市演艺产业经济影响力为被解释变量,以 9 项指标为解释变量,探测经济联系时空演变的驱动因素。解释变量对演艺产业时空演变的影响程度 q 值平均值(表 5)从大到小依次为:艺术表演收入(X7)>地区生产总值(X8)>艺术表演观众人次(X6)>艺术表演演(映)出场次(X5)>艺术演出财政拨款(X1)>艺术表演从业人员(X3)>艺术表演演(映)用地面积(X4)>常住人口(X9)>艺术表演机构数(X2)。

表 5　地理探测结果

变量	2009 年	2013 年	2019 年	平均值
X1	0.41	0.34	0.68	0.48
X2	0.31	0.17	0.35	0.27
X3	0.25	0.35	0.63	0.41
X4	0.37	0.36	0.28	0.34
X5	0.57	0.36	0.59	0.51
X6	0.39	0.61	0.61	0.54
X7	0.61	0.40	0.80	0.60
X8	0.70	0.64	0.36	0.57
X9	0.28	0.56	0.14	0.33

因此,通过梳理并总结其他文化产业影响因素相关研究,结合演艺产业本身发展特征和实际数据可获取性,将影响演艺产业发展的变量归为经济收入(演艺表演收入、地区生产总值、艺术表演观众人次与表演演出场次)、政策环境(财政拨款)、演艺基础设施(艺术表演从业人员、艺术表演用地面积和艺术表演机构数)、人口因素(常住人口)。

(1)经济收入

伴随地区居民可支配收入增加、消费水平与消费结构优化,消费重心逐渐从物质消费向精神消费转移,居民收入直接关系到艺术表演产品的市场需求。从表 5得出,艺术表演收入、地区生产总值、艺术表演观众人次与表演演出场次对江苏省城市间演艺产业经济联系时空演变的影响程度 q 值分别为 0.6、0.57、0.54 和0.51。2019 年,演艺产业经济联系强度高的苏州与无锡的 GDP 分别为 19 235.8亿元和 11 852.32 亿元,远高于其他联系强度较低地区的发展水平。而艺术表演观众人次、表演演出场次都是经济收入的直观反映。因此,经济收入是江苏省演艺产业经济联系时空演变的主要影响因素。

（2）政策环境

国家政策为演艺产业发展提供方向引导与多重保障,表征政策环境的财政拨款对江苏省演艺产业经济联系时空演变的影响程度 q 值为 0.48,处于较高水平,表明政策环境对江苏省 2009 年、2013 年和 2019 年演艺产业经济联系强度时空演变的影响程度大。艺术团体在转企改革的浪潮中站稳脚跟,最大的依靠是财政拨款,演艺产业对财政拨款有一定的依赖性,但财政拨款这一来源并非长久之计。

（3）演艺基础设施

演艺产业以艺术表演从业人员、艺术表演用地面积和艺术表演机构数为依托,这三个变量也是构成演艺产业基础设施的重要因素,缺一不可。表征演艺基础设施的艺术表演从业人员、艺术表演用地面积和艺术表演机构数对演艺产业经济联系时空演变的影响程度 q 值分别为 0.41、0.34 和 0.27。综合来看,演艺基础设施影响程度偏小。

（4）人口因素

人口因素是市场变化中最活跃的因素,反映人口因素的常住人口对江苏省演艺产业经济联系时空演变的 q 值为 0.33,仅次于最小值 0.27,说明常住人口与演艺产业经济联系时空演变没有较大关系。而同样表征人口因素的艺术表演观众人次对应的 q 值较高(图 2),说明常住人口对观演人次并未有太大贡献,其主要市场受众多来源于常住人口以外的群体,例如游客。

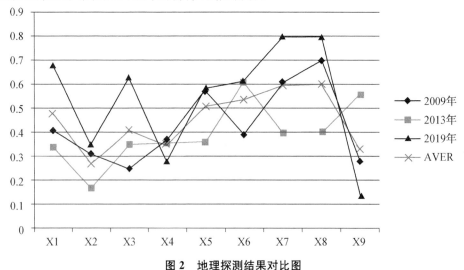

图 2　地理探测结果对比图

五、结论与对策

（一）结论

本文将引力模型等方法创新性地应用于文化产业领域，通过以江苏省演艺产业为研究对象，建立演艺产业经济联系引力模型，并结合地理探测器，探析导致时空演变的影响因素。本文的主要研究结论如下：

第一，从引力模型计算结果来看，演艺产业经济联系强度整体处于下降水平。2009 年、2013 年与 2019 年的各级经济联系强度虽然局部有波动增长，但整体上各梯度水平呈现出下降的特征。以第四级联系强度为例，2009 年和 2019 年第四级联系强度值域分别为 798.9—3 785.6 和 218.1—881.198 8，表明其经济联系强度明显下降。但由于经济发达城市有强大的内生动力支撑，其演艺产业经济联系强度局部增强，如南通与常州（22 523.6）由 2013 年的四级强度跳跃性地上升为 2019 年的一级强度。

第二，受经济发展水平差异与财政支持力度倾斜影响，演艺产业经济联系强度的空间格局整体呈南部强、北部弱的特征，发展不平衡。地区生产总值和财政拨款对时空演变的影响程度 q 平均值为 0.60 和 0.48，南京市、无锡市、苏州市等为江苏省 GDP 强市且分布在江苏省南部。例如，2019 年南部城市苏州的 GDP 和财政收入分别为 19 235.8 亿元和 2.8 亿元，北部城市连云港的 GDP 和财政收入分别为 3 139.3 亿元和 0.2 亿元，南北城市经济发展水平和财政支持力度存在一定的差距。

第三，从引力模型空间分布图来看，演艺产业经济联系强度形成完整网络，但内部差异大。整体而言，当前江苏省演艺产业经济联系强度格局逐步完善，省域内的 13 个地级市之间的演艺产业基本保持经济联系，外围形成了"徐州—连云港—盐城—南通—苏州—南京"之间的外围演艺产业经济联系圈。局部范围内，南京、苏州等地凭借地域优势与经济优势，通过经济互补与资源互通，形成了"扬州—南京—常州"与"南通—常州—苏州"的双三角区格局。

第四，从地理探测器探析结果来看，经济收入与政策环境是影响其时空演变的主要因素，人口因素与演艺基础设施对其影响不显著，说明演艺产业经济联系强度及其时空演变是经济因素为主、人口与经营状况等因素为补充并共同作用的结果。

（二）对策

基于地理探测器结果，为改善演艺产业经济联动困局，构建绿色演艺产业生态群，提出以下发展对策：

第一，明确演艺市场需求，合理控制票价区间。依据地理探测器分析结果，表征经济收入的艺术表演人次与演出场次对经济联系时空演变的影响程度 q 值分别为 0.54 与 0.51，刺激市场需求以增加表演人次与场次是促进演艺产业经济联动的重要引擎。需要把握市场动向，创作群众喜闻乐见的作品；同时挖掘艺术表演文化内核，综合多种科技手段呈现成品，满足消费者多样化的市场需求。此外，票价影响上座率，坚持科学定价与观众收入相结合，也是刺激消费需求的关键一步。

第二，理清资金来源，拓宽融资渠道，建立政府资金和社会资金互为补充的多元化演艺产业融资体系。在驱动因素分析中，财政拨款对其经济联系时空演变的影响程度 q 值为 0.48，处于较高水平。因此，需要减少对政府拨款的依赖，吸引商业赞助、专项补助及演艺产业发展基金。

第三，政府科学宏观调控，实行专项补助政策。经实证分析，经济收入是江苏省演艺产业经济联系时空演变的主导因素，同时，经济联系强度的时空演变格局同区域经济发展水平呈现趋同性特征，说明促进区域经济水平的平衡发展，释放低水平地区的消费潜力是增强江苏省演艺产业经济联系的压舱石。因此，政府需要高度关注自身内生动力难以实现演艺产业良性发展的欠发达地区，出台专项政策，实现演艺产业均衡发展。

第四，全面评价其影响因素，划分投资标准，促进资源优化配置。整合驱动因素分析的结果得出，江苏省演艺产业经济联系时空演变是经济为主、人口与经营状况等因素为补充的结果。经济收入与政策环境是其主要因素，人口因素与经营状况对其影响不显著，但其演艺产业内部发展现状、依赖财政拨款、演艺基础设施过度建设等因素与驱动因素分析结果有所出入。因此，建议以实证分析所得的影响因素作为投资的风向标与参考依据，科学规划演艺团体及组织的经营目标，发挥城市间演艺产业生态圈整体效应，促进演艺产业可持续发展。

参考文献

［1］曹晋彰. 演艺产业链的构建研究［D］. 济南：山东大学，2012.

［2］江苏省统计局. 江苏省前三季度产业营收增长 20.5％文化制造撑起"半壁江山"［EB/OL］.（2021－12－07）［2022－05－27］. tj. jiangsu. gov. cn.

［3］刘姝. 新媒体时代演艺产业渠道创新与变革［J］. 甘肃社会科学，2017（06）：213－218.

［4］赵静，李毅. 文化产业大发展下的演艺产业发展路径探究［J］. 企业经济，2013（10）：143－146.

［5］黄炜，孟霏，朱志敏，等. 旅游演艺产业内生发展动力的实证研究——以张家界为例［J］. 旅游学刊，2018，33（06）：87－98.

［6］刘大均，陈君子，朱爱琴. "8·8"九寨沟地震冲击下区域旅游经济联系的格局及影响因素［J］. 经济地理，2021，41（03）：223－230.

［7］王桀，宋俊楷，孟帅康. "一带一路"对云南与东盟旅游经济联系的影响分析［J］. 经济问题探索，2021（03）：92－99.

［8］吴建，秦炳旺，孙金龙. 基于引力模型的长三角城市会展经济联系的测度及分析［J］. 旅游论坛，2011，4（06）：61－67.

［9］刘利娟. 文旅融合下《寻梦牡丹亭》实景演艺项目运营研究［D］. 南昌：江西财经大学，2021.

［10］张文馨. 旅游演艺的复制与发展道路——以"千古情"系列为例［J］. 旅游纵览，2022（09）：38－41.

［11］STWART J Q. Demographic Gravitation：Evidence and Applications［J］. Sociometry，1948，11（1）：31－38.

［12］王松茂，徐宣国，马江涛，等. 新疆旅游经济网络特征的时空演变研究——基于修正的引力模型及社会网络分析［J］. 干旱区地理，2020，43（02）：458－465.

［13］刘晓萌，胡叶星寒，刘妮雅. 京津冀城市群旅游经济联系分析——基于改进引力模型［J］. 中国流通经济，2020，34（02）：121－128.

［14］王劲峰，徐成东. 地理探测器：原理与展望［J］. 地理学报，2017，72（01）：116－134.

［15］李云涛，陶犁. 基于地理探测器的云南省边境州市旅游发展水平空间分异及影响因素分析［J］. 世界地理研究，2022，31（03）：624－636.

［16］WANG J F，LI X H，CHRISTAKOS G，et al. Geographical Detectors-based Health Risk Assessment and Its Application in the Neural Tube Defects Study of the Heshun Region，China［J］. International Journal of Geographical Information Science，2010，24（1）：107－127.

[17] 周国华,刘畅,唐承丽,等.湖南乡村生活质量的空间格局及其影响因素[J].地理研究,2018,37(12):2475-2489.

[18] 武金爽,张涛.中国演艺与旅游产业融合发展水平测度[J].统计与决策,2021,37(21):52-56.

[19] 李明悦.陕西省演艺产业发展水平测度及影响因素分析[D].西安:西安建筑科技大学,2021.

[20] 张海鹏.第三产业发展评价指标体系的构建与测度[J].统计与决策,2015(05):62-64.

[21] 李湘宜.非营利艺术表演团体社会导向研究[D].上海:上海大学,2013.

[22] 邹胜男,陈世香.中国艺术表演团体体制变迁的动力机制分析——以历史制度主义为视角[J].海南大学学报(人文社会科学版),2021,39(04):127-136.

[23] 刘海龙,管志涛.中国电影产业时空演变特征及驱动因素[J].热带地理,2021,41(05):943-955.

作者简介

孙传明,博士,华中师范大学国家文化产业研究中心副教授。研究方向为文化资源与文化产业。

陈熙,华中师范大学国家文化产业研究中心硕士研究生。研究方向为文化产业管理。

叶盼盼,华中师范大学国家文化产业研究中心硕士研究生。研究方向为文化产业管理。

Analysis on the Strength of the Economic Connection in the Performing Arts Industry Based on the Gravity Model —A Case Study of Jiangsu Province

Sun Chuanming   Chen Xi   Ye Panpan

Abstract: Based on the gravity model, the strength of the economic connection and temporal and spatial evolution characteristics of the performing arts industry in 13 prefecture-level cities in Jiangsu Province are calculated. On the whole, the economic ties of the performing arts industry form a complete network, connections between prefecture-level cities are weakened, and their connections are strong in the south and weak in the north. Locally, the intensity of economic connections in the performing arts industry varies greatly among cities. At the same time, the geographical detector is used to explore the factors leading to the temporal and spatial evolution, and the results show that the economy, population and business conditions are the main driving factors of the above evolution, and it is necessary to provide path guidance and reference for the construction and high-quality integrated development of the ecosystem in the performing arts industry from the perspectives of market demands, capital sources and policy support.

Key words: Performing Arts Industry   Economic Connection   Temporal and Spatial Evolution   Jiangsu Province

元宇宙赋能重大体育赛事的内在机制与创新发展路径*

丁 蕾 石志如

摘 要:重大体育赛事对于举办国、城市或地区意义重大。元宇宙有助于合理配置体育领域要素资源、优化体育产业组织结构、平衡体育市场供需,为重大体育赛事高质量发展提供新动能。基于元宇宙的特征,本文发现元宇宙主要从创新传播渠道、拓展经济效益和丰富精神价值等层面赋能重大体育赛事。结合应用现状分析,元宇宙赋能重大体育赛事仍面临诸多挑战。因此,在发展路径上应推进核心技术创新、产学研协同创新、商业模式创新、传播机制创新和治理方式创新。

关键词:元宇宙 体育赛事 创新发展

2021年3月,"元宇宙第一股"——游戏公司 Roblox 成功在美国纳斯达克上市,元宇宙概念开始进入大众视野。2021年10月,Facebook 宣布改名为 Meta,掀起一股探索元宇宙的热潮,微软、英伟达等国外老牌科技公司,以及腾讯、阿里巴巴等国内互联网巨头纷纷开始布局元宇宙。元宇宙引发的产业创新是业界、学界的关注重点,而体育产业的创新发展显然也被 5G、AI、云计算、大数据、区块链等元宇宙底层技术深刻影响。作为体育产业的重要组成部分,重大体育赛事(如奥运会、世界杯、NBA 等)涉及门票售卖、赛事转播、企业赞助、版权交易、衍生品开发销售等诸多环节,正在发生巨大变化。元宇宙给重大体育赛事带来的冲击既是挑战也是机遇。

---

* 基金项目:江苏高校哲学社会科学研究重大项目"新时代基于供给侧改革的数字创意产业内容创新研究"(2019SJZDA133)、南京财经大学学位与研究生教育课题重大项目"文化创意产业复合型高层次研究生培养路径研究"(Y21001)的阶段性成果。

一、元宇宙与重大体育赛事

（一）元宇宙的概念

元宇宙（Metaverse）从字面上讲是 Meta 和 Universe 的组合，二者分别指"超越"和"宇宙"，因而元宇宙可理解为"超越现实的宇宙"（赵星等，2022）。清华大学新闻与传播学院新媒体研究中心（2022）认为"元宇宙是三维化的互联网，通过 XR、数字孪生等技术实现"，是多种新型技术整合下的未来互联网应用与社会形态。邓建国（2022）认为存在一个更为广泛的元宇宙概念，即"在现实世界之外创造一个想象的世界（Fantasy）"。喻国明等（2022）认为元宇宙属于数字孪生、VR/AR、区块链、云计算等互联网全要素的未来融合形态，是连接现实世界与虚拟世界的终极数字媒介。简而言之，元宇宙可被认为是现实世界与虚拟世界的融合（Duan et al. ,2021）。

对于元宇宙的概念尚未形成统一说法，但可以从结构、功能等方面总结出元宇宙的基本内涵，即元宇宙是基于数字孪生、AI、云计算、VR/AR/MR、区块链、NFT、物联网等新一代数字技术集成应用的虚拟世界，该虚拟世界与现实世界形成互动、共生关系，人们可通过元宇宙进行生产生活、经济交易等社会活动，并与现实世界形成呼应。

（二）元宇宙的内涵

基于传播学、经济学和社会学等相关研究视角，可以发现元宇宙具有具身传播性、经济增值性和虚实共生性三个主要特征，并由此延伸出多个子特征（表1）。

表 1　元宇宙的特征

	研究视角	主要特征	子特征
元宇宙的特征	传播学	具身传播性	高度沉浸性与交互性 三身合一
	经济学	经济增值性	虚拟自生 虚实融生
	社会学	虚实共生性	既是虚拟世界也是精神世界 服务现实社会

1. 具身传播性

因改变传统媒介的存在方式和媒介之间的关系,元宇宙正重塑着以往认知的传播方式,其技术基础和运行机制正在加固着"原传播",即一种"对传播的传播"(胡泳等,2022)。传统的观点认为媒介是身体的延伸,而元宇宙则试图以人的身体作为媒介,由"媒介是人的延伸"转向"人是媒介的延伸",这使得元宇宙具备了具身传播的特征(杜骏飞,2022)。具身传播肯定了身体在传播过程中的物质性地位和身体观念的基础作用,元宇宙以虚拟化身的方式不断强化以具身传播为核心的"原传播"。其一,高度沉浸性与交互性是外在表现。元宇宙的具身传播性主要表现为VR 内拓虚拟、AR 外生现实,以及在此基础上的虚实联动与交互(沈阳,2022)。一方面,元宇宙需要"真作假",即要求元宇宙以数字体的形式实时映射真实世界。另一方面,元宇宙需要"假作真",即要求所建构的虚拟世界给人尽可能多的真实感和沉浸感。其二,"三身合一"是内在要求。如图 1 所示,当自然人(真身)接入元宇宙,其身份以虚拟人(化身)的形态出现。而真身迈入元宇宙形成现实世界的重构则由仿生智能机器人(假身)所支撑,代替真身完成现实世界中的情境体验。真身、化身、假身"三身合一",属于同一主体,并且化身、假身均服从于真身,这是元宇宙的内在要求。

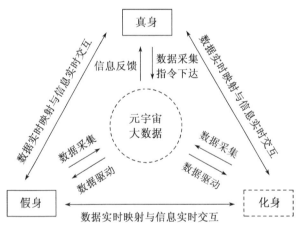

图 1 "三身合一"运行机制图

2. 经济增值性

元宇宙的经济体系由区块链、NFT 等技术支撑,具备了隐私性、去中心化等特征,可以实现经济的良好运转并创造价值,实现经济增值(沈阳,2022)。其一,虚拟自生,即元宇宙内部虚拟经济生态实现自循环。元宇宙中虚拟人(化身)拥有独一无二的数字身份,可基于数字劳动、数字消费、社交互动等所蕴含的稀缺性价值实现自身使用价值的创造和数字资产的形成。其二,虚实融生,即元宇宙与现实产业融合发展。元宇宙可基于区块链、NFT 等技术打造数字货币体系,融入现代产业体系。5G、AI、大数据等元宇宙底层技术存在丰富的应用场景,例如体育旅游领域可运用大数据挖掘技术了解消费者的多元化、个性化需求,利用云计算等技术提升战略营运管理水平,面向不同群体打造精品体育旅游项目。

3. 虚实共生性

元宇宙借助 XR、AI、数字孪生等技术还原或再造一个高度仿真的世界。融合了现实与想象,兼具虚拟性与真实性,虚拟与现实之间的界限在幻境中被打破。其一,元宇宙不仅在构建虚拟世界,也在构筑一个精神世界。一方面,人的个体认知可得到进一步拓展。在元宇宙中,人的关注重心可能从探索世界转向探索自身,可变换的时空设定和 NPC(非玩家角色)思维视角能促进个体认知进一步拓展。另一方面,元宇宙可能发展出特定的文化、文明。在元宇宙中,人可以进行生产、学习、交流等社会性活动,那么便有可能发展出社会关系,孕育特定的文化乃至文明。其二,元宇宙以人为中心,根本目的是服务现实社会。由多种数字技术集成化支撑的元宇宙更为关注人的全面发展,构建元宇宙并非为了脱实向虚,而是为了虚实共生、相互促进,根本目的是利用元宇宙在虚拟世界的发展反哺现实社会。

(三) 元宇宙赋能重大体育赛事的应用价值

党的二十大报告指出,"促进群众体育和竞技体育全面发展,加快建设体育强国"。作为体育产业的关键组成部分,重大体育赛事具有广泛的文化、经济和社会效应,对举办国、城市或地区意义重大。在建设体育强国过程中,应重视数字技术的深度应用,推动重大体育赛事创新发展,为我国现代体育产业发展培育新动能。元宇宙以数字技术的集成化应用为核心支撑,具有具身传播性、经济增值性和虚实共生性等特征。元宇宙视域下,将体育数据作为核心生产要素,以价值最大化、结构最优化、效率最高化为原则,能够有效实现体育领域要素合理配置,优化体育产业组织结构,平衡体育市场供需,为重大体育赛事高质量发展提供新动能。

1. 赋能体育消费场景创新

元宇宙赋能重大体育赛事体现在促进体育市场供需的有效对接。一方面,在供给端优化体育企业的动态运维能力进而提高其生产效率。借助 5G、AI、大数据等数字技术,对体育数据进行生成、加工、挖掘、存储和分析,体育企业能够重塑商业模式和组织管理体系,提高运营效率。另一方面,在需求端满足体育消费个性化需求。基于 VR、AR、MR、数字孪生等数字技术,元宇宙构建虚拟体育空间,摆脱传统体育面临的场地、设施、季节等外部条件约束,为体育参与者提供沉浸式体验。并借助大数据技术绘制用户画像,进行受众群体分析,实现体育企业精准营销。

2. 推动体育产业转型升级

数字技术和数据要素双轮驱动,催生体育产业新业态。一方面,传统体育产业数字化转型。以体育数据为核心要素,综合发展智能可穿戴设备等硬件和体育健康监测、体育大数据分析等软件,传统体育产业进行智能化改造和数字化转型,进而实现产业结构的合理化和高级化。另一方面,数字技术逐步产业化。以 5G、物联网等为代表的新型基础设施得到迅猛发展,新一代信息技术产业涌现并与现代产业体系进一步融合发展,关键核心技术越来越多地应用于体育赛事直播、体育游戏开发、体育数字藏品等体育产业领域。

3. 助力体育治理效能提升

政府通过搭建体育产业大数据库,实现体育领域公共数据实时动态共享,并通过数字孪生、人工智能等技术手段优化决策机制,推进治理数字化、智能化、智慧化发展。并且,数字技术创新浪潮下,平台化成为元宇宙语境下产业组织形态的新特征,平台化的管理方式吸引多元主体参与,促进多方数据共享,推动政府职能逐渐向功能型政府转变,实现多元共治和协同创新(任保平等,2023)。

二、元宇宙赋能重大体育赛事的内在机制

基于元宇宙的具身传播性、经济增值性和虚实共生性等特征,本文对元宇宙赋能重大体育赛事的内在机制进行探讨。

(一)具身传播性:创新传播渠道,体育参与方式更为多元化

1. 改变传统传播方式,增强用户体验感

元宇宙视域下传播方式发生改变,更体现具身传播性。一方面,体育赛事传播的体验感得到优化。VR 等技术的应用使重大体育赛事传播更具沉浸性,提升用户的"在场感"。另一方面,元宇宙语境下虚拟体育空间的构建以及虚实体育空间的交互使大众的体育需求更易被满足。元宇宙中虚拟体育空间跳出了现实世界的时空限制,能随时随地满足人们的体育需求。个体可以在虚拟体育场景中完成体育健身、体育竞技、体育休闲、体育消费等活动,并且虚实体育空间的关联也使得人们能够与真实世界完成低时延的交互(黄谦等,2022)。

2. 影响体育赛事规则,重塑体育活动方式

数字孪生技术使得自然人可在元宇宙中形成虚拟化身,虚拟化身的器官、血液等人体生物特征数据由现实身体进行实时映射与实时交互。一方面,AI 体育裁判成为可能,例如在运动竞技中,AI 智能监测可能比自然人裁判肉眼观察更为精确、真实。另一方面,元宇宙或将重塑体育活动方式,实现训练环境的再生产。一些受环境条件限制的体育训练(如冰雪类体育运动)可转移至元宇宙中进行,通过模拟运动场景使运动员在不同场景中进行训练实践以优化竞技姿态和提升最优竞技姿态展示的稳定性(旸洁卓玛等,2022)。此外,可由 AI 教练评估训练计划的可行性,制定最适合运动员的训练方案。

(二)经济增值性:拓展经济效益,创意推动体育产业新发展

1. 优化赛事风险测算,建立科学决策机制

元宇宙的底层技术可以有效预防经济风险。区块链的去中心化特征确保了用户隐私安全,大数据、云计算和边缘计算等技术带来更强大的算力,可对市场供需变化、消费者行为特征等进行监测与模拟、预测。因此,元宇宙可以优化重大体育赛事的风险预判,推动理性科学决策。除决策的风险控制外,算力的提升还可通过成本控制来提高劳动生产率。例如重大体育赛事的开幕式、闭幕式的舞台展示与舞美设计可借助数字孪生技术模拟歌舞等节目排练、舞台搭建的视觉效果,从而大幅减少时间成本,提高劳动生产率。

2. 推动产业转型升级,带动相关产业发展

元宇宙构筑的虚拟体育空间为体育领域内各类参与者提供了一种新的社交平台,并推动着传统体育向体育数字化转型。用户通过在虚拟体育空间内进行各类体育活动(例如体育竞技、体育健身、体育休闲等)的数字轨迹来生成数据,伴随着用户数量的日益膨胀和体育虚拟空间进入门槛的日益降低,无意识的体育交互活动促进了体育数字资产的形成(郭轶群等,2022)。并且,文旅、传媒等体育相关产业也得到发展。例如,围绕赛事开发的纪念品、衍生品不局限于现实世界的产品形态,以 NFT 技术为核心的数字藏品更具沉浸性、互动性。

3. 创新内容生产方式,实现创意经济增值

创意内容生产是创意经济的核心,也是元宇宙实现经济增值的重要驱动力。利用区块链、NFT 技术完善数字内容的上链确权、及时存证,可使得创作的数字内容具有资产属性。通过加快体育数字权益商品确权、打造自由交易平台等方式,推动数字商品在元宇宙内分享与转卖,版权创作者能够在转卖过程中持续获得版权

收益,体育数字产品平台提供者能够在经营与提供可视化交易流程中获取收益。同时,上链确权使知识产权得到充分保护,推动形成创新创意导向、创作权益保护的优质内容创作生态。

（三）虚实共生性：丰富精神价值,推动文化交流互鉴

1. 构筑虚拟时空,传播体育精神

借助元宇宙,人与人的联系更为频繁、密切,体育赛事秉持的文化精神可以更高效、更有力地传播。就体育新闻生产而言,囿于传统媒介技术的限制,体育新闻受众只能借助视觉和听觉"间接感受"体育现场,"片面感知"体育事件。元宇宙借助 VR/AR/XR 等技术构建了一个虚拟架构,使得人类的视、听、触等感官系统能够无缝衔接到体育新闻现场,将人们引入一个几乎与现实体育新闻实践同步进行的虚拟场景之中(刘宏玉,2022)。受众"具身"走进体育新闻现场中,获得沉浸式体验与参与感,从而能够更好地感受到体育新闻背后蕴含的人文关怀、民族精神及社会责任。

2. 塑造国家形象,促进文化交流

元宇宙虚实共生的特征使得体育赛事引发的国际交流更为频繁、深入、安全,促进了不同国家、地区、种族之间的文化交流。元宇宙社区中的共治共享、各个主体之间的经济利益互补以及文化交流,使得构建基于人类命运共同体的虚拟空间共同体成为可能。虚拟空间共同体具有开放性、平等性和互动性等特征,能够强化主体间的信任感,继而推动虚拟空间共同体的情感生成并实现虚拟空间共同体用户的主体性认同(张爱军等,2022)。元宇宙视域下,人类命运共同体的概念拓展至虚拟空间共同体,更易突破时空的限制,降低国家、族群、文化等差异带来的影响,实现广泛的文化认同与交流互鉴。

三、元宇宙赋能重大体育赛事的应用现状

按照体育赛事传播、体育赛事娱乐、体育赛事经济、体育粉丝经济等进行分类(表2),元宇宙赋能重大体育赛事主要存在赛事直播、虚拟数字人、虚拟体育空间、舞台展示与舞美设计、游戏、体育彩票、赛事票务、赛事赞助、数字藏品、粉丝社群、粉丝代币等应用场景,底层技术集中在 5G、AI、VR/AR、NFT、区块链、云计算等领域。

从应用场景的主要领域和核心技术看,中外存在较为明显的差异。中国目前在 5G、AI、云计算等新型通信技术发展较好,5G 网络规模排名全球第一,算力规

模排名全球第二,因而赛事直播、虚拟数字人等领域发展较完善。NFT、区块链技术是元宇宙的经济系统支撑,我国相关技术目前在应用场景范围和深度上与外国存在较为明显的差距。如表 3 所示,我国在体育赛事领域 NFT、区块链技术的主要应用是数字藏品(以北京冬奥会为主题的区块链游戏"Olympic Games Jam:Beijing 2022"实际上由国际奥委会授权,nwayplay 平台发行),而外国体育赛事的门票售卖、赛事赞助、粉丝社区、粉丝代币等应用场景则充分发挥了 NFT、区块链技术的去中心化、不可修改等核心属性。以门票售卖为例,假门票一直困扰主办方和各零售商,而 NFT 门票的不可修改、唯一性特征极大地降低了门票鉴伪的成本。

表 2　元宇宙赋能重大体育赛事的应用场景

类别	应用场景	典型案例	底层技术
体育赛事传播	赛事直播	Pico 平台 VR 观看卡塔尔世界杯	VR
	虚拟数字人	央视冬奥会 AI 手语主播"聆语"、咪咕 5G 冰雪数智达人"Meet GU"	5G、AI
	虚拟体育空间	云上五棵松、NBA 竞技场空间 NBA Arena	VR/AR
	舞台展示与舞美设计	2022 北京冬奥会开幕式沉浸式舞台、2022 北京冬奥会开幕式节目《立春》	5G、AI、云计算、VR/AR 等
体育赛事娱乐	体育游戏	NFT 游戏"Olympic Games Jam:Beijing 2022"、NBA 授权游戏 NBA Top Shot、体育游戏平台 Sorare	NFT
	体育彩票	深圳体彩推出数字人民币支付体彩、dsports.one 去中心化体育彩票投注系统	区块链
体育赛事经济	赛事票务	欧洲足球锦标赛 NFT 球票、NBA 夏洛特黄蜂队 NFT 球票	NFT
	赛事赞助	Jetcoin(一种数字货币,用于赞助意甲足球俱乐部)	区块链
体育粉丝经济	数字藏品	"冰墩墩"数字盲盒、杭州亚运会数字火炬、美国网球公开赛球迷专属通证	NFT
	粉丝社群	南非开普敦市足球俱乐部 5G 球迷参与式平台、虚拟社区 NBA Lane	5G、区块链
	粉丝代币	AC 米兰、巴塞罗那、尤文图斯等足球俱乐部 NFT(持有者享有俱乐部的部分决策权)	NFT

来源:笔者自行整理。

表3 体育赛事领域 NFT、区块链技术应用的中外对比

应用场景	外国案例	中国案例
数字藏品	美国网球公开赛球迷专属通证	实况中超数字藏品版球星卡、"冰墩墩"数字盲盒等
体育游戏	NBA 授权游戏 NBA Top Shot、美国国家橄榄球联盟开发游戏 NFL ALL DAY	"Olympic Games Jam：Beijing 2022"
体育彩票	dsports. one 去中心化体育彩票投注系统	深圳体彩数字人民币支付体彩
门票售卖	NBA 夏洛特黄蜂队 NFT 球票	
赛事赞助	Jetcoin（一种数字货币，用于赞助意甲足球俱乐部）	
体育履历	微软体育活动共享平台 BravelLog	
粉丝社群	南非开普敦市足球俱乐部 5G 球迷参与式平台	
粉丝代币	AC 米兰、巴塞罗那、尤文图斯等足球俱乐部 NFT（持有者享有俱乐部的部分决策权）	

来源：笔者自行整理。

元宇宙赋能重大体育赛事也面临诸多挑战：元宇宙核心技术发展存在瓶颈，VR/AR 头盔、眼镜、XR 设备等智能可穿戴设备领域发展较为薄弱，接入元宇宙成本较高；元宇宙领域人才严重短缺，相应的商业模式和平台建设不健全，元宇宙生态体系不完善；AI 训练需要的海量用户数据以及智能可穿戴设备接收人体生物特征数据可能造成隐私侵犯；核心算法模型和大规模算力被少数企业掌握，可能造成信息滥用。

四、元宇宙赋能重大体育赛事的创新发展路径

（一）加快科技研发应用，推进核心技术创新

元宇宙概念的兴起见证了世界范围内 5G、AI 等数字技术的迅猛发展与广泛应用，科技创新驱动产业转型升级，推动体育产业向数字化、智能化、网络化转变。政府层面，各级政府应高度重视科技研发，围绕 5G、大数据、云计算等元宇宙底层技术进行战略规划。建设并完善新型基础设施，搭建技术发展环境。成立政府专项资金，投资数字技术研发。建立元宇宙产业园区，集聚区块链、物联网、云计算等领域龙头企业和专精特新中小企业，最大限度释放协同、聚合效应，推动元宇宙相

关技术产业高质量发展并与体育产业深度融合。企业层面,科技企业应发挥自身优势,整合技术、人力等资源,加大资金投入力度,打造出一批高科技产业强势品牌。推动跨界融合,将平台技术优势渗透到其他产业,打造融合发展新业态。如CCTV5与阿里体育媒体联合,借助阿里云智能虚拟网络、人工智能技术构建新型体育赛事平台。

(二) 优化人才供需对接,推进产学研协同创新

人力资源是第一资源。应实现元宇宙领域优质人才供给需求的高效对接,推动元宇宙理论与实践协调发展,加强政产学研合作,推进区域内多主体协同创新。一是坚持"政策引才",政府层面制定人才引进政策,实施人才引进工程。成立元宇宙研究智库,建设人才中心与创新高地,推动元宇宙相关理论创新。二是坚持"平台育才",建立元宇宙人才培养基地。加强对元宇宙相关专业技术人员和管理人才的培养,并提倡对学科交叉、复合型人才的引进,推进多层次、跨领域的理论体系演进。三是坚持"机制用才",促进人才供需形成良性循环。依据"量才而用""人尽其才"等原则,做好人力资源评估,创新用人机制,推动人才专业、能力、性格等与岗位需求相匹配,最大限度发挥人才效能。四是坚持"服务留才",建立健全人才服务体系。提供全要素、全周期人才保障服务,落实住房、医疗、子女教育等人才保障措施。

(三) 加速业态深度融合,推进商业模式创新

产业融合发展是产业发展的基本规律。文、体、旅、娱等产业关联密切,产业链相互交织、彼此赋能。元宇宙视域下,重大体育赛事应围绕产业融合发展,推进赛事相关商业模式创新与体育产业高质量发展。第一,围绕国家重大战略布局,确定产业融合发展方向。围绕体育强国、健康中国等国家战略,着重发展体育旅游、体育教育、体育休闲、全民健身,推动"大体育""大健康""大文化"产业高质量发展。第二,提升要素配置效率,促进新旧动能转换。推进体育产业与文化、旅游、康养等产业融合发展,发挥要素集聚功能和产业协同效应,提高经济发展内生动力。第三,加快线上线下融合,优化动态运维机制。在产品研发、生产、销售、营销、衍生品开发等各个过程中,以提高用户的综合体验为宗旨不断推动商业模式和组织管理体系迭代升级,在管理过程中综合运用多种技术手段和不同渠道,提升数字化场景的动态运维能力。

(四) 深化具身传播应用,推进传播机制创新

具身传播性是元宇宙的核心特征,意味着传统媒介的存在方式及媒介间关系

的改变,因而,传播机制的创新将成为元宇宙发展的关键。第一,科技赋能传播机制创新,优化元宇宙接入方式。一方面,加快体育传播"新基建",营造良好传播环境。加快 5G 网络建设,对体育赛事云平台等进行更新部署,推动网络设施由 IPv4 向 IPv6 更新。另一方面,完善物联网感知设施,优化用户体验。加快 VR 眼镜等终端设备制造业发展,并推动物联网感知设施的研发设计向智能化、人性化转变。第二,完善平台建设,创新内容生产。提高元宇宙视域下体育平台运营能力,促进体育赛事相关交流与信息传播,基于网络社群等平台特征完善相应监管措施。第三,推动体育赛事国际传播,促进文化交流互鉴。借助元宇宙具身传播性、虚实共生性等特征,增强我国重大体育赛事在国际范围的传播力与影响力,通过本土生产与国际表达的有效衔接来讲好中国故事,传播好中国声音,推动中华文化更好走向世界。

(五) 落实包容审慎监管,推进治理方式创新

现阶段元宇宙理论与实践处于发展初期,新技术新应用存在治理缺位现象,应大力推进元宇宙视域下治理方式的创新。第一,政府层面应秉持"对创新包容,对技术审慎"的监管理念,注重对创新业态的培育和技术应用的规范,完善"体育＋5G"等新兴领域监管的规章制度,应对 5G、AI 等元宇宙底层技术可能引发的用户隐私侵犯、市场不公平竞争等问题。第二,政府应逐步提升数字化治理能力,加快体育领域"数字政府"建设。将数据作为一项独立的生产要素,搭建体育产业大数据库,实现统一化、智能化管理,并建立安全可靠的体育数据存储与分发机制,确保数据使用的公平性和合理性。第三,加强对体育企业的宣传引导或教育培训。根据技术基础或商业模式等企业自身特点,引导体育企业按需引入元宇宙发展理念或融入元宇宙体系,规避忽略客观条件而盲目选择新赛道的情况。

参考文献

[1] 赵星,乔利利,张家榕,等.元宇宙研究的理论原则与实用场景探讨[J].中国图书馆学报,2022,48(06):6-15.

[2] 清华大学新闻与传播学院新媒体研究中心.元宇宙发展研究报告 2.0 版[EB/OL].(2022-01-21)[2022-5-20].https://www.sohu.com/a/546322232_100016406.

[3] 邓建国.元元媒介与数字孪生:元宇宙的媒介理论透视[J].新闻大学,2022(06):35-48,120.

[4] 喻国明,耿晓梦.元宇宙:媒介化社会的未来生态图景[J].新疆师范大学学报(哲学社会科学版),2022,43(03):2,110-118.

[5] DUAN H, LI J, FAN S. et al. Metaverse for Social Good：A University Campus Prototype[C]. Proceedings of the 29th ACM International Conference on Multimedia. 2021：153-161.

[6] 胡泳,刘纯懿.元宇宙作为媒介:传播的"复得"与"复失"[J].新闻界,2022(01):85-99.

[7] 杜骏飞.数字交往论(2):元宇宙,分身与认识论[J].新闻界,2022(01):64-75.

[8] 沈阳.元宇宙的三化、三性和三能[J].传媒,2022(14):21-22.

[9] 任保平,李婧瑜.数字经济赋能我国体育产业现代化的逻辑与路径[J].体育学研究,2023,37(02):1-7.

[10] 黄谦,王欢庆,李少鹏.体育未来发展的逻辑重构与实践展望——从元宇宙概念谈起[J].西安体育学院学报,2022,39(02):129-135.

[11] 旸洁卓玛,赵妍,王智慧.元宇宙与人的本性存:科技助力冬奥的具身实践与未来走向——洪平教授学术对话录[J].体育与科学,2022,43(03):7-13.

[12] 郭轶群,秦天浩,江礼磊,黄泽元.体育元宇宙的内涵特征、多元价值及建构要素[J].西安体育学院学报,2022,39(04):403-409,416.

[13] 刘宏玉.基于"元宇宙"环境的体育教学模式探究与展望[J].高教探索,2022(01):75-79.

[14] 张爱军,周杨.元宇宙与虚拟空间共同体的建构[J].行政论坛,2022,29(04):21-28.

[15] 习近平.高举中国特色社会主义伟大旗帜　为全面建设社会主义现代化国家而团结奋斗[N].人民日报,2022-10-26(001).

作者简介

丁蕾,江苏南通人,南京财经大学艺术设计学院院长、教授。研究方向为数字创意产业。

石志如,江苏淮安人,南京财经大学艺术设计学院硕士研究生,南京大学长三角文化产业发展研究院助理研究员。研究方向为文化产业经济学。

The Inner Mechanism and Innovative Development Path of Metaverse Enabling Major Sporting Events

Ding Lei   Shi Zhiru

Abstract：Major sporting events are of great significance to the host country, city or region. Metaverse can be beneficial to rationally allocate factor resources in the sports field, optimize the organizational structure of the sports industry, and balance the supply and demand of the sports market, thus providing a new driving force for the high-quality development of major sporting events. Based on the characteristics of metaverse, this paper finds that metaverse mainly enables major sporting events from the aspects of innovating communication channels, expanding economic benefits and enriching spiritual values. Combined with the analysis of application status, metaverse enabling major sporting events still faces many challenges. So, in the path of development, innovation in core technology, industry-university-research cooperation, business model, communication mechanism and governance should be promoted.

Key words：Metaverse   Sporting Events   Innovative Development

区块链 NFT 技术赋能"创作者经济"发展的路径探析*

樊传果　李宁远

摘　要:作为一种新型互联网商业模式,"创作者经济"已发展成互联网内容产业中最具潜力的蓝海市场。"创作者经济"发展过程中出现了缺乏定制化工具与平台、创作者权力失衡、知识产权侵权现象频发等问题。要促进"创作者经济"健康可持续发展,可运用区块链 NFT 技术赋能"创作者经济",重塑"创作者经济"的价值理路,建立"创作者经济"去中心化平台自治商业模式,培育数字文化价值共创的创作者公司;基于区块链 NFT 技术优化"创作者经济"的人才激励策略,促进资助模式由利他行为向投资行为转化,引入新型可编程模因经济;基于区块链 NFT 技术赋能防范创作内容知识产权侵权与用户个人信息泄露等法律风险。

关键词:区块链　NFT 技术　创作者经济　赋能

一、引　言

2022 年以来,在互联网内容平台及创作工具的赋能下,互联网内容创作者规模持续增长,"创作者经济"这一新型互联网商业模式随之崛起。"创作者经济"是指互联网内容创作者在创作工具、内容分发平台及一系列其他创作者相关服务的帮助下持续产生的经济效益。对于内容创作者来说,创新力就是生命力,创作者经济的繁荣可以为创作者的创新力持续保驾护航。艾瑞咨询发布的《2022 互联网创作者经济白皮书》显示,截至 2022 年 8 月 31 日,创作者经济的全球市场规模已超

---

* 基金项目:国家社科基金项目"文化创意产业发展与品牌传播"(13BH079)的延伸研究成果;江苏省研究生科研与实践创新计划项目"区块链 NFT 技术赋能下'创意者经济'发展研究"(SJCX22_1225)的阶段性研究成果。

过 1 042 亿美元,呈倍增态势,在全球范围内拥有超过 5 000 万名参与者。同时,2021 年全球相关领域初创公司的融资金额已达 14 亿美元。可见,当下创作者经济俨然已成为互联网内容产业中最具潜力的蓝海市场。

2022 年以来,基于区块链的 NFT 技术应用日趋成熟,已在传媒业、数字收藏业等领域广泛应用,成为当下传统媒体转型升级的重要驱动力。NFT(Non-Fungible Token)即非同质化代币,是存储在区块链上具有独特元数据的加密货币资产,运用加密技术对数字资产进行认证,使其独一无二进而保值增值。当下,创作者经济的发展路途并不平坦,针对其发展不广泛、不平衡、不发达等问题,区块链 NFT 技术有望探索切实解决路径。NFT 技术与创作者经济发展之间具有诸多联结点,其不可分割、不可代替的技术特性可使创作者拥有数字资产,且通过跟踪资产的使用和交易过程使之享受完整的权益和收益。NFT 技术正不断重塑创作者经济的价值格局、延展维度和生态体系,其为创作者经济发展持续赋能的内在机理已逐渐明朗,但其赋能创作者经济发展的具体路径还不够清晰。

检索已有研究文献发现,现有研究成果多从实用场景角度探讨区块链 NFT 技术的应用。张建中(2021)、史安斌(2021)从区块链 NFT 技术的理念溯源和实践应用方面分析了如何重塑全球新闻传媒业和进一步深化媒体融合与数字化转型升级;郭全中(2021)、杨嘎(2021)对 NFT 技术如何作为现实世界和元宇宙之间的桥梁实现元宇宙之间的价值传递及加速元宇宙的到来和成熟进行了探讨;向安玲(2021)、高爽(2021)对元宇宙背景下 NFT 技术数字资源管理的应用场景、技术路径与潜在风险进行了研究;江哲丰(2021)从 NFT 政策监管、技术监管、网民监管方面分析了区块链 NFT 技术的监管逻辑;张书乐(2018)从区块链的不可篡改属性探究区块链对版权纠纷的第三方认证作用;解学芳(2020)从数字文化产业链的变革探究区块链时代的数字文化出海与数字文化安全;张立波(2021)从区块链底层技术逻辑探究如何创新数字文化治理模式,等等。综上所述,现有研究成果对区块链 NFT 技术赋能创作者经济发展路径的研究较少。本文拟在对区块链 NFT 技术赋能"创作者经济"发展的内在机理分析基础上,分析创作者经济发展的桎梏所在,多角度剖析 NFT 技术内核,深度探析区块链 NFT 技术赋能"创作者经济"发展的路径。

二、"创作者经济"发展中存在的主要问题

当下,互联网流量平台是内容和用户数据的最大垄断者,基于内容产业的规模化提供流量服务获利,平台未必为内容付费但创作者必须为流量付费,导致创作者与中心化平台之间的权力比重失衡。同时,当下互联网基础设施的建设未能满足创作者的多层次需求,缺乏定制化的工具和平台。近年来,"中国知网"创作者版权"纠纷"更印证了当下"创作者经济"知识产权保护的窘境。创作者与网络平台的矛盾正在激化,如何保障创作者权益已成亟须解决的问题。

具体而言,当下"创作者经济"发展中存在的主要问题表现在以下三方面:

(一) 创作者与中心化平台之间的权力比重失衡

2000 年前后,Facebook、推特等社交媒体平台的迅速发展使内容创作者能够创造和分享内容,有效缓解了创作者传播难题。但创作者的直接收益渠道十分有限,因为少数社交媒体巨头作为内容产业的看门人并不看重创作者的利益。创作者对平台总体价值有直接贡献,但缺乏稳定福利保障。此前,创作者在扩大决策、治理、招商引资等环节面临挑战,所有权往往归于占有数据、终端用户关系、内容分发与盈利手段的中心化技术平台。在此期间,虽然用户的内容生成模型出现爆炸式增长,但创作者与平台之间仍存在权力矛盾。当下大部分平台都基于算法导向,因此内容被排于算法之后,创作者被排于内容之后。创作者经济在 2021 年吸引了超过 13 亿美元的资金,大部分资金最终流向了聚合内容的平台。以数字出版业为例,内容创作者的大量权益让渡给版权代理方、发行公司、IP 代理经纪、平台服务商等第三方机构,最终到达创作者手中的已所剩不多。各平台之间也需要更大规模的合作与整合。当下,创作者在多个平台上经营着粉丝社区,未来将继续多样化其收入来源。

(二) 缺乏为不同层级创作者赋能的定制化工具和平台

为了帮助创作者创新升级,互联网企业必须创造条件以满足创作者的多层次需求。依照美国心理学家亚伯拉罕·马斯洛的需求层次论,人类需求从低级到高级依次为生理需求、安全需求、社交需求、尊重需求和自我实现需求。创作者的创作需求也因创作目的和内容的不同被划分从基本谋生到精神表达的不同层级。web2.0 因其中心化特性产生了"1%定律",即 100 个在线用户中只会有 1 位创作者,不利于差异化内容的生产,难以满足潜在创作者需求。随着去心化的 web3.0 的发展,更多用户开始产生基本创作需求,精英创作者的创作需求也在升级。这一

差异造成互联网企业必须在"帮助 99% 的初级创作者入门"和"帮助 1% 的精英创作者突破"中抉择,且现有单一化的工具和平台不利于内容生产资源的整合与分配。为了摆脱"1% 定律",不同层级的创作者在投资、运营和产品发布等环节需要定制化的工具和平台。首先,创作者需要定制化的、有利于分析个人业务的且能归纳收入流的用户管理系统。创作者通过社交媒体广告、品牌赞助、商品销售、知识课程等多种收入渠道扩张粉丝经济,如果缺乏适当的内容管理、财务管理、数据驱动和粉丝参与系统,创作者将难以实时管理业务。其次,创作者需要定制化的且有利于突破流量闭环、冷启动、增量等问题的新经济模型。流量闭环问题即中心化平台不愿将流量向外分流而彼此不通,冷启动问题即平台难以帮助初级创作者单点启动,增量问题即平台难以帮助创作者吸引更多粉丝。最后,创作者需要有利于突破单一盈利渠道的收益模式和提升内容质量的定制化创作软件。

(三)"创作者经济"发展中知识产权侵权现象频发

在生产资源视角下,"创作者经济"是 IP 经济,即知识产权经济。盗版、抄袭等侵权行为将严重影响创作者的合法权益与创作积极性。知识产权保护不仅关乎创作者经济的发达程度,更是保护我国文化竞争力的根本。近年来,人们的版权意识普遍提高,但侵权问题依然严峻。以创作者经济中的短视频类为例,2019 年 1 月至 2021 年 5 月,12426 版权监测中心累计拥有 300 万个侵权账户监测、1 478.6 万个二创侵权及 416.31 万个原创侵权短视频。据北京互联网法院报告,2018 年 9 月 9 日至 2022 年 2 月 28 日,共受理网络著作权纠纷案件 107 982 起。其中,短视频著作权纠纷案件 2 812 起,占全网著作权纠纷案件的 2.6%,且案件数量逐年增加。之所以呈现如此态势,是因为平台经营者缺乏遏制侵权行为的动因,侵权行为可为平台带来流量,其经济利益远远高于平台应承担的监控成本,经济利益使平台经营者只履行最低限度的法律义务。侵权行为屡禁不止,原因有三:第一,我国知识产权概念发展时间短,人们的著作权意识淡薄,创作者经济时代大众的著作权意识还未上升到一定高度;第二,创作者通过司法渠道追究侵权的成本往往高于其所获赔偿,严重打击了创作者维权积极性;第三,侵权成本低。

三、基于区块链 NFT 技术重塑"创作者经济"的价值理路

"创作者经济"是互联网内容产业中的 DTC(Direct to Customer)商业模式,它使创作者直接进入市场且自主掌握财务控制权。创作者经济打破了广告收益等传统盈利方式,创作者可以通过独家数字内容销售等渠道获利,获得更多生存空间。

创作者经济具双重核心属性。其一,创作者通过优质创作内容获得流量和粉丝,并将其货币化。其二,创作者通过自主创建基础设施以管理内容。创作者经济的发展历程共有三个阶段。第一阶段为基础媒体平台,如 Facebook 等平台在规划和推荐算法中投入大量资金为创作者部署粉丝开发工具。第二阶段为互联网人气变现。基础媒体平台为创作者积累了大量粉丝,企业随即邀请高人气创作者进行品牌推广。第三阶段为创作者独立创业。创作者通过自定义设置在平台内外获取粉丝关注,其创作内容更加丰富,收益来源更加广泛。创作者经济共涉及九大范畴:一是社交媒体即内容发现平台,帮助创作者扩大网络影响力;二是粉丝独占内容平台,可访问专属内容且支持货币化;三是共享式学习平台,具备强交互性;四是内容编辑器,即帮助创作者生产和修改内容的软件;五是财务工具,如信用评估和贷款服务等;六是 Shopify for Creators,即帮助创作者开展初级业务的公司;七是虚拟业务即虚拟资产交易;八是网络基建,如加密货币等;九是基于大数据、云计算等技术的趋民主化资产。

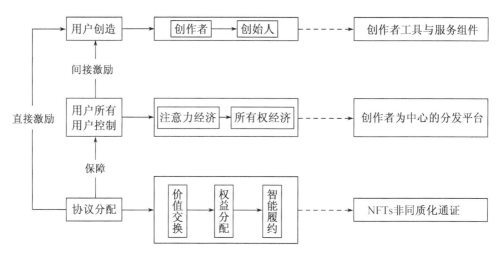

图 1　创作者经济的价值模型

如图 1 所示,当下 NFT 技术已初涉创作者经济的协议分配领域,未来将更广泛地与创作者经济和实体经济结合,与 XR 等未来产业贯通。由于 NFT 技术的非同质化技术特性,数字资产可以在区块链上独一无二地呈现,购买者可以在区块链上以数字代币形式掌握专属数字商品所有权,这一特性弱化了中心化平台的过度控制。因此,NFT 技术的赋能可为创作者带来更高经济效益,保障创作者更好地创作和发展内容产品。

(一) 基于区块链 NFT 技术建立创作者经济去中心化平台自治商业模式

创作者经济是一种注重关系价值建构的互联网商业模式,推动了平台商业模式的三阶段演进:第一阶段为注意力驱动,即平台以流量广告获利;第二阶段为品牌驱动,即协同意见领袖进行电子商务;第三阶段为个体用户数据和权益价值驱动,创作者通过个人创造力开展内容业务,商业逻辑从注意力变现转化为用户关系变现。三阶段演进体现了平台商业模式从中心化到去中心化的转变及体量增长模式的差异化。在区块链 NFT 技术赋能下,平台共享所有权和控制权将是未来的发展方向。如图 2 所示,在创作者经济的去中心化平台自治商业模式架构中,平台将为用户所拥有和运营,通过民主化投票决定平台内容审核制度和数据收集政策。创作内容及消费者资产在被 NFT 技术赋予去中心化价值的同时,创作者将依托 NFT 技术自主创建、运营和拥有平台开发工具、平台产品及平台本身。产品战略和资源分配方案将被共同制定,所有数字艺术爱好者、数字收藏家和数字艺术创作者都将参与创作者经济的去中心化平台自治商业模式建设。如美国顶级图片库公司 Stocksy 基于 NFT 技术采取的合作制模式,创作者在获得创作内容收益分成的同时作为公司合伙人投票决定运营策略。由此可见,基于区块链 NFT 技术建立创作者经济的去中心化平台自治商业模式将弱化平台和创作者之间的权力比重矛盾。未来,该模式甚至有望通过数字资产的按比分配开启元宇宙时代的创作者经济资产民主化进程。

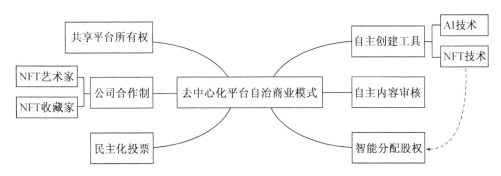

图 2 去中心化平台自治商业模式的架构

(二) 基于区块链 NFT 技术培育数字文化价值共创的创作者公司

区块链 NFT 技术有望解决创作者经济的内容所有权问题,培育数字文化价值共创的创作者公司。在内容生产和传播环节中贯彻共建、共享、共融、共赢的核心价值观,建立突破时空束缚的协同合作机制,使创作者拥有其创作内容和平台本身,制衡创作者和平台之间的权力比重。基于区块链 NFT 技术培育数字文化价值共创的创作者公司需重点建设以下方面。第一,培养在内容运营领域具有丰富经验且熟知创作者特征的管理团队,只有切身体会创作者的创作模式、亲身投入创作平台才能高效获取创作者关注。第二,以创作者收入为核心指标,通过提升其分析、协作及服务获得的收入指标促使创作者更积极地留在平台。第三,强化内容发现环节,平台和工具必须通过发现和共享精彩内容以维持口碑,提高用户留存率。第四,依托 NFT 技术提供定制化的创作者财务管理服务,当下创作者缺乏个人专属支付服务等金融基础设施,现有账单软件未深入整合到创作者生态中。第五,以 AI 颠覆内容创建和编辑模式。AI(Artificial Intelligence)即人工智能,AI 内容生成软件已成为数字内容创新发展新引擎,为数字经济发展注入了全新动能。第六,以赛为媒振奋创作者经济的发展脉搏。如国内首个数字艺术赛事"One Show NFT 数字艺术设计大赛"的获奖作品可在链上交易,将内容转化为数字资产,为创作者经济提供优质内容支撑。

四、基于区块链 NFT 技术优化"创作者经济"的人才激励策略

NFT 技术构建在点对点、公开、透明网络结构的区块链之上,区块链的去中心化特性削弱了中心化平台对创作者收益的过度分割。创作者和用户通过区块链进行点对点交易,创作者享有创作内容的全部收益,极大程度激发了创作者的创作热情。同时,NFT 技术标记创作内容并编码为智能合约,智能合约在 NFT 中内置了版税分割机制,通过代码自动运行和分割成一系列的粒度价格层,帮助创作者锁定精英粉丝并及时优化供应策略,在需求曲线下捕获更高价值。

(一) 基于区块链 NFT 技术促进资助模式由利他行为向投资行为转化

创作者经济中传统用户付费让创作者受益的资助模式正向价值模式转变,创作者可交付粉丝更高实质价值的成果,借助其利己主义高效营收。在 NFT 技术赋能下,内容将被视作非同质化代币,内容代币的流转过程将被视作投资行为而非传统利他行为,可为创作者募集资金。只要内容代币价值增加,其所有者也能从中受益。美国 Web3.0 投资基金会创始人 Jesse Walden 曾提出"资助＋"概念,即具有利润可能性的资助。对于粉丝,新型价值模式中的盈利可能性会增强其支持动机。除了投资,粉丝们还可成为志同道合的社区成员,如 Crypto 领域的成功众筹大多由用户动机驱动。当下不乏"资助＋"的案例,如美国群体博客平台 The Generalist 创始人 Mario Gabriele 众筹了 20 以太坊(约合 23 217.53 美元),让分

析师深入研究加密货币交易所 Coinbase 并创作相关艺术品。最终，众筹参与者获取了被铸造在 NFT 上的股份凭证，项目收益总额为 28.6 以太坊（约合 33 201.07 美元），众筹参与者仅在几周内便获取了 43% 的收益。可见，由利他行为向投资行为转化的双赢价值模式调动了粉丝的购买积极性，为精英创作者追求更高创作目标提供了动力，也为初级创作者快速入门提供了机会。该价值模式以差异化的粉丝口味和消费动机为不同层级的创作者赋能，激励着潜在创作人才的崛起。

（二）基于区块链 NFT 技术结合 Web3.0 引入新型可编程模因经济

创作者经济中常见 YouTube 视频创作者们在彼此视频中客串，我国网络视频平台 bilibili 的内容也常由多名"UP 主"协作而成。Web2.0 的技术特性不鼓励此协作性，算法平台的价值只导向最高层级创作者而忽略其他层级创作者。区块链 NFT 技术有望结合 Web 3.0 引入一种新型可编程经济模式，任何数字作品都可利用通用媒体库数据自动计算收入的分割和归属。英国哲学家凯特·迪斯汀在《自私的模因》中指出，"模因"是文化的复制因子，像基因一样受到变异和进化的影响，文化模因通过复制自己以实现无限传递。近年来，加密经济学领域衍生了"模因经济"概念，即在互联网上重新混合和传播的想法成为价值创造的基础。如 GIF 表情包等模块可链接到专属 NFT 地址，用户可提取链上地址并在各个平台维护其属性。以 NFT 技术引入新型可编程模因经济，将特定 NFT 模因的任何投标和交换添加到元数据中，即可实现创作者在平台上自由读取和利用与 NFT 模因相关的所有内容，将收益分散到各个创作者层级，使不同层级的创作者自由建立版税。如美国去中心化内容发布平台 Mirror 具有收入路由功能，收入会自动分支到高贡献值创作者的以太网址。在新型可编程模因经济中，每个创作内容都将链接其源链进行记录并在 Web 3.0 中继续追踪，创作者可从后续流程中按贡献比重获益，有效保障了不同层级创作者合作的收入公平，催生了更多优质合作内容。

五、基于区块链 NFT 技术赋能解决"创作者经济"的法律风险

区块链 NFT 技术保障了内容数据不可被复制。创作者经济中内容数据的稀缺性不仅影响消费者选择，更影响创作者权益。NFT 技术的非同质化特性保证了内容数据的稀缺性，有助于创作者确认著作权并自行掌握定价权。创作者可自定义验证作品所有权的区块链记录，铸造不可复制的数字资产，有效降低山寨、滥用或盗版的风险。区块链 NFT 技术将推动知识产权的货币化，使现实世界的静态所有权扩展到数字世界中。

（一）NFT 技术可赋能解决创作内容知识产权侵权风险

在创作者向第三方平台提交其创作内容源文件及元数据时，可能会出现第三方平台或相关发行人员未经许可将包含创作者知识产权的图片、音视频等泄露、盗用、转载等情况，进而严重侵犯创作者对其作品的知情权、发行权、复制权及信息网络传播权。区块链 NFT 技术的赋能将升级创作内容的确权机制，使创作者的相关合法权益通过链上智能合约进行认证和追溯，降低知识产权侵权风险，保护"创作者经济"的核心创新力与创作者积极性。同时，针对技术介入而产生的问题不可忽视，如 2021 年 12 月，美国艺术家 Mason Rothschild 推出了 MetaBirkins 系列 NFT 手袋，但爱马仕品牌随即指控 Mason Rothschild 未经授权创作和销售 MetaBirkins 系列，侵犯其元宇宙商标权。因此，鉴于当下 NFT 技术的部分原生特性与发展局限性，以 NFT 技术保障创作者经济的知识产权等法律问题还需在以下三方面深耕：第一，NFT 交易平台需严格审查 NFT 内容和平台自身的链上许可完整性，确保反哺创作者完整许可链；第二，NFT 交易平台需在运行规则中明确规定侵权时利益相关者应具有的权利和义务；第三，创作者经济中 NFT 内容产品的消费者应规避自主开发 NFT 周边产品的侵权风险。消费者购入 NFT 内容产品只能获得数字资产所有权，不可获得其版权。

（二）NFT 技术可赋能解决"创作者经济"用户个人信息保护风险

在内容创作和传播的过程中，创作者和消费者个人信息的收集、存储、传输等可能涉及违法风险。首先，内容平台不可避免地收集创作者和消费者的金融个人信息如实名认证信息、网络虚拟财产信息、银行账户和虚拟货币钱包信息等。其次，未经用户同意收集个人信息、超出规定范围收集个人信息等行为具有违反《中华人民共和国民法通则》相关法规的可能性。最后，用户的个人信息若未被告知而提供给第三方或跨境传输也存在泄露风险。区块链 NFT 技术能够有效保护创作者经济的用户个人信息，源于用户自由访问公共数据时 NFT 技术对数据安全存储和编辑的高效能力。个人信息、交易流等记录和操作日志的存储期限数据将伴随内容产出被铸造在内容本身之中，贯穿其后续传播的全生命周期。同时，对 NFT 技术自身的防范监测不可忽视：第一，要对 NFT 技术收集的数据资产如敏感个人信息等采取加密、访问控制、防拷贝、不存储面部图像数据的升级保护措施；第二，要在平台用户界面、隐私策略和用户协议等角度保障 NFT 内容流通时用户个人信息的安全性合规；第三，要对 NFT 技术涉及的用户个人信息传播流程进行风险识别及动态清理。

六、结语

区块链 NFT 技术通过多元化路径为"创作者经济"的发展持续赋能,为进一步接轨"元宇宙"提供了更现实的应用映射。但是,当下 NFT 技术的赋能路径并非完美,常会存在非法集资等风险隐患。针对此类问题,创作者经济中的内容平台应严禁虚假宣传,避免过度夸大收益以诱导用户购买等,严格遵守相关法律法规。除此之外,NFT 技术依赖的区块链技术通常使用共识协议来避免单点故障和外部攻击,这种组织模式只有在创作者经济发展中取得显著成效并受到广泛认同才会有更长远的发展前景。随着 Web 3.0 时代的到来,创作者经济生态中被引入了一个空前存在的部分——投机者,创作者经济需要对这一部分加以约束,内容平台应通过避免拆分 NFT、集中交易等鼓励投机炒作的情形出现,对消费者尽到提醒义务,必要时采取中止交易及强制下链等措施。随着创作者经济的不断发展,创作者们进一步意识到自身影响力并积极运用 NFT 技术。当然,这种趋于自治的商业模式亟须完善治理模式,国家应积极出台相关技术标准和法规政策,助力创作者经济可持续发展,并以实际效用反哺 NFT 技术创新。

参考文献

[1]袁勇,王飞跃.区块链技术发展现状与展望[J].自动化学报,2016(4):481-494.

[2]臧志彭,胡译文.基于区块链的数字文化产业价值链创新建构[J].出版广角,2021(3):26-30.

[3]陈晓菡,解学芳.颠覆式创新:区块链技术对文化创意产业的影响[J].科技管理研究,2019(7):133-139.

[4]张立波,邓存惠,张锐.区块链重构体育产业生态系统的实施路径探究[J].北京体育大学学报,2020(7):25-35.

[5]邵奇峰,金澈清,张召,等.区块链技术:架构及进展[J].计算机学报,2018(5):969-988.

[6]STOKES L. NFT 的困境:想要改变艺术行业,NFT 必须更安全[EB/OL].(2021-07-05)[2021-07-20].https://www.sohu.com/a/475712949_121118710.

[7]琴文."加密艺术"市场的未来[EB/OL].(2021-03-02)[2021-07-20].https://xw.qianzhan.com/analyst/detail/329/210302-8d89e8df.html.

[8]樊传果,邓思思.互动仪式链视角下 bilibili 网站的互动模式探究[J].传媒观察,2022

（4）：80－85.

［9］艾瑞咨询.2022 年互联网创作者经济白皮书［R/OL］.https：//report. iresearch. cn/report/202208/4052. shtml.

［10］MASLOW A H. A Theory of Human Motivation［J］. Psychological Review. 1943：370－396.

［11］环球时报.网络视频著作权保护，三重困境如何解？［EB/OL］.https：//baijiahao. baidu. com/s? id＝1725607921333035594＆wfr＝spider＆for＝pc.

［12］北京互联网法院.4·26 特辑丨推动数字文化产业创新发展北京互联网法院通报涉短视频著作权案件审理情况［EB/OL］.https：//baijiahao. baidu. com/s? id＝1730739622295272996＆wfr＝spider＆for＝pc.

［13］中国信息通信研究院，京东探索研究院.人工智能生成内容（AIGC）白皮书［R/OL］.http：//www. caict. ac. cn/sytj/202209/P020220913580752910299. pdf.

［14］凯特·迪斯汀.自私的模因［M］.李冬梅，谢朝鲜，译.北京：世界图书出版公司，2014.

［15］乔新生.个人信息不等于个人隐私［J］.青年记者，2018（13）：72－73.

作者简介

樊传果，江苏徐州人，江苏师范大学文化创意产业研究院院长，传媒与影视学院教授。研究方向为文化创意产业、传播理论与实务、艺术设计与品牌传播等。

李宁远，辽宁锦州人，江苏师范大学传媒与影视学院硕士研究生。研究方向为文化创意产业、艺术设计等。

Exploration on the Path of Blockchain-based NFT Technology Enabling the Development of "Creator Economy"

Fan Chuanguo   Li Ningyuan

Abstract: As a new Internet business model, "creator economy" has developed into the most potential blue ocean market in the Internet content industry. In the development process of "creator economy", there are some problems, such as a lack of customized tools and platforms, creators' power imbalance and frequent infringement of intellectual property rights. To promote the healthy and sustainable development of "creator economy", blockchain-based NFT technology can be used to enable "creator economy", reshape the value theory of "creator economy", establish the decentralized platform autonomous business model of "creator economy", and cultivate the creator company of digital cultural value co-creation. Based on NFT technology, the talent incentive strategy of "creator economy" is optimized to promote the funding mode transformation from altruistic behavior to investment behavior, and a new programmable meme economy is introduced. NFT technology based on the blockchain can prevent intellectual property infringement of creative content and user personal information leakage and other legal risks.

Key words: Blockchain   NFT Technology   Creator Economy   Enabling

创作者中心、圈层化传播与内容企业商业模式创新

——以播客"日谈公园"为例

王亚楠　张颖铧　杨　珊

摘　要:后 Web2.0 时代,内容企业遵循流量驱动的商业模式陷入了"追逐流量型爆款产品—低质量内容生产—用户忠诚度低"的困局中,难以获取核心竞争力。本文以播客"日谈公园"2016—2022 年商业模式渐进式创新的发展历程为例,应用扎根理论分析内容企业如何通过商业模式演进获取可持续发展能力。研究发现,后 Web2.0 时代内容企业商业模式中的竞争隔离机制从流量驱动演化为意义认同驱动。内容企业以创作者为中心,深耕垂直领域的内容生产,通过圈层化传播的路径构建创作者与消费者的价值认同与情感共鸣,从而形成"圈层化内容生产—忠诚用户自传播—用户圈层规模扩大"的商业模式正向循环系统。

关键词:创作者经济　内容生产　圈层传播　商业模式创新

一、文献综述及问题提出

从前 Web2.0 时代以文字为传播载体的微博平台,到后 Web2.0 时代以视频为传播载体的哔哩哔哩、抖音、快手、小红书等平台,各类传播平台中内容产品表现形式日趋丰富,数量也呈现指数级增长。在海量的内容产品供给背景下,用户的注意力成为市场中的稀缺资源,"最大化获取注意力资源"成为 Web2.0 时代内容企业商业模式的价值核心(张海汝等,2022)。基于此,内容生产者遵循"流量规则引导",通过打造"类型化爆款"产品,以获取尽可能多的"注意力资源"成为行业主流的商业模式。随着互联网经济走入下半场,在流量规则主导的各类主流内容分发平台中,形式上花样繁多、内容相似度极高的产品大行其道,内容生产陷入"繁荣式衰败"的困局,内容企业遵循流量驱动的商业模式也陷入了"追逐流量型爆款产

品—低质量内容生产—用户忠诚度低"的低水平循环中,难以获取可持续发展的核心竞争力。由此,在内容生产者数量激增的后 Web2.0 时代,如何通过创新提升用户忠诚度与消费转化率更值得内容企业关注。与此同时,诞生于后 Web2.0 时代的新兴媒体——播客,采取以创作者为中心的生产模式,依靠深度内容、陪伴感与故事性的优势,与用户构建深度连接关系,在内容产品竞争的红海市场中实现了市场规模的迅速扩张,引领耳朵经济发展新浪潮(Rime et al.,2022)。艾瑞咨询数据显示,2020 年中国播客用户增长至 7 000 万,预计在 2022 年底突破 1 亿规模,至少半数以上的用户日收听频次达到 1～2 次,70% 以上的播客用户会长期固定收听某些主播的节目,用户忠诚度较高。在内容表现形式向沉浸式、多感官刺激逐步演变的后 Web2.0 时代,内容载体与传播形式相对单一的音频播客产品为何能够获取较高的用户增长率与用户忠诚度? 作为内容生产者的播客,其商业模式的创新演进路径对于其他类型内容生产企业商业模式的创新是否具有借鉴意义?

围绕以上两个问题,本文试图从创作者经济的视角探讨播客行业生态繁荣背后的内容生产理念与商业运作机制,以播客行业的头部公司"日谈公园"为案例研究对象,应用扎根理论展开研究,探讨内容企业如何从创作者中心、圈层传播、内容变现、自我迭代四个核心环节推动企业商业模式创新,以摆脱流量规则主导下的低质量内容生产困境,在优质内容生产的基础上构筑起企业的核心竞争力。

(一)创作者经济对内容企业运作机制的影响

在后 Web2.0 时代,个人或组织内容创作者可以借助发达的数字信息技术进行内容产品的在线制作和传播,凭借其创作的数字作品吸引受众并从中获取盈利,由此催生出了一种全新的经济模式——"创作者经济"(Radionova et al.,2021)。创作者经济的循环中包含创作者、消费者和共创者、平台、广告商四个主体:创作者为特定的消费者和共创者提供具有偏向性的信息以获得其注意力(时间)资源与信息获取成本(打赏、订阅);平台为创作者提供技术和资金支持来获得创作者们关于各个领域信息资源的供给,再将这些信息提供给消费者和共创者来换取其注意力(时间)资源与信息购买成本(打赏、邮件订阅等);广告商则为平台提供广告费用以及信息生产和项目开发的投资,来让平台帮助其推广商品和开展消费者反应和偏好的分析(Bhargava,2021)。

对创作者而言,创作者经济的出现一方面使得人们可以将其兴趣爱好或创意技能转化成得以谋生的职业,另一方面,也赋予了创作者在内容生产市场中更多的话语权,创作者不再受制于技术与渠道的局限,去中心化的生产模式使其可以根据自身情况进行内容生产、传播和变现(Pineda，2021)。对内容企业而言，创作者经济的出现也带来了两方面的改变。一是创作者逐渐成为内容生产和运营的中心。内容产业的发展扎根于好的"故事"创作以及创作者对"故事"的经营，回归内容、回归创作者，充分发挥创作者潜能是创作出高品质内容作品的前提(苏宏元等，2019)。二是圈层化传播模式成为内容企业的常见选择。数字内容生产与传播技术为用户寻找共同"趣缘"群体提供了便捷的路径，内容消费者会基于共同的兴趣爱好或价值观念而形成共同的内容消费与分享圈层，并对与该圈层文化相符的内容产品具有较高的接受度和认同感(Porter et al.，2008)，因而内容生产者深耕垂直领域的内容创作，推动优质内容的圈层化传播，在认同构建的基础上激发用户的自发传播，可以实现更有针对性的、差异化的、跨越式的内容传播(Berry，1995)。

（二）内容企业商业模式研究

商业模式是企业利用商业机会创造价值而设计的交易活动体系，包含价值创造、价值传递与价值实现三个核心模块，商业模式创新可以帮助企业通过优化价值创造方式构建起市场竞争隔离机制，进而实现最大化获取超额利润的目标(Amit et al.，2001)。

生产方式的变革是促进企业商业模式创新的重要因素，智能化技术的普及应用促使内容产业进入后 Web2.0 时代，内容的生产、分发、消费迎来了全面升级，内容企业亟须变革内容生产与商业运作方式，构建内容新生态，以更好地探索互联网时代下内容企业商业模式的创新(彭兰，2018)。从内容生产角度看，兼具经济与文化双重属性的内容产品受到娱乐性与价值性的双重约束，内容企业的生产不仅要关注到内容产品本身的文化深度与价值传递功能，也要善于利用各类营销手段来吸引更多的消费者以获取商业利润(单世联，2021)。从商业运作角度看，数字时代的内容企业商业模式构建的核心在于获取用户资源的连接价值，基于共同趣缘和价值观念聚集形成的用户社群是富有价值的商业资源，内容企业应重视用户社群相关资源的获取与整合，促进传统内容企业商业模式向获取"连接红利"的方向创新升级(王卉等，2016)。

（三）播客内容生产与商业运营

"耳朵经济"下大众对优质信息与情感陪伴的需求推动了播客行业的兴起，播客是内容至上的行业，主要依靠优质的音频内容吸引细分用户，通过第一人称叙事和真实情感表达来赢得听众的共情(Jorgensen，2021)。随着我国在线用户对播客产品付费意愿不断增强，播客日益成为各大头部平台商业布局中重要的垂类内容，如百度上线播客平台"随声",腾讯启动播客平台"播动"内测等,BAT 企业加入播客赛道进一步激发了我国播客行业的商业潜力(胡钰鑫,2022)。

播客作为连接创作者与消费者的中介,借由流量和分红机制激励内容创作者持续产出,又凭借大量优质内容吸引用户消费,从而形成"创作者—平台—用户"三者之间的商业闭环(王长潇等,2019)。当前,播客市场的商业模式已然成型,播客可以通过与听众建立独特的密切关系来提升其用户黏性,进而通过立足于利基市场构建圈层影响力实现内容的商业变现,创作者在播客商业运作中占据核心的位置(Carvajal et al.,2022)。

(四)研究述评

通过对创作者经济、内容企业商业模式与播客行业三个维度相关文献的回顾和梳理可以发现:第一,作为一种新兴经济模式的创作者经济,现有研究更多侧重于其概念源起和范围界定,较少从商业实践应用的视角探讨创作者经济对于某个行业的影响;第二,当前对内容企业的研究更多地从文化管理的视角切入,关注内容企业产品的社会效益,较少从企业管理的视角切入,研究内容企业如何通过商业模式创新来维持竞争优势;第三,大量研究将播客行业作为一种新媒体内容形态,关注其与传统媒体之间的互动反馈、播客内容生产和分发特点等,较少有研究从微观视角切入,打开播客运作的黑箱,探讨其"逆传播"潮流兴起背后的运行规则与商业逻辑。

综上所述,本文认为,在创作者经济方兴未艾的后 Web2.0 时代,播客凭借着内容至上的生产理念在内容市场上脱颖而出,并通过持续的创新迭代提高用户资源积累,拓展内容变现渠道,从而摆脱内容企业普遍存在的"追逐流量型爆款产品—低质量内容生产—用户忠诚度低"的困局,对内容生产企业实现可持续发展具有一定的参考意义。因此,本研究采用扎根理论的研究方法,试图归纳播客行业在内容生产与商业运营等方面的经验与规律,以期得出具有普适性的内容企业商业模式创新路径的理论思考。

二、研究设计与方法

(一)研究方法

案例研究可以客观真实地反映事物的全貌,有助于研究者全面认识和理解事物及本质,再结合扎根理论,可以进一步深入地挖掘反映事物本质的核心概念及其之间的逻辑关系。因此,本文采用纵向案例的研究方法,应用扎根理论深入分析国内头部播客公司"日谈公园"的内容生产与商业运作模式,以期揭示创作者经济下内容企业商业模式创新的路径。

(二)案例选择

案例研究对象应当具有典型性和启发性,本文以播客"日谈公园"为例,主要遵循以下三个原则。第一,典型性原则。自 2016 年创办以来,日谈公园的节目总播放量达 2 亿余次,单期最高播放量超 400 万次,位于华语播客行业的第一梯队;同时,日谈公园创造性地开启了国内播客领域的商业化尝试,成功打破了当时我国内容行业普遍无法依靠用户付费实现盈利的市场困局,并在 2022 年 3 月获得了腾讯 TME 投资,是行业内播客商业化运作成功的典型代表。第二,理论抽样原则。日谈公园创办以来经历了自我成长、扎根细分、协同扩张三个发展阶段,其商业化发展历程符合内容企业的商业模式创新路径,它充足的商业模式探索与创新实践为本研究提供了理论建构的可能性。第三,可行性原则。本研究团队成员任职于日谈公园,深度参与节目的创作与日常运营,通过田野调查和深度访谈日谈公园相关工作人员、重度用户等掌握了丰富的一手资料和内部数据,为本研究提供了充足的数据材料。

(三)数据收集与处理

为确保数据的准确可靠,本研究采用一手数据和二手资料相结合的方式进行数据收集:一手数据包括例会文字资料,日谈公园负责人、运营人员以及重度用户的访谈记录;二手资料包括日谈公园相关文字、视频资料,新闻媒体报道,平台数据和社群讨论等数据资料。在数据处理方面,对现有资料进行编码,编码侧重于分析比较已有概念和范畴的新概念与新范畴,划分创新性内容;具体路径包括开放式编码、主轴式编码、选择式编码,对形成的概念范畴进行界定,最后形成"日谈公园商业模式创新路径"的理论模型。

(四)数据编码

1. 开放式编码

开放式编码主要是对所收集的访谈资料进行概念化与范畴化。根据"日谈公园"在不同时期的发展情况,重点关注其商业化转型与商业模式构建,对数据进行开放式编码,提炼出最关键的事件或主题,赋予其标签并将其概念化,共得出 113 个标签和 229 个概念;而后根据所得概念的意义及其之间的联系将其划分为不同的类别,从零散的概念中提炼出范畴,最后得出 16 个初始范畴(表 1)。

表 1　开放式编码示例

案例资料	概念化	范畴化
（1）"日谈公园"主节目最初的核心是分享真善美,基于这个核心去选择内容(a1),具体会根据主播关注点或兴趣点、节目调性以及日常客座主播出现的频率来排期(a2)。 （2）我们会看大众对于主播的要求,比如他们呼唤哪个主播;对选题则会参考但不一定会选择(a3)。"日谈公园"的选题不怎么追热点,也不怎么讨论热度比较大的社会话题(a4)。 （3）因为做得早,"日谈公园"有一定的积累,播客老听众们没有那么关注你播的内容是不是话题性或者热点性的东西(a5)……他们可能是你放什么我就听什么,你的内容足够吸引我,我就留下(a6)。 （4）"日谈公园"虽然不追热点、不怎么讨论社会性议题,但做的内容是有意思的,哪怕对播客新受众来说依然是大家会想要去了解或是点开听听的话题、选题(a7)。 （5）我们并没有使劲追热点,确实是我们自己的兴趣爱好,但又确实是春天大家都会看花,它跟大家的日常生活还是有一定的贴合度的(a8)。 …… （共计 113 个标签）	A1 节目初衷(a1) A2 内容选择(a1) A3 内容创作依据(a2) A4 听众反馈(a2) A5 参考听众意见(a3) A6 不讨论社会热点话题(a4) A7 选题特点(a4) A8 听众习惯(a5) A9 用户积累(a5) A10 听众偏好(a6) A11 内容吸引力(a7) A12 主播兴趣(a8) A13 选题贴合生活(a8) …… （共计 229 个概念）	AA1 内容为王 （A18、A29、A39） AA2 聚焦创作者个人 （A3、A12、A17） AA3 原则性选题策划 （A2、A6、A7） AA4 坚守初心 （A1、A16、A40） AA5 用户偏好 （A8、A10、A166） AA6 驯化用户 （A9、A21、A25） …… （共计 16 个初始范畴）

2. 主轴式编码

　　主轴式编码主要是通过分析相互独立的初始范畴之间的有机联系,将其进一步组织联结从而形成主轴范畴。基于"原因/条件→现象情景→行动/互动策略→结果"的编码范式,将开放式编码中得出的 16 个初始编码按照其内在的逻辑关系联结在一起,形成"创作者中心""圈层传播""内容变现""自我迭代"4 个主范畴(表 2)。

表 2　主轴式编码过程及结果

初始范畴				主范畴
原因/条件	现象情景	行动/互动策略	结果	
坚守初心	聚焦创作者个人	原则性选题策划	内容为王	创作者中心
用户偏好	互动传播	驯化用户	认同构建	圈层传播
行业环境	品牌营销	协作共赢	盈利模式	内容变现
市场竞争驱动	横向扩张	自我成长驱动	纵向发展	自我迭代

3. 选择式编码

选择式编码主要是在已有的概念和范畴中发现核心范畴,通过深入分析主次范畴之间的逻辑关系将各个初始范畴进行组织归类,并借助原始数据进行检验和完善。通过进一步分析16个初始范畴以及深入考察4个主范畴及其对应的初始范畴之间的关系,结合对原始数据的梳理,可以归纳得出"日谈公园商业模式创新路径"这一核心范畴的故事线:以"创作者中心"为基础聚焦于自我发展,通过"圈层传播"抓住细分市场,实行商业化运作,联合同行企业实现"内容变现",再凭借持续不断的"自我迭代"最终实现商业模式创新(图1)。此外,结合所得结果分析和考察剩余的原始资料,所有可编码出的标签和范畴都已涵盖在现有模型之中,未发现新的概念和范畴,可以认为所建立的理论模型已达到饱和状态。

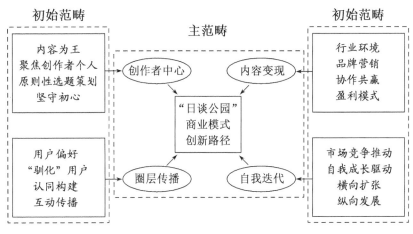

图1 选择式编码过程

三、理论模型与案例分析

通过对以上三级编码所得出的核心范畴"日谈公园商业模式创新路径"以及四个主范畴"创作者中心""圈层传播""内容变现""自我迭代"之间的逻辑关系的深入分析,构建出以下"日谈公园商业模式创新路径理论模型"(图2)。在对案例资料分析的基础上,"日谈公园"商业模式创新路径得以显现。

(一)创作者中心:内容为王,关注自我成长

播客作为垂直类小众媒体,其用户会根据自身的"趣缘属性"购买与自身意义认同一致的内容产品,因而借助优质内容获取垂直圈层用户的信任是其商业模式的核心驱动机制。自成立以来,"日谈公园"一直秉承着以创作者为中心的内容生

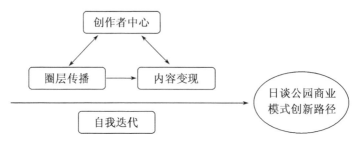

图2 日谈公园商业模式创新路径理论模型

产理念,围绕创作者的兴趣偏好进行节目的选题策划和内容创作。一方面,"日谈公园"不追逐流量、不讨论社会热点议题,尤其在事件发展未明的时候不轻易表达对事件的观点,重视所输出内容的深度和价值。另一方面,"日谈公园"一般不会迎合平台要求或粉丝群体意见而轻易改变其内容生产方向,相反,它围绕创作者自身价值观开展内容创作。正如"日谈公园"运营负责人LYS在访谈中表示:"'日谈公园'的选题方向与内容策划通常以尊重当期主播的个人偏好为第一原则,虽然也会参考节目评论区的一些建议,但我们将更多的精力放在如何做好优质内容中,而非迎合评论区或者'流量池'的偏好。"

"创作者中心"是"日谈公园"内容生产的基础原则,也指明了"圈层传播""内容变现""自我迭代"的底层逻辑。"日谈公园"围绕创作者来进行内容创作,在内容类别上偏向垂直化,所吸引的用户往往是出于对某一类别话题的喜爱才选择收听节目,因此对该类别内容的创作者往往也更容易建立信任,对"日谈公园"进一步扎根于细分领域、培养用户忠诚度以及构建认同感带来了积极影响。

(二)圈层传播:扎根细分,深化用户认同

得益于在细分领域内容创作的优势,"日谈公园"凭借优质内容及主播与粉丝之间的共同趣缘、话题契合度积累了一定的忠诚用户,其忠诚用户往往会自发地管理社群,并积极利用社交平台或人际关系网络对喜爱的节目内容进行宣传推广,从而提高"日谈公园"的用户转化率,促进其受众圈层扩张。这一"引导—自愿参与"的行为可以看作"日谈公园"对用户的"驯化"过程,以内容为中介在其受众圈内实现认同构建,使得它的忠实粉丝们会受到节目某一方面的影响而自发产生特定行为,比如自发传播内容、主动接受内容推荐、购买节目周边,等等。

"圈层传播"是保障"创作者中心"内容生产原则得以执行的传播路径,也是促进"内容变现"的行动策略。一方面,"圈层传播"建立起的创作者与用户之间的交流互动平台,一定程度上有利于创作者了解节目的市场需求情况,从而更好地进行

选题和创作。另一方面,深耕细分领域有利于形成更稳固的用户认同,从而促进"内容变现"目标的实现。因此,"圈层传播"是"日谈公园"的内容生产由兴趣导向转向兴趣与商业并重的保障机制。

(三)内容变现:价值衍生,构建行业联盟

在创作者中心与圈层传播双重原则的引导下,"日谈公园"的内容变现方式基于保持品牌精神价值象征性的前提,通过多品牌战略与行业联盟的构建,形成多元化的内容变现路径。一方面,"日谈公园"采用主品牌与子品牌共同发展的战略,以确保在主品牌内容风格保持一致的基础上实现最大化的内容盈利。主品牌仅接受品牌营销类型的商业化内容,从主节目中分化出的多个细分品牌则用于获取主品牌市场外的商业利益,例如,制作"带货"类节目、接受多元化的商业营销内容。另一方面,"日谈公园"联合行业内新生播客品牌打造出的"日光派对"协调合作创新商业模式,旨在助力其他播客企业发展,同时实现自我增值。通过流量扶持、内容策划指导等方式助力小播客发展壮大,从它们所得的商业赞助和利润中获取一定比例的分成,并期望借这一商业联盟推动整个播客市场规模的扩大,"把蛋糕做大","日谈公园"也可以在拓展盈利空间的同时占有更大的市场。

"内容变现"是在"创作者中心"和"圈层传播"基础上维持"创作者中心"模式可持续发展的价值实现方案,也是实现"自我迭代"的重要前提。"创作者中心"和"圈层传播"为实现"内容变现"创造了条件,而通过不断探索内容变现路径、建立可持续发展的盈利模式,能够进一步促进"日谈公园"实现"自我迭代"。

(四)自我迭代:兼顾企业长短期发展需求,实现渐进式创新

"日谈公园"的小微企业经营者属性决定了利润最大化是其维持生存发展的第一原则,内容生产者属性决定了内容质量是其可持续发展的第一原则。这两个原则从长期来看是目标一致的,但在很多情况下,维持生存目标与内容企业可持续发展目标之间存在矛盾。特别是以"日谈公园"为代表的小微型文化企业,短期生存的巨大压力超过其对长期可持续发展策略的考量。而"日谈公园"自我迭代的过程就是小微内容企业平衡企业短期盈利与长期可持续发展目标、探索长期生存"法则"的过程。

立足于播客市场不断变化的竞争环境,"日谈公园"根据外部环境的实际情况渐进式地创新其商业模式,不断适应市场环境的变化。在发展初期,"日谈公园"将发展重点置于内容打磨上,在优质内容提供商的基础上深耕细分领域进行节目推广和扩大节目影响力。随着市场规模的扩张与行业知名度的提升,"日谈公园"开

始探寻更多样化的商业变现路径,在主节目品牌建设的基础上不断孵化新节目,以提高市场竞争力,同时凭借自身的行业地位打造出"日光派对"行业联盟,从专注于内容生产的内容提供商转变为MCN式的商业联盟,通过协同创新推动播客行业的破圈化发展。

"自我迭代"是"日谈公园"商业模式随外部环境动态演化的过程,既可以说是基于"创作者中心"通过"圈层传播"实现"内容变现"之后自然而然得到的结果,也可以说它渗透于"日谈公园"发展的各个阶段,是"创作者中心""圈层传播"和实现"内容变现"的阶段性目标和成果。而通过持续不断的"自我迭代"成果的积累,"日谈公园"最终实现商业模式的渐进式创新。

综上所述,"日谈公园"的商业模式创新路径可以总结如下。首先,"日谈公园"坚持以创作者为中心的内容生产原则,是其在后Web2.0时代维持用户忠诚度的重要前提。在大多数内容生产者遵循"流量驱动资本,资本加持流量"的商业逻辑,试图以爆款产品换取短期商业成功的环境下,"日谈公园"坚持以创作者为中心,重视对内容产品精神内核的深层探索而不迎合流量需求,依靠长期的用户积累与"驯化",积累了大量对品牌认同度高的忠诚用户,这是其后续进行各类商业化运作的基础。其次,"日谈公园"通过用户之间口碑传播的圈层化传播路径而非依靠平台算法推荐实现用户规模扩张,更容易建立起用户与品牌之间的信任关系,从而构成以创作者为中心的更紧密的内容生产与消费圈层。最后,依据自身条件与外部市场环境变化开发多元变现路径和探索商业模式迭代创新,是"日谈公园"实现规模扩张的关键因素。

四、结论与政策建议

(一)结论

本文通过对"日谈公园"播客商业模式创新路径的研究,得到以下结论。第一,"创作者中心""圈层传播""内容变现""自我迭代"四个核心部分构成了"日谈公园"商业模式创新的动态有机系统,四者之间具有紧密的互动联系,即"创作者中心"是"圈层传播""内容变现""自我迭代"的基础原则,"圈层传播"为"创作者中心"的内容生产模式提供了良好的用户条件,"内容变现"则是确保"日谈公园"作为商业体可持续发展的价值实现路径,而"自我迭代"贯穿于前三者的发展演进中,四者协同互促,共同推动了"日谈公园"商业模式的演化。第二,"日谈公园"商业模式创新路径的发展演化,反映出播客行业实现了由小众、"为爱发电"到商业化、协同扩张的转向,有助于播客企业从更系统的、长远的视野探寻商业模式创新路径,从而为以播客为代表的小微内容企业提供获取可持续发展能力的经验借鉴。第三,创作者经济为播客行业商业模式创新提供了新思路,从长期来看,打造以创作者为中心,深耕垂直内容创作,通过内容变现而非流量变现推动企业纵向圈层化扩张的商业运作模式,有利于内容企业打造具有竞争力的品牌并进一步促进商业模式多元化发展。

综上所述,"日谈公园"的案例研究为小微内容企业提供了可供参考的实践经验,基于四大核心要素及其之间的逻辑关系,结合当前内容生产行业的发展现状,可以得出小微内容企业商业模式创新发展的启示。

(二)政策建议

1. 重视创作富有思想深度的内容,构建内容产品意义识别系统

后 Web2.0 时代,基于流量驱动的生产模式并不能帮助内容企业获得可持续发展的核心竞争力,打破迎合流量的短视化经营模式,专注于优质内容生产,并建立内容产品的意义识别系统,是内容企业获取超额利润与连接红利的前提条件。内容企业可适当学习"日谈模式",即以创作者为内容生产中心,深耕垂直领域内容生产,打造具有深度精神价值的特色圈层化内容。

2. 基于优质内容构建圈层认同体系,实现市场规模横向扩张

内容创作者可基于消费者对创作者的信任和对内容产品的认同,构建起创作者与消费者之间的深层次精神连接,形成"垂直内容圈层化生产—用户自发传播—用户圈层规模扩大"的正向循环系统,从而在稳固消费者黏性、提升消费意愿的基础上推动消费圈层扩张。

3. 围绕内容价值开展 IP 化运营,拓展内容变现渠道

内容企业应专注于内容产品本身价值的多元化开发,而非过度依赖于消费者"注意力"销售所获取的流量、广告收入来维持企业生存。例如,围绕内容产品所代表的意义空间与符号价值做商业化衍生,打造特色内容品牌并实施 IP 运营,同时充分发挥企业资源优势,寻求同类企业的联合创新,促进技术、人才、资金等各类资源的要素高速流动与高效配置,实现协同扩张。

参考文献

[1] 张海汝,李勇坚.数字平台的诱导、操纵风险与暗模式监管——流量劫持、算法俘获与界面设计陷阱[J].财经问题研究,2022,469(12):36－45.

[2] RIME J, PIKE C, COLLINS T. What is a Podcast? Considering Innovations in Podcasting through the Six-tensions Framework[J]. Convergence: The International Journal of Research into New Media Technologies, 2022, 28(5): 1260－1282.

[3] RADIONOVA I, TROTS I. "Creator Economy": Theory and its Use [J]. Economics, Finance and Management Review. 2021, 3(7): 48－58.

[4] BHARGAVA H K. The Creator Economy: Managing Ecosystem Supply, Revenue Sharing, and Platform Design[J]. Management Science. 2021, 68(7): 5233－5251.

[5] Pineda M E. What Is the Creator Economy: Characteristics, Participants, Impacts[EB/OL]. (2021－11－28)[2022－01－28]. https://www. profolus. com/topics/what-is-the-creator-economy-characteristics-participants-impacts/.

[6] 苏宏元,倪璐瑶.回归内容为王:挑战、机遇以及生态重构[J].中国编辑,2019(12):15－20.

[7] PORTER C E, DONTHU N. Cultivating Trust and Harvesting Value in Virtual Communities[J]. Management Science, 2008, 54(1): 113－128.

[8] BERRY L L. Relationship Marketing of Services—Growing Interest, Emerging Perspectives[J]. Journal of the Academy of Marketing Science, 1995, 23(4): 236－245.

[9] AMIT R, ZOTT C. Value Creation in E-business[J]. Strategic Management Journal, 2001, 22(6－7): 493－520.

[10] 彭兰.智能时代的新内容革命[J].国际新闻界,2018,40(06):88－109.

[11] 单世联.论文化产业两种效益的逻辑与纵深[J].贵州社会科学,2021,(07):50－56.

[12] 王卉,胡娟.跨界整合:互联网环境下传统内容企业转型升级的路径选择[J].中国出版,2016(19):19－22.

[13] JORGENSEN B. Playing with Perspective: Narrative Voice and Trust in Australian Independent Podcasts[J]. Radio Journal: International Studies in Broadcast & Audio Media, 2021, 19(1): 137－153.

[14] 胡钰鑫.2022年中国在线音频内容消费市场分析[R].北京:易观分析,2022.

[15] 王长潇,刘瑞一.从播客到移动音频媒体:赋权的回归与场景的凸显[J].新闻大学,2019(06):71－80,123－124.

［16］CARVAJAL M，MARÍN-SANCHIZ C R，NAVAS C J. The Daily News Podcast Ecosystem from the Strategy and Business Model Perspectives［J］. El Profesional de la Información，2022，31(5).

［17］STRAUSS A，CORBIN J. Basics of Qualitative Research：Techniques and Procedures for Developing Grounded Theory［M］. Los Angeles：Sage Publications，Inc,1998.

［18］艾瑞咨询.2021年中国网络音频产业研究报告［R］.北京:上海艾瑞市场咨询股份有限公司,2021.

作者简介

王亚楠,河南郑州人,华东政法大学传播学院讲师。研究方向为传媒经济学。

张颖铧,广东江门人,华东政法大学传播学院研究生。研究方向为数字传媒与文化产业管理。

杨珊,贵州遵义人,北京映天下网络科技公司商务运营负责人。研究方向为传媒经济。

Creator Centered and Circularized Communication and Business Model Innovation of Content Enterprises —Case Study of Podcast "Ritan Park"

Wang Ya'nan Zhang Yinghua Yang Shan

Abstract: In the post-Web2. 0 era, content enterprises follow the traffic-driven business model, and are caught in the predicament of "chasing traffic-type hot products—low-quality content production—low user loyalty", which makes it difficult for them to obtain core competitiveness. Taking the development history of the podcast "Ritan Park" from 2016 to 2022 as an example of progressive innovation of business models, this paper uses the Grounded Theory to analyze how content enterprises can obtain sustainable development capability through business model evolution. The study found that the competitive isolation mechanism in the business model of content enterprises in the post-Web 2. 0 era evolved from traffic-driven to meaning-identity-driven. Content enterprises take creators as the center, deeply develop the content production in vertical fields, and build the value identification and emotional resonance between creators and consumers through the path of circularized communication, thus forming the positive cycle system of business model of "circularized content production-loyal users' self-propagation-expansion of the scale of the user circle".

Key words: Creator Economy Content Production Circularized Communication Business Model Innovation

城市发展

基于演化博弈的网络舆情涌现逻辑与城市文化形象管理[*]

李燕丽　　王文姬　　阮南燕

摘　要:网络舆情中真假信息交互涌现,混淆视听,扰乱公共空间秩序,损害着城市文化形象。本文基于"经济人""社会人"双重属性假设及模仿理论,构建网络舆情中引领者与追随者之间的动态演化博弈模型,借助 MATLAB 数值模拟仿真,开展策略演化稳定性研判和真假信息涌现分析。研究发现,"社会人"偏好下,策略演化具有鲁棒性,有益于真实消息涌现;"经济人"偏好下,演化情形对引领者的影响力、模仿成本、虚假传播及模仿风险等具有敏感性,真、假信息涌现取决于以上参数值。基于分析结果,提出选择性目标免疫、全民媒介素养教育、网络实名、树立城市文化形象危机公关意识等策略,预防舆情危机发生,助力城市文化形象管理。

关键词:网络舆情　城市文化形象　演化博弈　经济人　社会人　模仿理论

一、引言

城市文化形象是特定城市所创造的一切物质文化、制度文化和精神文化总和形成的整体景象(郭廷建,1996),是城市与公众之间通过一定媒介进行理解、评价、互动与创造形成的一种公众综合认识结果(钱智等,2002)。城市文化形象是一个城市的软实力,良好的城市文化形象具有巨大的磁场,不仅可以吸引投资者、消费者,助力城市经济发展,也可以增强居民自我认同感,减轻他们在日常生活中的心理压力,对维护居民的心理健康起到积极作用(Rohleder,2019)。但近年来,各类

* 基金项目:本文为浙江省哲学社会科学规划课题"网络剧伦理体系重构研究"(22NDJC117YB)、江苏省高校哲学社会科学研究一般项目"网络舆情演化博弈与城市文化形象协同管理研究"(2023SJYB0629)的阶段性成果。

网络舆情事件频发,对城市文化形象管理带来严峻威胁和挑战。如厦门 PX、三亚宰客门、青岛大虾、丽江打人、雪乡宰客等以地域符号为标签的负面网络舆情事件,严重损害了城市品牌、城市精神和城市文化形象(彭雷霆等,2022)。

在现有文献中,有关网络舆情对城市文化形象的影响已受到关注。如冯瑞(2017)以青岛"天价虾"负面舆情为例,指出网络舆情危机使政府部门修复城市文化形象的难度增加,并提出结合本地旅游品牌、政府动员能力、市场管理状况等因素修复城市文化形象的整合策略;范晨虹等(2019)通过案例研究和模型搭建,指出网络舆情事件对城市文化形象常态化建构产生的冲撞情况、影响程度等,提出消解网络舆情事件对城市形象的负向建构是改善城市文化形象建构网络生态的关键举措;鲁桂伶(2021)也指出,近年来,各类网络舆情事件频发,城市文化形象危机巨大,处置城市形象危机,强化城市文化形象修复能力是当前城市发展中要严肃对待的问题。

以上文献突出了网络舆情对城市文化形象造成的实质性损害,强调了城市文化形象修复、构建、管理的紧迫性及重要性,但仍存在以下问题。首先,已有文献从静态视角出发,以"倒逼式"为路径依赖,重点讨论网络舆情对城市文化形象造成实质性损害之后,如何修复和重构城市形象的问题。网络舆情的生成大抵会经历潜伏期、成长期、蔓延期、爆发期、消退期等阶段,遵循着一定的动态演变规律(李纲等,2011),如果在关键节点,科学介入干预,可预防舆情危机发生,保护城市文化形象。其次,以上文献在策略中提出了多方协同的重要性,但并没有揭示不同利益主体间联结与冲突的博弈机理及其决策偏好的影响因素,而网络舆情的生成过程,本质是多方主体基于不同偏好,受到多重因素干扰,交互式决策以达到利益均衡的动态演化过程(李燕丽等,2020)。再次,真实传播引发的正面舆情事件对城市知名度、城市文化形象及城市经济发展的积极作用也不容忽视,如"理塘丁真""策马雪原副局长""淄博烧烤"等引发的舆情事件,就是促进城市文化形象传播、带动城市经济发展的成功案例。因此,本文基于"社会人""经济人"双重属性偏好假设,引入模仿理论,将多元利益主体分为引领者与其追随者,将信息分为真、假两类,构建网络舆情动态演化博弈模型,并通过数值模拟仿真揭示其演化规律,为预防和防范网络舆情危机,保护城市文化形象提供路径支持。

二、基本假设

（一）"经济人"与"社会人"双重属性

"经济人"的行为动机以追求自身经济利益最大化为目标（郭大力等，2015）；"社会人"则把促进经济增长和道德同步发展看作社会发展的要求，并明确自己需要承担的责任（李修建等，2009）。

假设引领者 i，是兼具"经济人"和"社会人"属性，对信息具有高度敏感性和较强的获取、生产、传播能力，能够影响周围人意见、态度和行为的意见领袖。i 若偏好"社会人"属性，策略则倾向于传播事实。设 f_T 为传播真实消息获得的社会收益，即因履行社会责任而获得的公信力、权威及良好形象等；c_T 为真实传播所付出的调查、采编成本等；策略被模仿获得的收益记为 f_{ij}，如转发、点赞、评论等交互行为带来的愉悦感、认同感等；i 的影响力记为 e。若 i 偏好于"经济人"属性，其策略倾向于传播虚假消息。假设该策略获得的收益为 f_F，信息生产成本为 c_F，虚假传播被模仿收益值 k_{ij}，虚假传播造成的风险损失为 d_i，如被禁言、关停、处以罚金等。引领者 i 的策略集合为{真实传播，虚假传播}，传播真实消息的概率记为 p。

（二）模仿理论

塔尔德（1890）认为，社会上的一切事物不是发明就是模仿，模仿是基本的社会现象。网络舆情事件具有模糊性和不确定性，普通网民的决策往往遵循有限理性的规则，即在具备有限知识、推理、信息收集和处理能力的情况下，希望与多数人保持一致，于是，简单直观的模仿就成了最有效且安全的策略选择（全吉，2019）。

假设追随者 j 为普通网民群体，遵循有限理性规则，模仿 i 的占优策略。那么，网络舆情经由引领者 i 和其追随者 $j_{1\cdots n}$ 的多极扩散后，真实或虚假信息便形成裂变式、螺旋状扩散机制，迅速集结，最终涌现为"意见同盟"，形成强大舆论场和群体性意见，从而对城市文化形象产生实质性影响。设 j 模仿获得的收益记为 V，模仿成本记为 c_{ji}，模仿虚假传播带来的风险损失记为 r_{ji}。当 i 传播真实消息，j 没有模仿造成的损失记为 c_j，如在场缺失、人际损失等。追随者 j 的策略集合为{模仿，不模仿}，模仿概率记为 q。

三、模型构建及求解

（一）模型构建

根据以上假设，引领者 i 与其追随者 j 的策略组合有四种情况，即（真实传播，模仿）、（真实传播，不模仿）、（虚假传播，模仿）、（虚假传播，不模仿）。双方收益矩阵如表 1 所示。

表 1 双方收益矩阵

i	j	
	模仿(q)	不模仿$(1-q)$
真实传播(p)	$f_T-c_T+f_{ij}$, $eV-c_{ji}$	f_T-c_T , $-c_j$
虚假传播$(1-p)$	$f_F-c_F-d_i+k_{ij}$, $eV-c_{ji}-r_{ji}$	$f_F-c_F-d_i$, 0

设引领者 i 真实传播和虚假传播的期望收益分别为 E_T、E_F，平均期望收益为 $\overline{E}$，则：

$$E_T=q(f_T-c_T+f_{ij})+(1-q)(f_T-c_T)=f_T-c_T+qf_{ij} \qquad (1)$$

$$E_F=q(f_F-c_F-d_i+k_{ij})+(1-q)(f_F-c_F-d_i)=f_F-c_F-d_i+qk_{ij} \qquad (2)$$

$$\overline{E}=pE_T+(1-p)E_F \qquad (3)$$

引领者 i 选择真实传播策略的复制动态方程为：

$$F_i(p)=dp/dt=p(E_T-\overline{E})=p(1-p)(E_T-E_F)$$
$$=p(1-p)[f_T-f_F-c_T+c_F+d_i+q(f_{ij}-k_{ij})] \qquad (4)$$

同理，设追随者 j 模仿和不模仿的期望收益分别为 U_I 和 U_{NI}，平均期望收益为 $\overline{U}$，则：

$$U_I=p(eV-c_{ji})+(1-p)(eV-c_{ji}-r_{ji})=eV-c_{ji}-(1-p)r_{ji} \qquad (5)$$

$$U_{NI}=-pc_j \qquad (6)$$

$$\overline{U}=qU_I+(1-q)U_{NI} \qquad (7)$$

追随者 j 选择模仿策略的复制动态方程为：

$$F_j(q)=dq/dt=q(U_I-\overline{U})=q(1-q)(U_I-U_{NI})$$
$$=q(1-q)[eV-c_{ji}-r_{ji}+p(r_{ji}+c_j)] \qquad (8)$$

于是，得到复制动态方程模型：

$$F=\begin{cases} F_i(p)=dp/dt=p(1-p)[f_T-f_F-c_T+c_F+d_i+q(f_{ij}-k_{ij})] \\ F_j(q)=dq/dt=q(1-q)[eV-c_{ji}-r_{ji}+p(r_{ji}+c_j)] \end{cases} \qquad (9)$$

(二)模型求解

令 $M_p = f_T - f_F - c_T + c_F + d_i + q(f_{ij} - k_{ij}) = 0$，$M_q = eV - c_{ji} - r_{ji} + p(r_{ji} + c_j) = 0$，求得 $q^* = (f_F + c_T - f_T - c_F - d_i)/(f_{ij} - k_{ij})$，$p^* = (c_{ji} + r_{ji} - eV)/(r_{ji} + c_j)$。该演化博弈的五个局部均衡点为：$E_1(0,0)$，$E_2(0,1)$，$E_3(1,0)$，$E_4(1,1)$，$E_5(p^*, q^*)$。对(9)式分别求关于 p、q 的偏导，得到雅克比矩阵：

$$J_F(p,q) = \begin{pmatrix} dF_i(p)/dp & dF_i(p)/dq \\ dF_j(q)/dp & dF_j(q)/dq \end{pmatrix} \tag{10}$$

其中，

$$dF_i(p)/dp = (1-2p)[f_T - f_F - c_T + c_F + d_i + q(f_{ij} - k_{ij})] \tag{11}$$

$$dF_i(p)/dq = p(1-p)(f_{ij} - k_{ij}) \tag{12}$$

$$dF_j(q)/dp = q(1-q)(r_{ji} + c_j) \tag{13}$$

$$dF_j(q)/dq = (1-2q)[eV - c_{ji} - r_{ji} + p(r_{ji} + c_j)] \tag{14}$$

根据 Friedman(1998)稳定性判别方法，当且仅当矩阵的行列式 $Det(J_F) > 0$，且 $Tr(J_F) < 0$ 时，该均衡点为演化博弈稳定策略(ESS)。$Tr(J_F) = dF_i(p)/dp + dF_j(q)/dq$，$Det(J_F) = dF_i(p)/dp \cdot dF_j(q)/dq - dF_i(p)/dq \cdot dF_j(q)/dp$。各均衡点的值如表 2 所示。

表 2　均衡点的值

均衡点	$dF_i(p)/dp$	$dF_i(p)/dq$	$dF_j(q)/dp$	$dF_j(q)/dq$
E1(0,0)	$f_T + c_F - f_F - c_T + d_i$	0	0	$eV - c_{ij} - r_{ji}$
E2(0,1)	$f_T - c_T + f_{ij} - f_F + c_F + d_i - k_{ij}$	0	0	$c_{ji} + r_{ji} - eV$
E3(1,0)	$f_F + c_T - f_T - c_F - d_i$	0	0	$eV - c_{ji} + c_j$
E4(1,1)	$f_F + c_T + k_{ij} - f_T - c_F - d_i - f_{ij}$	0	0	$c_{ji} - eV - c_j$
E5(p*,q*)	0	A	B	0

注：$A = [(c_{ji} + r_{ji} - eV)(eV - c_{ji} + c_j)(f_{ij} - k_{ij})]/(r_{ji} + c_j)^2$

$B = [(f_F + c_T - f_T - c_F - d_i)(f_T - c_T + f_{ij} - f_F + c_F + d_i - k_{ij})(r_{ji} + c_j)]/(f_{ij} - k_{ij})^2$

对于均衡点 E1(0,0)、E2(0,1)、E3(1,0)、E4(1,1)，当且仅当 $dF_i(p)/dp < 0$，且 $dF_j(q)/dq < 0$ 时，才能满足 $Det(J_F) > 0$，$Tr(J_F) < 0$。如果引领者 i 偏好"经济人"属性，则真实传播收益小于虚假传播收益，即 $f_T - c_T < f_F - c_F - d_i$，或

$f_T - c_T + f_{ij} < f_F - c_F - d_i + k_{ij}$，且追随者 j，模仿虚假传播成本及风险，大于模仿收益，即 $eV < c_{ji} + r_{ji}$，E1(0,0) 是演化稳定策略。反之，均衡点 E2(0,1) 为演化稳定策略。这种情形下，虚假消息能否大声疾呼，取决于追随者模仿风险的大小。

同理，如果引领者 i 偏好"社会人"属性，则真实传播收益大于虚假传播收益，即 $f_T - c_T > f_F - c_F$，或 $f_T - c_T + f_{ij} > f_F - c_F - d_i + k_{ij}$，且 j 模仿收益小于不模仿收益，即 $eV - c_{ji} < -c_j$，均衡点 E3(1,0) 为演化稳定策略，反之，E4(1,1) 为演化稳定策略。很显然，这种情形下，后一种情况属于理想局面，真实消息成为优势意见。均衡点 $E_5(p^*, q^*)$ 处，$Det(J_F) = -AB$，$Tr(J_F) = 0$，该点演化情况与参数具体值有关，后文仿真予以分析。

四、数值仿真分析及发现

为进一步观测各参数对舆情演化稳定的影响，本文采用 MATLAB 进行数值模拟仿真。方便起见，p、q、e 的取值范围为 $[0,1]$，其他参数的取值范围为 $[0,10]$。根据研究假设、参数定义域及网络舆情中真假信息扩散特点，将参数初始值设为：$p = q = e = 0.5$，$c_F = 1$，$c_{ji} = 1$，$f_T = f_{ij} = f_F = k_{ij} = V = r_{ji} = c_j = d_i = 5$，$c_T = 4$。

（一）策略收益对于演化稳定的影响

在其他初值不变情况下，分别对真实传播和虚假传播策略收益取不同值，演化情形如图 1 所示。当 $f_T \geq f_F$，演化稳定策略为 (1,1)，收益差值越大，收敛速度越快。引领者 i 选择传播真实消息，追随者 j 依据有限理性策略决策规则，选择模仿。有关网络舆情的真实消息，最终涌现为优势意见，这是最理想的局面。这种情况下，i 在进行策略选择时，偏好于"社会人"角色，更在乎责任担当与自身形象。如 2020 年底，新疆伊犁昭苏县女县长贺娇龙身披红斗篷，在雪地飒爽策马的视频在抖音播出后，立即获得了网友的好感。几天内，这段视频被网民群体在各平台转发，最终播放量达 6 亿，转发量近 900 万，游客们潮水般涌向昭苏。同时，她也开始直播带货农产品，仅 2021 年，其扶贫卖货 1.4 亿元。在这则事例中，传播者贺娇龙以"社会人"身份，将责任担当放在首位，生产传播符合当地文化内涵的短视频内容，引起网民接力扩散，最终呈现为一种优势意见，推动了伊犁旅游业和经济发展，推广了昭苏"腾昆仑，历西极"天马故乡的城市文化形象。

当 $f_T < f_F$ 时,从图1下方可知,演化收敛至纯策略$(0,0)$。引领者 i 基于"经济人"偏好,倾向于挑动网民情绪,通过传播虚假消息,博取网民注意力,借机扩大自身知名度和影响力,从而获得流量、粉丝、广告等经济收益。从策略演化来看,经过一段时间模仿后,追随者 j 很快调整策略,转而选择不模仿。这说明追随者决策的依据,除受策略收益影响之外,还可能受其他因素干扰,后文将进一步分析。这种情形下,虚假消息因为没有追随者模仿,很快消弭,对公共秩序和城市形象不会产生影响,属于理想局面。

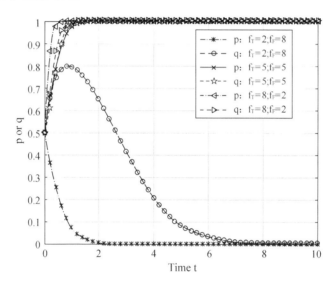

图 1　策略收益对演化稳定的影响

(二)引领者影响力对演化稳定的影响

在前文分析基础上,调整引领者 i 的影响力 e 值,演化情形如图2所示。从图可知,当 $f_T > f_F$,追随者 j 的决策对 e 值不敏感,但当 $f_T < f_F$ 时,情况则不同。$e \geq 0.8$ 时,追随者 j 决策果断,复制模仿 i 的策略,最终形成$(0,1)$演化稳定。这种状况下,虚假信息大声疾呼,涌现为占优意见,对网络环境和公共秩序产生严重影响,损害城市文化形象。如2023年初,网民"@小baby"为了成为网红而杜撰炒作,发布有关"四川凉山19岁姑娘相亲隔天结婚,彩礼30万"的多条短视频,在网络上引发热议。大量网友表示愤慨,特别是一些大V们为了博取眼球,在不知实情的情况下盲目转发评论,助推其迅速成为全网热点事件,严重损害了凉山彝族自治州移风易俗的文化形象。这足以说明,当传播者偏好于"经济人"属性,同时又得到高影响力意见领袖推动的话,更易引发追随者盲目模仿,使信息扩散态势加强。

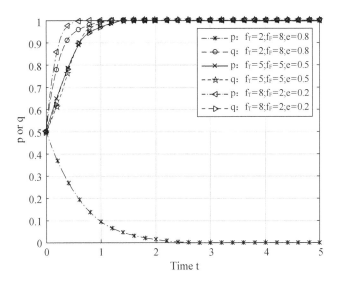

图 2　引领者影响力对演化稳定影响

（三）模仿成本与模仿风险对演化博弈的影响

因为真实传播策略收益大于虚假传播策略收益时，演化结果比较理想，所以，下文重点讨论 $f_T < f_F$ 时，模仿成本和风险对演化稳定的的影响。在其他初值不变，当 $f_T = 2$，$f_F = 8$ 时，模仿成本和风险不同数值，对演化稳定的影响如图 3 所示。在 $c_{ji} = k_{ji} = 2$ 时，i 因得到模仿收益 f_{ij}，弥补了真实传播与虚假传播间的收益

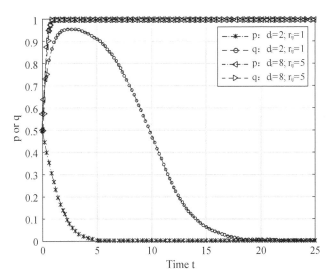

图 3　模仿风险对演化稳定影响

差,形成演化博弈稳定策略为(1,1)。相反,如果$c_{ji}=k_{ji}\geqslant 5$,追随者j会选择放弃模仿策略,$f_{ij}=0$,在"经济人"偏好驱动下,i放弃真实传播策略,演化博弈收敛至(0,0)。由此可知,增加模仿成本可以抑制虚假信息扩散。

(四)模仿收益对于演化稳定的影响

如图4,当$k_{ij}>f_{ij}$,且模仿收益$V\leqslant 5$时,虚假传播的总收益大于真实传播总收益,p、q在0.4周围波动,没有形成纯策略稳定。当$k_{ij}<f_{ij}$,且模仿收益V值有明显提升时,受模仿收益拉动,引领者选择传播真实消息,策略演化收敛至(1,1)。由此亦知,弘扬真实传播,增加模仿收益,有益于理想局面形成。

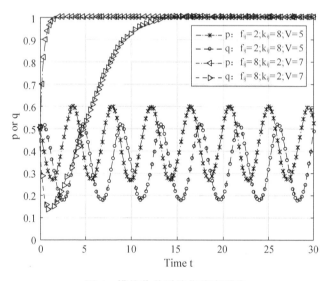

图4 模仿收益对演化稳定影响

(五)虚假传播风险对演化稳定的敏感性

如图5,虚假传播风险损失d_i,模仿虚假传播风险r_{ij},对演化结果具有不同影响。在风险较小时,引领者i选择虚假传播,追随者j进行了一段时间模仿之后,改变策略,最终形成纯策略稳定(0,0)。如前文所述,这种情形说明,在其他变量不变的情况下,追随者在一定理性判断能力支配下,选择不盲目跟风,虚假消息也因此自行消弭。但当风险增大时,双方策略非常明确,引领者i选择传播真实消息,追随者j选择模仿,演化收敛至纯策略稳定(1,1)。这表明,演化稳定对虚假传播风险具有敏感性,增加风险损失可以阻断虚假信息涌现,提升真实传播概率。如2022年10月,胡鑫宇事件发生后,持续引发网民关注,一些基于"经济人"偏好的引领者们,趁机编造离奇失踪原因、杜撰事件调查进展情况、假冒事件相关人员身份、无底线蹭炒事件热点等虚假信息,渲染矛盾冲突,干扰舆论走向。这类信息被不明真相的网民们纷纷转发,最终完成裂变式扩散,截至 2023 年 2 月 27 日,相关信息达 1 亿条,造成严重社会影响,损害了当地城市公共治理形象。为此,中国网信办要求抖音、腾讯、微博等重点网站平台深入开展排查整治,最后累计处置违法违规账号 1 894 个。自此之后,各社交平台上相关虚假信息明显减少。

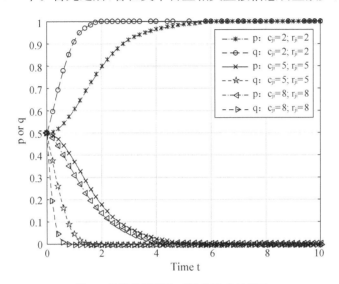

图 5 虚假传播风险对演化稳定的影响

(六) 传播成本对演化稳定的影响

如图 6,在 $c_T = 8$ 时,演化收敛至 $(0,1)$。在 $c_T \leqslant 5$ 时,演化稳定策略为 $(1,1)$。由此可知,真实传播成本过高,也是导致虚假消息涌现的原因之一。如在网络舆情爆发初期,事件核心区往往不具备可接近性,关于事实的信源匮乏,采集与核实难度大,官方媒体传播功能减弱、审核程序严格等,都妨碍了事实传播的时效性,为虚假传播留下可乘之机,导致谣言弥漫,失实消息泛滥。在 2022 年 10 月底的郑州富士康事件中,当地主流媒体因信息生产过程中受把关环节影响,一度长时间失声,未能及时报道事件核心区事实,引发外界各种猜想,使"大量员工逃离、徒步返乡"的消息,在舆论场上成为占优声音,对郑州城市文化形象造成极大负面影响。

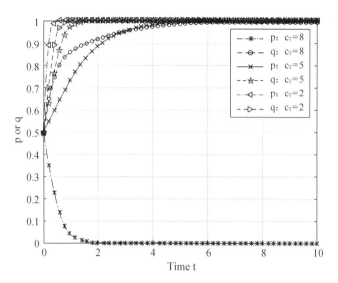

图 6 真实传播成本对演化稳定的影响

五、结论及对策建议

本文从系统动力学视角出发,基于演化博弈理论,构建网络舆情涉事主体——引领者及其追随者——间的博弈模型。在模型中,以"经济人""社会人"双重属性定义引领者策略偏好,以"模仿理论"定义追随者的决策规则。通过 MATLAB 数值模拟仿真,分析策略收益、引领者影响力、虚假传播风险、传播成本等因素对演化稳定性和真假信息涌现的不同影响。研究发现,"社会人"偏好下,演化稳定策略为(真实传播,模仿),具有鲁棒性,对其他因素不敏感,有益于真实消息涌现;"经济人"偏好下,演化情形较脆弱,对其他参数值具有敏感性。如引领者影响力越大,越容易引发盲目模仿行为;模仿事实传播成本越低、模仿收益越高、虚假传播风险越大,越有利于抑制虚假信息涌现,促使演化博弈向理想情形发展。基于以上结论,本文提出防范网络舆情危机、维护城市文化形象的具体措施。

首先,目标免疫,强化网络舆情引领者主体责任意识。选择影响力较大的意见领袖、大 V 进行动态监测,落实引领者"社会人"属性和主体责任意识,督促其把促进自身收益增长与道德、荣誉、尊严、自我实现等同步发展,看作社会健康、良性发展的基本要求。一旦这些节点被免疫后,就意味着他们与其拥趸者所建立的连接可以从网络中切断,使舆情传播的可能性扩散途径大大减少(汪小帆等,2006)。舆情传播的引领者也要做好"把关人"角色,扬善弃恶,传播弘扬社会主义核心价值观、充满正能量的新闻,正确引导、疏通其追随者的负面情绪,维护公共秩序,从关键节点规避虚假舆情信息的滋生和蔓延,避免危机爆发。

其次,探索落实网络实名制,加大虚假信息传播风险。在互联网技术壁垒不断被攻克的前提下,积极探索网络实名,约束传播者行为,让其在有意识人格支配下理性发声,避免网络匿名性所赋予的无所不能的强大感和毫无责任的自由感,抑制"网络群氓"的形成。传播平台要在履行社会责任方面积极探索,对舆论操纵、网络谣言、网络暴力、饭圈乱象、水军控评、信息溯源等起到很好的辨识和警示作用。除此之外,严肃问责与处罚,加大惩罚力度,提高虚假信息传播风险与成本,督促舆情传播者遵纪守法,尊重社会公德和伦理道德,抑制和杜绝虚假信息的生产与传播。

再次,开展全民媒介素养教育,增强虚假信息免疫力。通过学校教育、社会教育等渠道,运用大众喜闻乐见的方式开展灵活多样的媒介素养教育,赋予网民对网络信息的正确选择、辨别、解读、批判、独立思考和理性决策的能力,规避网络群氓效应,培育优质网民,这是提高网民虚假信息免疫力,净化网络空间,维护城市文化形象的长久之计。

最后,树立城市文化形象危机公关意识,提升事件核心区信息透明度。在人人记者的现代社会,城市管理者应该树立危机公关意识,遵循及时、真诚等公关基本原则,在舆情生成的初级阶段,科学介入干预,疏导网民情绪,以此避免因舆情进入爆发期而造成不可挽救的城市形象损失。另外,利用公民新闻学和参与新闻学所倡导的民众使用新媒体等手段,在主流媒体没有到达现场的情况下报道新闻或者与主流媒体合作来报道新闻(西方传播学理论评析编写组,2021),有效降低事件等核心区事实的传播成本,增强真实消息的传播时效,让虚假信息没有滋生空间,从而规避舆情危机发生,及时维护城市形象。

以上基于数值仿真结果提出的策略,立足引领者、追随者及事件核心区等层面,对防范和规避、引导与治理网络舆情事件,开展城市文化形象管理等具有现实意义。但网络舆情治理和城市文化形象管理是一项复杂而又系统的工作,在后续研究中,将从其他角度探索更有效的方案。

参考文献

［1］ FRIEDMAN D. On Economic Applications of Evolutionary Game Theory［J］. Journal of Evolutionary Economics，1998，8(1)：15－43.

［2］ ROHLEDER N. Stress and Inflammation—The Need to Address the Gap in the Transition Between Acute and Chronic Stress Effects［J］. Psychoneuroendocrinology，2019，105：164－171.

［3］ 范晨虹，谭宇菲. 网络舆情事件对城市形象建构的影响研究［J］. 情报杂志，2019，38(12)：114－119.

［4］ 古斯塔夫·勒庞. 乌合之众［M］. 马晓佳，译. 北京：民主与建设出版社，2020.

［5］ 郭廷建. 城市文化形象塑造［J］. 城市问题，1996(2)：3.

［6］ 加布里埃尔·塔尔德. 模仿律［M］. 何道宽，译. 北京：中国人民大学出版社，2008.

［7］ 李纲，董琦. Web2.0 环境下企业网络舆情传播过程的研究及实证分析［J］. 情报科学，2011(12)，29(12)：1810－1814.

［8］ 鲁桂伶. 网络舆情背景下城市形象危机与修复研究［D］. 重庆：重庆工商大学，2021.

［9］ 李燕丽，方凡舒. 基于 GMCR 的网络舆情四极博弈研究［J］，情报杂志，2020，39(07)：101－107，133.

［10］ 马克斯·韦伯. 新教伦理与资本主义精神［M］. 李修建，张云江，译. 北京：中国社会科学出版社，2009.

［11］ 彭雷霆，曾嘉怡. 后疫情时代武汉城市文化形象的重塑［J］. 新闻与传播评论，2022，75(01)：115－128.

［12］ 钱智，等. 城市形象设计［M］. 合肥：安徽教育出版社，2002.

［13］ 全吉. 有限理性下的演化博弈与合作机制研究［M］. 北京：经济管理出版社，2019.

［14］ 汪小帆，李翔，陈关荣. 复杂网络理论及其应用［M］. 北京：清华大学出版社，2006.

［15］ 西方传播学理论评析编写组. 西方传播理论评析［M］. 北京：高等教育出版社，2021.

［16］ 亚当·斯密. 国富论［M］. 郭大力，王亚南，译. 北京：商务印书馆，2015.

作者简介

李燕丽,甘肃人,南京航空航天大学博士研究生,南京传媒学院副教授。研究方向为网络舆情与演化博弈。

王文姬,山东人,南京邮电大学教师。研究方向为文化产业。

阮南燕,湖南邵阳人,博士,浙江传媒学院文学院副教授。研究方向为网络影视产业。

Evolutionary Game-based Emergence Logic of Network Public Opinions and Urban Cultural Image Management

Li Yanli   Wang Wenji   Ruan Nanyan

Abstract: The exchange of true and false information on network public opinions has emerged, confusing the public, disturbing the order of cyberspace, and damaging the cultural image of the city. Based on the dual attribute hypothesis of "economic man" and "social man" and the imitation theory, this paper constructs a dynamic evolutionary game model between initial communicators and followers in network public opinions. With the help of MATLAB numerical simulation, it analyzes the stability of strategy evolution and the emergence of true and false information. The results show that the strategy evolution is robust under the "social man" preference, which is the benefit to the emergence of true information; while under the "economic man" preference, evolution is sensitive to factors including the influence of initial communicators, imitation costs, and risks of false transmission and imitation. Hence, the emergence of true/false information depends on the value of the above factors. Based on the analysis results, strategies such as selective target immunization, national media literacy education, exploring online real-name, and establishing crisis public relations awareness of urban cultural image are proposed to prevent the occurrence of public opinion crisis and help the management of urban cultural image.

Key words: Network Public Opinion   Urban Cultural Image   Evolutionary Game   Economic Man   Social Man   Imitation Theory

扬子江城市群协同发展研究[*]
——基于休闲旅游资源的空间分析

黄韫慧　聂雨瑶　陈海瑶

摘　要:本文考察扬子江 8 市旅游资源的空间分布,划分 6 类资源并基于扬子江城市群内旅游资源的 POI 数据,运用平均最近邻分析和核密度估计法分析扬子江城市群各类休闲旅游资源的空间分布特征,探索各地的旅游资源开发潜力。结果表明:① 旅游资源呈现"两极多心"的多中心分类集聚特征;② 资源集聚点滨水分布;③ 城市立体交通网络穿过资源集聚点。最后,文章基于上述结论,提出建设扬子江城市休闲旅游协同发展的"两极三轴五圈"协同开发建议。

关键词:休闲旅游资源　空间结构　POI 数据　平均最近邻分析　核密度估计

一、引言

　　扬子江城市群覆盖南京市、苏州市、常州市、无锡市、镇江市、泰州市、扬州市和南通市共 8 个城市,占地面积 51 000 平方千米,人口约为 5 000 万人。其南北两岸城市在经济规模、消费、贸易、城市建设等诸多方面差距较大,区域内部发展十分不平衡(韩艳红等,2021;于金羽等,2019)。扬子江城市群的协同发展是推动江苏省进一步发展升级的必然要求。以往大部分文献关注扬子江城市群对经济上实现一体化的路径(于金羽等,2019),很少从休闲旅游产业的角度讨论协同发展。考虑到扬子江休闲旅游经济发展以苏州、南京为核心,呈现南高北低的区域梯度差异,且

━━━━━━━━━━━━

*　基金项目:本文是国家社科基金重大项目"5G 时代文化产业新业态、新模式研究"(20ZD05)、国家自然科学基金面上项目"新技术、新商业在非相关领域的溢出影响"(72172059)的阶段性成果。

存在旅游水平较弱的边缘城市,区域旅游发展不平衡。而休闲旅游在区域间的协同发展具有重要的区域平衡效应(王佳莹等,2021;周成等,2016),因此探讨扬子江城市群对休闲旅游的协同发展规划具有重要的现实意义。

旅游资源是促进扬子江城市群旅游经济发展的重要影响因素(刘霞,2020),因此在旅游业欠发达区域进行旅游资源的针对性开发有利于缓解旅游经济区域不平衡态势,而地区间合作建设旅游资源则能够在区域整体上形成旅游市场的互补效应以及联动发展机制。在旅游资源空间分布的研究方面,基于兴趣点数据并结合平均最近邻分析与核密度估计的方法,能够判断资源集中程度和集聚点的空间分异规律,受到学界的欢迎(徐冬等,2018)。本文利用各类型旅游目的地的兴趣点(POI)数据代表扬子江城市群各类旅游资源,并采用平均最近邻分析法和核密度估计,得出扬子江城市群休闲旅游资源空间分布格局,作为规划扬子江城市群休闲旅游协同发展旅游圈的基础。然后根据目前的区域旅游经济发展现状以及各地资源禀赋的集聚情况,提出扬子江城市休闲旅游协同发展的"点轴圈"规划。

二、数据来源与分类

(一)数据来源

本文核心关注的数据为兴趣点(Point of Interest,POI),即在电子地图上能够反映人类活动与地理位置的相互关系的点状地理实体点要素(Yu et al.,2013)。兴趣点能更全面地反映区域内旅游资源,更准确地描述城市旅游景点空间分布特征(李霖等,2015)。2022 年 3 月,通过城市规划行业知识百科工具"规划云"(http://www.guihuayun.com)的"POI 搜索工具"网页获取数据,共获取 26 872个兴趣点,并删除重复数据、无关数据,剩余 6 117 个有效旅游资源兴趣点。

(二)数据分类

本文参考《江苏省"十四五"文化和旅游发展规划》(以下简称《规划》)提出的建设生态康养旅游、红色文旅项目、体育旅游、水上旅游、工业旅游、会展旅游等政策方针,并结合城市群现有休闲旅游资源状况、旅游经济和旅游产业发展特征以及前人经验(黄震方等,2011),将城市群的休闲旅游资源划分为 6 类——山林生态康养旅游资源、滨水生态康养旅游资源、体育娱乐休闲旅游资源、历史文化休闲旅游资源、红色教育休闲旅游资源、现代都市文化旅游资源。综合《规划》中细则和《全国红色旅游发展规划纲要》等文件对于旅游资源类型的界定来定义相应的资源内涵,再结合前人的经验(黄震方等,2011)以及《旅游资源分类、调查与评价》等国家标准,为每类资源添加关键词以获取对应数据,具体如表 1 所示。

表 1　扬子江城市群各类休闲旅游资源定义、举例、关键词及 POI 数量

资源类型	定义	举例	关键词	数量
山林生态康养旅游资源	融合自然与人文景观以及生物资源开发的、有益于康健养生的休闲旅游目的地和产品	汤山国家地质公园、老山国家森林公园、南通五山国家森林公园	山、岭、峰、谷、崖、壁、洞穴、沙漠、戈壁、岸滩、自然灾变遗迹、森林、植物园、草原、花卉地、野生动物栖息地、地质公园、自然风景名胜区、自然保护区、森林公园、生态旅游区、旅游度假区、世界自然遗产等	322
滨水生态康养旅游资源	依托环境良好的河流、湖泊、湿地等水域开发的且有利于放松身心、养生康体的休闲旅游目的地和产品	汤山温泉小镇、无锡太湖国家湿地公园、玄武湖公园、鹅鼻嘴公园、江阴滨江风光带等	湖、滨江(公园)、滨河(公园)、沟、泉、海洋、水库、沙滩、湿地公园、自然风景名胜区、自然保护区、生态旅游区、世界自然遗产、旅游度假区等	875
体育娱乐休闲旅游资源	体育设施与场馆,以及兼具体育运动和娱乐游玩功能的公共活动空间	南京青奥体育公园、南京欢乐谷、常州奥体中心等	体育公园、体育馆、拓展训练场所、山地运动、水上运动(如漂流、潜水)、空中运动(如滑翔伞)、动物园等	1 233
历史文化休闲旅游资源	承载深厚历史文化且能满足旅游者精神文化需求的休闲旅游目的地及产品	南京博物院、牛首山风景区、美龄宫、拙政园、丹阳陵墓石刻等	遗址(迹)、寺、庙、宫、殿、园林、陵、墓、博物馆、纪念馆、传统工艺(刺绣等)、古镇、世界文化遗产	2 248
红色教育休闲旅游资源	与中国共产党带领中国人民艰苦奋斗、夺取革命胜利的历史紧密相关,具有重要教育意义的休闲旅游目的地与产品	南京渡江战役胜利纪念馆、沙家浜革命历史纪念馆、泰州白马庙遗址等	革命、烈士、纪念碑、纪念馆、人民、红色等	173
现代都市文化旅游资源	于现代建造的或具有现代化都市特性的文化艺术场馆建筑与公共活动空间	江苏省美术馆、羊山公园、聚宝山公园等	休闲公园、文化街区、文化产业园、博物馆、纪念馆、名人馆、美术馆、艺术馆等	1 266

三、分析方法

在对旅游资源进行空间分析的方法中，"平均最近邻分析"定量描述空间点状要素临近程度，揭示其空间分布形态和特征(任平等，2014)，侧重分析资源的集聚及分散状态；"核密度估计"侧重反映资源在空间分布中的相对集中程度。本文基于休闲旅游资源兴趣点数据，首先使用平均最近邻分析研究各类资源点的总体空间分布模式，判断资源是否具有集聚特征；进而使用核密度估计考察集聚的程度，深入认识各类资源点的空间集聚特征。

（一）平均最近邻分析

该方法的核心是将各点要素间的最近距离与某种理论模式中最近邻点的距离相比较，得出点要素的空间分布模式(任平等，2014)。若平均观测距离小于预期平均距离，研究区域内点要素集聚。平均最近邻指数 ANN(Average Nearest Neighbor)由每个要素与其最近邻要素之间的平均距离计算得出。公式为：

$$ANN = \frac{\overline{D_0}}{\overline{D_E}} \tag{1}$$

$\overline{D_0}$ 是每个要素与其最邻近要素之间的平均观测距离：

$$\overline{D_0} = \frac{\sum_{i=1}^{n} d_i}{n} \tag{2}$$

$\overline{D_E}$ 是随机模式下指定要素间的预期平均距离：

$$\overline{D_E} = \frac{0.5}{\sqrt{n \ / \ A}} \tag{3}$$

式(2)(3)中，d_i 是第 i 类休闲旅游资源 POI 与其最近邻要素间的平均距离，n 是第 i 类休闲旅游资源 POI 的总量，A 是能包括所有要素的最小外接矩形的面积。若 ANN<1，第 i 类休闲旅游资源具有集聚特征；若 ANN=1，该资源随机分布；若 ANN>1，该资源分散分布。

为了判断集聚或分散在何种显著性水平上具有统计学意义，将平均距离的观测值与期望值的差异和最近邻点平均距离的标准误差(SE$_r$)比较，通过计算标准化 Z 值检验研究对象以何种程度集聚或分散。公式如下：

$$SE_r = 0.263\,16\sqrt{\frac{A}{n^2}} \tag{4}$$

$$Z = \frac{\overline{D}_0 - \overline{D}_E}{SE_r} \tag{5}$$

当 $Z > 2.58$ 或 $Z < -2.58$ 时,就表示点要素的集聚或分散状态在显著性水平 $\alpha = 0.01$ 的条件下具有统计学意义上的显著性;若 $-2.58 < Z < 2.58$,则观测模式与随机分布不具有统计学意义上的差异。

(二)核密度估计

该方法假设地理事件随机地发生在任一个地点,但概率因地点而异(佟玉权,2014),地理事件发生概率与点要素密集度成正比。核密度估计首先计算各输出单元栅格周围点要素的密度。设点集 $X_1, X_2, \cdots\cdots, X_n$ 为从分布密度函数为 g 的总体中抽取的样本,核密度在某点 x 处的取值为 $g(x)$。核密度函数 $g(x)$ 表示如下:

$$g(x) = \frac{1}{nh}\sum_{i=1}^{n}k\left(\frac{x - X_i}{h}\right) \tag{6}$$

式(6)中,$g(x)$ 是 $k\left(\dfrac{x - X_i}{h}\right)$ 的核函数,$(x - X_i)$ 表示估值点 x 到事件点 X_i 处的距离。h 为带宽($h > 0$),n 是样本个数,k 函数是空间权重函数。其空间几何意义为核心要素 x_i 的核密度最大,与其距离越远核密度越小,直到与 x_i 的距离等于距离衰减阈值时核密度值等于0。如果某点是核心要素,则该地点是某类休闲旅游资源的集聚区,该资源特色显著。

四、研究结果

(一)空间集聚特征

平均最近邻分析结果如表2所示。扬子江城市群各类休闲旅游资源资源的最近邻比率均小于1,且 Z 值得分均小于 -2.58,通过99%显著性检验,因此6类休闲旅游资源显著集聚。

表2 扬子江城市群不同资源类型的平均最近邻分析结果

资源点类型	平均观测距离/m	预期平均距离/m	最近邻比率	z得分	p值
山林生态康养旅游资源	2 872.006 9	6 232.878 8	0.460 783	−20.501 834	0
滨水生态康养旅游资源	2 561.610 1	5 436.251 6	0.471 209	−24.717 366	0
体育娱乐休闲旅游资源	2 205.692 8	7 440.233 1	0.296 455	−47.376 016	0
历史文化休闲旅游资源	964.996 9	2 828.621 7	0.341 154	−59.800 145	0
红色教育休闲旅游资源	6 119.068 9	9 364.427 3	0.653 438	−8.720 379	0
现代都市文化旅游资源	1 330.491 9	3 562.161 3	0.373 507	−42.678 267	0

(二)空间分布特征

本文依据公式(6),利用Arc GIS软件中的核密度分析工具估计各类资源核密度并进行可视化,得到各类资源核密度分布图(图1a~g)以及各类资源集中、次集中城市如表3所示。

表3 各类资源集中、次集中城市

	集中分布城市	次集中城市
总体	南京、苏州	常州、无锡、扬州
山林生态康养旅游资源	南京、苏州	南通、镇江
滨水生态康养旅游资源	南京、苏州	无锡、镇江
体育娱乐休闲旅游资源	南京、常州	苏州、南通、扬州
历史文化休闲旅游资源	南京、苏州	无锡、扬州
红色教育休闲旅游资源	南京、常州	扬州、泰州
现代都市文化旅游资源	南京、苏州	常州、无锡

如图1所示,各类休闲旅游资源集聚中心呈现出滨水分布以及沿立体交通网络分布的特征。扬子江串联起南京、扬州、镇江、常州、泰州及南通的资源集聚区,太湖周围则分布苏州和无锡的集聚区。同时,重要交通线路如沪宁城际铁路、京沪高速铁路、G2、G104、G312、G40等穿过多个城市的资源聚集区,构成休闲旅游资源分布网络,实现不同城市休闲旅游影响力的输出。

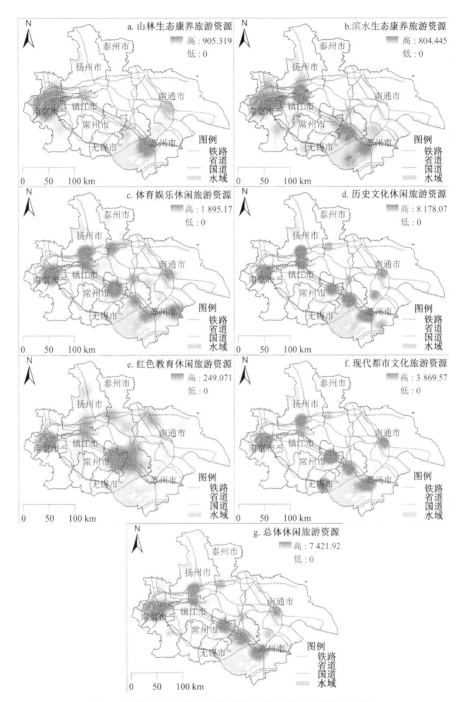

图 1 扬子江城市群各类休闲旅游资源核密度的空间分布

注：图 1 基于在标准地图服务系统下载的审图号为 GS(2021)6375 号的标准地图，按行政区划截取了包含扬子江城市群共八市的部分。下同。

（三）主要发现

综合上述分析，扬子江城市群休闲旅游资源集聚分布呈现"两极多心"的分布格局。"两极"指南京和苏州，"多心"则是常州、无锡、扬州、镇江等城市。不同类型休闲旅游资源在不同城市集聚，城市资源优势各异；资源集聚点滨水分布，水韵特色明显；沿重要交通线路分布，便于发挥立体交通网络的带动作用。

五、"点轴圈"建设建议

（一）重点休闲旅游增长极的分析与选择

基于本文研究发现，选取南京市和苏州市为扬子江城市休闲旅游协同发展的增长极。原因如下：首先，由上文结论，两市是各类休闲旅游资源的聚集区，集聚水平为区域最高，且资源禀赋具有很高的辨识度与影响力；其次，考虑到两市的旅游经济影响力大、技术金融实力强劲、休闲旅游建设经验丰富，具有作为增长极的经济基础。

在增长极的带动方式上，本文综合考虑两市的地理位置，交通建设基础，宁镇扬、苏锡常两城市圈的沟通和建设基础，以及缓解南北不平衡与区域不平衡问题的需要，选择以南京带动镇江、扬州、泰州，苏州带动无锡、常州、南通，充分利用增长极的金融、经济水平优势，向外溢出技术和管理经验。泰州与南通相邻，却建议南京带动泰州、苏州带动南通，是考虑了交通和地理位置因素，即宁启铁路能够直接连接南京和泰州而无须穿过扬子江，而跨江的 G15 和 G204 国道能够直通南通和苏州。

未来应当充分利用南京和苏州的雄厚技术基础和丰富建设经验，推进先进旅游服务、技术、资金、经验、信息的输出；其他城市则吸收增长极城市辐射红利，深入挖掘城市资源优势、文化特色，不断完善城市基础设施，基于本地资源探索独特的发展道路。

（二）重点休闲旅游发展轴的分析与选择

发展轴不应只是连接不同城市的联络线，还应是一个社会经济密集带（陆玉麒，2002），对附近的区域具有很强的经济吸引力和凝聚力（陆大道，2002）。不同发展轴连接的城市级别和资源密集程度均不同，形成有级别体系的社会经济密集带，因此发展轴也分级别。本文划分不同级别的发展轴，促进资源和要素从区域整体深入至各城市（如图 2）。

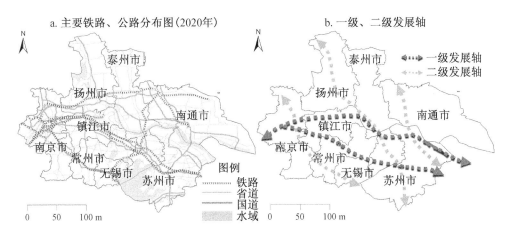

图 2 扬子江城市群交通条件及休闲旅游协同发展一级、二级发展轴

注:a 图基于全国地理信息资源目录服务系统中 1：100 万公众版基础地理信息数据增加了国道、省道和水系信息。

（1）一级发展轴

一级发展轴汇聚整合城市群中各旅游资源集聚点,加强需求端游客流动和供给端要素内部交流和内外联动。因此根据现有交通规划,选择扬子江和沪宁城际高速铁路作为一级发展轴,水陆交通相结合,构成扬子江城市群中贯穿东西的主轴。

选择扬子江作为水上交通的主轴,原因如下:首先,作为内河航运黄金水道,能够同时起到经济联通和整合周边丰富休闲旅游资源的作用;其次,围绕扬子江发展的城市群形成了扬子江文化带,因此扬子江还是周边城市群进行文化交流互通的文化发展轴,利于促进文旅融合。

选择沪宁城际高速铁路(以下简称沪宁高铁)作为陆上交通的主轴,首先是因为高铁能够有力促进旅游经济发展。在供给端通过高铁的时空压缩效应能够极大地提升沿线区域的可达性,扩大沿线城市的旅游市场,增强人们的旅游意愿;在需求端能够加速旅游业相关的人力资本、技术、管理经验等要素的城际流动,利于站点旅游业的不断升级(冯烽等,2020)。具体到沪宁高铁,它以东西走向贯穿了整个城市群,位于扬子江以南,连通了几乎所有旅游资源的集聚区域,荟萃了扬子江城市群旅游资源的精华。其次,沪宁高铁贯穿城市群,以南京和上海为始末,利于搭建同上海旅游业的协作体系,承接上海先进技术和丰富经验外溢。

（2）二级发展轴

为联通南北,选择城际间部分轨道交通以及重要国道——京张铁路、G104、G15、G15W、G2、G2501、G312、G40 作为二级发展轴。其作用是以旅游产业发展成熟的节点城市带动周边的待发展区域,同时以整体旅游发展水平较高的江南地区带动江北地区协同发展。二级发展轴作为一级发展轴的重要补充,包括了大量南北向跨江高速公路,利于改善南北区域旅游产业发展不均衡局面。

（3）三级发展轴

三级发展轴为城际、城内的其他省道和国道,如宁宣高速、扬溧高速、沪蓉高速、阜溧高速、沪武高速等。公路具有较强的灵活性,利于提升休闲旅游目的地可达性,解决旅游景点的"最后一公里"问题。

（三）协同发展型旅游圈的分析与构筑

由前文可知,目前城市群旅游业发展依赖于现有都市圈,而圈之间、圈外城市联系较弱;此外,由于南京和苏州两个增长极的带动作用并不足以推动建设以强带弱、各司其职的旅游带,仍存在部分边缘城市的旅游业较落后的问题。因此,本文希望突破原本的都市圈,从各市资源集聚特征出发,打造更多基于旅游资源类型的旅游圈,在旅游圈建设中充分发挥中心城市的带动作用,在城市群旅游建设中充分发挥区域子增长极在同类资源的辐射带动作用,发展定位分明、各具特色的旅游圈和城市旅游业态。依据各个城市整体经济发展水平和休闲旅游资源禀赋,划分自然人文观光旅游圈(两个)、体育娱乐体验旅游圈、红色文旅教育旅游圈、现代都市休闲旅游圈共四类五个旅游圈(如图 3)。值得注意的是,旅游圈的划定以及对圈内中心城市的建议主要是从协同发展的目标和可行性考虑,即建议圈内城市在进行某一特色旅游发展时增进协同,而并不体现某一城市当前在该旅游特色上的实力,也并不表明建议某一城市只在该方面进行建设和发展。

（1）自然人文观光旅游圈(东西两个)

合并山林生态康养旅游资源、滨水生态康养旅游资源与历史文化休闲旅游资源三类资源,构建自然人文观光旅游圈(山林滨水和历史文化),分为东西两组。合并三类资源是因为城市群内自然及人文旅游资源具有融合特征;基于自然及历史人文类传统资源的广泛受众和悠久历史,通过两类旅游资源的协同建设以延长二者原本的价值链,打造自然与历史文化有机融合的旅游业态,使得对旅游资源融合建设具有较成熟发展经验的中心城市能够将"自然＋人文"的文旅建设经验辐射到周边城市地区。旅游圈分为东、西两组,是因为山林滨水及历史文化旅游资源集聚

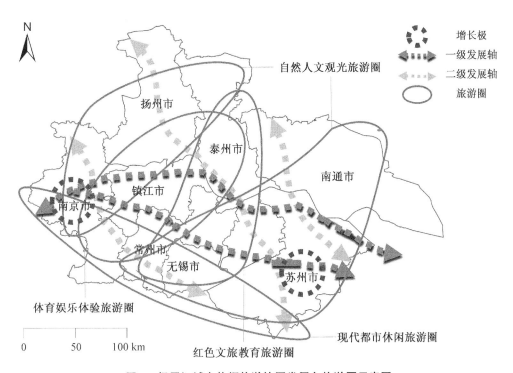

图 3 扬子江城市休闲旅游协同发展各旅游圈示意图

注：图 3 仅画出一、二级发展轴；旅游圈分四类，共五个，其中自然人文观光旅游圈包括东、西两个。

于城市群东、西两端（如图 1a、b、d）。南京和苏州两地分布最多，旅游产业发展水平最高，可作为带动其他区域发展的圈内增长极。此外，南京、苏州分别位于城市群中西、东两侧，因此建设西、东两个旅游圈。南京、扬州、镇江、泰州为西边旅游圈。以南京为中心，由南京带动周边的扬州、镇江、泰州。重点开发独特地貌、温泉、森林资源，深入发掘金陵文化、民国风情魅力。苏州、南通、无锡、常州为东边旅游圈。以苏州为中心，由苏州带动其周边的南通、无锡、常州。重点发展原生态湿地资源，丝绸、茶、大闸蟹等特色产业，以及苏绣、昆曲等历史文化遗产体验式开发。

（2）体育娱乐体验旅游圈

体育娱乐休闲旅游圈包括南京、镇江、扬州、常州、泰州，以南京、常州为中心。该类资源在南京和常州最为集中（如图 1c）。南京作为城市群旅游增长极，旅游产业综合开发能力较强，能够通过经验传递和方向引领带动其他区域的体育娱乐旅游建设。苏州距离体育资源集中区域有一定距离，集聚程度不及南京，因而圈内未包括苏州。常州体育设施较为健全，承办过多场著名体育赛事，旅游经济水平较高,可视为圈内中心和区域子增长极。此外,镇江、泰州、扬州三市内资源显著集聚,且接近南京、常州,城市间旅游要素流动便利,因此三市应被包含于圈内,以充分发挥集聚资源的潜在优势。泰州体育旅游资源较其他资源更丰富,但整体旅游产业发展水平较低;考虑其资源基础和吸收其余四地发展经验的需要,建议重点发展体育旅游产业。建设体育娱乐体验旅游圈,应当注重设施场所建设,构筑公共锻炼空间,打造全民参与的体育赛事,帮助居民强身健体、放松身心。

（3）红色文旅教育旅游圈

红色文旅教育旅游圈包括无锡、常州、泰州,以无锡、常州为中心。该类资源集中于无锡、常州、泰州三市,其中无锡和常州具有共同的集聚区,地理位置临近,两地形成的红色旅游资源集聚区位于城市群中心（如图1e）,可作为中心辐射带动其他城市发展,充分发挥作为区域子增长极的溢出作用,并在区域主增长极南京的引领和联动下整体打造旅游圈。无锡、常州两地旅游产业发展水平较高,分布有30余个红色文旅资源点,资源知名度高;旅游产业发展水平较高,国内旅游接待人数、国内旅游收入均位于扬子江城市群内第三位。三地红色文旅资源集聚,革命文化深厚,如泰州人民海军红色文旅资源特色鲜明,适合圈层式发展。构建该旅游圈,具体应做好红色文物的研究和保护工作,加强思想教育基地建设;用先进的多媒体设备展现革命历史,设计体验式思想教育项目,在实践中融入革命精神与红色文化教育。

（4）现代都市休闲旅游圈

现代都市休闲旅游圈包括南京、苏州、常州、无锡等城市,以南京、苏州为中心。该类资源集中于扬子江以南,具体为南京、苏州、无锡、常州等四市（如图1f）。南京、苏州旅游经济发展水平更高,旅游建设经验丰富;两市公共休憩空间数量充足、质量高,相关建设经验较为丰富,因而可作为圈内西、东两中心。以上四市地理位置接近,联系较密切,"1小时"交通圈、城际轨道交通及公路的修建使得交通十分便利。因此,将前述四个城市划入现代都市休闲旅游圈,以期利用旅游经济高水平城市间的合作实现协同发展。构建该旅游圈,应完善美术馆、艺术馆等文化场馆建设,充分考虑到城市居民的休闲娱乐与精神文化需求,提升都市公共休闲游憩空间的数量和质量。

综上,以南京和苏州为西、东两个增长极,依托"宁镇扬""苏锡常"都市圈,进一步辐射带动泰州、南通等城市,打破原有的南北分化格局。三级发展轴横跨东西,纵跨南北,促进各城市内部休闲旅游经济发展要素的沟通与交流,提升了增长极城市的扩散效应。建设的自然人文观光(两个)、体育娱乐体验、红色文旅教育、现代都市休闲共四类五个旅游圈,利于促进不同城市休闲旅游组团式发展。

参考文献

[1] 韩艳红,文玉钊,马颖忆.扬子江城市群综合经济实力空间布局与协同发展研究[J].当代经济,2021(06):50-55.

[2] 于金羽,晏王波,宋法奇.扬子江城市群城镇空间格局演变解析[J].地理空间信息,2019,17(11):12,108-112.

[3] 王佳莹,张辉.旅游发展、空间溢出与区域经济不平衡[J].旅游科学,2021,35(02):73-94.

[4] 周成,冯学钢,唐睿.区域经济—生态环境—旅游产业耦合协调发展分析与预测——以长江经济带沿线各省市为例[J].经济地理,2016,36(03):186-193.

[5] 刘霞.扬子江城市群旅游经济差异及影响因素研究[D].成都:成都理工大学,2020.

[6] 徐冬,黄震方,吕龙,等.基于POI挖掘的城市休闲旅游空间特征研究——以南京为例[J].地理与地理信息科学,2018,34(01):3,59-64,70.

[7] YU C, REN F, DU Q, et al. Web Map-based POI Visualization for Spatial Decision Support[J]. Cartography and Geographic Information Science, 2013, 40(3): 172-182.

[8] 李霖,杨蕾.公众参与的兴趣点数据有效性效验方法[J].测绘科学,2015,40(07):98-103.

[9] 黄震方,祝晔,袁林旺,等.休闲旅游资源的内涵、分类与评价——以江苏省常州市为例[J].地理研究,2011,30(09):1543-1553.

[10] 任平,洪步庭,刘寅,等.基于RS与GIS的农村居民点空间变化特征与景观格局影响研究[J].生态学报,2014,34(12):3331-3340.

[11] 佟玉权.基于GIS的中国传统村落空间分异研究[J].人文地理,2014,29(04):44-51.

[12] 陆玉麒.论点—轴系统理论的科学内涵[J].地理科学,2002(02):136-143.

[13] 陆大道.关于"点—轴"空间结构系统的形成机理分析[J].地理科学,2002(01):1-6.

[14] 冯烽,崔琳昊.高铁开通与站点城市旅游业发展:"引擎"还是"过道"?[J].经济管理,2020,42(02):175-191.

作者简介

　　黄韫慧,广东普宁人,南京大学长三角文化产业发展研究院执行院长,教授。研究方向为文化消费。

　　聂雨瑶,江苏南京人,南京大学长三角文化产业发展研究院研究助理。研究方向为产业经济学。

　　陈海瑶,广东深圳人,南京大学长三角文化产业发展研究院研究助理。研究方向为财务管理。

Coordinated Development of the Yangtze River Delta Urban Agglomeration —A Spatial Analysis Based on Leisure Tourism Resources

Huang Yunhui　Nie Yuyao　Chen Haiyao

Abstract：This paper investigates the spatial distribution of tourism resources in eight cities of the Yangtze River Delta Urban Agglomeration, and classifies them into six types. Based on the POI data related to tourism resources belonging to the Yangtze River Delta Urban Agglomeration, it adopts Average Nearest Neighbor Analysis and Kernel Density Estimation method to analyze the spatial distribution features of leisure tourism resources of the above agglomeration, and then explores the tourism development potential of each city. The results show that：① Tourism resources feature a polycentric taxonomic agglomeration of "two poles and multi-centers". ② The resource gathering points are distributed along the waterfront. ③ The three-dimensional transportation network goes across those resource gathering points. Based on the conclusions above, this paper proposes a coordinated development plan of "two poles, three axes and five circles" for urban leisure tourism in the Yangtze River Delta.

Key words：Leisure Tourism Resources　Spatial Structure　POI Data　Average Nearest—Neighbor Analysis　Kernel Density Estimation

场景视域下中国城市文化活力评估[*]
——基于 21 个特大及超大城市的实证研究

詹绍文　邓雨龙　何夷伦

摘　要:城市作为存储人类文明成果的容器,为城市主体提供了丰富的文化活力感知。城市文化活力表征于提供多样文化娱乐机会、吸引多元文化参与人群、孕育多维生活方式的城市文化场景。本文基于场景理论构建了中国城市文化活力评价指标体系,进而量化评估了 21 个特大及超大城市的文化活力。研究发现,文化活动及多元人群对城市文化活力的贡献较大,而社会环境与文化设施的贡献较小,彰显出由"设施建设"到"场景营城"导向的转变。中国 21 个特大及超大城市之间的文化活力指数存在显著差异,并呈现出不同的聚类水平、空间异质性与场景结构。研究结果为探索城市文化活力提升进路具有一定政策启示。

关键词:城市文化　城市文化活力　评价指标体系　场景理论

一、引言

文化对于一个城市的活力、经济和环境至关重要(Kumar et al.,2021)。城市文化活力涵盖了文化体验、文脉感知与文明互鉴的多重意蕴,是城市活力的精神驱动力(蒋涤非,2007)。然而现有研究既尚未就城市文化活力的价值意蕴达成共识,也缺乏对城市文化活力的实证评价,难以评估不同城市文化活力的表现水平。场景理论强调文化舒适物及其组合的多维性、文化参与人群的多元性、文化价值观念及生活方式的多样性,适应了城市文化活力的内在增长逻辑,从而为城市文化活力

* 基金项目:国家自然科学基金面上项目"水土生态涵养视角下的黄土沟壑区城市空间布局韧性模式与规划方法"(52178055)、陕西省新型城镇化和人居环境研究院新型城镇化专项研究基金"城市历史文化遗址的场景活化与治理研究"(2022SCHZ10)的阶段性成果。

提供了新的研究视角与测量框架。文章选取了中国21个特大及超大城市为研究样本,基于场景理论尝试探索以下两个方面的学术问题:一是如何从场景的视域对城市文化活力进行界定,并在此基础上讨论城市文化活力的来源、表征,剖析场景与城市文化活力的内在适应性关系?二是如何从场景的视域对城市文化活力开展测度?本文基于实证结果剖析不同城市之间的文化活力聚类水平、空间差异与结构异质性,提出具有针对性的增长策略。

二、文献回顾与评述

(一)城市活力与城市文化活力

城市活力是城市发展的内生动力与重要引擎(Landry,2000),常用于城市竞争力与城市发展质量评价。简·雅各布斯(1961)在《美国大城市的死与生》中首次提到了城市活力理念——人和活动及生活场所相互交织的过程,开启了城市活力研究的先河。城市文化活力是城市活力的重要组成部分,正如刘易斯·芒福德(2009)所指出的,"城市是文化的容器,专门用来储存并传承人类文明的成果",城市凝聚了市民的集体记忆与精神文明成果,并逐渐形成具有极大吸引力的磁场。尽管当前鲜有对城市文化活力的系统性研究,但现有研究已注意到文化是城市活力构成的重要元素(Lopes et al.,2013),例如以文化设施建设吸引更多的人参与文化活动,进而提升城市活力(Lan et al.,2020)。

城市风格缺失、多样性丧失、审美匮乏等现实问题催生了关于城市文化活力的研究(董慧等,2011)。对城市文化活力的理解涵盖了创意城市视角(Landry,2000)、大众文化视角(常东亮,2019)等不同的研究主题,且实证性检验结果也已表明,城市文化活力可以刺激经济生态系统,并产生社会文化溢出(Cerisola et al.,2021)。由于文化设施、活动和参与的集合对城市生活质量有着重要的影响,因此,现有关于城市文化活力的指标既通过文化相关场所或物质设施来衡量文化参与机会的丰富性,又衡量此类场所的文化参与及吸引力(Montalto et al.,2019)。欧盟文化和创意城市指数(CCCM)、波士顿大都会文化指标(CIBM)、科尔尼全球城市指数(GCI)、全球城市实力指数(GPCI)等指标体系均从以上两个方面凝练了文化活力、文化多样性活力等相关概念的指标。然而,关于城市文化活力的评价指标通常作为衡量城市发展或区域文化产业发展指标中的二级或三级指标出现,其本身尚未得到足够的关注。而且由于研究视角的不同,这些指标之间也存在着巨大的差异,亟待形成清晰、统一、体系化的认知。

（二）城市文化场景

新芝加哥学派率先关注到以土地、劳力、资金等生产要素驱动城市的模式日渐式微，从而开始关注文化、娱乐与消费在后工业时代的城市中的作用，并开创性地提出"场景"概念，为当代城市研究提供了一种新范式。场景包括五个要素：一是邻里与社区，二是城市基础设施，三是多样化人群，四是前三个元素以及活动的组合，五是场景中所孕育的价值观念（Clark et al.，2013）。场景理论引入了舒适物这一概念，用以指代空间中那些在商业和服务上能够提供愉悦且具有很高市场价值的设施（丹尼尔·亚伦·西尔等，2019）。这些舒适物及其组合形成了场景，促进人与"物"形成联系，产生了美学特征和情感关联（陈波等，2020）。正如简·雅各布斯（1961）的观点："关键是各种活动的组合，而不是单独的用途。城市中最活跃和有趣的部分是复杂多样的地方。"富有文化生机与活力的城市，离不开由各类舒适物组合而成的提供各项文化娱乐机会的场景，并获得相对多的不同品位和倾向的人支持（Montgomery，1995）。目前，诸多学者已开始评估场景对城市发展产生的红利，并提出了以空间品质塑造社会生活的理念（Silver，2013），为城市文化活力的表征与评估提供了分析框架。

（三）现有研究评述

总体而言，目前关于城市活力和场景的研究奠定了城市文化活力研究的理论基础，并提供了城市文化活力评估的方法论基础。尽管诸多学者已经关注到文化是城市活力系统的重要组成部分，但城市文化活力的话语体系及评价指标体系尚未得到有效构建，亟待新的理论创新与实证检验。本研究认为，城市文化活力是一个开放、多元、复杂的有机系统，用以表征城市中可感受与可体验的文化生机的程度，其源于城市中提供各类文化体验与文化娱乐机会、享有共同愿景的文化参与人群、孕育多元生活方式的文化场景功能，集中表现为城市的文化多样性，特别是城市文化场景所提供的文化娱乐体验和文化参与机会的丰富性。场景理论为城市文化活力的测度提供了新的突破点，由于城市文化活力表征在城市多层次、多类型的文化场景之中，这些场景由社区、人群、设施、活动及其所蕴含的价值观念等要素所构成，因而立足于宏观层面上的场景构成要素，构建基于场景的城市文化活力评价指标体系，有助于探索一种新的城市文化活力评估方式。

三、基于场景的城市文化活力评价指标体系

(一) 指标选取与简要说明

文章尝试建构城市文化活力评价指标体系,整合以往关于城市文化活力研究的多元视角,以期形成对城市文化活力更为全面的理解;将以往对城市文化活力的质性描述拓展至量化分析的领域,更为清晰、准确地比较不同城市之间文化活力的表现水平;明晰不同地域之间城市文化活力的异质性及其结构差异,探讨针对性政策方案。场景理论为城市文化活力的评估提供了一个新的量化框架。尽管不同的城市文化场景在其规模、类型与价值共创上存在一定差异,但所有场景都是多种类文化舒适物的组合,聚集了多样化的人群,提供了多元化的文化活动,这些场景的生机与活力都是城市文化活力的体现。因此本研究以场景的五大构成要素为基础,在适应中国城市文化发展实际情况的前提下,对原有要素进行了内涵拓展,设计了包含 5 个一级维度和 37 个二级指标的城市文化活力评价指标体系。

(1) 社会环境。场景的首要构成要素是邻里与社区,通常与经济社会发展密切相关(陈波等,2020)。其对应孕育文化活力的社会环境,包含了城市中的经济、社会或人口指标,是城市文化活力的基石。首先,文化活力通常与经济活力密切相关(蒋涤非,2007),本研究选择了 GDP 作为衡量区域经济发展水平的条件。其次,城市居民的个体特征影响了其文化参与,进而影响了城市文化活力的生成,因此纳入人均可支配收入、居民受教育程度 2 个二级指标。再次,社会开放提供了丰富的文化多样性,例如电子通信加快了向全球化的转变(徐晓林,2012),因此纳入了国际互联网用户数量这一指标,以国际友好城市数量衡量城市的国际化开放程度。最后,城市创新、文化创意与文化活力紧密关联,以 R&D 经费衡量城市对于创新的重视程度,参考全球城市实力指数(GPCI)中"创意活动环境",纳入了二级指标城市文化创意指数。

(2) 文化设施。场景营造离不开多样化的文化设施与场所及其组合,这些文化设施与场所塑造了城市的文化多样性。欧盟文化和创意城市指数(CCCM)等指标体系均在文化活力维度下提出了文化场所与设施的相关指标,依据中国文化发展的现实情况将其拓展为文化旅游景区数量、公共文化服务数量、休闲娱乐设施数量、文化教育场所数量、文化演艺场所数量。同时考虑到充满生机的美食业和美食庆典等也是城市文化体验和文化活力的重要组成部分,因此纳入二级指标美食及特色餐馆数量。最后,结合近年来"夜间经济""夜间文旅"的现实背景,设立了二级

指标夜间文旅消费集聚区数量,衡量城市夜间文化活力。

(3)多元人群。由不同种族、阶层、性别等个体特征构成的人群是场景形塑的重要因素,其代表着多样化的生活方式、价值体系或文化传统,是城市文化活力可持续增长的源泉。一是反映本地人口多元性的指标,纳入了常住人口数量和流动人口数量衡量城市人口的基本规模。考虑到城市各民族都希望保护传承其族群文化,并融入共生共荣的城市文化之中(张经武,2022),因此纳入了少数民族人口数量以反映城市的文化多样性。二是反映外来人口多元性的指标,纳入了国内游客和国际游客数量2个二级指标。同时全球城市实力指数(GPCI)等指标均提出了关于外国人人口的指标,然而由于统计数据可得性限制,难以直接获取外国人、留学生数量等数据,因此选择了北京师范大学新媒体传播研究中心等机构发布的国际吸引力、国际传播影响力指数2个替代指标。

(4)文化活动。文化活动指标一方面衡量了城市中开展文化艺术活动的频次,另一方面衡量了这些文化艺术活动的参与人数。使用电影场次、电影观众人数、博物馆参观人数、举办群众文化活动次数4个二级指标测度城市日常性文化参与情况。除此之外,各种主题的展览为城市带来了生机与活力,因此纳入了城市展览业发展指数。结合联合国教科文组织文化统计框架中的"体育与休闲"部分,设计了二级指标国际和全国性体育赛事项次。最后考虑到节庆或庆典对城市的经济生活所带来的贡献也将反映城市文化的多样性,是体现城市文化发展活力的最好佐证(高福民等,2012),因此参考波士顿大都会文化指标文化活力指标中"邻近地区的节庆与庆典",纳入了由中国品牌节年会发布的城市节庆品牌指数。

(5)生活方式。人群、地点和活动的组合往往为一定的区域和空间呈现出一种特定的文化特征,即场景价值观,这种价值观同时是城市文化生活方式的反映。首先,以文化产业增加值评估城市文化生产规模;其次,使用人均教育文化与娱乐支出、旅游总收入2个二级指标衡量城市中的文旅消费水平;再次,参考相关指标体系使用演出消费情况、电影票房收入、城市阅读指数3个二级指标评估城市文化消费活力;最后,考虑到网络媒体与数字生活已经成为城市文化生活方式的一部分,基于新浪微博城市超话签到数据设计了二级指标社交媒体活跃度,衡量数字化时代下的城市数字文化活力。

(二)样本选择与数据说明

本研究选择了中国21个在文化发展方面具有典型代表性的城市进行比较研究,包括被纳入联合国教科文组织创意城市网络的东亚文化之都、历史文化名城等。考虑到数据的可获取性、城市体量的可比较性,样本城市均为具有一定区域影响力的特大城市或超大城市,划分标准参考《国务院关于调整城市规模划分标准的通知》(国发〔2014〕51 号)。

研究数据的基准年度为 2020 年,该年度为"十三五"规划的收官之年,且开展了第七次全国人口普查,各项数据较为全面。数据来源于 3 个渠道:一是各个城市统计局发布的统计年鉴;二是由政府部门或具有官方背景的行业协会发布的数据,例如中国会展经济研究会会展统计工作专业委员会发布的《中国展览数据统计报告》等;三是由商业团体发布的新兴大数据集或新型智库发布的各类指数榜单。数据收集完成后,参考相关研究进行指标体系合理性的分析方法(蒋正峰等,2021),采用 Cronbach's Alpha 系数对本研究构建的评价指标体系进行信度测算。计算结果显示各维度该值均大于 0.8,即评价指标体系的内在信度较好。

(三) 指标权重计算

使用主客观相结合的 AHP -熵值法确保评价指标赋权的科学性。

(1) AHP 法。建立"目标层—准则层—指标层"指标层次模型与判断矩阵,邀请 10 位从事城市文化研究的专家,依据 1～9 数字标度法对指标层次逐一进行对比判断。采用方根法逐一计算各判断矩阵的特征值与特征向量,求出各个指标权重,进而评估各个判断矩阵计算结果是否通过一致性检验。计算公式为:

$$CI = \frac{\lambda_{max} - n}{n - 1}$$

查找相应的平均随机一致性指标 RI,判别矩阵一致性比率 CR 为 CI 与 RI 之比。五个判别矩阵一致性比率均小于 0.1,即判断矩阵具有满意的一致性水平,得到 AHP 权重 W_{1j}。

(2) 熵值法。某个指标的信息熵越小,表明指标值的变异程度越大,提供的信息量越多,其权重也就越大。首先使用 min-max 归一化法将原始数据映射到[0,1]之间,接着进行数据的正向无量纲处理,之后计算第 j 个指标下第 i 个样本的比重。计算公式为:

$$Z_{ij} = X_{ij} \bigg/ \sum_{i=1}^{n} X_{ij}$$

进而计算第 j 项指标的熵值,公式为:

$$H_j = -\frac{1}{\ln(n)} \sum_{i=1}^{n} Z_{ij} \ln(Z_{ij})$$

最后计算出第 j 项指标的信息效用值与熵值法权重 W_{2j}，公式为：

$$W_{2j} = \frac{1 - H_j}{\sum\limits_{j=1}^{m}(1 - H_j)}$$

将 AHP 层次分析法得到的主观权重 W_{1j} 和熵值法得到的客观权重 W_{2j} 进行赋权组合，为了使组合权重对信息量的损害最小，采取拉格朗日乘子法优化后的最终权重，公式为：

$$w_j = \frac{\sqrt{W_{1j} \cdot W_{2j}}}{\sum\limits_{j=1}^{35}\sqrt{W_{1j} \cdot W_{2j}}}$$

四、基于场景的城市文化活力评估的实证研究

（一）城市文化活力综合水平评价

依据综合权重计算结果，五大维度中文化活动（0.262）指标权重最高，多元人群（0.218）次之，对城市文化活力水平贡献较大。社会环境（0.151）、文化设施（0.184）对城市文化活力的影响相对较小。该结果彰显了从"设施建设"到"场景营城"的重要转变，即不能仅将城市文化发展的着力点局限于基础设施建设，还需要通过营造城市文化场景实现人、文化活动与基础设施的融合，塑造具有吸引力的场景品质，实现城市文化活力的可持续增长。

进一步计算得出中国 21 个特大及超大城市的城市文化活力指数，如表 1 所示。结果表明，21 个特大及超大城市的城市文化活力指数差异较大。城市文化活力指数最高的北京市是大连市的 11.2 倍。21 个特大及超大城市的城市文化活力指数平均值为 28.649，高于该值的仅有 8 个城市，其他 13 个城市均表现出低于平均值的城市文化活力水平。各城市之间文化活力指数的标准差为 19.54，数据之间离散程度较高。

表 1　场景视域下城市文化活力测度结果

城市	文化活力指数	排序	城市	文化活力指数	排序
北京 *	74.967	1	广州 *	45.093	5
上海 *	73.851	2	重庆 *	43.272	6
深圳 *	47.619	3	杭州	33.478	7
成都 *	46.374	4	西安	31.885	8

（续表）

城市	文化活力指数	排序	城市	文化活力指数	排序
武汉	26.523	9	郑州	12.088	16
天津*	23.954	10	济南	11.381	17
南京	23.873	11	佛山	11.011	18
长沙	20.548	12	沈阳	10.759	19
青岛	19.400	13	哈尔滨	10.210	20
东莞	15.455	14	大连	6.688	21
昆明	13.202	15			

注：考虑到不同的城市体量对城市文化活力的影响，并进一步提升城市文化活力的可比较性，以"*"对超大城市进行了注释，后续进行分类讨论。

由城市文化活力指数聚集及趋势图（图1）可以看出，城市文化活力指数排名相近的北京、上海遥遥领先，处于第一梯队，属于样本城市中的"高原＋高峰"。之后的城市文化活力指数出现了断崖式下降的趋势。第三至第六名差异较小，处于第二梯队，属于样本城市中的"高原"，前六名均为超大城市，其提供了更为丰富、多元的文化机会。随着排名的增加，各城市的城市文化活力指数基本沿线性预测线稳步降低，呈现出第三与第四梯队。排名第十六至第二十名的城市基本持平，无显著变化，属于样本城市中的"地平线"。

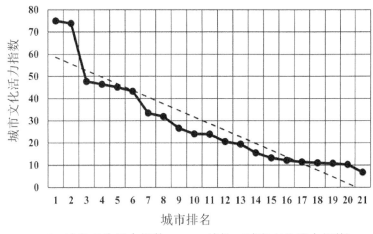

图1　城市文化活力指数聚集及趋势图

（二）城市文化活力比较分析

（1）城市文化活力聚类与空间差异分析。为了进一步分析和探讨不同城市间的文化活力差异，以系统聚类方法将 21 个样本城市聚类为 4 类，如表 2 所示。

表 2　城市文化活力聚类分析结果表

类别	聚类城市	社会环境	文化设施	多元人群	文化活动	生活方式	总指数
Ⅰ	北京*、上海*	13.033	12.901	13.659	19.344	16.030	74.967
Ⅱ	深圳*、成都*、广州*、重庆*	12.285	12.046	15.521	19.043	14.957	73.851
Ⅲ	杭州、西安、武汉、天津*、南京、长沙、青岛	10.455	6.777	13.291	8.140	8.957	47.619
Ⅳ	东莞、昆明、郑州、济南、佛山、沈阳、哈尔滨、大连	5.762	9.547	10.742	11.494	8.830	46.374

第Ⅰ类城市仅有北京、上海。第Ⅱ类城市包括深圳、广州、成都、重庆，以上 6 城均为超大城市。第Ⅲ类城市包括杭州、西安、武汉等 7 城，其中包含 1 个超大城市。第Ⅳ类城市包括昆明、郑州等 8 城，均为特大城市。相较于特大城市，超大城市展现出更为丰富的文化场景类型与更为显著的文化活力感知。通过对聚类中心得分的标准差计算可知，四个类别在文化活动指标下差异最大，在文化设施指标下差异最小。就目前的特大及超大城市而言，文化基础设施的差异相对较小，各个城市均重视投资建设一定数量的文化娱乐、文化教育或公共文化服务设施，但超大城市则以场景吸引了更为多元的文化参与人群，提供了更为丰富的文化参与机会，涵盖了更为包容的文化生活方式，特大城市能否通过凝聚地方文脉的特色场景提供更为多元、创意、新奇的文化体验是城市文化活力的关键。

从城市文化活力的空间差异上看，主要呈现在以下三方面的特点：① 整体差异情况。各城市间的城市文化活力差异明显，呈现出空间不协调形态。南方城市的文化活力整体强于北方城市，区域间"俱乐部趋同"现象亦愈加鲜明。② 区域间差异。粤港澳大湾区城市群、成渝城市群、沪宁杭城市群的城市文化活力相对优于其他区域。东北城市群的城市文化活力明显不足，呈现出"卡夫丁峡谷"的现实境遇。华北地区除北京外，城市文化活力呈现相对弱势，尚未出现核心城市明显的辐射效应。③ 区域内差异。尽管粤港澳大湾区样本城市间文化活力整体较强，但其内部差异较大，深圳与广州在文化活力方面对周边城市的带动效应并不显著。而在东北城市群中，尽管其内部差异较小，但整体文化活力水平偏弱，亟待塑造区域内部协同发展的新格局。成渝城市群之间样本城市的文化活力差异最小。

（2）城市文化活力的构成结构差异分析。为了进一步厘清不同城市之间文化活力强弱的影响因素,本文探究了城市文化活力结构差异。图2列出了7个超大城市的文化活力结构对比及热力图,可以清晰地看出,除天津外,其余6城的文化活力均展现出较高水平,各项指标较为均衡。作为超大城市的典型代表,北京与上海展现出全能型结构,各个指标均大幅领先其他城市。北京作为全国的政治和文化中心,因其得天独厚的地缘优势与资源禀赋,通过多元场景供给了丰富的文化设施与文化活动,并持续驱动城市文化消费的高质量发展,带动了文化生活方式的繁荣,展现出外驱型城市文化活力。上海因其雄厚的经济发展基础与卓越的社会开放水平,在长期发展中形成了独具特色的"海派文化",以其尊重多元、兼容并蓄的城市气质与多样化的文化场所吸引了更为多元的文化参与人群,从而丰富了文化生活方式与价值观念,营造出内生型城市文化活力。

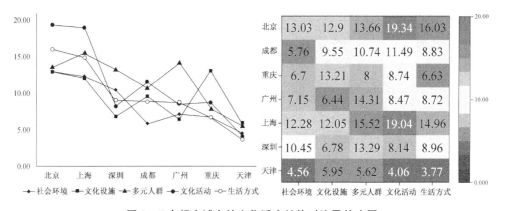

图2　7个超大城市的文化活力结构对比及热力图

其他超大城市的城市文化活力的结构构成要素各有优劣,即使一些城市的文化活力指数大致相同,但其构成的维度也可能存在差异。例如深圳、成都、广州三座城市的城市文化活力指数标准差仅为1.26,但依然存在不同的场景驱动模式。深圳作为最早实施改革开放、影响最大的经济特区,拥有良好的经济环境与制度优势,基于开放、包容与创新的场景吸引了大量的海内外英才,既在海外塑造了正面的国际化形象,也形成了独特的移民文化,为城市文化活力增长提供了可持续动力。作为世界美食之都的成都,拥有极为丰富的文化舒适物,同时积淀深厚的商业文化与市井文化传统塑造了城市的烟火气息,成为西部地区城市文化活力发展的典范。与深圳同属粤港澳大湾区的广州同样体现出社会环境、多元人群方面的优势,但其在文化设施方面呈现出相对劣势。值得一提的是,作为成渝城市群的双中心,尽管成都在社会环境、文化设施指标上远逊于作为直辖市的重庆,但其在多元人群、文化活动和生活方式上均占据了优势,城市文化活力综合指数超过了重庆。特别是近年来,成都在"场景营城"理念支撑下,不断培育城市文化新场景与城市文化消费新模式,从而有效提升了城市居民的文化生活品质与宜居舒适性体验,并立足于具有本土气质的城市文化场景的磁场吸引了源源不断的创意阶层,实现了由城市文化场景营造到城市文化活力增长的良性循环。

图 3 列出了 13 个特大城市的文化活力结构对比。杭州是城市文化活力指数最高的特大城市,通过多元场景激活城市文脉底蕴,形成了开放、兼容、庶俗的城市文化气质,在多元人群和生活方式指标上呈现出显著优势。除此之外,一些特大城市在城市文化活力的构成要素中展现出了明显的优势,典型代表为西安、昆明。在基准年度中,西安市举办了包括国际会议、展览、节庆、赛事在内的 240 项各类大型文化活动,这些丰富的文化活动结合古都特有的文化资源禀赋形成了一系列可参与、可体验的城市文化场景,进而为孕育高水平的城市文化活力奠定了基础。昆明市在多元人群指标中表现相对突出,一方面,作为中国向东盟地区开放合作的桥头堡,吸引了大量外来人口的驻足,人口指标呈现出丰富的异质性;另一方面,得益于云南地区丰富的少数族裔人口,多元人群间的交流对话与文明互鉴为昆明城市文化活力增长提供了充足的动力。值得注意的是,一些城市的文化活力受新冠疫情影响,因而在相关指标上体现出一定劣势,典型代表为哈尔滨与大连。哈尔滨市在基准年度中的年度电影票房由上一年度的 51 778 万元骤降至 16 675 万元,同时大

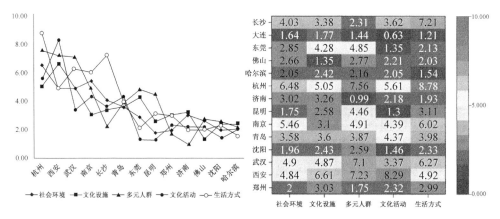

图 3　13 个特大城市的文化活力结构对比及热力图

量文化惠民活动被推迟或取消；大连市在基准年度中全年接待游客下降 61.5%，展会参观人数仅为上一年度的 13.6%。上述数据反映出突发公共卫生事件对城市文化活动与生活方式等的抑制，破坏了城市文化场景所应具有的功能结构，因而在与其他城市的比较中呈现出相对弱势。

五、结论与讨论

新芝加哥学派提出的场景理论为理解城市文化活力及探索其评估方法提供了新的思路。文章从五大场景维度测度出了中国 21 个特大及超大城市的城市文化活力水平、空间差异及其结构特征。研究结果显示：(1) 文化活动、多元人群是构成城市文化活力的重要维度；(2) 21 个样本城市之间的社会发展水平差异相对较小，但文化活力差异显著，并呈现出不同的聚类水平与空间异质性；(3) 超大城市与特大城市呈现出了不同的场景结构与活力水平。城市文化活力的营造需要各维度间的组态路径。经济社会环境相对弱势的城市同样能通过场景提供丰富的文化参与机会，形成独特的场景精神，吸引更多的创意阶层与高端人才，实现城市文化活力的可持续增长。

本文的研究结论具有一定政策启示。笔者建议从以下几个方面谋求城市文化增长策略：一是科学评估城市文化活力指数，提升精细化治理水平。促进城市文化活力增长首先需要明晰目标城市的活力指数水平及其结构，进而选择合适的政策工具与激励策略，兼顾均衡发展与重点维度突破，实现城市文化精细化治理。二是积极营造多元城市文化场景，供给高质量文化活动。从文化设施建设到文化场景营造是城市文化升级提质发展的必由之举。以往诸多城市一味追求大型文化设施建设，忽略了高质量文化活动及其与当地居民价值诉求的契合程度，难以使缺乏信任的当地居民积极融入其中。建议从物质性设施建设转向注重物质性设施所提供的文化体验及蕴含的价值观，促进城市文化消费的高质量发展与城市居民文化生活方式的变革。三是着力丰富城市文化场景表达，孕育可持续增长动力。城市文化活力的增长离不开创意、魅力、多元、包容的文化氛围，建议通过城市文化场景引导更为丰富多元的文化表达与自由个性的文化参与，增加城市主体进入、参与和创造城市文化生活的机会，驱动区域经济社会可持续发展。

参考文献

[1] KUMAR V，VUILLIOMENET A. Urban nature：Does Green Infrastructure Relate to the Cultural and Creative Vitality of European Cities? [J]. Sustainability，2021，13(14)：8052.

[2] 蒋涤非. 城市形态活力论[M]. 南京：东南大学出版社，2007.

[3] LANDRY C. Urban vitality：A New Source of Urban Competitiveness[J]. Archis，2000(12)：8-13.

[4] JACOBS J. The Death and Life of Great American Cities[M]. New York：Random House，1961.

[5] 刘易斯·芒福德. 城市文化[M]. 宋俊岭，等译. 北京：中国建筑工业出版社，2009.

[6] LOPES M N，CAMANHO A S. Public Green Space Use and Consequences on Urban Vitality：An Assessment of European Cities[J]. Social Indicators Research，2013，113(3)：751-767.

[7] LAN F，GONG X，DA H，et al. How Do Population Inflow and Social Infrastructure Affect Urban Vitality? Evidence from 35 Large-and Medium-sized Cities in China[J]. Cities，2020，100：102454.

[8] 董慧，常东亮. 城市文化活力研究：理论资源的探寻与发掘[J]. 华中科技大学学报(社会科学版)，2011，25(03)：21-27.

[9] LANDRY C. The Creative City：A Toolkit for Urban Innovators[M]，London：Earhscan，2000.

[10] 常东亮. 当代中国城市文化活力问题多维透视[J]. 学习与实践，2019(04)：110-117.

[11] CERISOLA S，PANZERA E. Cultural and Creative Cities and Regional Economic Efficiency：Context Conditions as Catalyzers of Cultural Vibrancy and Creative Economy[J]. Sustainability，2021，13(13)：7150.

[12] MONTALTO V，MOURA C T，LANGEDIJK S，et al. Culture counts：An empirical Approach to Measure the Cultural and Creative Vitality of European Cities[J]. Cities，2019，89：167-185.

[13] TERRY C，The Theory of Scenes[M]. Chicago：University of Chicago Press，2013.

[14] 丹尼尔·亚伦·西尔，特里·尼科尔斯·克拉克. 场景：空间品质如何塑造社会生活[M]. 祁述裕，吴军，等译. 北京：社会科学文献出版社，2019.

[15] 陈波，林馨雨. 中国城市文化场景的模式与特征分析——基于 31 个城市文化舒适物的实证研究[J]. 中国软科学，2020(11)：71-86.

［16］MONTGOMERY J. Editorial Urban Vitality and the Culture of Cities［J］. Planning Practice and Research，1995，10(2)：101－110.

［17］SILVER D，MILLER D. Contextualizing artistic dividend［J］. Journal of Urban Affairs，2013，35(5)：591－606.

［18］陈波,赵润.中国城市非遗传承场景评价指标体系构建与实证［J］.华中师范大学学报(人文社会科学版),2020,59(04):78-86.

［19］New York City Department of Cultural Affairs. Create NYC：A Cultural Plan For All New Yorkers［Z］. 2019.

［20］徐晓林,赵铁,特里·克拉克.场景理论:区域发展文化动力的探索及启示［J］.国外社会科学,2012(03):101-106.

［21］张经武.民族地区中心城市文化特色趋弱问题研究［J］.青海社会科学,2022(01):114-123.

［22］高福民,花建.文化城市:基本理念与评估指标体系研究［M］.北京:商务印书馆,2012.

［23］蒋正峰,陈刚,尹涛.我国主要城市文化产业创新发展比较分析［J］.科技管理研究,2021,41(18):105-112.

［24］张珺,王健.精致城市评价指标体系构建与实证［J］.统计与决策,2022,38(09):74-78.

作者简介

詹绍文,湖北黄冈人,西安建筑科技大学公共管理学院院长,教授,博士生导师。研究方向为区域文化产业发展。

邓雨龙,陕西宝鸡人,本文通讯作者,西安建筑科技大学公共管理学院硕士研究生。研究方向为区域文化产业发展。

何夷伦,湖北宜昌人,西安建筑科技大学管理学院博士研究生。研究方向为区域文化产业发展。

Assessment of Chinese Urban Cultural Vitality under the Scene Theory
—An Empirical Study Based on 21 Megacities and Super Large Cities

Zhan Shaowen   Deng Yulong   He Yilun

Abstract: As a container for storing the achievements of human civilization, cities provide a rich sense of cultural vitality for urban subjects. The urban cultural vitality is characterized by the scene which provides diverse cultural entertainment opportunities, attracts multicultural participants, and provides various lifestyles. Based on the scene theory, this paper constructs the evaluation index system of Chinese urban cultural vitality, and then conducts the quantitative evaluation of cultural vitality on 21 megacities and super large cities. The study finds that cultural activities and diverse groups have made great contributions to the urban cultural vitality while the social environment and cultural facilities have made limited contributions, demonstrating the transformation from "construction of cultural facilities" to "scene shape urban". There are significant differences in the urban cultural vitality indexes among the above 21 cities in China, which shows different clustering levels, spatial heterogeneity and scene structures. The results have certain policy implications for exploring the way to enhance urban cultural vitality.

Key words: Urban Culture   Urban Cultural Vitality   Evaluation Index System   Scene Theory

文化贸易

RCEP 国家文化产品贸易的竞争态势与网络关系格局研究[*]

方　英　王照颖

摘　要:《区域全面经济伙伴关系协定》(RCEP)的签订和生效为我国文化贸易提供了新的发展契机,基于贸易指数以及社会网络分析探究了 2011—2020 年 RCEP 国家间文化产品贸易格局。结果表明,RCEP 国家间的文化产品贸易依赖程度不断加深,日本、韩国、新加坡、泰国和越南为中国主要的贸易伙伴,中国与这些国家的贸易互补性较强,但与新西兰、菲律宾等国家的贸易结构十分相似,潜在竞争性强。RCEP 国家间文化产品贸易联系较为紧密,中国、日本和新加坡等国家长期居于贸易网络的核心地位。区域层面上形成了以中国、越南、文莱为核心节点的三大贸易板块,第一板块有很高的凝聚性,在整个贸易网络发挥桥梁的作用,第二和第三板块成员则呈现交融态势。空间格局上,文化产品贸易网络存在明显的核心—边缘结构,两极分化明显,呈现核心聚集的发展趋势。中国应实施出口市场多元化战略,不断优化文化产品贸易结构,加深与第三板块的贸易往来,发挥核心大国引领作用,促进 RCEP 国家文化贸易协同发展。

关键词:RCEP　文化产品贸易　社会网络　贸易指数

一、引言

　　21 世纪以来,区域经济一体化进程不断加速,成为世界各国经济发展的新方向、新路径。在此背景下《区域全面经济伙伴关系协定》(RCEP)应运而生,成为涵盖人口数量最多、经济体量最大、覆盖面积最广的自贸区,对成员国之间的经贸合

---

*　基金项目:国家社科基金艺术学重大项目"建成社会主义文化强国的标准和实现路径研究"(22ZD01)的阶段性研究成果。

作有着重要影响。RCEP 为文化相似的亚太地区国家提供了稳定的制度保障,推动了不同国家之间的文化交流合作,促进了中国与 RCEP 成员国在多个文化贸易领域展开合作,构建了更高水平的开放格局(花建等,2022)。数字化技术的快速发展以及人们对文化产品需求的增加,推动着我国文化贸易不断繁荣。2009 年以来,中国文化产品出口实现指数级蓬勃发展,2010 年超越美国成为世界最大文化产品出口国。

近年来,随着全球经济一体化及各国对文化软实力重视程度的加深,各国之间的文化贸易关系愈发错综复杂,运用社会网络分析方法(SNA)研究贸易网络中多个国家之间的复杂关系具有较大优势。Li 等(2003)和 Fagiolo 等(2010)运用社会网络方法研究国际贸易的复杂网络特征及世界贸易格局的演变;张勤等(2013)利用社会网络分析方法分析加入 WTO 后中国的角色以及所处地位的变化;邹嘉龄等(2016)探究了"一带一路"货物贸易的网络特征,发现整体网络密度不断提高,中国成为最核心的国家。然而探讨 RCEP 成员国家间文化贸易网络格局的研究较少。因此,本文运用贸易指数与社会网络分析法考察 2011—2020 年中国与 RCEP 成员国之间的文化产品贸易竞合关系、RCEP 国家文化产品贸易网络演化特征,为深入推进 RCEP 文化贸易合作提供科学建议。

二、中国与 RCEP 成员国文化产品贸易状况

本文以联合国教科文组织(UNESCO)发布的《文化统计框架 2009》(Framework for Cultural Statistics,简称 FCS)作为文化贸易分类的统计标准,分析了 2011—2020 年 RCEP15 个成员间双边文化产品进出口数据,数据来源于联合国贸易数据库 UnComtrade。此外,由于各国在统计口径上存在差异,为保证数据的准确性,对数据进行镜像处理,即用其他 RCEP 国家对中国的出口数据作为中国从其他国家进口的数据。中国与 RCEP 国家间文化产品贸易总额从 2011 年的 58.84 亿美元增加到 2013 年的 75.54 亿美元,之后呈下滑趋势,2016 年后又逐渐增长,2020 年达到顶峰 119.52 亿美元,中国对 RCEP 国家进出口贸易的依赖程度不断加深,且中国与 RCEP 国家间的文化产品贸易总体呈顺差格局,并逐渐趋向贸易平衡(图 1)。

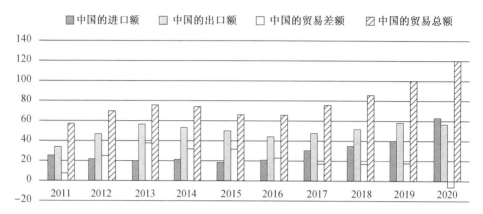

图 1　2011—2020 年中国与 RCEP 成员国文化产品贸易额（单位：亿美元）

日本、泰国、越南、新加坡以及韩国是中国文化产品出口的主要贸易伙伴。日本是中国文化产品出口最重要的贸易伙伴，2011—2020 年，日本在中国文化产品出口中位列前三，越南在 2016 年后超越日本成为中国第一大出口目的地，2020 年中国对其出口份额达到 22.30％。新加坡、日本及韩国是中国文化产品进口的主要贸易伙伴。新加坡在 2019 年之前一直位列中国文化产品进口第一来源地，韩国在 2019 年之后取代新加坡。中国对 RCEP 成员国出口的文化产品主要是表演和节庆用品、视觉艺术和手工艺品。2020 年，表演和节庆用品的出口额占当年中国对 RCEP 国家文化产品总出口额的 22.36％，视觉艺术和手工艺品占 70.19％，而对于知识技术密集型的产品，例如出版物以及音像媒体等的出口份额均小于10％，文化产品的影响力相对薄弱，中国的进口产品结构和出口产品结构类似。

三、中国与 RCEP 成员国文化产品贸易的竞争与互补性研究

（一）中国与 RCEP 成员国文化贸易的竞争优势

运用贸易竞争优势指数（TC）来分析中国与 RCEP 成员国文化产品贸易的竞争优势，其计算公式如下：

$$TC_i^a = \frac{X_i^a - M_i^a}{X_i^a + M_i^a}$$

TC_i^a 表示 i 国 a 产品的贸易竞争优势指数，X_i^a 和 M_i^a 是 i 国 a 产品的出口额和进口额；TC_i^a 取值范围为[-1,1]，数值越接近 1，表明 i 国 a 产品的国际竞争优势越强，反之则越弱。

2011—2020 年，中国的文化产品竞争力总体呈上升趋势（表 1），除视觉艺术和

手工艺品、书籍和报纸外，2020年其他四类产品的竞争优势指数较2011年均有所上升。在六大产品中，竞争优势最强的产品也从过去的视觉艺术和手工艺品转移到音像和交互媒体等知识技术密集型产品。2020年，中国在RCEP国际市场上具有竞争力的为文化和自然遗产、音像和交互媒体、书籍和报纸三大类，贸易竞争优势指数分别为0.207、0.853、和0.454，在15个国家中位列第一。

表1　2011年和2020年中国与RCEP成员国文化贸易竞争优势指数

	A. 文化和自然遗产	B. 表演和节庆用品	C. 视觉艺术和手工艺品	D. 书籍和报纸	E. 音像和交互媒体	F. 创意设计类产品
2011年	−0.839	0.158	0.891	0.705	0.704	0.485
2020年	0.207	0.273	0.645	0.454	0.853	0.528

（二）中国与RCEP成员国间文化贸易的竞争性

采用修正后的专业化系数（CS）和一致性系数（CC）计算贸易竞争性（CI）指数，对中国与RCEP成员国的文化产品贸易竞争性进行分析，具体公式如下：

$$CS = 1 - \frac{1}{2}\sum_{k=1}^{n}|a_{ik} - a_{jk}|, CC = \frac{\sum_{k=1}^{n}a_{ik}a_{jk}}{\sqrt{\sum_{k=1}^{n}(a_{ik})^2 \sum_{k=1}^{n}(a_{jk})^2}}, CI = \frac{1}{2}(CS + CC)$$

其中，CS和CC分别为修正后的专业化系数和一致性系数，CI为贸易竞争性指数，a_{jk}和a_{ik}表示j国和i国第k种产品出口额占总出口额的比重。当CI指数趋近于1时，表明两国之间的贸易结构较一致，潜在的贸易竞争性较强，计算结果如表2所示。

表2　中国与RCEP成员国文化贸易竞争性CI指数

国家	2011年	2016年	2019年	2020年
日本	0.812	0.900	0.774	0.643
韩国	0.820	0.915	0.394	0.288
新西兰	0.874	0.836	0.888	0.822
澳大利亚	0.844	0.770	0.843	0.888
印度尼西亚	0.780	0.941	0.947	0.948

（续表）

国家	2011 年	2016 年	2019 年	2020 年
马来西亚	0.798	0.657	0.450	0.313
菲律宾	0.811	0.885	0.917	0.936
泰国	0.917	0.902	0.949	0.929
新加坡	0.742	0.697	0.651	0.562
文莱	0.250	0.966	0.241	0.910
老挝	0.892	0.912	0.671	N/A
缅甸	0.866	0.879	0.892	0.868
越南	0.870	0.924	0.905	0.879
柬埔寨	0.890	0.915	0.937	0.699

中国与大多数 RCEP 国家的文化贸易结构较为相似。2011 年以来,中国与新西兰、菲律宾、泰国、缅甸和越南的文化贸易竞争性 CI 指数持续高于 0.8,潜在的贸易竞争性较强。中国与马来西亚、韩国和新加坡的文化贸易竞争性 CI 指数呈下降趋势,这表明中国与这些国家在文化产品贸易领域的竞争性在减弱。

（三）中国与 RCEP 成员国间文化贸易的互补性

借鉴胡玫等(2019)、桑百川等(2015)的研究,采用修正后的专业化系数和一致性系数考察中国与 RCEP 伙伴国贸易结构的匹配程度。具体公式如下:

$$CS_m = 1 - \frac{1}{2}\sum_{k=1}^{n}|a_{ik} - a_{jk}|, CC_m = \frac{\sum_{k=1}^{n}a_{ik}a_{jk}}{\sqrt{\sum_{k=1}^{n}(a_{ik})^2 \sum_{k=1}^{n}(a_{jk})^2}}, CI_m = \frac{1}{2}(CS_m + CC_m)$$

其中,CS_m 和 CC_m 分别为修正后的专业化系数和一致性系数,CI_m 为贸易互补性指数,a_{ik} 表示 i 国第 k 种产品出口额占出口总额的比重,a_{jk} 表示 j 国第 k 种产品进口额占进口总额的比重。CI_m 指数越趋近于 1,表明两国之间的贸易结构匹配程度越高,潜在的贸易互补性较强。以 i 国表示中国,j 国为 RCEP 其他国家,计算结果见表 3。

表 3　中国与 RCEP 成员国文化贸易互补性 CI_m 指数

国家	2011 年	2016 年	2019 年	2020 年
日本	0.825	0.901	0.890	0.886
韩国	0.493	0.859	0.661	0.554

（续表）

国家	2011 年	2016 年	2019 年	2020 年
新西兰	0.504	0.718	0.777	0.942
澳大利亚	0.754	0.814	0.817	0.838
印度尼西亚	0.988	0.973	0.974	0.957
马来西亚	0.826	0.642	0.664	0.542
菲律宾	0.529	0.547	0.399	0.237
泰国	0.636	0.645	0.684	0.541
新加坡	0.955	0.965	0.907	0.844
文莱	0.472	0.578	0.443	0.263
老挝	0.306	0.903	0.913	N/A
缅甸	0.600	0.920	0.944	0.902
越南	0.961	0.949	0.942	0.913
柬埔寨	0.869	0.880	0.889	0.870

中国出口的文化产品与大多数 RCEP 国家进口文化产品互补性较强，其中与日本、印度尼西亚、新加坡、越南和柬埔寨的互补性指数高于 0.8。中国出口的文化产品与新西兰、澳大利亚、老挝和缅甸进口的文化产品的贸易互补性指数呈上升趋势，其中与缅甸和老挝的上升速度较快，可能是因为缅甸与老挝的经济发展带动了文化产品需求增长。而与菲律宾及文莱的贸易互补性指数呈现明显的下降趋势，表明中国文化产品出口与其文化产品进口结构契合度较低，互补性弱。

四、RCEP 成员国间文化产品贸易的网络关系

（一）RCEP 成员国间文化产品贸易的网络格局

运用社会网络分析软件 Ucinet 中 Netdraw 功能绘制出 RCEP 成员国间文化产品贸易网络结构图（图 2），图中节点表示贸易网络中的国家，节点之间的连线表示国家之间存在的贸易关系，连线粗细表示国家之间文化产品贸易规模的大小，节点大小表示当年的总出口额。RCEP 成员国间文化贸易总额从 2011 年的 143.81 亿美元增长至 2020 年的 199.46 亿美元，年均增长率为 3.70%。2011—2020 年，RCEP 成员国间网络关系数约为 190 个，2020 年网络关系数降至 175 个，文化产品的贸易网络关系数与最大可能关系数仍有一点差距，RCEP 成员国间的文化产品贸易联系还需进一步加强。中国、新加坡、马来西亚以及韩国是 RCEP 文化产

品出口大国,而柬埔寨、老挝、文莱、菲律宾、缅甸出口额较少,多为进口国。RCEP 文化产品贸易主要集中于新加坡、马来西亚、中国等国家之间,地域聚集特征明显。10 年来,马来西亚基本上都是新加坡和泰国的第一大进口来源地,中国和日本、韩国、越南的文化贸易联系十分紧密,日本和韩国是中国的主要进口国,中国和日本是韩国的主要进口国,而越南主要从中国和韩国进口。

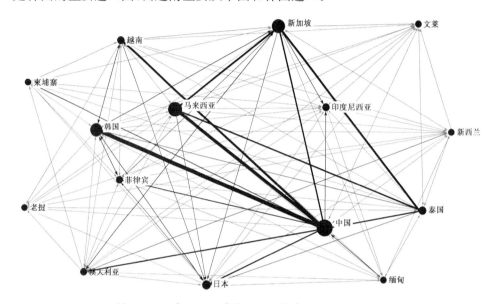

图 2 2020 年 RCEP 成员国间文化产品贸易网格结构

(二)RCEP 成员国间文化产品贸易的联系程度

采用网络密度对 RCEP 国家间文化贸易的联系程度进行分析,网络密度为网络中实际拥有的连线数与整个网络中最多可能的连线数之比,用于衡量贸易网络中各节点间联系的紧密程度,计算公式为:

$$D_n = \frac{m}{n(n-1)}$$

其中,D_n 代表网络密度,m 代表网络中节点连线的数目,n 代表网络中节点的数目。

2011—2020 年,文化产品总体贸易网络密度均值为 0.892(图 3),表明 RCEP 成员国间的联系较为紧密,但仍有发展空间。书籍和报纸、视觉艺术和手工艺品、表演和节庆用品等产品的贸易网络密度值较高,说明这三类文化产品的贸易流动性较强;音像和交互媒体、创意设计类产品、文化和自然遗产的网络密度值依次排在其后,在贸易网络中的参与性较低,网络密度均低于0.6。

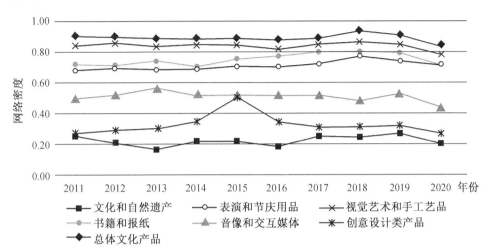

图3　RCEP成员国间文化产品贸易网络密度图

(三)RCEP 成员国间文化产品贸易的网络中心性

网络中心性指标可以反映贸易网络中某节点的地位及其对网络的控制程度,主要包括度数中心度、接近中心度以及中间中心度三个衡量指标。度数中心度反映网络中某一节点与其他节点发展关系的能力,其值越高,则该节点越处于中心地位。接近中心度是一个节点到图中所有节点的捷径距离之和,其衡量网络中一个节点不受其他节点控制的程度。中间中心度主要测度网络中一个节点在多大程度上成为网络中的"中间人",或者说是能控制其他节点的程度。

RCEP 国家的中心度如表 4 所示,日本、中国、泰国和新加坡在 10 年间都处于网络的核心位置,同时很好地起到了网络结构中的桥梁作用,度数中心度、中间中心度和接近中心度的排名均位于前列。2011—2020 年,各个国家的三类中心度的变化不大,仅在 2020 年度数中心度有所下降,而入接近中心度(从国外进口需要的距离)有所上升,且上升比例大于出接近中心度(向国外出口所需的距离),表明主要国家在贸易网络中的核心地位有所下降,从其他国家进口文化产品的便捷度和向其他国家出口的便捷度受到了较大影响。此外,中国、泰国和新加坡的中间中心度在 2020 年较 2019 年有了小幅度的上升,表明这三个国家在 RCEP 文化产品贸易中的桥梁作用更加凸显。柬埔寨、老挝、文莱和缅甸在贸易网络中与其他国家贸易联系较少,处于较边缘的位置。

表4　RCEP文化产品贸易中心度位列前五名与后五名国家

排名	度数中心度		中间中心度		入接近中心度		出接近中心度	
				2011 年				
1	日本	28	越南	2.537	越南	14	越南	14
2	澳大利亚	28	日本	2.537	日本	14	日本	14
3	泰国	28	新加坡	2.537	新加坡	14	新加坡	14
4	新加坡	28	澳大利亚	2.537	澳大利亚	14	澳大利亚	14
5	越南	28	泰国	2.537	泰国	14	中国	14
11	菲律宾	26	韩国	0.782	韩国	16	菲律宾	15
12	柬埔寨	23	柬埔寨	0.091	老挝	17	柬埔寨	16
13	文莱	21	缅甸	0.000	文莱	17	文莱	18
14	缅甸	20	文莱	0.000	柬埔寨	17	缅甸	18
15	老挝	17	老挝	0.000	缅甸	18	老挝	22
				2019 年				
1	中国	28	中国	2.107	中国	14	中国	14
2	日本	28	日本	2.107	日本	14	日本	14
3	韩国	28	韩国	2.107	韩国	14	韩国	14
4	新加坡	28	新加坡	2.107	新加坡	14	新加坡	14
5	泰国	28	泰国	2.107	泰国	14	泰国	14
11	柬埔寨	24	新西兰	0.691	菲律宾	16	柬埔寨	16
12	新西兰	24	柬埔寨	0.494	柬埔寨	16	新西兰	17
13	文莱	21	缅甸	0.291	缅甸	16	文莱	17
14	老挝	20	文莱	0.083	文莱	18	老挝	18
15	缅甸	20	老挝	0.083	老挝	18	缅甸	20
				2020 年				
1	中国	27	中国	2.871	老挝	18	中国	14
2	新加坡	27	泰国	2.871	中国	28	新加坡	14
3	泰国	27	新加坡	2.871	新加坡	28	泰国	14
4	日本	26	印度尼西亚	2.301	泰国	28	马来西亚	14
5	韩国	26	马来西亚	2.103	马来西亚	29	印度尼西亚	14

(续表)

排名	度数中心度		中间中心度		入接近中心度		出接近中心度	
11	菲律宾	24	新西兰	0.544	新西兰	30	菲律宾	15
12	缅甸	20	老挝	0.000	菲律宾	30	缅甸	19
13	柬埔寨	18	缅甸	0.000	缅甸	30	柬埔寨	20
14	文莱	17	文莱	0.000	文莱	30	文莱	22
15	老挝	10	柬埔寨	0.000	柬埔寨	31	老挝	210

（四）RCEP 成员国间文化产品贸易的网络结构

采用块模型（block models）的方法来分析 RCEP 国家文化贸易网络结构。块模型方法最早由 White 等（1976）提出，是基于结构对等性的社会角色描述性代数分析研究网络位置模型的方法。该方法能够使贸易网络的内在结构更为清晰，不同板块之间的关系以及所处的网络地位更易被分析。运用 CONCOR 算法对贸易网络进行分区（McQuitty et al.，1968），用树形图表达各个位置之间的结构对等性程度以及各个位置中所包含的网络成员，并得到板块密度矩阵（Breiger et al.，1975），根据板块间的密度将不同的块在国际贸易中的角色划分为四类（图 4），分别为孤立型（内部和外部关系均少或无）、内部型（板块内部关系多，外部关系少或无）、外部型（板块外部关系多，内部关系少或无）、兼顾型（板块内外部关系都多）。为进一步探究 RCEP 国家之间的空间格局，用 α 密度指标对不同的块进行赋值，产生像矩阵[①]，α 是临界密度值，一般采用整个网络的平均密度，将密度矩阵中大于临界密度值的取 1，小于的取 0，以不同板块之间的关系，探究整体的网络结构。

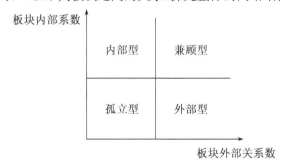

图 4 国际贸易中不同角色分类图

---

① 分块可以看出哪些国家是结构对等的，本文希望进一步汇总上述关系，并构建分块图形的"像"，把每个块中各个项只用一个值替代，即为密度矩阵的"像"，称为像矩阵（image matrix）。

2011—2020 年，RCEP 国家大体形成了三大板块（表 5）：第一板块主要为中国、日本、泰国、新加坡等中心度较高的国家，且 2011 年后该板块的国家数量呈上升趋势；第二板块主要为越南、菲律宾、新西兰、澳大利亚和印度尼西亚等；第三板块主要为老挝、缅甸和文莱。

表 5　2011—2020 年的板块表

	第一板块	第二板块	第三板块
2011 年	中国、韩国、新西兰、印度尼西亚、马来西亚	日本、泰国、新加坡、越南、澳大利亚	老挝、缅甸、文莱、菲律宾、柬埔寨
2015 年	中国、日本、泰国	新西兰、菲律宾、越南、韩国、澳大利亚、马来西亚、印度尼西亚、新加坡、柬埔寨	老挝、缅甸、文莱
2019 年	中国、日本、泰国、韩国、新加坡	澳大利亚、菲律宾、老挝、印度尼西亚、越南、柬埔寨	缅甸、文莱、新西兰、马来西亚
2020 年	中国、泰国、新加坡、马来西亚、澳大利亚、印度尼西亚	新西兰、菲律宾、日本、越南、韩国	老挝、缅甸、文莱

各板块的密度矩阵如表 6 所示。第一板块一直为兼顾性板块，即在板块内部有密切的贸易往来，网络密度高达 1，又与其他板块保持紧密的贸易联系，是网络中最重要的贸易板块，具有很高的凝聚力。第二板块在 10 年间实现了由外部型向兼顾型的转变，内部的凝聚力在不断加深，而且与第一和第三板块的贸易往来十分密切。第三板块的类型在 10 年间变化较大，形成兼顾型—外部型—兼顾型—孤立型的转换，表明老挝、缅甸和文莱无论是对内还是对外的贸易往来均不密切。

表 6　2011—2020 年的板块密度矩阵表

2011 年密度矩阵			
	第一板块	第二板块	第三板块
第一板块	1.000	0.960	1.000
第二板块	0.760	0.350	1.000
第三板块	1.000	1.000	1.000
2015 年密度矩阵			
	第一板块	第二板块	第三板块
第一板块	1.000	1.000	1.000

（续表）

2015 年密度矩阵			
	第一板块	第二板块	第三板块
第二板块	1.000	1.000	0.926
第三板块	1.000	0.407	0.167

2019 年密度矩阵			
	第一板块	第二板块	第三板块
第一板块	1.000	1.000	1.000
第二板块	1.000	0.750	0.625
第三板块	1.000	0.792	0.933

2020 年密度矩阵			
	第一板块	第二板块	第三板块
第一板块	1.000	1.000	1.000
第二板块	1.000	1.000	0.900
第三板块	0.500	0.000	0.000

采用 α 密度指标计算像矩阵，2011 年、2015 年、2019 年和 2020 年的总体网络密度值分别是 0.90、0.89、0.91 和 0.83（图 3），板块密度超过总体网络密度的值计为 1，否则为 0，得到 2011—2020 年的像矩阵（表 7）。2011—2020 年，第一板块的内部贸易往来十分紧密，凝聚力很高。从整体的网络结构来看，RCEP 成员国之间的贸易呈现核心—边缘结构与中心化趋势，2019 年，以第一板块为中心的核心区板块内部的贸易往来十分紧密，构成凝聚子群，第二、三板块处于较为边缘的地位，相互之间不存在贸易关系，但是同时与第一子板块的核心成员有贸易往来。2020 年则演变为第一、二板块逐渐成为网络的核心地位，向第三板块进行单向贸易输出。

表 7　2011—2020 年的像矩阵表

2011 年密度矩阵			
	第一板块	第二板块	第三板块
第一板块	1	1	1
第二板块	0	0	1
第三板块	1	1	1

（续表）

2015 年密度矩阵			
	第一板块	第二板块	第三板块
第一板块	1	1	1
第二板块	1	1	1
第三板块	1	0	0

2019 年密度矩阵			
	第一板块	第二板块	第三板块
第一板块	1	1	1
第二板块	1	0	0
第三板块	1	0	1

2020 年密度矩阵			
	第一板块	第二板块	第三板块
第一板块	1	1	1
第二板块	1	1	1
第三板块	0	0	0

（五）RCEP 成员国间文化产品贸易的核心—边缘结构

核心—边缘（Core-periphery）结构是由若干元素相互联系构成的一种中心紧密相连、外围稀疏分散的特殊结构。通过块模型发现 RCEP 成员国间文化产品贸易网络总体趋向核心—边缘结构，假设第一板块的国家都处于核心地位，其他板块的国家都处于非核心地位，本文构建出一个 15×15 的理想模型矩阵，将所有第一板块国家所处行和列均赋值为 1（表明进出口到其他所有国家，处于完全核心地位），其他赋值为 0（表明其他国家完全处于边缘地位，彼此之间没有贸易，被动和核心区国家进行贸易往来），并和 2011 年、2015 年、2019 年、2020 年的原始贸易数据矩阵进行相关性计算，采用 QAP 的分析方法，最终计算出的相关系数均为正值，且 p 值均在 0.000 左右，在 1% 的水平上通过显著性水平检验，表明上述假设在统计意义上成立，确实存在明显的核心—边缘结构。

通过 Ucinet 中的核心—边缘连续模型计算出各个国家的核心度，构建理想的矩阵结构来获取非负向量 c，使得理想矩阵和实际数据矩阵之间的相关系数最大，c 即是每个点的核心度，其值越高说明该节点在网络中的地位越高，其矩阵结构如下：

$$\delta_{ij} = c_i c_j$$

根据计算结果,将核心度大于 0.1 的国家划分为核心区,核心度在 0.01—0.1 之间的国家划分为半边缘区,核心度小于 0.01 的国家则划分为边缘区(Borgatti et al.,2000),结果见表 8。总体来看,RCEP 国家的文化产品贸易结构较为稳定,且有往核心区聚集的趋势,但是两极分化格局明显,网络贸易结构的不平等性虽降犹存。核心区的国家数量由 2011 年的 6 个主要国家增长为 2015 年的 7 个国家且一直保持到 2019 年,2020 年核心区国家数量下降到 5 个,中国、新加坡、日本、韩国和马来西亚一直处于核心区,这些国家在贸易网络中拥有较强话语权,能够发挥出较大的影响力。半边缘区国家较少,主要是澳大利亚、越南等国家。边缘区国家主要是柬埔寨、老挝、文莱、缅甸,该区域经济发展水平较低,贸易联系较少且多局限于地理距离近的区域,呈现出空间集聚性的分布特征,对区域外国家的影响力微小,在贸易中处于被动地位。根据不同国家的核心度来计算总体的基尼系数,2011—2019 年,基尼系数呈现递减的趋势,由 2011 年的 0.648 减少到了 2019 年的 0.622,整体上 RCEP 国家之间的贸易不平等性在降低,但是其基尼系数值仍然大于 0.5,表明不同国家间的差距仍然悬殊。2020 年,基尼系数又上升至 0.678。

表 8　RCEP 成员国间文化产品贸易网络层级结构

	2011 年	2015 年	2019 年	2020 年
核心区	中国、新加坡、日本、韩国、马来西亚、泰国	中国、日本、韩国、印度尼西亚、马来西亚、新加坡、泰国	中国、新加坡、马来西亚、韩国、印度尼西亚、日本、泰国	中国、新加坡、马来西亚、韩国、日本
半边缘区	印度尼西亚、澳大利亚、越南	澳大利亚、菲律宾、越南	澳大利亚、越南、缅甸	泰国、印度尼西亚、澳大利亚、越南、菲律宾
边缘区	菲律宾、新西兰、缅甸、柬埔寨、文莱、老挝	新西兰、文莱、老挝、缅甸、柬埔寨	菲律宾、新西兰、文莱、柬埔寨、老挝	缅甸、新西兰、柬埔寨、文莱、老挝

五、结　论

本文对中国与 RCEP 成员国间的贸易规模、贸易伙伴、产品结构和贸易竞合关系进行了分析,运用社会网络分析法探究了成员国间文化产品贸易的整体网络格局、联系程度、网络中心性和网络结构,研究得出的结论如下:

中国与 RCEP 成员国间文化产品贸易规模总体上呈增长态势,彼此之间贸易依赖度在不断加深,日本、韩国、泰国、新加坡和越南是中国主要的贸易伙伴。中国与 RCEP 国家文化产品进出口占比较大的均为表演和节庆用品、视觉艺术和手工艺品。中国的文化产品竞争优势呈上升趋势,其中书籍和报纸、音像和交互媒体产品两大类别在 10 年间一直保持着国际竞争优势。中国与新西兰、印度尼西亚、菲律宾、泰国、缅甸和越南存在较强的潜在贸易竞争,文化贸易结构较为相似,而与马来西亚、韩国和新加坡的竞争性较弱。在互补性方面,中国文化产品出口与日本、印度尼西亚、新加坡、越南和柬埔寨的文化产品进口结构互补性较强。

RCEP 成员国间的贸易关系数与贸易总额呈增长态势,文化产品贸易合作在不断加深。成员国间的文化产品贸易集中于新加坡、马来西亚、泰国、中国、越南、日本和韩国之间。书籍和报纸、视觉艺术和手工艺品、表演和节庆用品这三类文化产品在 RCEP 国家间的贸易流动性较强。RCEP 国家文化产品贸易主要可分为三大板块:第一板块包括中国、日本、泰国和新加坡等中心度较高的国家,在贸易网络中以兼顾型为主,在整体网络中起到桥梁和枢纽作用,且其内部凝聚力很高,为典型的凝聚子群;第二、三大板块以兼顾型和外部型为主,且随着时间发展不断变化。RCEP 国家的文化产品贸易网络格局呈现核心—边缘结构的发展趋势,中国、新加坡、日本、韩国和马来西亚为主要的核心国家,半边缘区域主要是澳大利亚、越南,边缘地区主要是老挝、文莱和缅甸等经济发展较为落后的国家。整体来看,RCEP 国家文化产品贸易结构较为稳定,且有往核心区聚集的趋势,但是两极分化格局明显,网络贸易结构的不平等性较强。以上研究结论对中国文化贸易发展的启示如下:

第一,中国应实施出口市场多元化战略,因地制宜挖掘出口市场的贸易潜力。应根据东道国市场特点,采取灵活的市场策略,扩大文化产品在当地的影响力及市场份额,推动本国文化产品的创新升级与多样化发展,开拓更广阔的市场空间。同时,也要注重对目前出口规模不大的国家如文莱和老挝等国市场潜力的挖掘,逐渐消除贸易壁垒,完善文化交流合作平台建设,切实加强文化贸易合作。

第二,中国应进一步优化文化产品贸易结构。中国虽然是文化产品出口大国,但是占比较大的是珠宝、绘画、雕像等低附加值的劳动密集型产品,知识技术密集型产品的出口较少,不利于我国文化影响力的提升。数字化时代文化企业要积极探索科技与文化的融合,借助数字技术推动文化产品创新,打造高质量的知识技术密集型文化产品,提升中华文化影响力。

第三,中国应进一步加强与 RCEP 国家之间的文化交流,促进双边文化贸易共同发展。目前 RCEP 国家文化产品贸易两极分化格局明显,网络贸易结构的不平等性依然存在,在不断深化与日本、新加坡等核心国家贸易联系的同时,加强与各国政府之间的交流,更好地发挥中国在整个 RCEP 国家中的桥梁与带动作用,提升核心国家之间的凝聚力。同时也要与老挝、文莱、菲律宾等非核心国家缩减文化距离,推动国家之间的价值观与文化的认同与融合,深化国家间的人文交流合作,发挥核心大国的引领作用,促进不同国家之间的商贸往来,推动 RCEP 文化贸易网络均衡发展。

参考文献

[1] 花建,田野.RCEP 与中国提升对外交文化贸易竞争力[J].山东大学学报(哲学社会科学版),2022(5):38 - 49.

[2] LI X, JIN Y Y, CHEN G. Complexity and Synchronization of the World trade Web [J]. Physica A:Statistical Mechanics and its Applications,2003,328(1):287 - 296.

[3] FAGIOLO G, REYES J, SCHIAVO S. The Evolution of the World Trade Web:a Weighted-network Analysis[J]. Journal of Evolutionary Economics,2010,20(4):479 - 514.

[4] 张勤,李海勇,马文杰.入世十年来我国在国际贸易网络中的角色与地位演变轨迹[J].商业研究,2013(05):38 - 46.

[5] 邹嘉龄,刘卫东.2001~2013 年中国与"一带一路"沿线国家贸易网络分析[J].地理科学,2016,36(11):1629 - 1636.

[6] 胡玫,郑伟.中国与"一带一路"国家贸易竞争性与互补性分析[J].经济问题,2019(2):101 - 108.

[7] 桑百川,杨立卓.拓展我国与"一带一路"国家的贸易关系—基于竞争性与互补性研究[J].经济问题,2015(8):1 - 5.

[8] WHITE H C, BOORROAN S A, BREIGER R L. Social Structure from Multiple Networks. I. Blockmodels of Roles and Positions[J]. American Journal of Sociology, 1976, 81 (4):730 - 780.

[9] McQUITTY L L. Multiple Clusters, Types and Dimensions from Iterative Intercolumnar Correlational Analysis[J]. Multivariate Behavioral Research, 1968,3(4):465 -477.

[10] BREIGER R L, BOORMAN S A, ARABIE P. An Algorithm for Clustering Relational Data with Applications to Social Network Analysis and Comparison with Multidimensional Scaling[J]. Journal of Mathematical Psychology, 1975,12(3):328 - 383.

[11] BORGATTI S P, EVERETT M G. Models of Core/Periphery Structures[J]. Social Networks, 2000, 21(4): 375-395.

作者简介

方英,山西忻州人,中国传媒大学经济与管理学院教授、博士生导师。研究方向为国际文化贸易、数字贸易。

王照颖,安徽蚌埠人,清华大学深圳研究生院研究生。研究方向为电子信息。

Research on the Pattern of Competition and Network Relationship of Cultural Product Trade in RCEP Countries

Fang Ying   Wang Zhaoying

Abstract：The signing of RCEP provides a new development opportunity for China's cultural trade. This paper explores the trade pattern of cultural products among RCEP countries from 2011 to 2020 based on trade index and social network analysis. The results show that the dependence on cultural product trade among RCEP countries is deepening. Japan，South Korea，Singapore，Thailand and Vietnam are China's major trading partners. China has strong trade complementarity with these countries，but China's trade structure is very similar to that of New Zealand，the Philippines and other countries，which is potentially competitive. In terms of trade network relations，RCEP countries have close trade links in cultural products. China，Japan，Singapore and other countries have occupied the core position of the trade network. At the regional level，three major trade sectors have been formed，with China，Vietnam and Brunei as the core hubs. The first sector is highly cohesive and acts as a bridge in the whole trade network，while the members of the second and third sectors are in a convergence trend. In terms of spatial pattern，the trade network of cultural products has an obvious core-periphery structure，which is obviously polarized，but it shows the trend of core agglomeration. China should diversify export markets，continuously optimize the product structure，deepen trade exchanges with the third sector countries，and give full play to the leading role of core powers，thus promoting the coordinated development of RCEP countries.

Key words：RCEP   Cultural Product Trade   Social Network   Trade Index

中国电影产业国际竞争力影响因素研究*
——基于灰色关联分析法

周　锦　高文岭　付　娆

摘　要: 电影作为一种艺术现象,承载着文化传播的功能,具备了产业集群特征,电影产业是我国文化传播的重要载体。基于对我国电影产业的整体贸易状况以及在全球主要电影市场的贸易状况的分析,借助钻石模型构建指标体系,运用灰色关联分析方式研究中国电影产业国际竞争力影响因素。研究结果表明,规模以上文化及相关产业法人单位数、居民人均可支配收入、文化及相关产业占 GDP 的比重等因素与电影产业的贸易竞争力指数关联性较强,而艺术表演场馆机构数、国产电影票房收入以及银幕数量等因素与电影产业的贸易竞争力指数关联度较低。鉴于此,建议培养具有原创力的企业为贸易主体,引导我国电影消费市场转型升级,重视电影行业的复合型人才培养等,进而提升我国电影产业国际竞争力水平。

关键词: 电影产业　国际竞争力　文化传播　灰色关联分析

一、引　言

　　党的二十大报告提出:"加强国际传播能力建设,全面提升国际传播效能,形成同我国综合国力和国际地位相匹配的国际话语权。"我国优秀文化的对外传播能力的提升一定程度上代表了我国综合实力的提高。电影产品作为文化传播的重要载体,承载的不仅是文化内涵,更是国家形象。因此,自改革开放以来,我国对电影产业发展给予高度重视,先后对产业进行了发行放映重整、电影产业链各环节利润平衡问题改革、适应市场经济的体制革新(唐榕,2009)。2017 年,《中华人民共和国

---

* 　基金项目:国家社科基金一般项目"基于社交网络下的数字文化产业创新机制和生态体系路径建设研究"(21BH162)的阶段性研究成果。

电影产业促进法》正式实施,对从业人员职业操守、盗版管控等方面进行了更加明确的规定,填补了电影立法空白(胡薇薇等,2018),自此我国电影产业正式进入了法制推动期。一系列政策出台后,国内电影市场日益繁荣。以 2019 年为例,国产电影票房为 397.65 亿元,创历史新高,影院数 11 361 家,较上年增长 9.1%;观影人次为 17.28 亿人次,较上年增长 0.6%;银幕数量 68 284 块,较上年增长 11%;国内电影产量 1 037 部;影院投资公司数量 569 家。① 然而,一系列耀眼的数字背后却是国产电影"出海"频频遇冷的残酷现实,电影产业"外冷内热"的状况依旧存在。以 2021 年国产电影《长津湖》为例,其在中国的票房为 8.99 亿美元,豆瓣评分为 7.4 分(10 分制),成为 2021 年国产电影票房冠军,是刷新中国影史票房纪录的又一佳作,而反观这部电影在美国的票房仅为 34.24 万美元,IMDb 给出的评分也仅为 5.4 分(10 分制),国内"大爆"电影却在美国出现"遇冷"状况。国产电影在国内市场传播影响力高,但是"出海"之路并不顺利。电影产业作为核心文化产业,对于我国整体文化传播水平的影响不言而喻,若想扩大我国文化的国际影响力,提升电影产业国际竞争力依旧是不能忽视的路径。

二、相关文献回顾

从现有的研究成果来看,学者对于电影产业国际竞争力的研究主要集中在两部分。一是分析电影产业发展较好的国家的经验。在全球范围内,美国电影一直以来都占据着重要地位,其全球化、"本土化"战略是保障自身得以在全球范围内广泛传播的关键(尹鸿等,2001),造就了好莱坞神话。而面对好莱坞的猛烈攻势,韩国通过对外开放提升市场竞争活力,减少电影拍摄题材限制,根据具体的发展状况出台并调整政策等措施保障本国电影产业的良好发展,成了为数不多的能在电影方面与美国抗衡的国家(强月新等,2020)。日本的传统电影产业在互联网迅速发展的冲击之下遇到了"邦高洋低""流媒体冲击""电影产业饱和"等一系列问题,但其并没有选择"坐以待毙",而是通过与互联网融合发展、打造具有本土特色 IP 的方式来推动产业转型(王玉辉等,2019)。与中国同为发展中国家的印度,其电影作品的国际认可度远远高于我国,然而早在"宝莱坞"崛起之前,印度同样面临着"出海"困难的问题,其选择从供给侧进行转型,先后通过扩大国内市场规模、对接国际标准、降低自身生产成本、打破歌舞类电影刻板印象、跨国界合作等一系列举措来

---

① 数据来源:国家电影局网站,灯塔专业版 App。

提升自身的产业竞争力(贺卫华,2018),在数字经济迅速发展的背景下,"宝莱坞"选择借助流媒体"全球在地化"的方式来提升本国电影产品的传播水平(梁君健等,2022),从而实现印度电影在全球范围的广泛认可。这些电影产业发展良好的国家的发展方式及转型历程为我国提升电影产业竞争力提供了新思路。

二是从中国电影产业自身发展展开研究。从产业发展的影响因素来看,专业复合型人才仍是核心竞争力(蒲剑,2016),政策引导是产业发展的方向(李毅等,2013),银幕数量是电影放映的保障(曹怡平,2018),数字技术创新和发展为影视传播带来全新的路径(周翔等,2022)。从中国对外贸易的角度来看,中国电影若要"出海"顺利,首先,需要根据全球化的发展背景重建法律系统,并进行文化贸易体制改革(胡惠林,2004);其次,要在全球范围内创建出有影响力的华语电影品牌,以此来塑造民族形象(沈鲁,2010),打造独属于国产电影的记忆点;再次,在科学技术的推动之下,对电影全产业链进行重构升级(任明,2010),并积极参与到全球产业链的合作之中(刘藩等,2012);最后,提升我国电影市场的活力,既要通过出口的方式推动中华优秀文化走出去,又要接受优秀文化"进口",以开放的姿态迎接贸易全球化的发展趋势(罗立彬,2017),进而实现我国电影产业的国际竞争力提升。

综上所述,当前对于电影产业国际竞争力问题的研究还多数处于理论分析的阶段,对于影响因素的分析多是单一、静态的,很少关注因素之间相互作用的关系,通过实证的方式对具体因素的影响程度进行分析的相关研究也较少。因此,本文首先利用贸易竞争力指数(TC指数)对我国电影产业的贸易现状进行分析,接着依托钻石模型从生产要素、需求要素、企业要素、相关产业、政策要素5个方面构建指标体系,采用灰色关联分析的方法对中国电影产业国际竞争力的相关因素与TC指数进行关联度分析,并根据分析结果提出符合我国电影产业实际发展状况的建议。

三、电影产业国际竞争力提升的机理分析

钻石模型是目前学者们最常用于产业竞争力分析的模型之一,与传统分析方式不同的是,钻石模型更注重微观因素对产业竞争力的影响,指出对一个国家的某一项产业的国际竞争优势分析,需要立足于生产要素、需求条件、相关产业、企业战略这4项内部环境因素,以及机会、政府这2项外部环境因素进行综合分析,6种要素相互作用共同影响产业的国际竞争力(迈克尔·波特,2012)。

首先,生产要素主要指电影产业的基础设施,是产业竞争力提升的基础保障。

以院线为例,院线是电影放映的物质基础,影片的上映、排片、票房都需要以院线作为保障,硬件设施的增加只是竞争力提升的前提,国产电影的海外竞争力能不能有本质上的提升还需要进一步考察海外消费者的意愿(杨越明,2015)。其次,从需求要素的角度来看,我国国内电影市场规模大,庞大的消费者群体意味着对电影创作者提出了更高的要求,对于电影这类"内容为王"的产品而言,受到消费者青睐的关键是作品内容足够吸引人。但是,国内市场规模大意味着创作者在进行创作时会更多考虑国内消费者的需求,对海外消费者的需求的关注会减少,因此,国内市场规模扩大能否对海外观众产生吸引力仍是一个值得探讨的问题。再次,企业作为对外贸易的主体也是提升竞争力的核心要素,其原创能力、经营状况等都直接影响到电影产业的对外贸易状况。就我国而言,电影市场中国有企业与民营企业共存,需要双方共同配合形成产业集群,共同打造具有特色的"中国电影形象"而不是单打独斗;任何一个产业都不是独立存在的,电影产业的发展需要与相关产业进行产业关联从而实现产业价值链的完善与扩展(仝翔宇等,2022),完整的电影产业链包括前期资金筹备及专业人才招募,上游的正式制作及宣传,中游的电影发行,下游的影院放映、流媒体平台放映及媒介传播,后续的 IP 开发及电影衍生品的制作发行等。电影产业带动了相关产业的发展,相关产业也带动了电影产业的发展。机会是指电影产业在发展中的可能性,在全球化发展背景之下,电影产业不应只专注于国内市场,而应以积极开放的态度寻求国际合作,融入全球产业价值链中。最

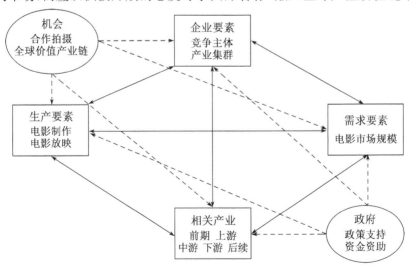

图 1 电影产业国际市场竞争力钻石模型

后,政策在电影产业运作过程中起到引导作用,政策本身并不能直接促进产业竞争力的提升,需要通过市场机制来发挥作用,因此不仅要注意政策出台的合理性,还要注重实施过程中的准确性、有效性、适应性。(见图1)

四、研究设计

(一) 中国电影产业总体以及在主要电影市场的贸易竞争力分析

贸易竞争力指数(TC 指数)是指一国进出口贸易差额占其进出口贸易总额之比,其取值范围为(-1,1),当越接近于-1 时,说明该产业在国际上的竞争能力越弱;当越接近于 1 时,说明该产业的国际贸易竞争力越强;当处于 0 附近时,则说明该产业的国际贸易竞争力处于均衡水平。文章使用联合国商品贸易统计数据库(UN Comtrade Database)所统计的 37 类 HS 编码的数据作为电影产业的贸易数据(吴亮芳等,2022)。计算公式如下:

$$TC = \frac{出口额 - 进口额}{出口额 + 进口额} \quad (1)$$

1. 中国电影产业整体进出口状况及贸易竞争力分析

如表 1 所示,2000—2021 年,我国电影产业仅在 2003—2005 年的 TC 指数为正,其他时间均为负值。自 2006 年以来,贸易竞争力出现断崖式下跌,2007—2008年、2009—2010 年、2013—2015 年、2020—2021 年有小幅度提升,其余年份均是逐年下降,但整体来说我国电影产业的贸易竞争力一直在下降,这说明我国电影产业在国际上一直处于比较劣势的状态。特别是 2020 年,我国电影产业的 TC 指数更是达到了近 20 年以来的最低值。虽然一直以来"中国制造"在世界各国受到了广泛的认可,但国产电影在世界上的影响力却一直不高。因此,进一步对能够促进电影产业国际竞争力提升的影响因素进行研究是十分有必要的。

2. 中国电影产业在主要电影市场的贸易竞争力分析

根据 The Numbers 网站发布的 2022 年全球票房排名数据,选取排名前 8 的国家来分析国产电影在国际市场上的贸易竞争力,分析年份为 2010—2021 年。

表1 2000—2021年中国电影产业进出口情况及 TC 指数

单位：美元

年份	出口额	进口额	差额	TC指数	年份	出口额	进口额	差额	TC指数
2000	428 779 570	520 041 970	−91 262 400	−0.096	2011	1 174 378 404	2 167 066 161	−992 687 757	−0.297
2001	419 310 693	459 578 006	−40 267 313	−0.046	2012	1 211 128 344	2 278 613 140	−1 067 484 796	−0.306
2002	522 627 882	567 843 859	−45 215 977	−0.041	2013	1 217 756 821	2 321 811 338	−1 104 054 517	−0.312
2003	738 220 908	720 477 614	17 743 294	0.012	2014	1 192 484 287	2 273 231 562	−1 080 747 275	−0.312
2004	946 825 020	896 124 627	50 700 393	0.027	2015	1 184 757 436	2 195 593 680	−1 010 836 244	−0.299
2005	1 073 063 902	980 076 510	92 987 392	0.045	2016	1 070 707 745	2 227 804 102	−1 157 096 357	−0.351
2006	774 715 123	1 060 291 833	−285 576 710	−0.156	2017	1 082 822 693	2 372 879 268	−1 290 056 575	−0.373
2007	765 263 020	1 245 991 276	−480 728 256	−0.239	2018	1 129 575 021	2 603 469 875	−1 473 894 854	−0.395
2008	958 725 325	1 513 870 650	−555 145 325	−0.225	2019	1 105 535 500	2 710 477 597	−1 604 942 097	−0.421
2009	805 872 427	1 533 431 665	−727 559 238	−0.311	2020	932 724 264	2 898 334 141	−1 965 609 877	−0.513
2010	1 072 933 906	1 929 456 774	−856 522 868	−0.285	2021	1 228 188 697	3 627 517 620	−2 399 328 923	−0.494

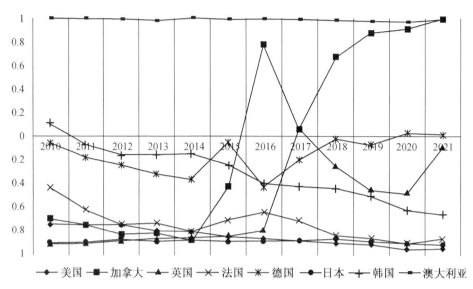

图 2　国产电影在主要电影市场的 TC 指数

图 2 显示,国产电影出口至日本的 TC 指数始终接近－1,根据日本电影家协会公布的票房数据来看,2010—2021 年,在日本电影市场进口影片中,奇幻或动画类型的电影登顶 7 次,本土电影中奇幻或动画类型的电影登顶 10 次,由此可见日本观众对于电影类型的偏好较为固定,这与日本本土影视行业的繁荣发展背景息息相关。反观中国本土影片的类型多为喜剧或历史,两国消费者对于电影类型的不同偏好,一定程度上造成了国产电影出口日本的"文化折扣"。出口至美国的 TC 指数从 2010 年开始就持续下降,在 2020 年达到了近 10 年以来的最低值,2021 年有所回升,但回升程度不大。出口至英国的 TC 指数在 2017 年出现了大幅度的增长,通过观察 2016 年以前的进出口情况可以发现,2010—2016 年,出口至英国的 TC 指数就在持续增长,因此 TC 指数在 2017 年大幅度增长并不是"偶然事件",而是"蓄势待发"。2017—2020 年,TC 指数出现下降情况,2021 年又上升至－0.091,处于接近 0 的水平,国产电影在英国基本上可以达到竞争力水平均衡的状态,总的来说,英国观众对于国产电影的认可度在提升。出口至韩国和法国的 TC 指数整体来说呈现下降趋势,特别是韩国,TC 指数从 2010 年的 0.109 开始连续下降,在 2021 年创下了近 10 年以来的最低值;出口至法国的 TC 指数分别在 2012—2013 年、2014—2016 年以及 2020—2021 年出现了上升,但上升幅度并不大,总体来说国产电影在法国的贸易竞争力较弱。国产电影在澳大利亚、德国以及加拿大的贸易竞争力水平相对较高,特别是在澳大利亚,TC 指数从 2010 年起就

一直接近于1,这可能与澳大利亚华裔数量日益增长相关。澳大利亚统计局2021年人口普查显示,澳大利亚华裔人口占总人口比例为5.5%,属于全国第五大族裔,除英语外,澳大利亚使用的五大语言中排名第一的为普通话,占比2.7%,华裔人口占比的增加以及普通话使用范围的扩大一定程度上提升了中华文化在澳大利亚的认可程度。出口至德国的TC指数在2010—2014年处于下降阶段,而2016年后总体处于平稳增长阶段,在2020—2021年大于0,基本可以维持竞争力水平均衡的状态。出口至加拿大的TC指数在2010—2014年的变化幅度不大,但是自2014年后出现了较大幅度的增长,总体来说增长速度较快,从2010年的-0.703增长至2021年的0.987。根据上述分析,我国电影产业的TC指数在多数情况下都处于小于0的状态,总体的贸易竞争力在国际上处于较为劣势的状态,但是具体到不同的国家时情况又有好有坏。

(二)研究方法及指标选取

1. 研究方法

灰色关联分析法是由邓聚龙于1982年创立的研究方法,该方法的理论基础是通过对部分"已知信息"进行挖掘来获取有价值的信息,适用于"小数据""贫信息"的研究对象,而在数理统计中常用的回归分析、方差分析、主成分分析等方法通常需要有大量的数据样本才能够使用(刘思峰,2017)。相对于其他传统产业而言,电影产业可用于分析的数据指标种类较少、统计周期较短,使用传统的数理统计方式并不适合,其数据更加符合灰色系统理论的"小数据""贫信息"的特性,因此本文选择灰色关联分析法对国产电影的国际贸易竞争力进行测度。

2. 我国电影产业国际贸易竞争力影响因素指标体系构建

依托于钻石模型分别从生产要素、需求要素、企业要素、相关产业、政策要素来构建中国电影产业国际贸易竞争力影响因素的指标体系(表2),数据来源为《中国文化及相关产业统计年鉴》。

表2 中国电影产业国际贸易竞争力影响因素的指标体系

指标分类	指标名称	指标代码	单位
生产要素	银幕数量	X_1	块
	院线数量	X_2	条
	生产电影数量	X_3	部

（续表）

指标分类	指标名称	指标代码	单位
需求要素	国产电影票房收入	X_4	亿元
	居民人均可支配收入	X_5	元
	居民人均支出——文化娱乐支出	X_6	元
企业要素	文化及相关产业占 GDP 的比重	X_7	％
	娱乐场所机构数	X_8	个
	娱乐场所从业人员	X_9	人
	规模以上文化及相关产业法人单位数	X_{10}	个
	文教、工美、体育和娱乐——R&D 经费	X_{11}	万元
相关产业	出版印刷企业数	X_{12}	个
	公共图书馆机构数	X_{13}	个
	艺术表演场馆机构数	X_{14}	个
	广播电视从业人员	X_{15}	人
政策要素	规模以上文化制造业企业应交增值税	X_{16}	万元
	规模以上文化服务业企业应交增值税	X_{17}	万元
	文化及相关产业专利授权总数	X_{18}	项

（三）灰色关联分析过程

1. 确定参考数列和比较数列

研究以 2014—2020 年中国电影产业国际贸易竞争力指数（TC 指数）作为参考数列，记为 $Y(t)$；将从生产要素、需求要素、企业要素、相关产业、政策要素方面构建的指标作为比较数列，记为 $X_i(t)(i=1,2\cdots,18;t=1,2\cdots,7)$，含义为第 t 年的第 i 项指标。

2. 对指标数据进行无量纲化处理

由于所选指标的统计单位不同，为提升不同指标之间的可比性，需要在计算之前先对数据进行无量纲化处理。常用的无量纲化方式包括初值化和均值化，文章选择用初值化的方式对数据进行处理，处理结果见表3。

表 3　无量纲化处理后的数据

年份	2014	2015	2016	2017	2018	2019	2020
Y	1	0.959	1.125	1.197	1.266	1.349	1.645
X_1	1	1.339	1.743	2.152	2.546	2.957	3.203
X_2	1	1.022	1.067	1.067	1.067	1.111	1.133
X_3	1	1.172	1.245	1.280	1.427	1.368	0.858
X_4	1	1.679	1.779	1.863	2.345	2.548	1.058
X_5	1	1.089	1.181	1.288	1.400	1.524	1.596
X_6	1	1.132	1.191	1.265	1.232	1.264	0.847
X_7	1	1.037	1.081	1.118	1.176	1.181	1.163
X_8	1	0.948	0.916	0.934	0.838	0.800	0.777
X_9	1	0.786	0.867	0.823	0.724	0.744	0.730
X_{10}	1	1.078	1.195	1.316	1.308	1.337	1.396
X_{11}	1	1.125	1.402	1.533	1.705	1.804	1.549
X_{12}	1	0.981	0.984	0.964	0.983	0.993	1.021
X_{13}	1	1.007	1.012	1.016	1.019	1.025	1.030
X_{14}	1	1.602	1.708	1.835	1.852	2.030	2.070
X_{15}	1	1.042	1.064	1.130	1.133	1.150	1.170
X_{16}	1	1.047	1.032	0.938	0.735	0.679	0.569
X_{17}	1	1.036	1.383	1.808	1.687	2.083	2.034
X_{18}	1	1.327	1.423	1.661	2.004	2.150	2.829

3. 计算参考数列和比较数列的绝对值

$$\Delta i(t) = |Y(t) - X_i(t)| \tag{2}$$

4. 分辨系数取值

通常情况下,分辨系数 ξ 的取值区间为 $(0,1)$,本文取 $\xi = 0.5$。

5. 计算灰色关联系数

$$R_i(t) = \frac{\text{minmin}|Y(t) - X_i(t)| + \xi\text{maxmax}|Y(t) - X_i(t)|}{\Delta i(t) + \xi\text{maxmax}|Y(t) - X_i(t)|} \tag{3}$$

在公式(3)中,$R_i(t)$ 表示第 i 个指标在第 t 年的灰色关联系数,$\text{minmin}|Y(t) - X_i(t)|$ 表示两级最小差,$\text{maxmax}|Y(t) - X_i(t)|$ 表示两级最大差。计算结果如表 4

所示。

表 4 关联系数结果

年份	2014	2015	2016	2017	2018	2019	2020
X_1	1	0.679	0.566	0.457	0.386	0.334	0.341
X_2	1	0.927	0.932	0.860	0.801	0.772	0.611
X_3	1	0.791	0.870	0.907	0.833	0.976	0.505
X_4	1	0.527	0.551	0.547	0.427	0.401	0.578
X_5	1	0.861	0.935	0.899	0.858	0.821	0.942
X_6	1	0.823	0.924	0.922	0.959	0.904	0.502
X_7	1	0.912	0.949	0.911	0.899	0.828	0.625
X_8	1	0.987	0.793	0.753	0.653	0.594	0.481
X_9	1	0.823	0.757	0.682	0.597	0.571	0.468
X_{10}	1	0.871	0.920	0.872	0.950	0.986	0.763
X_{11}	1	0.829	0.744	0.705	0.647	0.639	0.893
X_{12}	1	0.973	0.851	0.775	0.739	0.693	0.563
X_{13}	1	0.944	0.876	0.816	0.765	0.713	0.567
X_{14}	1	0.556	0.580	0.558	0.579	0.541	0.654
X_{15}	1	0.906	0.929	0.923	0.858	0.802	0.628
X_{16}	1	0.902	0.896	0.756	0.602	0.546	0.428
X_{17}	1	0.912	0.757	0.568	0.657	0.523	0.674
X_{18}	1	0.686	0.729	0.634	0.521	0.501	0.405

6. 计算灰色关联度

$$r_i = \frac{1}{7} \sum_{i=1}^{n} R_i(t) \tag{4}$$

其中，r_i 表示第 i 个指标的灰色关联度，计算结果如表 5 所示。

表 5 关联度结果

指 标	关联度	排 名	指 标	关联度	排 名
X_1	0.537	18	X_{10}	0.909	1
X_2	0.843	6	X_{11}	0.780	10

（续表）

指　标	关联度	排　名	指　标	关联度	排　名
X_3	0.840	7	X_{12}	0.799	9
X_4	0.576	17	X_{13}	0.812	8
X_5	0.902	2	X_{14}	0.638	16
X_6	0.862	5	X_{15}	0.864	4
X_7	0.875	3	X_{16}	0.733	12
X_8	0.752	11	X_{17}	0.727	13
X_9	0.700	14	X_{18}	0.639	15

（四）研究结果与分析

根据关联度的分析结果显示,要素所属分类的关联度排序为 $X_{10} > X_5 > X_{15} > X_2 > X_{16}$;其中,政策要素分类中指标的关联度水平最低,企业要素分类中指标的关联度最高。要素所属分类内部排序:生产要素为 $X_2 > X_3 > X_1$;需求要素为 $X_5 > X_6 > X_4$;企业要素为 $X_{10} > X_7 > X_{11} > X_8 > X_9$;相关产业为 $X_{15} > X_{13} > X_{12} > X_{14}$;政策要素为 $X_{16} > X_{17} > X_{18}$。其中,与 TC 指数关联度最高的指标是规模以上文化及相关产业法人单位数(X_{10}),关联度为 0.909,关联度最低的指标是银幕数量(X_1),关联度仅为 0.537。其余指标中,院线数量(X_2)、生产电影数量(X_3)、居民人均可支配收入(X_5)、居民人均支出——文化娱乐支出(X_6)、文化及相关产业占 GDP 的比重(X_7)、公共图书馆机构数(X_{13})、广播电视从业人员(X_{15})与 TC 指数的关联度相对较高,关联度均在 0.8 以上;而国产电影票房收入(X_4)、娱乐场所机构数(X_8)、娱乐场所从业人员(X_9),以及文教、工美、体育和娱乐——R&D 经费(X_{11})、出版印刷企业数(X_{12})、艺术表演场馆机构数(X_{14})、规模以上文化制造业企业应交增值税(X_{16})、规模以上文化服务业企业应交增值税(X_{17})、文化及相关产业专利授权总数(X_{18})与 TC 指数的关联度较低,关联度均在 0.8 以下。

以上分析结果显示,中国电影产业国际竞争力关联度排名的第一和第三名分别是规模以上文化及相关产业法人单位数(X_{10})和文化及相关产业占 GDP 的比重(X_7),这两种指标同属于企业要素,说明市场中竞争者数量增加以及经营状况良好有助于产业的国际竞争力提升;中国电影产业国际竞争力关联度排名第二的是需求要素中的居民人均可支配收入(X_5),电影产品不同于传统的商品,更多的是为消费者带来精神上的价值,属于精神层面的消费产品,因此消费者的实际消费水平及心理可承受的价位就显得尤为重要;广播电视从业人员(X_{15})的关联度为

0.864,排在第四位,说明人力资本仍然是影响我国电影产业国际贸易竞争力的重要因素;需求要素中的国产电影票房收入(X_4)与 TC 指数的关联度仅为 0.576,排在第十七位,说明电影作品国内高票房并不意味着可以海外畅销,这也呼应了文章引言部分国产电影的"外冷内热"现象;政策要素中的规模以上文化制造业企业应交增值税(X_{16})、规模以上文化服务业企业应交增值税(X_{17})、文化及相关产业专利授权总数(X_{18})的关联度系数均在 0.8 以下,相较于其他指标,政策要素对我国电影产业的国际竞争力提升的帮助程度并不大,这说明我国在政策在制定及实施过程中仍有改进空间。

五、研究结论及建议

电影产业是我国文化产业的重要组成部分,如何借助电影产业提升我国国家文化软实力和影响力值得探索,本文使用 TC 指数和灰色关联探讨我国电影产业国际竞争力的影响因素。研究发现:(1)我国电影产业整体 TC 指数以及在主要电影市场的 TC 指数分析结果表明,我国电影产业整体贸易竞争力在国际上处于较为劣势的状况且在不同国别市场表现有差异性,我国电影产业在澳大利亚、加拿大、德国、英国的竞争力水平相对较高,在韩国、法国、日本、美国的竞争力水平仍然较低。(2)灰色关联分析研究显示,我国电影产业国际竞争力主要受企业要素和人力资本要素的影响,如何提升需求要素和政策要素对我国电影产业发展的作用仍然值得不断探索。

根据上述分析结果,为提升我国电影产业国际竞争力,提出如下建议:

第一,培养一批具有竞争力、原创力的企业为贸易主体。对内提高企业规模化程度,完善产业链,对外寻求合作共赢,以国际贸易的形式参与到国际市场竞争之中,提升国产电影的国际认可度。企业作为对外贸易的主体,其经营状况将直接关系到产业竞争力水平,企业在国内通过规模化、集聚化、产业链完善来实现发展,在国外要积极寻求国际市场的合作机会,将企业自身融入全球电影产业价值链之中。要关注企业特别是民营企业的发展需求,形成良性、有活力的竞争市场;要明确国营企业与民营企业不应是竞争对抗的关系,而应合作共赢,以联合出品的方式优化投资组合,降低投资风险,提升电影产品的竞争力,打造具有中国特色的"电影品牌"。

第二,积极引导我国电影消费市场转型升级,针对不同的受众群体推出合适的产品类型。电影产品的推出要考虑产品的受众群体,综合考虑收入水平、年龄、地区、受教育水平等多种因素，根据受众群体的信息获取偏好渠道有针对性地投放宣传。尤其要注重电影产品供给的城乡均衡问题，不能忽略乡村地区对电影产品的需求，"要统筹保障农村地区群众观看电影的需求"，通过文化振兴促进乡村振兴，借助创意产业为我国乡村振兴赋能，帮助乡村地区文化消费转型升级。

第三，人力资本仍然是提升产业国际竞争力的核心要素，不仅要引得进、留得住，更要重视复合型人才培养。我国的大学教育已经取得了长足的进步，但是人才流失、复合型人才供给不足问题仍然存在。首先，我国受教育水平整体提升使得大量人才涌入一二线城市，这也就出现了"大城市"人才供给过剩，"小城市"及乡村人才供给不足的现象，人才分布不均制约了产业竞争力的提升；其次，在数字经济时代下，技术型复合人才的存在显得尤为重要，但是目前高校对于人才培养还是集中于单一专业，对交叉学科人才培养的重视程度不够，这导致既懂电影又懂技术的复合型人才依旧短缺。因此，要从两个方面提升人力资本：一是注重人才分布均衡问题，特别是非一二线城市要重视人才引进、人才保障，确保人才引得进且留得住；二是重视复合型人才培养，保障电影产业发展的优秀人才供给。

第四，国产电影"外冷内热"现象明显，跨文化传播过程中要特别注意"文化折扣"问题。电影是文化附加值较高的产品，在国家间的贸易中属于跨文化传播，在贸易过程中不仅要重视其商品属性，更要重视其艺术属性。贸易双方的语言差异、习俗差异、思维差异等因素在一定程度上会影响到贸易状况，因此在传播过程中要特别重视"文化折扣"问题，关注国家间的文化差异，对产品进行适当的"本土化"宣传，增强国外市场消费者的文化认同感。特别是在文化数字化发展背景之下，国产电影"出海"过程中不能只注重传播，更要重视反馈，借助流媒体平台的实时反馈实现以用户为体验中心的价值共创。

第五，电影产业的政策扶持要注重力度、准确度、有效性，更要保障电影创作者应有的权益。首先，电影产业作为对资金需求较高的产业更需要行之有效的政策来对产业进行保障，但在制定政策时要注重电影产业发展的实际需求，同时也要对政策实施效果进行定期总结及反馈，确保政策的有效性。其次，通过知识产权保护的方式保障电影创作者的利益，保护知识产权是为了电影产业实现可持续发展，是电影产业发展的核心，也是调动创作者积极性的关键，因此要坚决杜绝盗版行为。

参考文献

［1］唐榕.改革开放 30 年中国电影体制改革研究［J］.现代传播—中国传媒大学学报,2009
(02):5 - 9.

［2］胡薇薇,李亦中.《电影产业促进法》的另一种解读［J］.现代传播(中国传媒大学学报),
2018,40(03):163 - 164.

［3］尹鸿,萧志伟.好莱坞的全球化策略与中国电影的发展［J］.当代电影,2001(04):
36 - 49.

［4］强月新,许欢欢."韩流坞":21 世纪韩国电影的革命性逆袭崛起［J］.湖北社会科学,
2020(10):152 - 162.

［5］王玉辉,龚金浪.2017 年以来日本电影产业观察［J］.电影艺术,2019(06):124 - 133.

［6］贺卫华.跨文化传播视域下的中国电影"走出去"路径研究——以印度电影国际化为借
鉴的分析［J］.新闻与传播评论,2018,71(05):121 - 128.

［7］梁君健,苏筱.从宝莱坞到流媒体:印度电影的"全球在地化"实践［J］.当代电影,2022
(03):79 - 87.

［8］蒲剑.中国电影产业的人才短板及对策［J］.现代传播(中国传媒大学学报),2016,38
(07):151 - 155.

［9］李毅,陈方.贸易政策变动与中国电影产业变革的深度探究［J］.首都经济贸易大学学
报,2013,15(06):42 - 48.

［10］曹怡平.银幕数激增背景下中国电影产业关系的再平衡［J］.电影艺术,2018(01):
154 - 160.

［11］周翔,洪星月.可供性视角下我国数字文化出海路径之新可能［J］.中国编辑,2022
(12):15 - 20.

［12］胡惠林.论中国文化产业发展的"走出去"战略［J］.思想战线,2004(03):89 - 91,106.

［13］沈鲁.全球化语境下华语电影品牌的观念、内容与渠道建设分析［J］.江西社会科学,
2010(12):193 - 196.

［14］任明.全球背景下中国电影产业所面临的挑战与机遇［J］.现代传播(中国传媒大学学
报),2014,36(08):9 - 14.

［15］刘藩,余宇.中国电影入世十年发展评价及未来问题分析［J］.电影艺术,2012(01):
89 - 94.

［16］罗立彬.中国文化贸易进口与中国文化走出去:以电影产业为例［J］.东岳论丛,2017,
38(05):93 - 102.

［17］迈克尔·波特.国家竞争优势（上）［M］.李明轩,邱如美,译.北京:中信出版社,2012.

［18］杨越明.中国电影国际市场竞争力的关键要素与提升策略［J］.当代电影,2015(11):85-89.

［19］仝翔宇,艾则孜.基于钻石模型的中国动画电影国际竞争力分析［J］.中国地市报人,2022(03):66-69.

［20］吴亮芳,张慧敏.国产电影"出海"困境的重要原因与战略选择——基于贸易引力模型的实证分析［J］.文化产业研究,2022(01):262-287.

［21］刘思峰,等.灰色系统理论及其应用(第八版)［M］.北京:科学出版社,2017.

作者简介

周锦,江苏扬州人,南京信息工程大学商学院副教授,硕士生导师。研究方向为文化产业经济学。

高文岭,山东德州人,南京信息工程大学商学院应用经济学硕士研究生。研究方向为文化产业经济学。

付娆,四川自贡人,本文通讯作者,四川省社会科学院副编审。研究方向为出版与传播专业。

Study on the Factors Influencing the International Competitiveness of China's Film Industry
—Based on Grey Relation Analysis

Zhou Jin　Gao Wenling　Fu Rao

Abstract: As an artistic phenomenon, movies carry the function of cultural dissemination and possess the characteristics of industrial clusters. The film industry is an important carrier of cultural dissemination in China. Based on the analysis of the overall trade situation of China's film industry and its trade status in major global film markets, an indicator system is constructed based on the diamond model, and grey relation analysis is used to study the factors affecting the international competitiveness of China's film industry. The results indicate that factors such as the number of legal entities in cultural and related industries above designated size, per capita disposable income of residents, and the proportion of cultural and related industries in GDP have a strong correlation with the trade competitiveness index of the Chinese film industry, while factors such as the number of art performance venues, box offices of domestic films, and the number of screens have a low correlation with the trade competitiveness index of the aforesaid film industry. In view of this, it is recommended to cultivate original enterprises as trading entities, guide the transformation and upgrading of China's film consumption market, attach importance to the cultivation of composite talents in the film industry, and thereby enhance the international competitiveness of China's film industry.

Key words: Film Industry　International Competitiveness　Cultural Dissemination　Grey Relation Analysis

内容产业

我国数字出版产业政策演进及效果评价[*]

杨　菲　王爱红　梁　君

摘　要:以我国 2006—2020 年数字出版产业政策为研究对象,构建发布机构、政策类型、政策措施和政策力度四维度政策评价体系,并通过量化后的政策刻画出各维度协同演变规律,然后运用多元线性回归的方法实证分析数字出版产业政策的实施效果并给出各部门有效政策搭配模式。结果显示,除文化和旅游部外,与数字出版相关的机构对数字出版产业发展都具有显著促进作用;通知类、办法类和意见规定类政策显著地促进数字出版产业发展,而赋值分数较大的其他类型政策却未能起到显著正向作用;资金支持、法规规制、策略措施、政府采购政策对数字出版产业发展具有显著促进作用,其他政策尚未发挥理想的效果;在各部门政策有效搭配方面,资金支持和策略规划两项政策措施入选居多。

关键词:数字出版　四维度模型　政策效果　政策搭配

一、引言

20 世纪 90 年代以来,我国出版业拉开了数字化转型的帷幕,出版方式也由最初的桌面出版、电子出版发展到网络出版、移动出版、智能出版等多种新模式。自 2006 年数字出版首次被写进“十一五”规划后,数字出版产业经历了一个高速发展的动态前进期,年收入由 2006 年的 213 亿元增长到 2020 年年底的 11 781.61 亿元,增长了 50 多倍。当下,数字出版已经成为出版领域中引人注目的重要趋势,数字出版与传统出版有机融合为出版业稳定高效发展提供了重要引擎。除了科学技术发展的深远作用外,国家和政府的政策支持和帮扶也成为数字出版产业繁荣进步必不可少的因素。数字出版政策工具是政府机构将其实质目标转化为具体行动

---

* 基金项目:国家社科基金项目“5G 时代数字出版的新业态新模式研究”(20XXW002)、广西研究生教育创新计划项目“中国省际区域文化产业数字化的区域响应机制与扩散路径创新研究”(YCSW2022146)的阶段性研究成果。

的路径和机制,从政策工具层面系统研判数字出版产业的变化与发展规律,深层次讨论数字出版产业发展中政策因素的作用效果,有助于科学、客观地描述产业政策如何影响数字出版产业的发展,进而辨明数字出版政策从发布到实施过程中存在问题及其症结(王福涛等,2021)。因此,对数字出版的研究离不开对数字出版产业政策的探讨。

二、相关文献梳理

就现有文献看,目前关于数字出版产业政策的研究主要有三点。一是对数字出版相关方面的思辨式质性描述研究,包含数字出版概念与分类、数字出版政策体系构建、产业政策梳理及政策优化路径等。如吴江文(2016)在总结了数字出版概念的基础上,用三分法构建数字出版产业发展政策、产业结构政策和产业组织政策的政策体系,并依据相关大类内涵进一步将数字出版政策进行分类;张窈等(2021)以数字出版产业政策文本为研究对象,建立 X、Y 二维度分析框架,总结出数字出版政策工具的分布特征,并提出了政策优化路径措施;谭冰(2014)则基于历年数字出版产业政策刻画出我国数字出版产业政策的演变历程,认为我国数字出版产业政策虽带动了数字出版产业的发展,但是仍存在政策滞后、法律不健全、太过侧重宏观等不足,为此也提出了针对性建议。二是从数字出版产业细分性政策出发,分别研究数字出版财税政策(胥力伟,2016)、数字出版人才政策(张新新,2016)、数字出版投融资政策(李彤,2015)等,这些相关研究大多就某一细分性政策遵循"政策解读—发现问题—提出策略措施"的思路来解析。三是对数字出版产业基地政策(郑凌峰,2014)、数字出版版权教育政策(周莹,2017)、区域性数字出版政策(周玥,2017)等专项政策的研究,此类研究也多是现象性逻辑分析与描述,较少涉及模型构建和量化维度的分析。

随着研究的不断推进,学者们开始积极探索定性和定量相结合的方法来描述和测度数字出版产业政策,丰富了产业政策的研究内容。郭剑等(2017)梳理了2006—2016 年的数字出版产业政策,并结合国外研究指出要改善对数字出版产业政策的评估方式;陆维仪(2018)在对我国关于数字出版产业政策的重要论文数据进行定量分析的基础上,以知识图谱法和内容分析法相结合的研究方式,讨论了数字出版产业政策理论的研究现状及其中的问题与不足;常嘉玲(2019)选取我国2008—2018 年数字出版产业政策文本样本并将其分为供给面、需求面、环境面三个维度,分析数字出版产业政策的分布年份状况、颁布主体状况和效力层级状况。

储鹏(2020)收集了国家级和省(市)级数字出版产业政策,构建政策实施效果的评价指标体系,结合问卷调查比较分析了各省(市)数字出版政策的实施效果。可以说,定性与定量分析相结合来测度数字出版产业政策的研究逻辑扩充了政策研究的多样性,为数字出版产业政策研究增添了更为理性和严谨的思路与方法。

有鉴于此,本研究尝试用定性和定量相结合的分析方法,在内容分析法的基础上,以数字出版产业政策作用效果为切入点,构建数字出版产业政策演进和效果评价新的研究范式,深层次挖掘我国数字出版产业政策的潜在问题,重点研究中央哪些机构分别出台了哪些政策,这些政策采用了哪些政策工具,各自的特点和作用是什么,以及如何依据这些政策工具之间的联系构建相对完善的政策分析框架并提供有益的政策指引。

三、数字出版产业政策评价体系的构建

(一)政策评价体系的构建

从政策本身含义出发,可认为政策本身就是政策实施(发布者)、政策目标、政策内容(手段)的综合体(Schneider et al.,1988),因此,数字出版产业政策评价体系的构建应该充分考虑这三个要素。结合以往研究经验并借鉴崔文华(2018)和王晓珍(2016)对产业政策的分析框架,拟从四个维度研究数字出版产业政策工具的作用效果,即发布机构(policy agency)、政策类型(policy type)、政策措施(policy measures)和政策力度(policy executive strength),如图1。

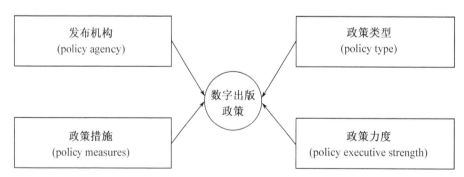

图1　数字出版产业政策四维度框架图

(二)政策文本的选取与数据来源

本文所涉及的政策样本重点来自中央层面的政策文本数据,不涉及地方层面,数据主要取自国务院政策文件库、北大法宝官网政策数据和有关政策发布机构的

官方网站,并结合现有数字出版产业政策研究的期刊论文和相关专著,对政策样本进行筛选和补充,以最大力度保证样本的完整性和可信性。查找过程中分别采用标题搜索和全文搜索,检索的关键词除了数字出版、出版数字化、网络出版、电子出版之外,还包含数字出版的各细分类目,如互联网广告、互联网期刊、数字期刊等。最终整理出 2006 年 1 月 1 日至 2020 年 12 月 31 日跨度为 15 年的 401 份政策文本样本。

(三)数字出版产业政策的梳理与量化

1. 发布机构维度

发布机构的选择主要为国务院、国家新闻出版广电总局、国家统计局、文化部和旅游部、国家知识产权局、财政部、教育部、税务总局等相关部门。由于部门存在合并与改革,所以发布机构的名称也在变化,其中,国家新闻出版总署与国家广播电影电视总局经历了 2013 年和 2018 年两次职责变革和演变,名称也更送了数次,为便于分析,这里不再区分相关的几个机构,一并将其名称以国家新闻出版广电总局代表,其他发布机构则不考虑历史沿革问题,统一以 2020 年年底尚存在的部门代表之;同时,鉴于国务院与文化和旅游部在数字出版产业中的特殊地位,我们把这两个部门与发布数字出版政策最多的国家新闻出版广电总局当作代表性部门,将余下政策发布部门统一归为其他部门。虽然三个代表性部门之间存在行政级别上的高低,但是为了更客观地分析其政策效果,这里采用"0—1"赋值法进行发布机构的量化,不再区分行政级别的高低。最后,鉴于数字出版产业政策具有多个机构联合出台的状况,在研究中参照以往惯例允许政策发布机构维度在各选项中并列存在。

2. 政策类型维度

在查找数字出版政策文本的过程中,主要选取法律、条例、部令、决定、规定、协定、意见、规划、办法、通知、实施细则、实施方案、通知、通告等作为政策类型,批复、会议纪要、复函等不予纳入。

对于政策类型的量化,则参照王晓珍等(2016)在风电政策效果评价中的方法,依照法律地位高低,采用"1—5"赋值法(表 1),赋值越高,相应的政策类型级别就越高。容易得出,与发布机构不同,政策类型的赋值在各选项间是排他的,且政策类型的级别高低与赋值大小成正相关。

表 1　政策类型分类

分值	政策类型
1	通知、通告(简称通知类)
2	各部门的意见、纲要、规划、办法、暂行规定、实施方案、实施细则、规程等(简称办法类)
3	国务院颁布的暂行条例/意见/规划;各部门的条例、规定、公告(简称意见规定类)
4	国务院颁布的条例,各部门的部令、决定;全国人民代表大会颁布的纲要等(简称条例部令类)
5	全国人民代表大会及其常务委员会颁布的法律(简称法律类)

3. 政策措施维度

自罗斯韦尔(Rothwell R)、泽维尔德(Zegveld)从"需求面—环境面—供给面"三维度分析技术创新政策后,诸多研究以此为基础,在三维度分析方法基础上进行扩充,将该方法应用到政策工具绩效分析上。考虑到数字出版产业本身发展与相关技术创新进步具有必然联系,所以我们借鉴两位学者的方法,将数字出版政策措施的具体分析类目设定为 3 大类和 10 小类(表 2)。

表 2　数字出版政策措施分类目录

一级分类	二级分类
供给面	人才资源
	技术支持
	资金支持
	基础服务
环境面	税收优惠
	金融支持
	法规规制
	策略规划
需求面	海外机构
	政府采购

对政策措施的量化,则假设政府部门在产业政策中的角色只是分工差异,无级别上下之分,且政府需要同时承担多个角色,故采取"0—1"赋值法,即如果某一政

策采取了某种政策措施,那么该政策的这一政策措施变量赋值为 1,反之为 0。具体来说,当一项政策同时采取多种措施时,则所涉及的各项政策措施变量均赋值为 1,其他未涉及的政策措施变量则赋值为 0。

4. 政策力度维度

政策内容中文字表述的力度通常代表实施过程中的实际执行强度,因此可以将文字表述力度的不同用政策力度表示(Gary,1978;彭纪生等,2008)。具体做法是,将数字出版产业政策按照实施力度评分,依据表 2 中二级分类中实施力度差异,按照分值大小与政策力度正相关的原则,把政策内容分别赋以"1—5"的分值。政策力度打分由研究数字出版产业的一名教授与三名硕士研究生共同拟订,若得分为"1",则表示在相关政策的文本内容中只提到了相应的文字;得分为"5",表示对应的政策文本内容中涉及的政策措施二级分类较多。政策力度的具体得分和分配由两位研究生根据政策内容描述的强度独立评分得到,然后相互检验。与政策类型类似,政策力度的量化赋值在各个政策选项中也不是并列存在的。

一般情况下,政策力度存在滞后性与延续性,为更加合理地来衡量,我们将政策力度区分为数字出版产业政策发布力度和作用力度两个方面:发布力度重点从数量视角剖析各个年度的数字出版产业受关注程度;作用力度侧重于通过积累方式来衡量,从存量视角勾画数字出版产业发展过程的长期性与演变性。在模型中,以 RP_i 表示数字出版产业政策在第 i 年的发布力度(公式 1),RP_i 表示数字出版产业政策在第 i 年的作用力度(公式 2),其中 i 表示年份,i、R^+、j 表示发布的数字出版产业政策,j、R^+、A_{ij} 表示第 i 年发布的数字出版产业政策 j 的政策效力($A_{ij} \in \{1,2,3,4,5\}$),N_i 表示第 i 年发布的数字出版产业政策数量,$N_i \in R^+$。

$$RP_i = \sum_{j=1}^{N_i} A_{ij} \tag{1}$$

$$AP_i = RP_{i-1} + RP_i \tag{2}$$

四、我国数字出版产业政策演进分析

学术界关于政策演进的分析多从时间和空间两个角度来梳理,本文重点研究的是国家和中央层面的数字出版政策,因而从时间角度探讨相对便捷合理,所以该部分拟在数字出版产业政策的四个维度量化基础上,在时间层面上分别探究各个维度变化的特点和趋势,并初步认识演进背后的内在可能原因。

（一）发布机构演进

从发布机构主体看，一方面，数字出版产业政策主体不断延伸，在发展初期（2006 年），发布机构范畴包含全国人大常委会、国家新闻出版广电总局、国务院、文化和旅游部等 11 个部门，到 2020 年已经扩展到了 30 多个部门和机构。从政策主体数量看，发布政策数量第一的是国家新闻出版广电总局（152 条），其次是国务院（88 条），再次是文化和旅游部（64 条），这些部门都与数字出版产业发展息息相关，算得上是该产业的主管部门。另一方面，先后有不同发布部门作为第一主体参与数字出版政策的制定，且随着时间的推进，各部门间协调合作也在逐渐增多，比如，为应对文化与科技深度融合面临的新挑战、充分释放科技赋能文化建设的潜力，以及提高有关部门和地方政府对科技与文化深度融合的重要性和紧迫性的认识，2019 年科技部、财政部等六部门联合发布《关于促进文化和科技深度融合的指导意见》。

从政策主体演进特点易于看出，国家和政府对数字出版产业的重视加强，试图通过发动各方面的力量推动其快速发展，同时也侧面反映出数字出版产业的动态发展中存在许多问题和挑战，这些问题和挑战并没有在萌芽期得到较好处理，随着时间推移，主管数字出版产业的几个部门已经无法自行地解决这些问题，需要多方部门协调配合来加以处理。

（二）政策类型演进

表 3 为我国 2006—2020 年的数字出版各政策类型分布统计表，其中通知、办法类共 306 条，占比为 76%，意见规定、条例部令类政策各是 48 条和 42 条，但法律类却只有 5 条，所占比例最小。与此同时，不考虑不同时期发布的政策数量差异，图 2 是 2006—2020 年发布的不同类型数字出版产业政策百分比变化的状况，能够看出，2006—2020 年，通知、办法和意见规定类政策类型始终占据数字出版产业政策类型的大部分比例，而赋值分数较高的条例部令类和法律类政策所占比例始终最小。

表 3　2006—2020 年我国数字出版产业政策类型分布统计表

通知	办法	意见规定	条例部令	法律	总计
179	127	48	42	5	401

数据来源：原始数据通过国务院政策文件库、北大法宝官网、有关政策发布机构官方网站等收集整理得到，下同。

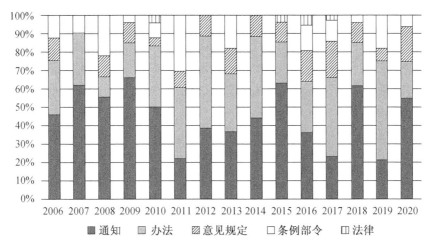

图 2　2006—2020 年我国发布的不同类型数字出版产业政策百分比变化

可见,政府部门颁布的数字出版相关政策的类型虽大多采用通知、办法、意见规定这些较为低级别的形式,这类政策通常具有相对实用性和针对性,能够给数字出版产业的发展提供切实的引导和建议,而条例部令和法律类政策由于发布过程繁杂,且较为宏观,致使出台的该类政策数量较少。

(三)政策措施演进

按照作用力度大小排序,前六位的依次是法规规制、策略规划、技术支持、基础服务、资金支持和人才资源,图 3 是这前六位政策措施在 2006—2020 年间的百分比变化。其中,法规规制和策略规划占比(40%)最多,其他的占比较小,总的来看这六项措施所占比重随时间变化不大。从具体政策措施内容考量,法规规制主要涉及两点:一是传统法规规制的延续,包含出版物内容质量、出版市场规范、从业单位资质等;二是规制放松、管理权限以及行政审批权的调整,如 2010 年国家新闻出版广电总局出台政策将电子书纳入相应的审批管理程序。策略规划则集中在制定发展规划、为具体数字出版项目的实施等方面提供支持;技术支持集中于鼓励与数字出版密切相关的技术的发展,如数字显示技术、内容处理技术、AR/VR 出版技术等。基础服务重点是带动相关基础设施和服务的建设,如推动城乡网络化和数字化进程、开展农村数字图书馆试点工作、推动 5G 基站全范围建设等。资金支持则运用补贴、基金项目、专项支持等支持国家级数字出版产业基地的建设、文化产业重点项目的跨区域整合、传统出版企业数字化转型发展,以及数字出版产品与服务出口。人才资源政策重点是引导相关人才培养机制的构筑,联合中央、地方和高校力量推进数字出版专业型、复合型高层次人才的培育。

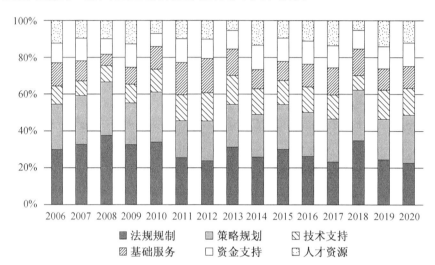

图3　2006—2020年我国数字出版产业政策措施百分比变化

(四) 政策力度演进

从政策发布力度演进角度看,图4表明了2006—2020年我国数字出版产业政策平均每年的发布数量达到28项,部分年度(2007年、2010年、2013年、2015年、2018年)较少,但发布数量总体呈波动上升趋势。在对背景资料的分析中发现,数字出版产业政策的不连续性与当时政府机构改革、相应主管机关更迭频繁的时代背景有关。如2013年新闻出版总署、广电总局合并重组为国家新闻出版广电总局,2018年文化部改革组建文化和旅游部,这些都影响了当年数字出版政策的发布,使其发布数量相对减少。从年政策发布力度看,其与年政策发布数量的动态演进规律基本相近,原因在于政策数量和政策措施理论上是正相关关系,随着政策措施数目的增多,相应的政策力度也会增强。

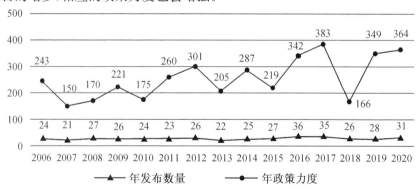

图4　2006—2020年我国数字出版产业政策数量和发布力度

从政策作用力度演进角度看,图 5 显示,数字出版发展早期,政策作用力度起色不甚明显,但随着时间推移,政策的作用力度稳步上升,年均增幅为 22.64％,表明数字出版产业政策红利随时间发展不断释放。通过分析发布数量和研读政策文本内容发现,数字出版政策作用力度在早期较低的原因可能是在产业发展的前几年参与政策发布的部门较少,发布的数量也少,并且发布的政策与数字出版产业关系不太紧密,这些都影响着作用力度的增强。随着数字出版产业配套政策的发展以及相关文件保障日益到位,政策的颁发也跟上产业快速发展的步伐,出台了诸多针对数字出版产业发展的专项政策,尤其是数字出版"十二五""十三五"发展规划等长期战略型政策文件的制定和实施,客观上营造了一种长效发展机制,共同推动数字出版产业政策作用力度的增强。政策作用力度增幅则呈现波动下降趋势,特别是 2010 年、2013 年和 2018 年下降幅度较大,这与上文中年政策发布数量变化趋势基本一致。数字出版政策力度不断累积,相应的作用力度增幅基数也不断增大,所以政策作用力度增幅也会随时间的增加出现不同程度的下降,基本符合数字出版作用力度的演变规律。

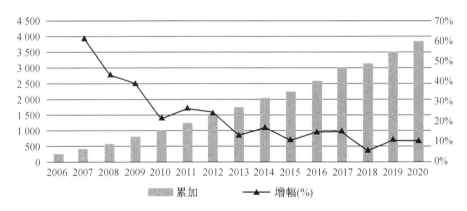

图 5 　2006—2020 年我国数字出版产业政策累积作用力度和增幅

五、政策效果评价与政策有效组合实证分析

数字出版产业政策的有效性及其大小能够对数字出版产业的发展产生不同程度的影响,因此对数字出版产业政策效果进行评价具有重要意义。在建模分析之前,首先需对数字出版产业发展的效果进行量化。当下,关于数字出版政策效果常用的评价指标是该产业年收入规模,因而本文选取年度新增数字出版产业收入规模作为产业发展效果的刻画指标。此外,还应对原始数据进行处理,一是为避免数

字出版政策存续时间对具体研究的干扰,采用对年度新增数字出版产业收入规模和年度政策力度进行上年和当年平均分摊的方法进行处理;二是为保证数据的可比性和精确性,在实证分析中宜采用收入规模实际增加值,方法是以2006年为基期,通过引入历年GDP折算指数进行折算得到。

本文的政策数据从收集到的401项政策文本数据并按照前期量化统计得来,数字出版收入规模的数据为查阅相关产业报告得到,GDP折算指数来自国家统计局,同时对相应数据取对数,由于政策效力和政策措施量化的数值存在为0的情况,再对这两项量化来的数值加1再取对数。相应地,按照上文政策效力的分类,实证分析中也将数字出版政策效果评价分为政策发布效力和政策作用效力分别讨论。

(一) 政策效果评价实证研究

多数实证研究中,对具有多重解释变量的分析,常采用主成分分析法降维,但笔者研究了该模型的4个维度发现,Cronbach Alpha系数有半数都小于0.7,同时各个维度的KMO值大多在0.5以下,SMC指标也很多未超过0.5,说明不适合主成分分析。鉴于本文主要研究数字出版产业政策对数字出版增加值的贡献,因而对该模型4个维度分别作回归,并忽略对常数项的考察,表4对本文所用变量给出了定义。

表4 变量名称及定义

变量名称	含义	变量名称	含义
Y	实际数字出版产业收入规模年增加值的平均分摊值	HR_2	人才资源力度
HR_1	人才资源措施	TS_2	技术支持力度
TS_1	技术支持措施	FU_2	资金支持力度
FU_1	资金支持措施	BS_2	基础服务力度
BS_1	基础服务措施	TP_2	税收优惠力度
TP_1	税收优惠措施	FS_2	金融支持力度
FS_1	金融支持措施	LR_2	法规规制力度
LR_1	法规规制措施	SP_2	策略规划力度
SP_1	策略规划措施	OE_2	海外机构力度
OE_1	海外机构措施	GP_2	政府采购力度

（续表）

变量名称	含义	变量名称	含义
GP_1	政府采购措施	NO	通知类
SC	国务院	ME	办法类
PR	国家新闻出版广电总局	OR	意见规定类
CT	文化和旅游部	RO	条例部令类
OD	其他机构	LA	法律类

参考以往关于政策效果的研究模型和过程发现，对于政策效果的评价往往是以政策的各个维度细化指标作为自变量，以政策产出效果的代表指标作为因变量来构建回归模型，并忽略其他因素来考察辨别政策各个维度对政策效果的影响情况。所以，这里将数字出版政策变量视为研究对象，以实际数字出版产业收入规模年增加值的当年和下年的平均分摊值(Y)为因变量，建立了(3)—(6)的分析模型。

$$Y=aSC+bPR+cCT+dOD \tag{3}$$

$$Y=aNO+bME+cOR+dRO+eLA \tag{4}$$

$$Y=aHR_1+bTS_1+cFU_1+dBS_1+eTP_1+fFS_1+gLR_1+hSP_1+iOE_1+jGP_1 \tag{5}$$

$$Y=aHR_2+bTS_2+cFU_2+dBS_2+eTP_2+fFS_2+gLR_2+hSP_2+iOE_2+jGP_2 \tag{6}$$

其中，小写字母 a、b、c、d、e、f、g、h、i、j 表示相关参数。

对上述模型进行多重共线性诊断显示，政策效果评价 4 个维度的 VIF 值仅有发布机构维度所有变量通过了 VIF<10 的检验，其余 3 个维度都有较为明显的多重共线性问题，因而有必要解决多重共线性的问题。岭回归采用偏回归的方式处理变量间的多重共线性，虽然岭回归的 R^2 值稍微低于常用的多元线性回归，但其回归系数却更为精确(陈永国等，2016)。据此，在对 4 个维度进行回归时，拟对发布机构采用常规多元线性回归，其余 3 个维度采用岭回归进行评价分析，回归结果的展示中均采用标准化回归系数，使用的计量软件为 SPSS 26.0。

1. 发布机构影响分析

表 5 显示，国务院、国家新闻出版广电总局和其他机构对数字出版产业发展存在不同程度的正向影响，这 3 个机构出台的政策均能促进其发展，并且"其他机构"等这样的"外围部门"对数字出版产业发展有较大影响，相关系数达到 1.362 4。可

能的原因是"外围机构"包含了如财政部、国家税务总局、发改委等具有相当大实权和财权的机构,能为数字出版发展提供相关的配套和保障设施,对该产业的发展至关重要。国务院虽不是数字出版产业的直接主管机构,却能把控引领产业发展方向和路线;国家新闻出版广电总局几经重组和变革却始终是数字出版产业动的主管机构,对数字出版产业的发展发号施令,因此促进作用也相对明显。文化和旅游部对数字出版产业的发展作用显著,系数却是负的,深层次原因是原文化部及现在的文化和旅游部主管的是文化产业和旅游业,发布的政策多是较宏观的文化产业政策,数字出版产业政策针对性不强,没能对数字出版产业发展起到明显正向作用,这也是需要改进和反思之处。

表 5　政策效果评价:发布机构

变量	系数
国务院(SC)	0.686 7***
国家新闻出版广电总局(PR)	0.595 0**
文化和旅游部(CT)	−0.339 3
其他机构(OD)	1.362 4***
R−squared	0.995 8
Mean VIF	1.52

注:***、**和*分别表示1%、5%和10%水平上显著,下同。

2. 政策类型影响分析

由表6可知,在5类政策类型中,通知、办法和意见规定类具有显著的正向作用,条例部令和法律类政策却未能显著促进其发展。具体来说,通知、办法、意见规定这3种政策类型虽然通过了显著性检验,但在促进数字出版产业发展程度方面却稍有差异,办法类政策正向作用最明显,相关系数也最大(0.992 1),意见规定类次之(0.650 1),通知类最后(0.592 2);相较而言,办法类政策多是数字出版相关机构发布的一些意见、纲要、规程、实施方案、实施细则等较为详细和具体的实施措施,在效力级别上又高于通知类政策,所以具有良好的可操作性,从而系数最大。条例部令和法律类政策系数为负且不显著,原因主要表现在两点:一是虽然这类政策最具权威性,但往往太过宏观,操作性较差,且出台过程繁杂,要汇聚多方观点,从政策酝酿、发布到实施的时间跨度长,因而无论是在数量上还是在效力上都很难有重大的改进;二是从具体内容上看,该类政策多为规范数字出版市场、保护版权的内容,具有二重性,在为数字出版产业的发展营造更为公平的竞争环境的同时,由于其对盗版的打击,或多或少也有抑制产业发展的影响。

表6 政策效果评价:政策类型

变量	系数
通知类(NO)	0.592 2**
办法类(ME)	0.992 1***
意见规定类(OR)	0.650 1**
条例部令类(RO)	−0.089 7
法律类(LA)	−0.129 2
R-squared	0.998 7
Mean VIF	2.82

3. 政策措施影响分析

由表7可知,资金支持、法规规制、策略规划和政府采购等四项措施对数字出版产业发展有显著正向作用。产业的繁荣发展一定程度上依赖于制度、政策、环境等各方面的支持和保障,从分析结果看,良好的发展环境对数字出版产业的发展影响较显著,法规规制和策略规划措施属于数字出版产业发展的环境面政策,策略规划措施最受青睐,系数达到0.242 8。从具体内容看,数字出版策略规划措施多涉及两方面内容:一是数字出版宏观战略规划,如《新闻出版业"十二五"时期发展规划》和《数字出版"十二五"时期发展规划》等,能够宏观上引导产业的发展方向,明确发展的任务和重点;二是具有针对性的具体策略措施,如实施"农家书屋"工程、开展全面数字阅读专题活动、规范数字出版企业转型升级等,该类措施常具有较直接的作用。法规规制措施通过规范数字出版发展环境,如规范版权交易市场、打击盗版侵权、明确数字出版主体责任等,能有效保障数字出版的发展。在所有供给面政策中,资金支持措施作用效果最明显,该措施相对务实,可以为产业发展提供动力和源泉,较为直接地为数字出版产业发展提供支持。相较而言,需求面仅有政府采购对数字出版产业的发展起到了明显促进效果,因此需求面的政策作用效果较小,目前未产生应有的作用,有待强化。

表 7　政策效果评价:政策措施

变量	系数
人才资源措施(HR_1)	0.114 0
技术支持措施(TS_1)	0.054 4
资金支持措施(FU_1)	0.180 1**
基础服务措施(BS_1)	0.082 7
税收优惠措施(TP_1)	−0.006 5
金融支持措施(FS_1)	0.014 6
法规规制措施(LR_1)	0.184 8**
策略规划措施(SP_1)	0.242 8**
海外机构措施(OE_1)	−0.152 7
政府采购措施(GP_1)	0.192 3*
Adj R-squared	0.879 8

4. 政策力度影响分析

由表 8 可知,人才资源、资金支持、法规规制、策略规划和政府采购五项政策力度的回归结果是显著的。由于政策力度和政策措施两个维度密切联系,即政策措施非零取值决定了政策力度的非零取值,故政策力度的回归结果与政策措施类似。特殊之处表现在人才资源措施是不显著的,但在政策力度的测度中却是显著的,说明人才资源政策力度对数字出版产业影响较大,可以进一步加强人才资源政策措施的颁布。总体而言,在所有显著的政策力度中,人才资源和资金支持的力度是相对较低的,这两类政策属于需求面的政策,反映了自上而下的行政管理体系,相关部门对需求面的政策颁布和实施的效果不甚理想,还有待完善和优化。

表 8　政策效果评价:政策力度

变量	系数
人才资源力度(HR_2)	0.149 9*
技术支持力度(TS_2)	0.094 4
资金支持力度(FU_2)	0.148 9*
基础服务力度(BS_2)	0.034 7
税收优惠力度(TP_2)	0.021 1

（续表）

变量	系数
金融支持力度（FS_2）	$-0.005\,2$
法规规制力度（LR_2）	$0.219\,5^{**}$
策略规划力度（SP_2）	$0.211\,9^{*}$
海外机构力度（OE_2）	$-0.127\,1$
政府采购力度（GP_2）	$0.201\,9^{*}$
Adj R-squared	$0.858\,6$

（二）政策有效组合实证研究

关于政策有效组合的研究集中于发布数字出版产业政策较多的国务院、国家新闻出版广电总局、文化和旅游部及其他部门，由于文化和旅游部不显著，所以着重研究国务院、国家新闻出版广电总局和其他部门的政策有效组合方案。相应地，本文关注政策类型中作用较为显著的办法和意见规定类政策，换言之，这一部分考察数字出版产业政策"部门—类型—措施"的组合问题。同样，与前文保持一致，为避免多重共线性，各维度变量的 VIF 值未通过检验的仍然采用岭回归分析。

以国务院的政策有效组合得出为例，其操作过程如下：

（1）构造国务院同三类政策类型（通知、办法、意见规定）的交互项，之后将其对因变量做回归，挑选出正向且显著的各项，即为有效匹配政策类型。

（2）构造有效匹配政策类型与四类政策措施（资金支持、法规规制、策略规划、政府采购）的交互项，之后将其对因变量做回归，挑选出正向且显著的各项，即有效匹配政策措施。

限于篇幅，具体过程不再赘述，这里仅展示有效政策组合方案的具体结果（表9）。

表9　政策有效组合方案

部门	政策类型	政策措施
国务院	通知（$0.656\,5^{**}$）	资金支持（$0.535\,2^{**}$）
		政府采购（$0.540\,2^{**}$）
	办法（$1.203\,5^{***}$）	资金支持（$0.473\,8^{**}$）
		策略规划（$0.231\,6^{*}$）

（续表）

部门	政策类型	政策措施
国家新闻出版广电总局	办法(0.502 2***)	资金支持(0.509 6**)
		策略规划(0.291 8*)
	意见规定(0.343 8**)	资金支持(0.580 5***)
		策略规划(0.291 8*)
其他部门	通知(0.418 3***)	资金支持(0.375 2***)
		政府采购(0.468 5**)
	意见规定(0.363 2**)	资金支持(0.318 2**)
		策略规划(0.240 7**)

注:其中政策措施一栏检验中 VIF>10,为避免多重共线性采用岭回归方式得到回归结果。

对政策效果的探索中,政策的有效匹配的研究也尤为重要。表9展现了我国数字出版产业发展政策的"部门—类型—措施"的有效组合实证结果。从部门维度看,国务院应该以通知和办法发布各项政策,其中通知要注重资金支持和政府采购,办法类文件应以资金支持和策略规划政策措施为主;国家新闻出版广电总局要以办法和意见规定的形式发布政策,重点关注资金支持和策略规划;其他部门以通知和意见的形式发布政策措施,通知类政策形式重点是资金支持和政府采购两项措施的运用,意见规定类重点关注资金支持和策略规划。

六、研究结论与启示

通过对我国数字出版产业政策的演进进行系统梳理并对政策效果进行评价,能够得出以下结论与启示:

在政策的四维度演进方面,第一,发布机构数量不断增加,且随着数字出版产业发展和时间推进,各机构之间协同合作趋势不断加强,这就要求注重"政策主体能力"的建设,数字出版产业政策发布机构间既要重点突出、权责明确,又要分工合理、相互协作,努力破除政府缺位、越位和失位的现象(朱锦程,2019)。第二,政策发布类型多以通知、办法类低级别政策为主,条例部令、法律类高级别政策较少,虽然通知、办法类政策比较具体,针对性强,实施起来也较容易,但我们也不可忽略高级别的条例部令和法律类的政策的制定,要确保各个政策类型的运用都能恰到好处,避免对数字出版产业市场造成非正常的干扰。第三,政策措施中法规规制、策略规划、技术支持、基础服务、资金支持和人才资源在所有数字出版产业政策中占比最多,值得相关部门引起关注。第四,发布力度和作用力度都在随时间推移不断增强,这对于数字出版是利好的,但是作用力度的增幅出现下降趋势,因此,相关部门在颁布政策时也要关注相关政策措施的实施和推进。

在数字出版产业政策效果方面,第一,除文化和旅游部,其他的机构对数字出版产业发展都有显著促进作用,因此要关注文化和旅游部的机构职能及政策发布,使其能发挥应有的职能。第二,政策类型中,通知、办法、意见规定类能够显著促进数字出版产业发展,而条例部令和法律类政策却能起到显著正向作用,该结果与上述政策类型演进的分析相呼应。第三,在关于政策措施和政策力度对数字出版影响的分析中,资金支持、法规规制、策略措施、政府采购四项政策措施和政策力度都具有显著促进作用,因而这四项措施要得到政策决策机构足够重视。

在政策有效搭配方面,第一,国务院应该重视办法类资金支持和策略规划类政策措施的搭配使用及通知类政策与资金支持和政府采购的搭配使用。第二,新闻广电总局应该以发布办法类和意见规定类政策为主,并且搭配使用资金支持和策略规划政策。第三,其他与数字出版密切相关的机构主要以通知类政策搭配资金支持和政府采购,以意见规定类政策形式搭配资金支持和策略规划政策。从政策的有效搭配中可以看出,各种搭配中优选的政策措施以资金支持和策略规划两项政策措施为主,除政府采购措施外,其他各项均未入选,因此各部门在数字出版政策出台时不仅要注重资金支持和策略规划措施,也要协调其他措施的合理有效使用,使其发挥应有的效果。

参考文献

[1] 王福涛,蔡梓成,张碧晖,等.中国科研院所改革政策工具选择变迁研究[J].科学学与科学技术管理,2021,42(9):19-35.

[2] 吴江文.我国数字出版产业政策内涵与体系[J].科技与出版,2016(9):32-36.

[3] 张窈,储鹏.我国数字出版政策工具选择体系及其优化策略研究[J].科技与出版,2021(2):31-42.

[4] 谭冰.数字出版,政策源动力——我国数字出版产业相关政策分析[J].出版广角,2014(2):54-55.

[5] 胥力伟.加快数字出版产业发展的财税政策研究[J].科技与出版,2016(11):81-84.

［6］张新新.“十三五”的数字出版人才政策与实践研究——以政产学研一体化为视角［J］.出版广角,2016(19):18－20.

［7］李彤,游登贵,吴江文.京津沪渝数字出版投融资政策比较研究［J］.重庆工商大学学报(社会科学版),2015,32(4):93－97.

［8］郑凌峰.国家数字出版基地政策工具选择研究［D］.厦门:厦门大学,2014.

［9］周莹.数字出版时代的版权教育政策组合［J］.出版发行研究,2017(8):10－13.

［10］周玥.我国各省级政府数字出版政策比较研究［D］.北京:北京印刷学院,2017.

［11］郭剑,徐晨霞.我国数字出版产业政策绩效评估研究［J］.编辑之友,2017(5):21－26.

［12］陆维仪.我国数字出版产业政策理论研究回顾与展望——基于文献计量的分析［J］.出版发行研究,2018(12):41－45.

［13］常嘉玲.基于内容分析法的我国数字出版产业政策优化路径探究［J］.出版发行研究,2019(4):24－29.

［14］储鹏.基于内容分析法的数字出版产业政策研究［D］.武汉:武汉大学,2020.

［15］SCHNEIDER A,INGRAM H. Systematically Pinching Ideas:A Comparative Approach to Policy Design［J］. Journal of Public Policy,1988,8(1):61.

［16］崔文华.中国光伏产业政策演进及效果评价［D］.徐州:中国矿业大学,2018.

［17］王晓珍,彭志刚,高伟,等.我国风电产业政策演进与效果评价［J］.科学学研究,2016,34(12):1817－1829.

［18］刘春华.我国体育产业政策演进与效果评价［J］.山东体育学院学报,2020,36(1):1－8.

［19］彭纪生,仲为国,孙文祥.政策测量、政策协同演变与经济绩效:基于创新政策的实证研究［J］.管理世界,2008(09):25－36.

［20］HANSON E C,ROTHWELL R,ZEGVELD W. Industrial Innovation and Public Policy:Preparing for the 1980s and the 1990s［J］. American Political Science Review,1981,76(3):699.

［21］GARY D L. Economic Variables and the Development of the Law:The Case of Western Mineral Rights［J］. The Journal of Economic History,1978,38(02):338－362.

［22］彭纪生,孙文祥,仲为国.中国技术创新政策演变与绩效实证研究(1978—2006)［J］.科研管理,2008(04):134－150.

［23］陈永国,褚尚军,聂锐.京津冀及周边地区碳排放驱动因素的贡献作用及其政策含义［J］.河北经贸大学学报,2016,37(01):102－106.

［24］朱锦程.新常态下江苏新兴文化产业的政策有效性研究——基于文化旅游业的考量［J］.文化产业研究,2019(1):46－61.

作者简介

杨菲,广西桂林人,文学硕士,桂林电子科技大学马克思主义学院讲师。研究方向为思想政治教育理论。

王爱红,河南周口人,广西师范大学经济管理学院硕士研究生。研究方向为文化产业。

梁君,广西北流人,博士,广西师范大学经济管理学院教授,博士生导师。研究方向为文化产业。

The Policy Evolution and Effect Evaluation of the Digital Publishing Industry in China

Yang Fei   Wang Aihong   Liang Jun

Abstract: Taking 2006—2020 digital publishing industry policies as the research object, the paper builds a four-dimension policy evaluation system, which involves policy agencies, policy types, policy measures and policy executive strength, and analyzes the evolution laws of each dimension through the quantitative analysis of those policies. After adopting multiple linear regression, it empirically analyzes the implementation effect of China's digital publishing industry policies and gives an effective policy matching model for various departments. The findings reveal that except for the Ministry of Culture and Tourism, all institutions related to digital publishing play a significant role in promoting the development of the digital publishing industry; policies in types of notices, approaches, opinions and regulations can significantly promote the development of the digital publishing industry, while policies of other types with high assignment scores can't play a significantly positive role; financial support, laws and regulations, strategies and measures, and government procurement policies play a significant role in boosting the development of the digital publishing industry, while other policies have not yet played an ideal effect; Regarding each department's effective policy matching model, financial support and strategic planning are the most important policy measures to be selected.

Key words: Digital Publishing   Four Dimensions Model   Policy Effect   Policy Matching

实体书店商业模式场景化建构探析

张勇丽　丁梦瑶

摘　要:以大数据、云计算为代表的信息技术带来了激烈的生产范式转换,场景在商业情境中的嵌入逐渐加深。人—货—场关系的再构,导致实体书店商业模式需要基于场景逻辑转型升级。已有研究多是将场景理论作为实体书店商业模式转型的路径之一加以探讨,从场景理论本身出发,全方面考察实体书店商业模式建构的文章还很少。鉴于此,本文尝试从以下方面进行创新:以场景理论为支撑,围绕情感体验、用户导向、平台连接度、社群生态圈、场景力配置五个方面提出实体书店商业模式场景化建构模型,并从用户识别、体验配置、渠道融合和深度营销四个方面探讨实体书店商业模式场景化建构的具体路径。

关键词:实体书店　商业模式　场景理论　建构路径

一、实体书店商业模式相关文献综述

实体书店是人类的精神文化消费场所,是城市重要的文化地标。实施文化产业数字化战略,加快发展新型文化企业、文化业态、文化消费模式是新时期党中央部署建设文化强国的重要举措,实体书店在数字时代的转型升级成为发展新型文化企业的重要着力点。《出版业"十四五"时期发展规划》提出,鼓励各地加大实体书店支持力度,推动实体书店加快数字化、智能化改造,探索多业态融合发展,全面提升管理、运营、服务水平,推出一批具有文化地标意义的特色书店。[①] 近年来,政府有关部门虽多方扶持、鼓励实体书店改革发展,但线上市场竞争、突发性公共卫生事件等因素对实体书店的发展带来了多方困扰,实体书店商业模式转型升级势在必行。

学界对当下实体书店转型发展的研究主要集中两个方面。一是实体书店商业

---

① 国家新闻出版署.出版业"十四五"时期发展规划[J].中国出版,2022(03):8-20.

模式转型的发展态势。崔英超认为实体书店在数字时代受数字出版、网上书店等多重挤压,处境艰难,要积极迎合时代需求,结合新媒体营销手段探索实体书店新兴的经营模式。① 刘银娣等则通过对多地区新开实体书店的实地考察,指出新型书店和小微店是未来实体书店的发展方向,线上线下复合经营将会是实体书店的主要经营模式。②

二是实体书店商业模式转型的具体路径。罗赟运用新版《体验经济》一书关于经济价值递进的理论框架,探讨实体书店的核心价值及其价值递进的方向,归纳不同实体书店的商业模式和发展路径:成为"游客凝视地",提供独一无二的视觉和精神体验;成为"变革诱导者",为受众的变革提供长期服务。③ 臧金英指出当下的实体书店虽已形成复合服务、价值共创、产品驱动、平台共同体四种典型经营模式,但仍需在编织融合化网络、与用户共创价值等方面不断优化。④ 李建军等认为实体书店商业转型应该走"文创+"再造型的路径模式,从内部管理升级和外部经营拓展两个维度双管齐下,挖掘书店中的"文化"和"创意"元素,通过再生机制把"文创"元素有机融入书店品牌,通过再造机制完成实体书店从弱品牌单一盈利渠道向强品牌多元盈利渠道的商业模式成功转型。⑤ 卜希霆等提出当前实体书店的转型困境主要在于虚实空间博弈、阅读场景变革以及读者价值认同式微,建议实体书店在转型升级过程中以文化 IP 赋能实体书店,重塑场景精神、重构读者认同以及重建商业模式。⑥ 沈悦则提出了吸引力场景概念,认为文化 IP 嵌入增强书店场景共生力、新媒介技术赋能带动书店场景营销力、游戏营销提升书店场景吸引力、情感体验彰显书店场景共情力是未来实体书店吸引力场景塑造的可行策略。⑦ 张旻昉等指出城市大型综合书店重构措施表现出趋同性,经营者需要重构后台经营,寻找业

① 崔英超.互联网时代实体书店的文化转型——以上海特色书店为例[J].编辑之友,2019(03):21-27.
② 刘银娣,雷月媚.我国实体书店发展特点及趋势预测[J].出版广角,2020(05):26-29.
③ 罗赟.后体验时代实体书店产业价值递进[J].中国出版,2022(06):10-13.
④ 臧金英.实体书店发力线上知识服务的商业模式探析[J].科技与出版,2021(08):113.
⑤ 李建军,朱乾峰,傅佳诚.实体书店商业转型模式与机制研究——以上海钟书阁书店为例[J].中国文化产业评论,2021,30(1):292-307.
⑥ 卜希霆,苏颖悦.城市实体书店打造文化 IP 路径研究[J].中国出版,2022(06):3-9.
⑦ 沈悦.实体书店吸引力场景塑造策略[J].中国出版.2022(06):14-19.

态趋同与异质化经营间的平衡点,重新联结人群,营造全民阅读氛围。① 张辉刚等提出了大数据时代实体书店智慧化撰写的策略——研究技术外包或技术合作,即物理空间的智慧化;营造个性服务,即读者心灵归宿的情感化;构筑第三空间,即社会意义与社会内涵的赋予与释放。②

上述研究虽然从不同角度、不同层面分析了实体书店商业模式转型升级的策略,成果颇丰,但整体来说研究视角较为零散,涉及经济价值理论、经营管理学、市场营销学等多个层面,还未形成体系化的研究。另外,当下以大数据、云计算为代表的信息技术带来了激烈的生产范式转换,技术、场景与生产的融合实现了商业模式中"人""货""场"的互通,线上线下无缝融合的"场"则是其中的关键节点。数字技术的发展为"人—物""物—物"的连接提供了超大容量多端口接入,场景的嵌入在多端连接中逐渐加深,人—货—场关系的再构,引导了零售业态商业模式的变革与重塑。然而,当下从场景理论角度全方面考察实体书店商业模式建构的文章还很少。鉴于此,本文基于商业逻辑的转向,以场景理论为依托,围绕情感体验、用户导向、平台连接度、社群生态圈、场景力配置五个方面全面探讨实体书店商业模式场景化建构模型,并根据实体书店商业模式场景化建构模型探讨实体书店商业模式场景化建构的具体路径。

二、场景理论与实体书店商业模式变革

"场景"原指在戏剧、电影、电视中由布景、音乐、出场人物组合成的景况,后广泛运用于传播学、社会学研究中,最初是指时空维度的"生活场面",随后拓展到经由媒介创造的信息环境等"社会情境",是由空间地域场景与媒介信息环境等社会情境组成的综合体,"是基于空间和基于行为与心理的环境氛围,以人为中心的所有体验细节,人与周围景物关系的总和"③。场景理论认为,人们的思考、决策和行动受到所处场景的深刻影响,该理论运用到商业模式变革中就是要以场景思维洞察和挖掘用户需求,充分考虑场景要素对用户体验的满足,为用户带来垂直化、细分化、个性化的服务配适,即场景化商业模式。它强调的是一种消费情境,结合空间、时间、产品(服务)和大数据技术多维建构消费场景,于场景设计中融入与凸显

① 张旻昉,刘晓远.业态趋同与差异化体验平衡间的城市综合书店重构[J].编辑学刊,2022(02):19 - 25.
② 张辉刚,刘岩,于聪.大数据时代实体书店智慧化转型[J].编辑学刊,2022(02):26 - 30.
③ 王钰.用户视角下的教育出版知识服务场景分析[J].出版发行研究,2020(11):44 - 49.

产品和服务,构建多元化的用户体验。商业场景由大数据、移动设备、社交媒体、传感器和定位系统等场景五力组成①,并且随着要素的不断演化,将消费者与产品属性关联耦合,通过对消费期望进行多要素的自发融入,实现人与物的再匹配,重构商业模式价值链。

基于信息技术推动和商业生产的逻辑转向,近年来,物理空间体验性的"最美书店"和复合经营的"书店＋"业态已经成为实体书店的基础标配。但仅以空间形态场景作为呈现的实体书店在产品和服务的情感设计、书店和顾客的双向互动、社群的运营与维护等方面仍有较大缺陷,而"书店＋"的跨界经营也不是简单叠化。受突发公共卫生事件的影响,城市消费空间发生变化,面对顾客流量的锐减,基于物理空间体验的"书店＋"复合经营模式的"脆弱"尽数体现。随着大数据技术的发展和商业环境的渐变,用户的消费行为受到作为空间的"场"和作为情境的"景"共同传递出的情感倾向及文化认同感的双重影响,购买场景成为影响用户消费行为的重要诱因。② 场景建构不仅是大势所趋,亦是破局之道。面对生产范式的重塑,实体书店的持续经营需要基于场景逻辑转型升级,利用"互联网＋"和"新零售"对实体书店的产品和服务赋能,全渠道多维布局场景,借由"产品＋功能""产品＋体验""产品＋情感"的演变,将功能、体验和情感传递给用户③,重构与用户的多元关系,实现从产品思维到用户思维的转变。在此维度下,探讨实体书店商业模式场景化建构,分析实体书店场景化模式的建构策略,具有一定的理论价值与现实意义。

商业模式是系统性的业务活动工具,系统内涵盖了共识价值创造的九个基本要素:价值主张、客户细分、渠道通路、客户关系、渠道准入、核心资源、关键伙伴、成本结构、收入来源。④ 商业模式通过内外各要素的整合,形成高效且独具核心竞争力的系统。基于零售业态的发展形式,企业商业模式场景化创新是通过价值主张、价值创造主体、价值创造过程、关键资源和核心能力五个要素进行架构,并综合发

① 斯考伯,伊斯雷尔. 即将到来的场景时代[M]. 赵乾坤,周宝曜,译. 北京:北京联合出版公司, 2014.
② 徐艳琴. 从消费者购买决策改变看实体书店营销策略创新[J]. 出版发行研究,2017(11): 52-55.
③ 王福,庞蕊,高化,等. 场景如何重构新零售商业模式适配性?——伊利集团案例研究[J]. 南开管理评论,2021(09):1-19.
④ 亚历山大·奥斯特瓦德,伊夫·皮尼厄. 商业模式新生代[M]. 王帅,毛心宇,严威,译. 北京:机械工业出版社,2011.

挥不同要素的效用,以此实现对原商业模式的再建构。① 实体书店场景化商业模式建构需要在原有商业要素中融入场景要素,通过注入场景要素和发生情境,对价值主张、价值创造主体、价值创造过程、关键资源和核心能力五个方面进行架构。

总体而言,实体书店的场景化模式建构要深度融合场景要素、价值主张、价值创造主体、价值创造过程、关键资源和核心能力等多重因素,以场景要素为支撑,通过情感体验、用户导向、平台连接度、社群生态圈和场景力配置的动态关联,综合发挥各要素的整合效用(图1)。基于服务主导逻辑,以用户导向为中心,通过数据技术识别用户画像,通过活动策划实现与用户共同的价值创造,在一系列服务活动中实现与用户的情感交互。用户导向的价值创造主体既是实体书店价值创造过程的价值动因,也是"情感体验"价值主张的驱动因素。基于场景主导逻辑,实体书店场景模式中的价值主张表现为用户的情感体验,是产品或服务的功能价值、体验价值和情感价值的结合。实体书店依据价值主张搭建价值创造过程的平台连接,平台通过匹配程度和匹配方式对核心资源和关键能力进行场景匹配。场景力配置是书店场景模式的核心资源,通过满足用户"情感体验"中功能价值、体验价值和情感价

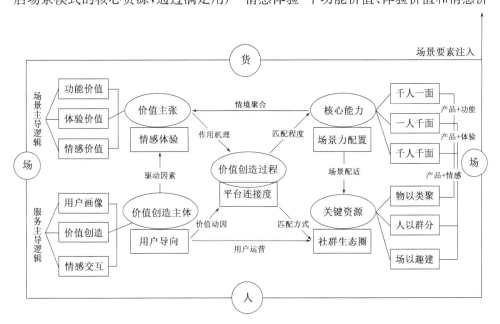

图1　实体书店商业模式场景化的建构逻辑

① 王福,刘俊华,冀强.企业商业模式场景化创新及其营销策略构建[J].中国流通经济,2021,35(05):62 - 73.

值的价值需求,设计"千人一面""一人千面""千人千面"的情境配适。作为实体书店场景化建构的关键资源,社会生态圈映照着社群的消费行为和消费能力。把握住了社群生态圈的关键资源,就是把握住了社群的消费动机和消费行为。但是应注意,社群不是单一的、机械化的,社群的建设应秉持着"物以类聚""人以群分""场以趣建"的原则,通过场景力的配适,实现"场"的建构。同时,在整个场景建构中体现"人—货—场"价值的流转,在核心能力和关键资源的配置的"场"中观察实体书店"产品+功能""产品+体验""产品+情感"的演进,可以更加立体地观测到实体书店场景模式建设的实质。

三、实体书店场景化商业模式的建构要素分析

具体来说,根据实体书店商业模式场景化建构逻辑模式图(图1),实体书店场景化商业模式的架构应从价值主张、价值创造主体、价值创造过程、关键资源和核心能力五个方面详细雕琢,充分发挥每个要素的作用。

(一)基于情感体验的价值主张

传统实体书店的价值主张主要以面向用户销售图书为主,包括对用户细分群体进行差异化的专业营销。场景化模式下,实体书店随着场景的细化与深入,能打破时间与空间限制,将产品与服务嵌入用户特定的生活场景之中,由此,其价值主张体现为功能价值、体验价值和情感价值。场景化模式下实体书店通过空间设计为顾客创造舒适的阅读体验,并且通过复合业态多场景的业务设计,提供多元文化产品及服务,以优质服务与顾客建立情感连接,传递平台价值,孵化忠实的粉丝群体。与顾客建立情感联系除了需要多元的情境设计,富有创意的高标准服务才是建立情感关联的关键要素,高标准的服务能够凝聚粉丝群体,实现用户自发性的情感传播。

(二)基于用户导向的价值创造主体

服务主导逻辑以价值的"使用功能"为基础,强调价值由生产者和消费者共同创造。[①] 基于服务主导逻辑,实体书店的用户同时拥有生产者与消费者双重属性,实体书店以用户思维探索经营方式,通过大数据技术对用户画像进行识别和分析,根据分析结果设计场景活动,进而吸引用户参与价值创造,并在一系列的活动中实

---

① 郭朝阳,许杭军,郭惠玲.服务主导逻辑演进轨迹追踪与研究述评[J].外国经济与管理,2012,34(07):17-24.

现与用户情感交互。

以用户为导向的情景体验是基于场景设计形成兼具时间与空间属性的、给予用户特殊情感意义的环境,果戈里书店在开业之初便推出了"朗读者计划",每天半小时,全年无歇,用户可以通过在舞台上3—5分钟的朗读,获得购买此书的七折优惠。"朗读者计划"以强烈的阅读场景感得到了用户的参与和推崇,用户在参与中无意识地创造了具有特殊情境意义的场景,正如海报上的文字,"喜悦、忧伤、悲苦、激情、感动、共鸣……朗读,让文字充满你的灵魂"。

(三)基于平台连接度的价值创造过程

实体书店商业模式场景化的价值创造需要信息技术的支撑,通过大数据技术对以往用户历史消费期望和消费力度进行挖掘,结合多维度场景聚合设计,发挥要素效用,促进即时场景中的消费期望的实现,并为读者未来预期消费提供适配情境。实体书店利用大数据技术为用户参与情境体验搭建场景平台,并为用户连接品牌社群提供渠道通路。具体而言,包括设立会员制沉淀会员个人信息,分析用户过往消费记录、身份特征和需求特征,了解用户的消费特点和偏好,为后续基础情境与辅助情境的场景设计做准备等。书店通过设立收费门槛锚定目标客户,通过会员制收集客户信息,并打造适宜的线下场景,以贩卖阅读体验搭建社交平台,实现社群生态链的探索与打造。

(四)基于社群生态圈的关键资源

实体书店商业模式场景化的关键资源是以用户为中心的社群生态圈。随着工业经济时代向"互联网+"经济时代过渡,用户需求从功能性转向情感性或体验性,体验成为用户消费的重要价值驱动因素。这种体验不再依附于物品本身,而是源于情景设计中用户感情的深入。顾客在书店场景中发生情感浸润,与场景无意识地耦合,成为价值传递的载体,基于书店搭建的互动平台,形成社群。实体书店社群"孵化"过程为:书店在场景中注入特定情感—用户在产品或服务消费中多次接触场景—具有相似情感偏好的用户持续进入—用户对场景产生归属需求并自发传递—孵化出稳定的用户社群。实体书店在对社群进行运营管理时,要通过自身经营目标定位和顾客需求,细分社群类别,针对社群的属性标签建立对应的场景服务,做到"物以类聚""人以群分""场以趣建"。

(五)基于"场景力"配置的核心能力

实体书店商业模式场景化的核心能力就是"场景力"的配置,是书店基于数据挖掘对特定时空下用户的消费期望进行动态情境设置的能力,是衡量书店为用户提供情境体验的砝码。不同于传统书店销售形态的"千人一面",场景时代,人的行为和需求多变,对应的信息和数据的流动也瞬息万变。实体书店想快速适应用户行为进行高效的场景配置,就要通过场景数据,精准锚定消费者的情感需求,做到针对目标顾客"千人千面"的匹配。

区别同质书店的竞争优势就是针对用户消费行为情境,融合用户消费需求,分析用户消费习惯,捕捉用户消费偏好,通过提供文化产品的功能价值、场景体验价值、情感感知价值,打造独特的消费场景,为用户提供适配产品和服务。井冈山新华书店是国内首家"红色书店",集红色文化与井冈山旅游文化于一体,以红色文化元素进行空间主题设计,提供全国最权威的"井冈山"体裁图书和音像,打造中国井冈山红色文化研究基地,研发红色文创产品,承接红色研究及旅游研讨会。井冈山新华书店价值定位鲜明,以别具一格的现代化设计和独具本地特色的文化场景力配置,吸引目标消费者(红色文化研究者、旅游者)并引导情感消费行为。

四、实体书店场景化商业模式的建构策略探析

对实体书店商业模式进行场景化建构是当前形势下顺应市场发展的必然选择,基于前文对实体书店商业模式场景化建构的探析,勾画出如下实体书店场景化模式的实现路径:实体书店通过服务理念的价值传递将用户发展为社群,对细分的社群进行深度营销;通过场景技术洞察识别用户特征,挖掘新老客户消费行为,有针对性地进行场景服务设计;通过场景技术对实体书店进行要素融入,搭建全面的多渠道联动模式;通过用户情感体验的价值主张,配适相关的服务场景。根据以上分析可知,价值创造过程与其他各部分并不是割裂开的,而是围绕平台连接度深度嵌入、融合,以实现整个商业模式场景化的建构。基于实现路径,对实体书店场景化模式的建构策略进行探析。

(一)用户识别:借助数字技术的多维驱动

实体书店通过大数据体系建设,由点到面搭建丰富、完善的消费者画像,捕捉其消费习惯和消费行为,识别与还原消费者画像,精准进行商品品控与服务推送。用户画像识别作为场景模式建设的重要一环,既是用户运营的核心,也是书店引流获客的必要准备。

实体书店应利用数字技术识别目标消费群体,针对社群生态属性塑造场景化商业模式。场景要素中的大数据功能可以使书店基于自身定位识别用户画像,基于消费场景的客流洞察挖掘新老用户的接触、认可行为,结合消费数据识别特定场

景中的会员转化行为及价值持续行为,对客群标签化定位,从深度挖掘用户需求出发反推场景配置。

除了利用技术对用户识别,书店导购是直面消费者的触角。面对刚进店的顾客,大数据难以在没有网络的状态下即时洞察顾客期望,但是导购却能通过观察顾客的性别、年龄、穿着、举止等,即时描绘消费者画像。将导购的经验与大数据识别技术结合,打通线上线下识别通道,首先需要对导购进行持久有效的培训,从观念上引导其服务理念转向以用户为中心,从顾客需求出发落实服务行为。其次,服务发生的场景各不相同,导购要与场景深度结合,以便及时应对突发状况。

(二)体验配置:建设有温度的品牌连接

在实体书店中,用户在意的可能不是书籍本身,而是自身浸润的感情与场景塑造氛围的耦合。传统书店经营的是图书,而场景化商业模式经营的是用户体验感。数字化技术消除了书店与读者的距离,重构了用户、产品与场景。用户既是场景消费者又是场景生产者,并通过参与书店场景塑造与深度连接获得情感体验,引领实体书店的场景再造。用户在场景的纵深中实现从潜在认知到深入体验的转化,书店能够获得用户独特的情感注入,并形成基于情感差异的隔绝机制。书店在场景中注入已形成的情感基调,对于细分社群的主导情感进行场景触发,满足各类用户的情感诉求。

对实体书店而言,情境配置的本质是对读者时间的占有,拥有与读者消费期望匹配的场景就是拥有了读者的时间。江苏阜宁是被喻为"淮左诗礼之乡"的文化古城,同时也是著名的淮剧之乡、杂技之乡、散文之乡。作为城市文化脉络的传承,江苏阜宁在书城的场景配置中融入地域特色,在书店中央设计六角亭,打造国内首家古典园林式书店,"淮剧独唱"作为场景叙事的符号,结合现代审美隐喻,诱发人们的情感体验。

实体书店也应重视基于移动终端的场景连接,打通线上体验触觉,以微信公众号、微博、App 等平台频繁接入时空,以互联网口碑下的社群分享与信任机制作为产品渠道,打造渠道互通的社群生态链,使用户能够实时实地体验书店一切场景,时刻感受书店品牌的温度。

(三)渠道融合:打造"线上+线下"的全渠道销售模式

渠道关乎如何连接商品、服务与消费者,"互联网+"背景下各类新媒体不断涌现,"线上+线下"融合形成的全渠道、全场景的零售态势拓宽了企业的品牌渠道。

实体书店线上平台可借助微博、微信、B 站、直播号等平台开展作家会谈、专题讲座,搭建读者阅读社区,以吸引大量粉丝,根据社群属性标签和自身特色,做强栏目特色。线下可通过多样化的阅读推广活动,如新书发布、文化沙龙、读书会、游学、研学等,与读者和所在社群深入互动。实体书店渠道融合后的显在模式通常是"新媒体商城＋实体店",少数书店以"App＋新媒体商城＋实体店"三位一体全渠道模式呈现。线上场景服务通过互联网的强社交关系进行引流和裂变式扩张,为线下实体书店的场景体验积累客流,刺激购买欲望,形成"线上＋线下"的全渠道业务模式。线上与线下的传播与经营各有特色,应充分利用各自优势,对全渠道的资源进行有机整合,构建O2O闭环生态体系,实现线上与线下资源的对接和循环。

(四)深度营销:构建智能化品牌运营

实体书店深度营销的本质是与读者建立长期的合作性伙伴关系,从关心读者的显性需求转向对隐性需求的激活,以情感化互动和人性化营销为读者提供无限关怀。实体书店要通过深度营销,将场景服务与智能化品牌运营结合,为读者建立高度个性化的消费场景,使消费者能够保持对品牌的长久忠诚。

导购是连接品牌与消费者的触角,场景服务下的导购不再局限于"人"。智能导购是数据赋能的品牌营销终端,连接全程消费行为的发生。它经过数字化武装,可以直接观察消费者的行为,对消费者进行标签化设置和个性化的品牌宣传,完成线上线下的场景串联。浙江新华书店以"无人书店"为创新理念,采取"自助购书＋机器人"的新型购书模式,智能机器人"小新"承担导览、讲解、推荐等任务。读者在智能互动中感受到品牌丰富的内涵和文化活力,智能导购机器人也能通过向读者分享书籍信息和服务内容,强化读者体验,让读者成为自觉的品牌传播者。

深度营销还要注重跨界营销。实体书店场景化的"书店＋"模式通常是多品牌的跨界组合,利用品牌优势互补,发挥不同品牌之间的协同效应,以实现"1＋1＞2"的双赢。西西弗书店的场景服务以书籍售卖为主要营收模式,引入"矢量咖啡"和"不二生活"作为业态互补。相比较而言,言几又的业态更加多元化,主张打造"介乎家与写字楼的第三种可能"的体验场景,以书店作为连接器,连接各个由跨界组合形成的生活美学体验空间。当下零售业态中,实体书店的品牌逐渐具有自身的品牌性格,品牌间的不同组合也已在读者心中叠化成全新的品牌认知。跨场景的界,其核心是以跨界品牌的联合强化用户使用场景时的记忆,通过跨界放大场景服务的功能点,实现产品触达和信息触达。因此,实现深度营销,要将跨品牌的"界"和跨用户的"界"在场景设计中结合,最终达到跨产品利益点的"界"。

五、结语

从传统书店的功能型价值主张到新零售实体书店的场景体验模式,实体书店商业模式的转型升级是新商业生态环境下的必然选择。实体书店商业模式的场景化建构是对用户消费预期的价值嵌入,通过满足用户期望要素进行场景配适,由此实现书店与用户共同的价值创造。

实体书店的场景服务涵盖了感官体验场景、生活体验场景、社交体验场景和文化体验场景①,因此,实体书店商业模式场景化不能仅从空间装饰进行场景布设,也不能仅对书籍和跨界业态进行简单组合。书店的跨界联合实际上是用场景服务解决品牌之间的融入问题,首先要对"界"进行识别,跨界的消费群体应具有一定程度的一致性,且能在优劣势上形成互补效果,比如书籍、绘画、音乐、设计等文化业态的组合。实体书店的场景化商业模式中,用户真正消费的不是产品或服务,而是基于场景塑造的故事、情感和回忆,因此,实体书店的场景建构应基于自身的价值主张与目标定位,以用户为中心,通过灵活的场景配适,从时间、空间、内容上与用户深度连接,打造细分的社群生态圈,通过"线上+线下"全渠道的建设进行深度营销,利用数字技术进行智慧化管理,完善用户参与价值共创的路径,增强用户体验的长尾效应,通过即时需求的洞察和满足,增强用户的黏性与忠诚度,实现品牌与用户的强连接,维系双方的长久伙伴关系。

作者简介

张勇丽,河南开封人,南京财经大学新闻学院讲师、新闻学博士。研究方向为媒介文化产业管理、新闻传播史。

丁梦瑶,河南鹿邑人,河海大学商学院博士生。研究方向为技术经济管理、文化产业管理。

---

① 周盈. 场景时代下实体书店的多元业态融合之路[J]. 出版广角,2018(19):62-64.

Analysis on the Scenario Construction of the Business Model of Physical Bookstores

Zhang Yongli Ding Mengyao

Abstract: Information technology represented by big data and cloud computing has brought about a fierce paradigm shift in production, and the embedding of scenes in the business context gradually deepened. The reconstruction of the relationship among people, goods and scenes has led to transformation and upgrading of the business model of physical bookstores based on logical scenes in the post-pandemic era. Most of the existing studies have discussed the scene theory as one of the ways to transform the business model of physical bookstores. There are a few articles that consider the construction of the business model of physical bookstores in all aspects from the perspective of the scene theory itself. In view of this, this paper makes innovations from the following aspects: supported by the scene theory, this paper puts forward the scenario construction model of the business model of physical bookstores from five aspects: emotional experience, user orientation, platform connectivity, community ecosystem, and scenario force configuration, and discusses the specific path of the scenario construction of the business model of physical bookstores from four aspects: user identification, experience configuration, channel integration, and deep marketing.

Key words: Physical Bookstore Business Model Scene Theory Construction Path

器以藏礼：宋代建盏的媒介符号表征与礼文化传播功能探析*

谢清果　许黄子仰

摘　要：宋代是华夏文明传播的一座高峰，其独特文化需要借助媒介才能得以传播。建盏作为兴盛于宋的茶器，是宋代文明独特传播观的载体之一，是中国人精神价值、伦理道德、自然观念、哲学智慧等的符号表征。笔者从传播学视域出发，探究建盏的符号表征、意义内涵、传播功能与现代价值，以揭示中国特有的"器以藏礼"的传播路径。研究分析得出，建盏在古代不同环境场中进行着礼节、礼俗、礼教的传播，成为宋代人们进行自我沟通和人际交往的媒介。到了现代，建盏更是被赋予联通中外的海外传播功能、传承礼乐文明的华夏传播功能、衔接上下的价值观传播功能，在传承华夏文明核心价值理念中起着独特媒介作用。

关键词：宋代建盏　媒介符号　礼文化　传播功能

　　宋代是中国古代历史上的一座文明高峰，对华夏文明乃至世界文明都做出了不可磨灭的贡献。中外学者对宋代文明的赞誉多有论述。在《邓广铭宋史职官志考证序》中，历史学家陈寅恪用"华夏民族之文化，历数千载之演进，造极于赵宋之世"①来高度评价宋代，点出了宋代在华夏文明传播中的重要地位。著名宋史学家邓广铭在《谈谈有关宋史研究的几个问题》中谈到"宋代是中国封建社会发展的最高阶段，其物质文明和精神文明所达到的高度，在中国整个封建社会历史时期之内，可以说是空前绝后的"②，指出宋代是中国封建社会中的一个承古启今、继往开

---

* 　基金项目：国家社科基金重大项目"铸牢中华民族共同体意识的传播策略研究"（22&ZD313）的阶段性研究成果。

① 　陈寅恪，陈美延. 陈寅恪集：金明馆丛稿二编［M］. 北京：生活·读书·新知三联书店，2001：277.
② 　邓广铭. 谈谈有关宋史研究的几个问题［J］. 社会科学战线，1986（2）：8.

来的重要历史时期。英国学者李约瑟称宋代为中国历史上"最伟大的时期"①,此时的中国"文化和科学都达到了前所未有的高峰"②,高度肯定了宋代文明在世界上的领先地位。"文明昌盛"的宋代需要借助媒介才能实现具有时空偏向的文明传播。

纵观古今,媒介在人类传播过程和历史文明进程中的重要性不言而喻。人类的传播行为高度依赖于媒介,使用不同的媒介便能达到不同的传播效果。而处于不同时代下的人类文明借助不同的传播媒介得以交流、传承、延续。在此过程中,媒介也逐渐汇入人类文明的长河,不断影响着社会变革和文化发展。在中国媒介变迁和中华文明发展的过程中,器物作为文明的组成与载体,发挥着一定的媒介功能。"器物"的保存所透露出来的历史痕迹往往要比语言来得更真实、更有依据性,更是当下人们了解以前生活的一种途径和媒介。③ 在中国古代,器物不仅发挥着实用功能,更暗藏当朝礼韵,承载着礼乐文明。

器物与礼的关系渊源由来已久。《礼记·礼运》中写道:"夫礼之初,始诸饮食,其燔黍捭豚,汙尊而抔饮,蒉桴而土鼓,犹若可以致敬鬼神。"④肯定了远古时期的饮食器物和祭祀器皿在"礼之初"的运作程式和意义。《左传·成公二年》中首次提出"器以藏礼"⑤这个观点,用以表明君主所使用的器物是身份的符号和象征,是政治权力的代表物之一。《礼记·礼器》篇又提到:"礼器,是故大备。大备,盛德也。"⑥即古人认为以礼为器、藏礼于器,就可净化心灵、提升修养,从而通往"大顺",而这种"大顺"乃是"盛德"的表现。由此可见,以器为媒,载礼传道,对社会运行有着重要意义。

中华素来被誉为"礼仪之邦",中华的礼仪有着几千年的传承。其中,以孔子为代表的儒家便是以"礼"为主要思想,不断推广发展。小至君子克己修身的内向传播,大至礼制化民成俗的对外传播,都须时时以礼为标尺,知礼行礼。到了宋代,理学思潮的出现表明传统儒学发展进入了新时期。理学将"礼"与天理相联系,并纳

① 李约瑟. 李约瑟文集[M]. 沈阳:辽宁科学技术出版社,1986:115.
② 李约瑟. 中国科学技术史·第一卷[M]. 北京:科学出版社,1990:284.
③ 江涵. 谈《左传》中"器以藏礼"的设计思想及启示[J]. 艺术教育,2019(12):167-168.
④ 杨天宇. 礼记译注·上[M]. 上海:上海古籍出版社,2004:268.
⑤ 左丘明. 左传[M]. 郭丹,程小青,李彬源,译注. 北京:中华书局,2012:873.
⑥ 杨天宇. 礼记译注·上[M]. 上海:上海古籍出版社,2004:284.

入其自身发展脉络之中,进一步确立了礼的本体地位。① 而宋代辉煌的茶文化也为宋"礼"注入了独特的茶道和茶礼意蕴,使得礼学思想空前兴盛,并自成体系,其独特的成就在古代礼学发展史上占据重要地位。

宋"礼"是宋代社会意识形态的表现形式,需要依附于可被感知的物质形态进行传播。宋代是中国瓷器第一个鼎盛时代,建窑建盏是名窑林立的宋代时期最为著名的茶盏,在宋礼的传播传承中起着重要作用。在宋代宫廷茶仪和民间茶事中,最具有代表性也最流行的风俗莫过于斗茶。斗茶又称茗战②,是宋人对于茶的品质优劣做出判断的一种重要仪式③。正所谓"工欲善其事,必先利其器",斗茶习俗对茗具的大量需求,不仅推动建盏成为最受欢迎的饮茶器具,也使其成为宋代文化生活中极具代表性的重要符号与宋代茶道与茶礼的重要物质载体。它是承载理学思潮的生活媒介,亦是宋代"礼制"的具象化表达。

一、盏以符传:符号学视域下的建盏

建盏,又称为建窑黑瓷④,是建窑所烧造的黑釉瓷茶盏。建盏釉色绚丽多变,品类丰富,有"入窑一色,出窑万彩"之说,尤以兔毫、油滴、曜变、鹧鸪斑等品种饮誉海内外⑤。宋徽宗在《大观茶论》中有载:"盏色贵青黑,玉毫条达者为上。"⑥以此论定状纹细长犹如兔毛的兔毫盏为最理想的茶盏。建盏以束口、撇口、敞口、敛口四种器型为主⑦,不同的器物造型传递着不同的造物观和文化观念。

符号,被认为是"一种携带意义的感知"。学者恩斯特·卡西尔(2004)在著作《人论》中提到"人是符号的动物",即人类生活中最富于代表性的特征是符号化的思维和符号化的行为,这些条件推动着人类社会的全部发展。⑧ 人类所处的世界是一个符号化的世界,人们的交流、互动、传播都离不开符号。符号依托于一定的物质载体,载体的物质类别称为媒介(medium),媒介是储存与传送符号的工具。⑨

① 刘丰.宋代礼学的新发展——以二程的礼学思想为中心[J].中国哲学史,2013(04):79-90.
② 冯贽《云仙杂记》卷10记有"建人谓斗茶为战"。
③ 杨洵.建窑黑釉茶盏的兴起与宋代斗茶文化[D].北京:首都师范大学,2012:31.
④ 谢道华.建窑建盏[M].福州:福建省地图出版社,2014:25.
⑤ 刘水清.建窑建盏的造型文化探析[J].中国陶瓷,2008(01):80-82.
⑥ 丁以寿.《大观茶论》校注[J].农业考古,2010(05):299-305,309.
⑦ 黄德兴.束口型建盏造型与功能设计[J].陶瓷,2021(08):105-106.
⑧ 恩斯特·卡西尔.人论[M].甘阳,译.上海:上海译文出版社,2004:37.
⑨ 赵毅衡.媒介与渠道:一个符号学分析[J].学习与探索,2010(06):184-188.

建盏作为器物媒介,其制作工艺、器物造型、釉色斑纹等非语言符号都被赋予相应的意义和内涵,构成了一套对内对外传递信息的符号系统,在斗茶、饮茶等环境中推助信息流动。

(一)建盏媒介符号的表征路径

人类擅长使用各种符号进行信息交流与社会互动。建盏以静态的器物形态出现,更多地表现为视觉性的非语言符号,包括器物造型、釉色斑纹、款识文字,等等。这些符号会对人们的视觉造成刺激,进而影响人们的思维方式,促使人们建构起对个人精神世界和社会交往的具体认知。

"自我认知是我们对自身的思想、感觉、偏好和信仰等的理解。"[①]建盏丰富的媒介符号为人们认识自我提供了途径,也为表达自我提供了独特的空间。例如,许多建盏盏底都印有姓氏、记事、祈福等图文符号,除了展示匠人喜好与个性外,亦体现着民间百姓对福禄安康的追求和对生活情趣的反映。建盏的束口、撇口、敞口、敛口四种器型本质上也是一种符号表征形式。其中,束口盏备受喜爱,这与宋朝理学推崇"存天理,灭人欲"的思想关系密切。宋人期望借此在"束口"符号表达中,传递出自身对内在修养的追求。建盏色泽斑纹符号的独特性,也成为宋代人展示自身高雅品位、表达自我的一种方式。宋代人对建盏中不同符号的选择、运用和创造,既是他们形成自我认知的过程,也是他们进行自我传播的独特方式。

符号的传播是一个指称事物、传达理念和意义的过程[②]。在社会交往中,符号是传受双方用来表达、传送、解释和理解意义的载体,是形成"共同解释项"的基础。在品茶时,人们若使用建盏,则需向品茶者介绍所使用的建盏出自哪一建窑、斑纹特色如何等信息。此时,泡茶者信息的发送,从具象形态的建盏外形符号到品茶者经由视、听、触觉等感官形成的信息解释,构成了一个完整的符号过程,使得品茶者在饮茶前就接受了足够多的信息,进而形成对建盏整体合一的使用体验。而传受双方在对建盏媒介符号的编码解码中完成交往的信息传播和意义交流。

(二)建盏媒介符号的表意扩张机制

符号,是传播过程中为传递讯息而用以指代某种意义的中介。当建盏随着饮茶、斗茶活动逐渐融入统治阶层和民间百姓的日常生活中时,建盏的媒介符号呈现

---

① 托马斯·吉洛维奇,达切尔·凯尔特纳,理查德·尼斯比特.吉洛维奇社会心理学[M].周晓虹,秦晨,等,译.北京:中国人民大学出版社,2009:116.
② 孟威.网络"虚拟世界"的符号意义[J].新闻与传播研究,2001(04):33-42,95.

出公共性特点,其表意在社会群体的传播使用下不断延伸拓展,达成新的社会交往共识,创造出新的沟通空间。如在品茶过程中,切记"响盏檫盘",即喝茶提盏时不能任意把盏脚在茶盘沿上檫,这样的行为符号会给人一种"强宾压主或有意挑衅"的信息解码,容易唤起他人的不愉悦感。建盏的媒介符号与传播者的行为符号、其所处的社会空间、文化空间等相连接,使得符号重新组合与聚合,建构出新的意义,对人们的认知与行为产生影响。

统治阶层和知识阶层等意见领袖不断推助建盏媒介符号的表意扩张,使得该符号得以构建,并迅速传播。宋代帝王以及士大夫将建盏进一步符号化。在宋徽宗的《大观茶论》、蔡襄的《茶录》、审安老人的《茶具图赞》等多部书籍中,都对建盏进行了详细的描述。这些茶文化领域中的"意见领袖"通过书籍向社会人际网络积极传递建盏的符号信息,为建盏赋予"君子"品性。随着承载着建盏符号表意的诗文广泛传播,该符号塑造的君子形象趋于稳定,形成社会的普遍认知。故而,当人们看到该符号时,便会默认该符号的所指内涵。

符号意义的生成与传播是一个动态过程。符号借助已有的其他符号对其进行翻译和解释,形成类似于阐释学的解释循环。① 在这一过程中,符号并非孤立单一的。当建盏本身变成一个社会交往符号时,其意涵也在日常使用中不断被更新,以服务更加多样的使用语境和文化实践。这从"推杯换盏"中的"盏"符号意义转变就得以看出。建盏从一个外形符号被赋予"高贵典雅"意义的茶器,发展为承载对美好生活祝愿的器物。即人们不用"杯"而用"盏",这种符号之间的转换背后体现的是人们在事业、生活等方面条件的改善。除此之外,"推杯换盏"这种交往行为的互动也进一步建构了"盏"符号,使得其意义泛化。好友二人之间从对建盏"朴实无华""君子之器"的符号认同,延伸为对对方品性的价值认同,从而得以共饮茶水,畅谈心事,传递出君子之交不尚虚华之意。

总的来说,建盏媒介符号主要表现为视觉性非语言符号,并借此进行对内对外的信息传播。在建盏媒介符号的建构过程中,社会群体、意见领袖都对其表意扩张起到推助作用,在原有符号意义中不断产生新的意义。这些意义纵横交织形成规训之网,对人们的认知和行为施予影响。

---

① 陈世华,李玉荣. 公共议题中符号的表征与传播[J]. 海南大学学报(人文社会科学版),
　2021,39(04):110-117.

二、盏以藏礼：建盏的多元传播功能

"礼"是一套观念体系和价值目标，它需要依附于可被感知的物质形态才能得以传播，这些寄寓着"礼"意义的事物便成为"礼"的符号。[①] 建盏作为兴盛于宋的器物自然也成为当朝"礼"文化的信息载体，成为日常生活、政治活动、祭祀仪式中介于传播者与受传者之间的礼文化传播媒介，发挥着礼节传播、礼俗传播、礼教传播等多元功能。

（一）礼节传播：士人阶层籍以茶盏的交往规范

《礼记·仲尼燕居》中提道："礼也者，理也；乐也者，节也。君子无理不动，无节不作。"[②]儒家阐述礼义思想，设计礼制规范，要求人们践行礼的意义，遵循礼的制度，主张"礼节"，即将礼与意味着节制、节律、调节的"节"组成专用概念，以表示"节制明礼"。[③] 受到宋代理学思潮的影响，建盏区别于唐代豪放与张扬的茶碗，而更多展示出宋朝收敛与节制的社会风气。这也是对儒家的"节律"文化的一次新诠释。士人阶层借助茶盏不断克己复礼和正心修身，以践行交往礼节，传播节律文化。

（1）克己复礼，即以礼节身，以礼律行。宋代的喝茶、点茶、斗茶等用"盏"语境建构起了礼文化传播的"环境场"，"客至用盏点茶、客去设汤撤盏"，"茶满欺人"，"强宾压主，响盏檫盘"，泡茶前提前热盏，双手捧盏喝茶等茶俗成为待客之礼。建盏成为士人阶层传播个人礼仪规范、彰显人际交往之礼的重要媒介。他们通过建盏不断完善对"礼"和"节"的认知，并转化为实际行动。对于不合乎礼节的行为，也会受到指责。宋袁文《瓮牖闲评》卷曰："古人客来点茶，茶罢点汤，此常礼也。近世则不然，客至点茶与汤，客主皆虚盏，已极好笑。而公厅之上，主人则有少汤，客边尽是空盏，本欲行礼而反失礼，此尤可笑者也。"[④]足见人们对不符合用盏的礼节行为的批评态度。

（2）正心修身，即不断提升自我境界，不断践行格物—致知—意诚—心正—身

① 张议丹，张兵娟. 饮食媒介符号的礼文化传播及当代价值［J］. 新闻爱好者，2020（05）：76－78.

② 十三经注疏（下册）［M］. 北京：中华书局，1980：1614.

③ 盛邦和.《礼记》与中国礼文化［J］. 江苏社会科学，2009（01）：204－208.

④ 袁文，叶大庆. 瓮牖闲评 考古质疑（卷六）［M］. 上海：上海古籍出版社，1985：57.

修—家齐—国治—天下平的思想逻辑①。这一观念借助建盏得到了更为广泛、深入的传播。作为茶器，建盏是士人阶层鉴赏和品饮茶汤的媒介，亦是连接个人意识与宇宙万物的媒介。从器型上来看，建盏腹大足小，有利于他们欣赏盏内的釉色花纹，从而与内心世界进行信息交流，以达到自我的内部平衡调节；建盏口薄胎厚，方便人们手握饮茶和维持茶温，其铁胎厚重由此得名"自厚"，与"躬自厚而薄责于人"②的儒家思想相契合；建盏口沿微敛、高度适宜，除了有助于品茗者控制茶汤入口的速度外，更隐喻着对人欲望的约束；建盏茶杯轮廓线形收放自然，鲜有多余的装饰，体现了士人阶层对质朴无华的崇尚，是其人格和节操的外射与寄托……这些设计不仅契合宋代理学"夸而有节，饰而不诬"③的理念，即没有奇技淫巧，多为致用之物，亦体现了他们对"不以繁缛为巧""不以深隐为奇"④的自身主体价值追求。

（二）礼俗传播：民间社会基于建盏的茶俗交往

《礼记·曲礼上》写道："礼从宜，使从俗。"指的是民间流传、约定俗成的风俗习惯，在经过时间的沉淀后发展为礼俗，也就是"以礼节俗，则为礼俗"⑤。习俗是礼的秩序实现的重要一环。北宋时期，饮茶习俗已十分普及，王安石曾在《议茶法》中提到："茶之为民用，等于料盐，不可一日以无。"⑥到宋徽宗时期，经济和文化的高度繁荣使得饮茶习俗也演变出一种极具趣味性和挑战性的博弈游戏——斗茶。斗茶是一种具有表演性质的仪式活动。它通过特定流程和特定场景为特定人群营造出茶礼茶道传播交流的意义空间。唐庚的《斗茶记》曾这样描述斗茶场景："二三人聚集在一起，献出各自所藏的珍茗，烹水沦茶，互斗次第。"⑦人们以"游戏比赛"的方式进行斗茶文化创作，通过观其色、闻其香、品其味等方式评定茶品优劣，感悟主客体交融的和谐境界。

随着斗茶日益深入民间生活，成为风靡一时的娱乐习俗活动，建盏的媒介作用日渐凸显。宋徽宗赵佶在《大观茶论》中对斗茶与茶盏的关系进行论述："底必差深而微宽，底深则茶宜立而易以取乳，宽则运筅旋彻，不碍击拂。然须度茶之多少，用

① 盛邦和.《礼记》与中国礼文化[J].江苏社会科学，2009(01)：204-208.
② 杨伯峻.论语译注[M].北京：中华书局，2006：186.
③ 范文澜.文心雕龙注[M].北京：人民文学出版社，1978：608.
④ 范文澜.文心雕龙注[M].北京：人民文学出版社，1978：438.
⑤ 张议丹，张兵娟.饮食媒介符号的礼文化传播及当代价值[J].新闻爱好者，2020(05)：76-78.
⑥ 王安石.临川集(卷七十议茶法)[M].北京：商务印书馆，1938.
⑦ 陈梦雷.古今图书集成69：经济汇编食货典(第二百九十三卷)[M].北京：中华书局，1985.

盏之大小。盏高茶少,则掩蔽茶色,茶多盏小,则受汤不尽。"①强调了茶盏在斗茶活动中的重要地位。茶礼茶道中蕴含的文化规范和价值观念也在一次次的斗茶实践活动中通过建盏传递出来,潜移默化地影响着斗茶者和观众,进而形成宋徽宗在《大观茶论》序言中提到的"盛世之清尚"。而这种风气又在某种程度上涵化着社会,对斗茶习俗产生影响。

1. 茶白盏黑的"阴阳相和"观

建盏的选择既能凸显斗茶者精益求精的点茶技艺,也能给观赏者一种极致的审美体验。蔡襄《茶录》里描述道"茶色白,宜黑盏",指的是宋代斗茶者追求一种白色茶汤与黑釉建盏争辉的景象,当汤花褪去后,盏内沿先出现水痕者为负。因此,"建安所造者绀黑,最为要用","其青白盏,斗试家之不用"。这里的黑瓷和白汤具有阴阳相和的意义。装着茶汤的茗具为黑色,象征着包容万物的大地,具有阴象之意。而白色茶汤代表自然物象中的"天",呈现出阳象的特征。这是在宋代茶道文化中,进一步演绎中华民族在为人处事中刚柔并济、软硬兼施的"中和"观念。

2. 胜负相笑的"和谐众乐"观

斗茶讲究"斗趣",即注重过程,贵在参与。宋代诗人梅尧臣就曾在《次韵和再拜》曰:"烹新斗硬要咬盏,不同饮酒争画蛇。从揉至碾用尽力,只取胜负相笑呀。"②点出斗茶的精髓在于和谐众乐。斗茶的仪式互动使斗茶者借助建盏媒介搭建的桥梁建立起对彼此价值观念和茶品心性的认同,不仅能增强情感连接和社会凝聚力,更彰显了中华民族在胜负输赢中"有容乃大"的气量。

3. 鲜有装饰的"清明俭德"观

"茶之为用,味至寒,为饮最宜精行俭德之人。"③说明饮茶象征着内心的清明、俭德、淡泊、节俭和自律。这种观念在鲜有多余装饰的建盏中得到诠释。涵化理论认为,社会传播具有使成员达成共识、维持社会整体统一的重要功能。传统社会的宗教、教育与现代社会的大众传播媒介通过对象征性事物的选择、加工、记录和传达,培养社会成员关于外部世界的共同认知,并形成其行为准则。④ 斗茶以盏为媒,通过游戏娱乐的传播形式将"清明俭德"的价值观念放大推广,使得社会在民风

① 丁以寿.《大观茶论》校注[J].农业考古,2010(05):299-305,309.
② 徐海荣.中国茶事大典[M].北京:华夏出版社,2000:650.
③ 裘纪平.茶经图说[M].杭州:浙江摄影出版社,2015.
④ 张议丹,张兵娟.饮食媒介符号的礼文化传播及当代价值[J].新闻爱好者,2020(05):76-78.

民俗的潜移默化影响下自觉养成勤俭节约、清正廉洁的美好品质。

建盏借助不同的媒介符号将宋人寓礼于俗、化俗为礼的斗茶逐渐仪式化,成为大家共同遵守的风俗习惯。再通过击拂、点茶、品茶等斗茶仪式行为,将建盏中蕴藏的茶礼茶道在社会各阶层普及传播,达到化民成俗的效果,这也成为宋代理学礼治思想的一部分。

(三)礼教传播:上行下效的以盏行教模式

"礼"是古代社会秩序与政治制度用于社会阶级关系伦理造型的"微缩景观"①。在封建社会中,"礼"与法律一样对人们的言行举止有着具体的教化功能和约束效力②,但不同于法律教化的强制性,礼的教化是循序渐进、潜移默化式地对人们产生影响。正如《礼记·经解》所言:"礼之教化也微,其正邪于未形,使人日徙善远罪而不自知也,是以先王隆之也。"③宋代茶业繁荣,饮茶之风遍及社会,关于茶盏的使用礼仪愈益讲究。统治阶层倡导人们饮茶斗茶,对建盏大力推广,使得"上下有礼,尊卑有序"的礼数随之传播。

1. 建盏制造的礼数规范

建盏虽天下通用,但不同阶层的人使用的建盏也有所区别。在建盏的底部有着"供御""官""进琖""新窑"④等多种款识。其中,"供御"等字样代表着君王专用,一般是由窑匠用竹制品一笔一划刻写上去的,以彰显统治者独一无二的政治身份和领导地位。而"进琖""新窑"等款识则是将落款反刻在金属制品或者木制品的印章上,然后再印到盏底,较为整齐统一。将尊卑有礼、纲常伦理巧妙地融入建盏之中进行传播和渗透,使人们无意识、自觉地接受建盏所传递的礼仪教化信息,经过吸收、内化改变人的思维观念,再自然地付诸日常的行为之中,这也成了宋代所独有的"以盏行教"的教化形式。

2. 茶礼的柔性教化传播

宋代在朝仪中加入了茶礼。朝廷春秋大宴、皇帝出巡、接见使臣、文士茶会等

① 王学泰.中国饮食文化史[M].北京:中国青年出版社,2012:211.
② 张议丹,张兵娟.饮食媒介符号的礼文化传播及当代价值[J].新闻爱好者,2020(05):76-78.
③ 杨天宇.礼记译注·上[M].上海:上海古籍出版社,2004:653.
④ 文物编辑委员会.中国古代窑址调查发掘报告集《福建建阳芦花坪窑址发掘简报》[M].北京:文物出版社,1984;李德金.福建建阳县水吉北宋建窑遗址发掘简报[J].考古,1990(12):8.

场合中都有关于茶礼的记载。有茶礼就有茶器。建盏中蕴含的礼教思想则通过统治者践行的茶礼得到广泛传播。《延福宫曲宴记》云："上命近侍取茶具,亲手注汤击拂,少顷,白乳浮盏面,如疏星淡月,顾诸臣曰:'此自布茶。'"①即宋徽宗延臣赐宴,表演分茶之事。他在建窑贡瓷"兔毫盏"中亲自注汤击拂,待汤花浮于盏面,呈疏星淡月之状,再分给诸臣,并强调这是他亲手制作和施予的茶。臣子们接过御茶品饮,叩首谢恩。此时的建盏则被赋予了政治色彩,承载着圣恩,起到"彰礼"的作用。统治者通过建盏进行分茶,在一系列的媒介仪式中构筑出"君子与民同乐"的和谐氛围,通过践行皇帝礼遇近臣的茶礼,对臣子进行柔性地礼仪教化。除此之外,宋徽宗在《大观茶论》中,针对建盏与茶黑白对比的景象提出了"致清导和"②的茶道思想,"清"与"和"蕴含着儒家中和谦恭的精神内涵,更深层次的目的是让子民在点茶斗茶的和谐氛围中,感受茶道文化的魅力,从而化解自我矛盾和社会矛盾,实现政治清明,形成清静向善的社会氛围。③ 让子民在喝茶玩盏中逐渐领悟"礼"的真正意涵是统治者的重要目的。

教化见之于国家的法令训谕、学塾的书本传授、士子的身教言传、风俗的感染同化,如此等等。④ 不可忽视的是,君王还通过物以传教的方式彰显"礼"的重要性,宣示"礼"的价值意识,开拓践行"礼"的途径,达至教化的目的,从而实现淳化民风、稳定社会的效果。

三、盏融古今:建盏的传播价值

建盏既是器物,又是媒介。它建构起社会交往的"礼"规范,又承载着一定的社会意识形态和叙事范式。它惠及百姓阶层,具有较大的生产规模和受众基数,使得其传播价值更为突出。

(一)海外传播功能:联通中外,传播对外话语

路斯迪格曾提出过高低语境的概念,他将内隐含蓄的暗码信息归纳为高语境,将外显明了的明码信息归纳为低语境。中国便是一个以高语境交流为主的国家。中国以礼治国,以礼通政,以礼建交。而"礼"在语言表达和行为表征上往往内敛而含蓄,故而我国常常陷入传播窘境。以建盏为媒,搭建起中外交流的共通意义空

---

① 扬之水.两宋茶诗与茶事[J].文学遗产,2003(02):69-80,143.
② 蔡襄,等.茶录(外十种)[M].上海:上海书店出版社,2015:39.
③ 李瑜.浅析宋代"七汤点茶法"的茶艺美学[J].普洱学院学报,2021,37(01):44-46.
④ 盛邦和.《礼记》与中国礼文化[J].江苏社会科学,2009(01):204-208.

间,是建盏的传播功能之一。郭庆光将共通的意义空间分为两层含义:一是对传播中所使用的语言、文字等意义符号共同的理解;二是大体一致的生活经验和相似的社会文化背景。① 尽管从生活经验、文化背景、宗教习俗来说,中外存在较大差异,但对美符号的理解有着一致性,具有共同的审美追求。建盏外观高雅简约深受中外大众喜爱,他们的思维观念也逐渐在潜移默化中受到建盏文化与茶礼茶道文化的影响。

日本是最先察觉到建盏魅力的国家,而建盏对日本的影响也是最深远的。古有宋僧东渡,广弘佛法,亦为日本引入了饮茶习俗,哺育了日本茶道文化。元弘三年(1333年)之前,金泽贞显的信札曾出现"建盏"一词。到了15世纪的室町时期,建盏不仅是千金难求的珍稀唐物,跻身于足利将军收藏在京都东山的"东山御物"之列,亦成为象征将军身份的"格式道具",在大名、将军等日本贵族中广受欢迎。② 16世纪,能阿弥在《君台观左右帐记》中曾记载道:"曜变斑建盏,乃无上神品,值万匹绢;油滴斑建盏,是第二重宝,值五千匹绢;兔毫盏,值三千匹绢。"③在日本人看来,曜变斑建盏最为珍贵,油滴斑次之,兔毫盏最末。这与日本人崇尚禅宗思想密切相关。禅宗美学主张用少而精的元素符号表达丰富而深刻的含义,讲求"非概念所能穷尽,非语言所能表达,既确定又不确定"④的直观审美感受。故而,建盏在曜变过程中产生的"顺势而为、浑然天成"的釉色斑纹与"禅"宗美学中的"消除外在,回归本质""自然适意、诗性脱俗"理念不谋而合,某种程度上达到了审美意识的共通。美国博物馆收藏的宋盏数量也不比日本少。1个世纪前,美国的收藏家关注到这类被称为"伟大又含蓄"的中国瓷器,并将其列为宋瓷展藏不可或缺的一部分。在纽约佳士得和苏富比等国际拍卖行的英文建盏图录中,有许多关于美国汉学家对建盏的记载,他们不仅能对建盏的个性化斑纹进行准确的描述,比如将"兔毫纹"翻译为"hare's fur",即野兔的毫毛,将油滴斑纹直译为"oil spot",即像油滴状的斑点,通过了解建盏文化,他们也能领悟到其中暗含的中华茶道和自然精神。纵使中美两国语言存在明显差异,但在对建盏的美学符号解码上,传受双方的传播"噪音"明显减少,形成了共通的审美交流空间。

对外传播是一个国家实现内外信息流动、展现国家形象、加强国际交流合作的

---

① 周丽,杨露露. 探寻共通的意义空间:《大道之行》的符号学分析[J]. 传媒,2021(17):94 - 96.
② 温玉鹏. 从徽宗御用到东瀛国宝:建盏与中日茶文化[R]. 美术报,2019 - 03 - 30(16).
③ 在日本能阿弥、相阿弥撰写的《君台观左右帐记》第 10 史册中有所提及。
④ 瞿文兴. 从禅宗美学解读建盏之美[J]. 陶瓷,2021(08):145 - 146.

传播活动。对外传播在使用各国语言的同时,也利用了一些非语言符号进行信息传递,能够有效降低语言交流障碍带来的传播隔阂。建盏正是我国对外传播邦交之礼、树立友好大国形象的有效非语言符号。早在南海 I 号考古发掘中发现,宋代茶盏已传播至海外,在促进对外交流方面发挥着重要作用。到了 2017 年 9 月,建盏更是作为金砖国礼赠送给普京总统,以盏藏礼,象征两国友好互助关系长长久久,传达出我国对"和平,开放,包容,合作,共赢"的美好愿景,达到了一种"润物细无声"的对外传播效果。

(二)华夏传播功能:由古鉴今,传承礼乐文明

扬·阿斯曼在《集体记忆与文化身份》中认为,文化记忆是一个民族或国家的集体记忆力,可通过"与仪式相关的"和"与文字相关的"两种方式进行传承,对民族主体性的形成有着直接的影响。[①] 建盏文化积淀着中华民族的精神追求,蕴含着中华民族的文化根基,是形成整个中华民族"文化记忆"的关键一环。文化记忆具有抽象性和普遍化特征,需要借助具体可感的媒介实现具象化呈现,具有时空偏向的建盏则成了记忆的载体。在保存下来的建盏刻字和流传下来的建盏诗词中可以看到,建盏在与茶文化的互动中,不断塑造着中华民族的整体意识和独特气质,从而使得中华民族的文化主体性得以长久保存。

1. 作为窑匠媒介意识的载体:款识文本下的工匠精神

古代诗词有云:"文不按古,匠心独妙。"中华民族对工匠精神的重视经久不衰。到了现代,这份工匠精神更是成了企业摆脱同质化竞争的利器,是国家竞争产业升级的重要筹码。古代窑匠将自己的独特价值观和做事的心性寄予建盏上,使之成为社会共同记忆,影响着社会对产品质量和产品品牌的认知。建盏款识不仅是窑匠用来传播身份信息的载体,亦是其传承工匠精神的符号表征,是建盏的文化内涵与价值的重要体现。建盏款识,一般分为刻画和模印。部分署"御供"等款识的建盏,需要匠人亲手刻写。这些窑匠大多以制作建盏为生,书写刻画并不擅长。即便如此,匠人们在写"御供"二字时,仍亲力亲为,一笔一画,认真专注。每个字在盏底的整体布局、字体大小、落笔力度都经过精心设计。并且建窑一次出盏有百千万只,其刻画的工作量十分庞大,但在目前存有的"供御"款中,很少看字迹潦草、模糊、错笔的现象,足见窑匠一丝不苟的严谨态度。这种精益求精、认真专注的精神也为建盏赋予了灵魂,使之成为传递匠心的媒介。当前,中国正处于从"制造大国"

---

① 王霄冰.文字、仪式与文化记忆[J].江西社会科学,2007(02):237-244.

走向"智造强国"的攻坚时期,传统工匠精神的重要性不言而喻,以建盏为媒对其进行历史传承正是契合当代经济和社会发展的现实需要。

2. 作为情感媒介的载体:诗词文本下的文人思想

建盏具有"时空融合"特性,一方面,它以物质的形式展示出时间偏向,在历史岁月中不断地传递与延续;另一方面,它又以意识的方式展示出空间偏向。建盏在宋代的诗词书册中屡见不鲜,且借助布头笺、麻纸、竹纸等纸媒介在空间上得到了更为广泛的传播与扩散。诗词中的建盏不仅仅是描述事情、传递信息的载体,同时也是表达思想、抒发情感的符号。如:宋徽宗作宫词"兔毫连盏烹云液,能解红颜入醉乡"与"儒林华国古今同,吟咏飞毫醒醉中",以述达建盏斗茶之欢愉;黄庭坚赋诗曰"兔盏金丝宝碗,松风蟹眼新汤",传递其悠然自得的情怀;陆游在《闲中》提到"活眼砚凹宜黑色,长毫瓯小聚香茗",以盏作乐,以文会友,从而消解被朝廷贬至武夷后的郁闷心情。这些诗词说明了建盏作为情感思想媒介的重要性,诠释了建盏的象征意义和意识形态功能,亦彰显了宋代风雅,传递了中国古代的文人思想,为华夏文化增添了独特的韵味。

(三) 价值观传播功能:衔接上下,传递核心价值

和古代其他官窑烧制的瓷器不同,建盏并非束之高阁的器物,反倒具有一种"无论贵贱而天下通行"的品质。这表明,建盏不是皇室特供、皇帝御用的茶具,而是黎民百姓日常使用、寺僧化缘喝茶的器具。从这个角度来看,建盏连接着人与人、人与物、人与自然,在一定程度上具备了大众传播的功能。人们寓礼于盏,以盏观礼,通过建盏体现对天地观、宇宙观的哲学思辨,传达宋代的价值观念和道德品格,以运载礼乐文化和国家制度。作为表征意义的符号,建盏发挥传递核心价值理念的作用。

1. 和谐传播功能:天人合一,追求中庸和谐之美

"天人合一"的观念早在周朝及春秋时期已有雏形,儒家在此基础上进行发展,将"天"的内涵不断演变,先后经历了天命、自然、伦理、心性等。李泽厚认为,"基于天人合一的观念,中国美学总是从人与自然的统一中去找美"[①],这表明了"人与自然的统一"同样属于中国美学的基本特征之一。由此逐渐形成了一种"根源于自然,符合于自然,同时又超越了自然"的常态化的观照模式,亦形成了一种理解世

---

① 李泽厚,刘纲纪. 中国美学史:先秦两汉编[M]. 合肥:安徽文艺出版社,1999:29.

界、理解自然、理解社会中万事万物的独特视角。① "入窑千万盏,盏盏不相同",建盏的奥妙之处在于它变幻莫测的釉色斑纹。文献有载"一窑烧盏十万只",但纵使同出一窑,由于拉坯施釉手法不同、窑内所放位置不同,每一只建盏都是独一无二的,可谓"一窑千变""器象万千"。建盏的窑变过程其实是人与自然、自然与自然之间的对话交流。在泥土与火焰的相互作用下,建盏窑变出了绚丽斑斓的釉色斑纹,无须人为精心雕琢与修饰,无意而工,风格自成。这种不加做作的自然美与宋代理学家们的"天巧"观念如出一辙。宋代理学本质上是心性义理之学,其从永恒的宇宙自然背景出发,观照人的伦理价值,追求身心上的清心寡欲状态,在建盏上则表现为没有人为藻饰的自然本色。②

釉色斑纹符号附着观赏者的视觉和情感,蕴含着理学的"天人合一"。宋代文人常赋诗赞美建盏,如黄庭坚的"兔盏金丝宝碗,松风蟹眼新汤",杨万里的"鹰爪新茶蟹眼汤,松风鸣雪兔毫霜"……诗中提到的"兔毫"釉是建盏最具代表性的釉色之一,毫毛般的釉色从敛口深腹向外绽开,宛若兔毛。这种自然呈现的绚丽优雅效果是人力所难为的,所以他们对这种淳朴无华、淡雅自然的风格极力推崇,期望在文化高度发达的宋代社会中实现时尚奢华和质朴简约之间的完美平衡。

如今的社会充满了喧闹与浮躁,让更多人"静以修身,俭以养德",领悟"天人合一"的真谛,回归自然,返璞归真,这才是现代建盏存在与盛行的本源。

2. 内向传播功能:容载万物,展现谦和内省之性

《周易》曰"地势坤,君子以厚德载物"③,即君子应该学习大地宽厚和顺的品质,做到增厚美德、容载万物。建盏口大足小腹深的器型和盏内千变万化的斑纹使得其具有容载万物的品质特性。2017 年,厦门金砖以瑚琏盏作为国礼赠送外宾,便是考虑到建盏的深刻寓意。"瑚琏"本是古代祭祀时盛黍稷的玉石器皿,孔子曾将弟子子贡称为"瑚琏之器",赞其是一位韬光养晦、深藏不露、德可裕养的国家社稷大才。④ 可见,以盏喻人,指道德高尚者能承担重大任务;以盏喻国,则能彰显中国厚德载物的大国风范。

"君子"品茗赏盏的过程,亦是养廉修德、陶冶心志的过程,建盏在其中被不断

① 李志旭. 中医典籍的"天人合一"审美观念建构——以《黄帝内经》为例[J]. 美与时代(下),2021(09):42 - 46.
② 吕妍钰,章传政. 建盏里的宋朝社会印记 宋代茶具的主流[J].茶博览,2021(09):34 - 40.
③ 周振甫. 周易译注(上经)[M]. 北京:中华书局,1991:13.
④ 杨伯峻. 论语译注[M]. 北京:中华书局,2006:61.

人格化。宋代审安老人在《茶具图赞》中将建盏称为"陶宝文","名去越,字自厚,号兔园上客"。"自厚"语出自《论语》中的"躬自厚而薄责于人",从儒家的角度对器物的内在品格提出评判①,说明宋代受理学思潮的熏陶,对内注重内省反思,对外讲求以和待人,内省与谦和也是中华民族延续至今的重要品质。

四、结论

建盏作为器物媒介,承载着宋代的礼乐文化,真切地记录了古人的生活,是我们寻古追根、获得文化滋养的真实载体,同时也是我们在万物变迁的历史长河中,挖掘和传承宋代文明的一个渠道。从传播视域来看,建盏既是人们进行自我沟通和人际交往的符号,在不同的环境场中进行着礼节传播、礼俗传播、礼教传播,亦表征了中国人的精神价值、伦理道德、自然观念、哲学智慧等,是华夏文明独特传播观的重要载体。在数百年的历史发展中,建盏由盛转衰,再由没落到逐渐复兴,体现的是中华文化的崛起,是人们对建盏"天人合一"的自然观、中庸和谐的社会观、容载万物的宇宙观、谦和内省的价值观的高度认同。在现代社会,进一步发掘其传播价值是让建盏永葆生命力的关键。

作者简介

谢清果,福建莆田人,厦门大学新闻传播学院副院长、教授、博士生导师,传播研究所所长、中华文化传播研究中心主任。研究方向为华夏文明传播与媒介学研究。

许黄子仰,福建漳州人,厦门大学新闻传播学院新闻与传播专业硕士研究生。研究方向为华夏文明传播与媒介学研究。

---

① 叶镇.建盏与宋代士大夫群体意识的联系[J].陶瓷研究,2019,34(04):92-95.

Ware to Hide Rites: A Study on the Media Symbol Representation of Jianzhan and the Function of Rite Culture Communication in Song Dynasty

Xie Qingguo   Xu Huangziyang

Abstract: The Song Dynasty was a peak in the communication of Chinese civilization, and its unique culture needed to be spread through media. As a tea utensil that flourished in the Song Dynasty, Jianzhan is one of the carriers of the unique communication concept of the Song Dynasty civilization, and is a symbolic representation of Chinese spiritual values, ethics, natural concepts, philosophical wisdom, etc. From the perspective of communication science, the author explores the symbolic representation, meaning, communication function and modern value of Jianzhan, so as to reveal the unique communication path of "ware to hide rites" in China. The research shows that Jianzhan spread etiquette, customs and ethics in different environmental fields in ancient times, and became a medium for self-communication and interpersonal communication in the Song Dynasty. In modern times, Jianzhan is endowed with the overseas communication function of connecting China and foreign countries, the Chinese communication function of inheriting the ritual and music culture, and the value communication function of connecting ancient and modern times. Jianzhan is playing a unique media role in inheriting the core values of Chinese civilization.

Key words: Jianzhan in the Song Dynasty   Media Symbols   Ritual Culture Communication Function

倾覆与包容：短视频的审丑复归*

李婧琪　潘可武

摘　要：在审美关系中，"丑"具有相对性，其依附于特定的时代背景及社会文化。当下短视频的"审丑文化"与传统意义的精英姿态逐渐剥离，具有后现代主义特征，强调视觉刺激及身体展演。具体表现出社会批判、解构常规等特点，一方面为社会大众提供了反思的入口，另一方面为个体的自我实现提供了契机。对短视频"审丑文化"的研究有利于重新寻回"丑"的价值，在保持道德和伦理觉察的同时，更辩证地看待审丑文化，将助推民主交流及社会对话，促进树立主流价值观的正确导向。

关键词：短视频　审丑　审丑文化　后现代　视觉文化

一、引言

随着短视频的崛起，审丑文化在短视频领域也蔚然成风，并相继产生影响力。短视频的审丑文化延续了后现代主义的衣钵，呈现出表达碎片化、意义不确定、崇尚语言游戏等特征。在短视频审丑文化逐渐兴盛的过程中，有关于消费主义、文化景观等问题的探讨也随之产生。随着文娱产业逐渐泛娱乐化，当下的审丑文化与传统意义的精英姿态逐渐剥离，在与新媒体融合的同时衍生出新生范式。

作为一个重要的美学范畴，丑学真正独立以前，关于美的探讨源源不断，丑学并未成为显学。直至 1853 年罗森·克兰茨(Rosenkranz)凝练出丑的特殊价值，不再将丑视为美的陪衬。丑学的崛起"突破了美学的藩篱，拓展了感性学的领域"①，审丑不仅能够促进我们对于艺术的理解，还能深化我们对于美感的把握及对美的

---

*　基金项目：2021 年教育部人文社科基金项目"移动短视频影像伦理研究"(21YJA760047)的阶段性研究成果。

① 栾栋. 感性学百年——对美学与丑学合题的展望[J]. 国外社会科学，1998(6)：3-8.

意义与内涵的认知。置身短视频领域,有关审丑的言说,使审丑本身的内涵变得模糊不清,甚至扭曲了审丑固有的价值,免不了与土味及恶搞文化带来的负价值有所关联。

一方面,有关消费社会的讨伐之声不断,对于短视频审丑文化的批判随之产生,认为审丑文化发酵于消费社会语境之中,解构了固有的精英姿态,充斥着本能、无章以及戏谑,"它强调原生态,不注重深刻意义的表达,迎合了网民的猎奇和审丑心理,具有特殊的话语符号和强烈的后现代特征"①。另一方面,有关于平民神话、话语争夺等的探讨此消彼长,有学者认为短视频传播是对弱势群体的赋权,"实现了从'为弱者的传播'到'弱者的传播'"②。而土味文化"属于城乡文化碰撞融合的产物,体现了社会转型期大众审美趣味从'审丑'到'归真'的变迁"③,相关论断开辟了另一视角,更为辩证地看待审丑这一现象。基于上述研究基础,本文提出在受众审美及认知攀升的当下,短视频领域为何依旧不乏审丑的现象,传统意义上的审丑进入短视频将衍生出怎样的新特征等问题,并试图结合相关实证案例围绕这些问题展开探讨。短视频领域的审丑可归结为三种类型:一是形式上的丑,例如所设计的剧情;二是内心所表现出来的丑;三是外在的丑,例如体态、仪容等。本文所选用的参考范例同样囊括这三种类型,所选案例基于短视频平台,例如抖音、快手、小红书等。

二、从精英化到平民化:审丑文化的追溯

在审美关系中,"丑"并非拘泥于固定的形态,指的是在特定的审美框架中对于审美客体的"否定性存在",即丑并非全然否定的概念,它只是在审美的框架之下被否定了,所以不是绝对的概念,其依赖于特定的时代背景及社会文化而存在,在不同的语境下审美的标准会有所差异,对于丑的评判也会有所不同。"从主体的方面来讲,所谓审丑是指主体对丑的判断、品评、鉴赏、批判、宽容、改造等各种能力的总和。从客体方面来讲,审丑是指把握丑的本质及其形态在社会历史中的演变,其中

① 杨萍.赋权、审丑与后现代:互联网土味文化之解读与反思[J].中国青年研究,2019(3):24-28.
② 黄月琴."弱者"与新媒介赋权研究基于关系维度的述评[J].新闻记者,2015(7):28-35.
③ 刘文帅."土味文化"传播研究——基于讲好乡村中国故事的视角[J].社会科学研究,2021(6):186-196.

包括作为客观对象的审丑活动本身。"①而"审丑"并非后现代兴起的概念,中西方皆可追溯,在相似性上也因社会背景及审美实践的不同存在差异。

在西方,丑与滑稽、荒诞同属于一个范畴,被归纳为"逆向否定性审美形态,是人生样态、审美境界和审美风格的负面的和消极的感性凝聚"②。它基于现实,不以直接的方式诉诸美,而是以否定之否定的形态凸显美感、批判现实。古希腊被视为美学文化的萌芽时期,以毕达哥拉斯学派为代表,认为"美在和谐",意在用特定的数值比产生美感,以此推演至绘画、雕塑等领域。就当时而言,丑被视为美的对立面,一切不在"理想化"范围之内的事物,皆可定义为"丑"。

"审丑"逐渐进入公共视野是在 20 世纪上半叶,由于第一次世界大战对于西方文明的破坏,现实社会矛盾的不断激化,公众的世界观及价值观开始发生扭转,以艺术领域为例,"一批艺术家作品中呈现出一种明显的虚无主义、反传统、反理性、反审美和无政府主义的倾向"③。艺术家试图通过作品宣发情感,并以此构建"理想社会"。而"审丑观念"在当时的文学领域运用较广,法国作家雨果的《巴黎圣母院》《悲惨世界》等作品中都充斥着"丑"的影子,以人民的立场为出发点,通过作品抨击资本主义社会的贫富悬殊,揭露现实的黑暗与不公,试图以此为基础来解决社会尖锐矛盾。西方真正提出"丑的美学"这一概念是德国哲学家罗森·克兰茨(Rosenkranz),他认为丑和美属于并列关系,应该把二者视为同等重要的关系,并阐释出"丑"所具备的独立性。其次,丑是美的否定。"由于否定本身不可能采取任何感性形式,因而构成美的各种要素在丑里是被倒错了。"④即"丑"也要凸显自身价值,需投射至美中,通过与美的相互比对来衡量。相关论述突破了固有审美的单向思维,二者之间的对立得以缓和。

在我国,审丑意识几乎与审美同步,丑与美是彼此共生的关系。中国神话中的人物形象,大多以勤勉、善良、勇敢为主,其中也不乏面目狰狞却身具祥瑞者,"凡厘山之首,自鹿蹄之山至于玄扈之山,凡九山,六自里。其神状皆人面兽身"⑤。《山海经·中山经》中对于众山神的描述为"人的容貌,兽的躯体"。除此之外,补天造人、创三界生灵的女娲为"人首蛇身"的怪神,逐日的夸父等都与常人的外貌、体格

① 栾栋.感性学发微——美学与丑学的合题[M].北京:商务印书馆,1999:27.
② 王建疆.美育通实教材——审美学教程[M].上海:复旦大学出版社,2007:112.
③ 王伯男.审丑——美学评价的逆向思维[J].社会科学,2012(1):185-192.
④ 鲍桑葵.美学史[M].李步楼,译.北京:商务印书馆,2019:555.
⑤ 山海经全译[M].袁珂,译注.北京:北京联合出版公司,2016:108.

有所不同。可以看出，尽管上古时期丑与美并未作出明晰的区分，但意在注重外表之下所蕴含的美。《庄子》一书中也塑造了诸多骨骼奇异、外貌迥然的"畸人"形象，其虽与常人体态有所对比，但意在打破世人对于形骸的传统认知，意在否定必须是"形全"的身体观。人不可能始终以完满的姿态在世，形体也可能发生病变，而一切源于"造化"，也都是顺应天命的结果。

于圣贤而言，美与丑在客观上都存在价值，不能跟随人的主观意识发生改变。老子在《道德经》中提及"天下皆知美之为美，斯恶也；皆知善之为善，斯不善也"。知道了美的标准，也就知道了丑的标准。有正就有反，肯定即是否定，美与丑存在相互生成的关系。同理，审丑文化可被视为基于审美之上，无形中拓宽了审美的外延。庄子也曾在《庄子杂·篇则阳》中言及"生而美者，人与之鉴，不告则不知其美于人也"，也就是说，人对于外观的界定并非出于自发，需通过对比及外在界定反观自身。《周易》被视为中华传统思想中人文实践及自然哲学的理论渊源，其中所提及的万物生成模式——万事万物由"太极"而来，是由阴阳二气合中产生而出，而阴和阳可以互相转换，同时在"气"中得以统一。以此映衬至"丑"与"美"相生相克的关系。

不难看出，在人类的审美实践活动当中，丑这一现象始终充斥其中，按照对于审丑的定义，审丑的审美意义在于在现实之中"非人性的一面，异化世界是异己的与人对立的、令人生厌的，是一种负面的生存意义"[①]，丑因被视为美的对立面而存在。丑的审美特征表现在两个方面：一是与美相斥，且违背审美的范式，强调夸张、无序、失调等形式的特征；二是作为自由人的审美主体所产生的对于丑恶、绝望等事件的反思。传统审美价值体系中包含的固有理性及文化观，多建构于对固有审美观念的判定或对于社会内涵的解读。而传统的审丑文化属于精英阶层，"是上层阶级反思时代，彰显真美的精神结晶"[②]。现代性审丑文化不仅是对中国审丑意象的继承，也是对西方审丑观的延续。

从早期的艺术领域到如今的短视频领域，虽然都有涉猎审丑，却包含了不同的指向性，反映出不同时期的意识形态和文化内涵。有别于传统的审丑文化只针对精英阶级，短视频领域的审丑文化发生了位移。"曾经局限于人与人之间面对面传

---

① 王建疆.审美教程[M].上海：复旦大学出版社，2007：117.

② 潘智彪，李丹媛.论丑文化在当代的新变[J].暨南学报（哲学社会科学版），2010（32）：67-73.

播,经由媒介化的继承发展,传播者和接受者之间的关系得以决定性改变。"①移动终端的普及,改变了传统的社交模式,在各类社交视频软件的崛起的同时,受传者身份及受众的价值取向发生了转变。"现实中的丑虽然无法转变为现实中的美,但是,现实中的丑通过人的实践创造而达到一定自由程度就会转化为艺术中的美的形象。"②在融媒体环境之下,"审丑文化"再度复归,并倾向于平民化发展,其中对自我的追寻以及反精英主义等特征是对于后现代理念的继承。消费文化及视觉文化的崛起,促进了审丑文化的发展,其表征为倾覆了主流价值观对于身体的规训,允许颠覆性文化的存在。其次,短视频中所涉及的流行文化潜移默化地影响着受众的文化价值及审美,其中关于身体的消费,对于理解身体认知、文化接受等问题具有典型性。基于理性的框架,将带有肯定价值的事件嵌入短视频,培养受众树立正确的批判性思维,将有效激发个人的审美观。

三、反叛与解构:后现代语境下的身体

后现代主义是 20 世纪后期兴起的思想文化运动,其特征是"艺术与日常生活的界限被消解了,高雅文化与大众文化之间的层次分明的差异消弭了"③,以往的艺术作品浸润了作者对于生活的感召,是创作者社会意识形态的直接体现。后现代主义摒弃了现代主义对于秩序和理性的追随,崇尚的是某种意义的建构。短视频的"审丑文化"具有后现代特性,倾向于图像及视觉化,具体主要体现在视觉刺激和身体展演两个方面。

(一) 数字美颜的反叛

短视频的"审丑文化"颠覆了衡量美的标准,更为注重个性化及自然的表述。瓦尔特·本雅明(Walter Benjamin)曾提出在机械复制时代,作品原本所具有的光韵被逐渐摧毁。刘丹凌指出:"数字摄影与剪辑技术使得身体形象的视觉超越了单纯的对象捕捉和现实还原,影像的物理存在方式彻底改变——确立了从胶片到数

① 施蒂格·夏瓦. 文化与社会的媒介化[M]. 刘军,李鑫,等,译. 上海:复旦大学出版社,2018:16.

② 张玉能. 实践的自由与美的范畴[J]. 华中师范大学学报(人文社会科学版),2003(1):47 - 53.

③ 迈克·费瑟斯通. 消费文化与后现代主义[M]. 刘精明,译. 南京:译林出版社,2000:11.

字的转换。"①基于算法影像可以随意完成转换、分割、放大、缩小等操作,并组合成为新的数据。威廉·米歇尔提出"后摄影时代的来临",并且我们以往的观念"也将因新兴的影像技术而动摇"。②"后摄影时代"的特征是不再禁锢于传统的摄影技法及表现手段,通过运用网络媒介和数字技术得到生成的成像。由于数字技术的嵌入,各类美颜 App 涌现。在"后摄影"的语境之下,受众结构变得更为多元化,而随着用户需求的增加,诸多短视频平台开设了实时美颜功能,生产复制的美。受众随着信息流陷入容貌及身材焦虑的洪流,并开始通过短视频表达无声的抗议。

如果滤镜化的生活遮蔽且幻化了真实,使生活呈现出"非透明"的特质。那么技术呈现出的虚拟景观所带来的视觉冲击终将被非拟态的真实所取缔。换言之,真实的本质更能触发与自身相关的审美体验,对真实性的渴望最终会占据主导。此时,丑与美并非二元对立而是相互转换的关系。例如"初疯产姐妹"的走红,与其祛魅化的个人呈现有关,其"无滤镜"的真实生活短期内迅速引发网友的关注。此外,"真子日记"也具有代表性,同样崇尚无美颜以及本真生活的夸张演绎,该账号从不同程度呈现出对于"真实感"的追寻及社会事件的复原,颠覆了审美符号化及标准化这一原则。此外,部分创作者带上夸张的特效,使容貌扭曲、身体形变以此消解现实中的美。

技术美感是"社会的尺度",是抽离于现实的被动服从。此时,"我"位于"公众"之后,满足社会标准化审美才是目标质。所谓"肤若凝脂",近乎完美的"黄金比例",都是基于消费社会指标之下的产物,转变了原本以"人"为本的导向,甘愿沦为"技术"的附庸品,谢绝承认"技术"所带来的"虚无感",本质上是脱离了现实的自我呈现。作为"主体"的"我"逐渐丧失了主观能动性与想象力,一味迷信数字重构,迷失于他人的认可。技术操控的弊端开始显现,无形中加重了公众对于颜值的焦虑,促使作为创作者的"我"将这种虚无的"拟态美"尽快付诸实践。

(二)身体规训的解构

在消费社会之中身体成为一种资本,可供人们赏析、品鉴。"根据目前它与符号相联系的逻辑规定,它只能在于苗条及轻盈,这一规定和物品的功能性或曲线的优雅一样,受到代数经济的支配。"③让·鲍德里亚(Jean Baudrillard)把身体视为

---

① 刘丹凌.形象的焦虑:数字美颜、自我物化与后人类剧目[J]. 西北师大学报(社会科学版),2019(4):44 - 55.
② 威廉·米歇尔.摄影批判导论[M].傅琨,左洁,译.北京:人民邮电出版社,2012:332.
③ 鲍德里亚.消费社会[M].刘成富,全志钢,译.南京:大学出版社,2000:154 - 155.

最美丽的消费品,那种美在消费社会中被赋予了权利和义务,与大众化的美与苗条、突出等特征密不可分。但在鲍德里亚看来,对于线条的盲目追捧带有束缚性质,是将身体变成"祭品"而存在。曾经对身体的规训,需要呈现出符合主流的美感,同时随着技术的更迭,受众自我表达机会增多,个体的文化生产力凸显。以搞笑类账号"疯狂小杨哥"为例(截至 2023 年 5 月 6 日,统计数据显示其在抖音拥有1.1 亿粉丝,快手 5 633 万粉丝),根据其 90 天内新增粉丝数(291.6 万)及获赞数(2 203.3 万),可以看出该账号影响力较强。有别于靠身材吸粉的"网红",创作者多以"居家搞笑日常"为素材,除却将生活中的"梗"放大,夸张的肢体表现力也为其自身特色。该账号正是摒弃了以往短视频对于人物的精细雕琢,对于"演技"的苛刻要求,转而以一种直叙的方式复刻生活,无形中解构了"被规训的身体"。

以审丑为前提,撕下标准化的审美标签,短视频中的"主角"无须再以满足美的"合目性"为原则。无论以个人为单位的创作者还是被 MCN 孵化的雇佣者,都在以不同的方式还原本真,通过祛魅的手法消解了数字技术对于人的"预设"。在泛娱乐化和自我展示欲的双重驱动下,这种拟态化"在场"不再拘泥于传统审美,而是逐渐转向对虚无美感的摒弃,使迷失于数字重构中的"我"学会复归现实。审丑文化的兴起逐渐消解了受众对于身材及容貌的焦虑,并以新的呈现方式构建了新的网络文化传播格局。此外,短视频对于"异质文化"的包容,也从全新的角度阐释出社会的横切面,将社会现实中的不公及丑恶以拆解拼贴的方式浓缩进短视频之中,更为真实地还原底层小人物的视角及社死①、社畜②的心路历程。短视频的"无边界"颠覆了传统价值观中对于身体的规训,通过短视频受众可以随意地表达自我,并完成自我的释放。此外,短视频的审丑文化对于外表的评判不再是传统审美中的美丑二分法,而是秉持更为包容和开放的态度。

四、再造与包容:异质文化的兼容

短视频时代的"性别"及"土味"文化被赋予了多元传播属性,对于主流审美而

---

① "社死"是"社会性死亡"的简称,该词的广泛流行源于 2020 年 3 月豆瓣"社会性死亡"小组的建立,指涉的是对于自我的调侃,国内也有学者对该现象产生的利弊进行了分析。
② "社畜"为青年亚文化现象,指的是"从事被占据大部分时间的工作,自主性缺失、经济基础脆弱的青年群体,生活方式上表现为:心理上社交意愿的降低和行为上社交活动的减少"。参考温欣和吕鹏飞在其论文《功能、结构与行动:"社畜"青年亚文化现象的社会学分析》中的解析。

言,这两种文化同时具有"异质性"。相较于传统媒体,电子媒介的传播更为迅速,能够快速且高效地处理信息。由于短视频平台具有双向互动性,受众可以更为直接地成为文化消费的主体。此外,受众在短视频平台中既是信息传播者也是接受者,在完成了自我表达的同时,实现了自我赋权。得益于短视频的发展,乡村与城市的边界得以消融,农民的身份以"土味文化"的兴起得以转变,部分创作者也因为身份的转变实现了阶层的跨越。

(一)自由与幻象:性别意义的再造

"易装"是戏剧中的常用手法,主要以女扮男装或是男扮女装为主。除却越剧中女扮男装的演绎,中国传统文学艺术当中也存在易装叙事模式。在短视频领域,"易装演绎"得到了施展空间,主要呈现方式可归纳为两种:性别反串(或是扮演)和跨性别易装者。有学者认为:"使用易装来跨过性别的分割是含有'狂欢力量'的,这种力量在狂欢跨性过程当中将激发性别、性向分割匹配的抗争和重塑。"①

第一种是个人或是公司包装下具有"标签化"特征的人物。角色以模仿性的表演为主,以男扮女或是女扮男的形式出现在短视频当中。如抖音账号"多余和毛毛姐",主角"毛毛姐"(男)在 2018 年 10 月发布了一条"城里人和我们蹦迪方式不同"的短视频,人物以反串的形式演绎及反讽了城市与乡村的文化差异。其一人分饰两种性别或是角色的人物设定引发了话题。除此之外,诸如青岛大姨、鹏程哥、毛光光等,都是类似的人物设定,特点是以夸张的假发、妆容及服饰为主,在满足观众审丑心理的同时,将社会现实再次发酵,由此激发受众产生共鸣,并对创作者产生认同心理。"性别角色观念的变化可能与电子媒介广泛使用后男性与女性信息系统的融合有关。"②某种程度上来说,对"易装者"的接纳,体现了社会的包容度,消解了以往对男性或是女性气质的判定,通过男女的互换演绎,以共情的方式反观对方世界,为双方提供了另一思考方式。

第二种是跨越社会性别,对"本我"进行表述的人物。所塑造的人物表征以女性或男性为主,以往压抑的"性别源头"——那些内在真实的性别身份得以释放。以"晨曦姐姐"为例,角色以夸张的表情及滑稽的肢体行为为标志,所演绎角色反映出作为女性角色的担当,以此引发女性群体的认同。除却获得更多的关注,"跨性

---

① 陈时鑫,刘辉.60 年代凌波的黄梅调电影:析其反儒家意志以及跨越性别性欲概念[J].当代电影,2005(6):43-50.
② 约书亚·梅罗维茨.消失的地域:电子媒介对社会行为的影响[M].肖志军,译.北京:清华大学出版社,2002:178.

别易装者"通过易装,获得其对于"心理性别"展示的满足感。易装主播通过对性别的解构,体现了对于身份认同及自我表达的诉求,展现出个体对于自我实现及自由的追寻,使得性别气质得以重构。通过反串演绎,传递出对于社会限制的质疑,所塑造的形象与性别无关,而是对性别意义的再造。

(二)嫁接与再造:土味文化的包容

短视频下沉式的发展,使"审丑文化"融入民间。如果说主流审美中的短视频应该是美与完整相统一,所呈现出的"审丑文化"是精英阶层对于社会现实的反省,那么短视频中的"土味文化"足以消解所有。通过创作者祛魅的演绎,呈现出农民群体的本真生活。

"土味文化"的兴起与后现代语境中去中心化、反精英主义的特征相吻合,以往的"土味文化"多被视为消费社会语境下的边缘文化,其表征为无主旨、无逻辑、无深度,在于迎合受众的审丑心理肆意恶搞。撕开其表征反观背后的深层原因,正是新媒体技术的发展重构了社会文化权利结构,农民群体通过短视频平台呈现出了多样的乡村文化,提升了该群体的在场感。"社会成员的主动选择,目的在于对自我身份的期待、接受和认同,亦即他们如何进行身份建构和选择。"①短视频的博兴,也为草根阶层提供了展示自身的机会,一方面,其通过自身努力获得认同,另一方面,由于新媒介所赋予的权利,草根阶层话语权增加。"社会关系以及社会结构中的权利关系发生了变化,过去不占有主导地位的组织和人,有了获得权力、权威、机会资源的可能。"②草根阶层具备更多的获得相关资源的可能性。

技术门槛的降低,增加了草根阶层"出场"的可能,同时激发了其表现欲。除却生活化的展现,"幽默短剧"也成为乡村与城市群体沟通的途径之一,通过对于都市生活的复刻,实现对于城市生活的解读与重构,其中所制造的"认知偏差"构成笑点。而"土味文化"本质是乡村群体对于主体意识的觉醒以及对于主流文化的消解,在自我把控的过程中因为"认知鸿沟"产生文化的理解错位,导致所谓"土味文化"只停留于表象缺乏精神内核。而在短视频行业的逐渐规范下,也不乏优质的"土味内容"。都市快节奏的生活及高负荷的压力之下,亟须慰藉情感及抒发情绪的窗口。短视频中所勾勒出的乡村美景勾起了都市人群对于"归园田居"的渴望,

---

① 张静.身份认同研究[M].上海:人民出版社,2006:3.
② 师曾志,胡泳,等.新媒介赋权及意义互联网的兴起[M].北京:社会科学文献出版社,2014:24.

乡村文化也因此获得了受众的关注及认可。短视频平台对于异质文化的包容性，让乡村中的农民展现了独特文化，满足了都市人群的猎奇及娱乐心理。以此为契机，乡村文化得以振兴，"草根"阶层的农民主体意识逐渐增强，乡村与城市的隔阂得以逐渐消除。此外，短视频领域对于异质文化的接纳，除却增加了草根阶层的受众认可度之外，也有助于相关群体理解社会现象，提升其自我认知及文化涵养。

五、结语

商业化程度决定了大众文化的转向——娱乐抑或是媚俗，短视频领域的审丑文化也曾一度在创作中脱离现实。创作者抑或是受众，曲解了所谓"丑"的内涵，混淆了伦理学或美学范畴内的丑，传统意义上的"审丑"与"喜剧性"的边界逐渐模糊，取而代之的是浅显、粗俗的内容，浮夸、扭曲的人性体征。而媒介具有正向引导的功能，当自身沦为博人眼球的戏谑游戏，终将被市场制裁。为了维护良性的媒介生态，短视频平台也出台了多种措施鼓励优质内容的产出，在优质内容的支撑下，用户黏性逐渐增加。在此背景下，以内容为出发的审丑文化再度获得受众的认可及回关，例如抖音账号"舍溪"以"绘心、绘梦、绘境"为创作主旨，将隐居山林或是潜入湖海的异兽进行视觉化呈现，用富有想象力的笔墨，使《山海经》中原本令人产生敬畏及恐惧的灵兽，极具美感。画师舍溪正是以灵动的创作风格，吸引着年轻受众的驻足。通过短视频使创新后的志怪被赋予了灵动与美感，此时，离奇狰狞的面容不再被视为恐怖，而是被赋予艺术性，模糊了美与丑的边界。

"当代审丑文化的崛起不仅基于中国传统审丑文化的根基，是西方现代主义文化的一种延续，更是西方现代主义文化的一种延续，是对当下大众文化的有力回应和对当下普遍审美化浪潮的反拨。"① 而短视频的"审丑"有着自身的历史文化归因，并在新媒体的语境之下衍生出新的模式，其依托于短视频时代的特征，并随着算法及流量经济的发展，该特征愈发突出。对审丑文化的研究有利于重新寻回有关于"审丑"的价值：短视频的审丑文化催生了新的意义，是以另一种方式表述生活的遭遇，并以特定的行为方式进行解读，将生活中的诸多现象进行拆解及重构，其中包括对于社会现实的观察、评议及批判。一方面，我们需要更为辩证地看待审丑文化，其推崇展现真实却并非客观真实；另一方面，短视频的审丑文化中所推崇的

---

① 程勇真. 当代审丑文化崛起之价值学分析[J]. 郑州大学学报(哲学社会科学版),2014(5)：
　93 - 96.

反精英主义,并非将民间文化与其置于二元对立的关系中产生的思考,而是为受众提供了更为自由的表达空间。在理性看待短视频审丑平民化这一过程中,使"审丑"这一固有的艺术形式更加合理化,在保持道德和伦理觉察的同时,助推平等对话,促进主流价值观的引导。

作者简介

李婧琪,云南昆明人,中国传媒大学戏剧影视学院 2020 级博士研究生。研究方向为影像美学、新媒体艺术。

潘可武,广西宾阳人,中国传媒大学研究员、戏剧影视学院博士生导师。研究方向为影像美学、视觉传播、新媒体艺术。

Subversion and Inclusivity: The Reemergence of Ugliness in Short Video Aesthetics

Li Jingqi　Pan Kewu

Abstract: In the context of aesthetic relations, "ugliness" is a relative concept that depends on specific historical and socio-cultural backgrounds. The current "culture of ugliness" in short videos, detaching from the traditional elite attitude, exhibits postmodern characteristics with emphasis on visual stimulation and bodily performance, which manifests social criticism, deconstruction of norms, and other traits. For one thing, it provides an entry point for societal reflection for the general public. For another, it offers opportunities for individual self-realization. Studying the "culture of ugliness" in short videos is beneficial for reevaluating the value of "ugliness" and, while maintaining moral and ethical awareness, it should be treated from a more dialectical perspective. This approach can contribute to promoting democratic communication and societal dialogue, as well as guiding mainstream values in the right direction.

Key words: Short Video　Ugliness　Culture of Ugliness　Postmodernism Visual Culture

中国语言产业研究文献计量分析
（2010—2021）[*]

中国语言产业研究文献计量分析
（2010—2021）*

李　艳　董潇逸

摘　要：当前，随着研究者和研究文献的增多，准确清晰地展现我国语言产业研究的现状与成果十分必要。本文在合理设定检索关键词、避免研究对象范围泛化的基础上，从文献增长趋势、作者群体、期刊分布、发文机构、研究热点等方面，对2010—2021年语言产业研究领域的文献进行了统计分析，较为全面地展示了当前学术界对语言产业理论与实践的认识程度、研究的深度与广度，以及具有代表性的学者群体和学术资源分布状态。本文还对语言产业研究与相关研究领域之间的关联进行了说明，这有助于读者对语言产业研究的文献、研究者、研究主题和整体趋势形成完整的、清晰的认知。

关键词：语言产业研究　文献计量分析　2010—2021

语言产业，是"以语言为内容、材料，或是以语言为加工、处理对象，生产出各种语言产品以满足各种语言需求的产业形态"（贺宏志，2012）。2012年，《语言产业导论》首次对语言产业的定义进行了系统的论述，界定了语言产业的业态，即语言培训、语言翻译、语言出版、语言文字信息处理、语言创意、语言艺术、语言康复、语言会展、语言测试等九个语言行业，并对各业态的现状进行了实证研究与案例分析，初步形成了语言产业研究的理论框架。

2010年以来，语言产业研究交叉学科逐渐形成，产学研各界对语言产业的理论探讨和实践探索不断深入。随着研究者和研究文献的增多，一些亟待厘清的问题也浮现出来。如在一篇对语言产业研究进行文献计量分析的论文中，由于作者

---

* 基金项目：国家语委资助项目"中国语言产业发展报告"、国家语委2022年度重点项目"中国语言产业数据库建设及应用研究"（ZDI145—33）、教育部哲学社会科学研究重大课题攻关项目"新时代国家语言文字事业的新使命与发展方略研究"（18JZD015）的阶段性研究成果。

对"什么是语言产业"概念认识不清晰,导致其文献检索的边界模糊,将大量属于语言本体研究的文献也涵盖进来进行统计分析,不仅不能客观真实地反映我国语言产业的研究现状及研究资源分布状况,无助于读者对"语言产业"和"语言产业文献"形成正确的认知,反而会引起认识上的混乱。有的研究者对语言产业与语言经济、语言服务、语言资源相关范畴之间的逻辑关联理解不当,认识模糊,在进行文献梳理时难以清晰把握边界;有的研究者在语言产业九大业态的基础上尝试提出的新业态欠缺合理性,既不符合语言产品、语言行业和语言产业之间的逻辑关系,又有违分类学的基本原则,如提出将"速记"列为语言产业的第十个业态,或认为需增加"语言学历教育"作为语言产业的一个行业等。

因此,准确清晰地展现我国语言产业研究的现状与成果是十分必要的。首先,需明确界定什么是语言产业,避免研究对象范围泛化;其次,要合理设定检索关键词,避免遗漏语言产业研究文献。在此基础上,对语言产业研究与相关研究领域的关联予以说明,有助于读者对语言产业研究的文献、研究者、研究主题和整体趋势形成完整、清晰的认知。

为此,本文基于 2010—2021 年 11 年间中国知网(CNKI)数据库数据,从文献增长趋势、作者群体、期刊分布、发文机构、研究热点等方面对我国语言产业研究成果进行统计分析,系统梳理我国语言产业研究的脉络。

一、研究方法

本文基于 CNKI 数据库语言产业相关文献数据,采用文献计量学的方法,使用 CiteSpace 与 Science Evolution 软件进行文献统计与分析,文献检索时间区间为 2010 年 1 月 1 日至 2021 年 12 月 31 日。

进行数据检索,关键词的合理设置尤为重要。关键词设置不当,会出现相关文献遗漏或检索范围过于宽泛等问题,而文献梳理的"窄化""泛化"都会影响对语言产业研究状况的客观呈现和聚焦反映。语言产业研究关键词的确定,需要明晰语言产业的边界,紧紧围绕"语言产业"这一核心概念,对各个研究层面进行细致梳理,在此基础上,合理设定文献检索的关键词。

生产与消费、供给与需求是社会经济活动的基本范畴。"语言产业"作为核心概念,辐散出两组二级关键词,其中一组为"语言产品""语言消费""语言供给"和"语言需求";另一组的二级关键词为"语言行业"。"语言行业"之下为三级关键词,即"语言培训行业""语言翻译行业"等九个语言业态。各语言业态之下为四级关键词,即各个业态中的具体语言产品,如"语言出版行业"中的"辞书出版""外语教材出版""汉语教材出版"等。

综合考量以上因素,并通过对文献中出现频率较高的关键词进行梳理,共选取30个关键词用于检索:语言产业、语言产品、语言消费、语言需求、语言供给、语言培训、语言翻译、本地化行业、翻译产品、机器翻译、翻译管理系统、语言服务行业、语言出版、辞书出版、外语教材、汉语教材、语言技术、语料库、字库、语音识别、语音合成、文字识别、自然语言处理、语言康复、语言测试、语言创意、语言景观、命名行业、语言艺术、语言会展。如图 1 所示。

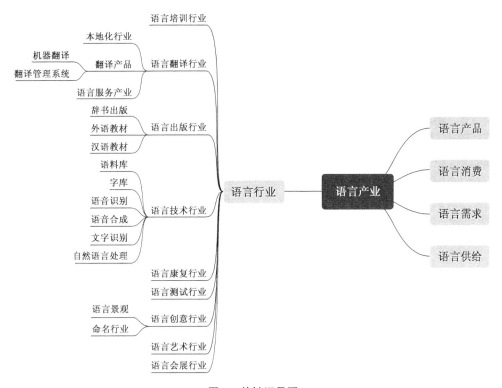

图 1　关键词导图

使用 CNKI 数据库,先后根据主题、篇名、关键词 3 个选项对这 30 个关键词进行检索;对语言产业、语言产品、语言消费、语言需求、语言供给、语言行业这 6 个关键词下的文献做去重处理,并剔除其中的征文、会议通知、新闻报道等;对使用其他24 个关键词所检索出的文献,保留与行业状况或行业研究相关的论文,确保所选取文献与语言产业研究内涵和外延的契合度。通过检索,共得到 718 篇文献,其中,期刊、辑刊论文 699 篇,学位论文 19 篇(该统计未包含发表在报纸上的文献)。

二、数据分析

对 718 篇语言产业研究相关论文进行文献计量分析,有以下发现:语言产业研究文献数量总体呈上升趋势;文献的来源期刊较为分散;文献作者主要来自高校,所属的研究机构分布于全国 28 个省域。通过对文献作者及其发文数量做进一步分析,发现专注于语言产业研究的学者数量较为有限。

(一)文献数量增长与发展阶段

发文量、文献累积数、文献累积率是衡量文献整体趋势的重要指标。本文统计了 2010—2021 年各年度语言产业研究的发文数,将各年份的文献累加,得到文献累积数,以衡量语言产业研究的整体状况。文献累积率是当年发文数量与上年度文献累积数的比率,以反映文献增长状况。

表 1 2010—2021 年语言产业研究文献累积数和累积率

年份	发文数量	文献累积数	文献累积率/%
2010	6	6	—
2011	5	11	83.3
2012	26	37	236.4
2013	22	59	59.5
2014	32	91	54.2
2015	24	115	26.4
2016	38	153	33.0
2017	63	216	41.2
2018	72	288	33.3
2019	109	397	37.8
2020	120	517	30.2
2021	182	699	35.2

美国情报学家普赖斯(Derek John de Solla Price)认为文献增长分为四个阶段,其中第二个阶段为"学科发展期",该阶段专业理论迅速发展,论文绝对数量急剧增长,严格服从指数增长规律;在第三、四阶段,随着学科理论的逐渐成熟,论文数量增长趋缓。从表 1 来看,语言产业研究文献量总体呈上升趋势,且保持一定增速;2012 年开始大幅增长,此后的 3 年浮动不大;2016 年是一个值得关注的时间

点,这一年,文献数量开始持续增长,并且在 2019 年、2020 年、2021 年出现大幅攀升。这说明语言产业研究处在"学科发展期",专业理论与研究范式在持续发展中。

(二) 文献的期刊分布与研究机构分析

1. 期刊分布

英国文献学家布拉德福(Samuel Clement Bradford)为便于阅读者更快地了解某一学科的发展状况,采用对该学科领域期刊论文数量排序的方法,划分出核心区、相关区、外围区三个区域。检索发现,共有语言产业研究论文 699 篇(不含学位论文),分布于 375 种刊物(包括期刊、辑刊)。使用比利时情报学家埃格黑(L. Egghe)提出的公式 $r_0 = 2Ln(e^E \times Y)$[①]进行计算,可得出发文量前 9 位的刊物为核心区刊物,其发文量均在 8 篇及以上,共发文 170 篇,占比为 24.3%;发文量在 3 篇及以上的刊物有 43 种,共发文 307 篇,占比为 43.9%;发文量在 3 篇以下的刊物 332 种,共发文 392 篇,占比 56.1%。这说明,语言产业研究文献的期刊分布比较分散。

发文 3 篇及以上的核心期刊(指北大核心、CSSCI、AMI 核心)共有 13 种:《语言文字应用》23 篇;《中国翻译》19 篇;《语言战略研究》14 篇;《北京第二外国语学院学报》和《出版广角》均为 8 篇;《云南师范大学学报(哲学社会科学版)》7 篇;《上海翻译》6 篇;《山东师范大学学报(社会科学版)》《外语电化教学》《中国科技翻译》均为 4 篇;《外语教学》《学术月刊》《中国出版》均为 3 篇。

检索还发现,有 21 种经济学刊物发表了语言产业研究文献,其中,核心刊物有《华东经济管理》《经济问题》《经济学动态》《经济纵横》《商业经济研究》《税务与经济》《制度经济学研究(辑刊)》。

2. 研究机构

根据普赖斯对核心机构的定义,作为一个学科的核心研究机构,其发文数量的下限为 $N = 0.749\sqrt{nmax}$[②]。699 篇刊物论文共来自 363 家研究机构(只统计论文第一作者的来源机构),在这些机构中,首都师范大学(中国语言产业研究院的依托单位)为发文量最多的机构,共 29 篇。据公式计算得出,发文量在 4 篇及以上的机构为语言产业研究的核心机构,共 37 家,发文量排在前 3 位的机构为首都师范

---

① 其中,e 为自然常数(≈2.718 28),E 为欧拉系数(≈0.577 2),Y 为刊物所刊发的相关文献总量。

② 其中,N 为发文数量的下限,nmax 为最多发文机构所发的论文数量。

大学(29篇)、北京语言大学(28篇)、武汉大学(15篇)。

37家核心机构总发文量为267篇,其中36家为高等学校,包括师范、语言、经济、理工、高职及综合类院校,分布在16省域。699篇刊物论文作者所在的363家研究机构分布于全国28个省域。可见,语言产业研究已呈现星火燎原之势。

(三)文献作者分析

根据普赖斯提出的核心作者群计算公式 $M=(0.749nmax)^{1/2}$[①],可以得出核心作者发文数量的最低限度,语言产业研究核心作者发文量应在4篇及以上,发文数量在4篇及以上的作者有13人,共发文86篇,占总数的12.3%。按照普赖斯对核心作者群体的定义,核心作者群发文数量占比应不低于50%。据此判断,当前专注于语言产业研究的学者数量还较为有限。同时,还可以看出目前研究者主要分布在高等院校,来自产业界的还很少。

考察核心作者,不仅要看发文量,更要看文献被引量。CNKI数据库中的语言产业研究文献总被引次数最高的6位作者为李宇明、赵世举、李艳、李现乐、黄少安、张卫国。对作者做进一步分析可以发现,首都师范大学"中国语言产业研究院"和山东大学"语言经济研究中心"在语言产业研究领域已形成了稳定的学术团队,并且两个团队间学术交流密切。"中国语言产业研究院"团队的研究呈现出一个比较清晰的演进路径,即从确定语言产业边界与行业类型到厘清语言产业研究基本范畴,从搭建语言消费研究框架到搭建语言产业学科研究框架。

李宇明主要围绕"语言的经济属性"(如《语言也是"硬实力"》《认识语言的经济学属性》)、"语言产业研究的相关问题"(如《语言服务与语言消费》《语言服务与语言产业》)等主题展开探讨。赵世举的研究成果有《语言观的演进与国家语言战略的调适》《"一带一路"建设的语言需求及服务对策》《语言经济学的维度及视角》等。李艳的研究包括"语言消费研究"(如《语言产业视野下的语言消费研究》《"一带一路"建设中的语言消费问题及其对策研究》《语言消费:基本理论问题与亟待搭建的研究框架》)、"语言行业研究"(如《基于大语言产业观的语言培训业供给侧治理思考》)、"语言产业学科研究"(如《语言产业经济学:学科构建与发展趋向》)等。李现乐侧重于语言服务视角的研究,如《语言服务的价值与效益——以南京语言服务调查为例》《语言服务的显性价值与隐性价值——兼及语言经济贡献度研究的思考》等。黄少安的研究成果有《语言经济学及其在中国的发展》《语言产业的涵义与我

---

① M为核心作者的论文数,nmax为发文量最高作者的发文数量。

国语言产业发展战略》等。张卫国的研究主要涉及语言经济学,如《中国语言经济学研究述略》《遮蔽与澄明:语言经济学的几个基本问题》《语言经济与语言经济学:差异与互补》等。

(四) 研究热点分析

通过对期刊文献中的关键词进行统计分析,可以了解目前语言产业研究领域的热点问题。关键词的出现次数与中心性是重要的判断指标,其中,"中心性"是判断某一关键词在总体关键词中是否处于"媒介"地位的指标,又称"中介中心性"。表 2 展示了语言产业研究文献中词频排在前 10 位的关键词:

表 2　文献高频关键词

关键词	词频	中心性
语言产业	86	0.67
语言服务	56	0.38
语言景观	37	0.13
语言经济学	23	0.14
"一带一路"	16	0.11
人工智能	16	0.10
语言消费	11	0.01
翻译产业	9	0.04
翻译	8	0.02
翻译行业	8	0.01
语言服务行业	7	0.06

统计分析发现,"语言产业"这一关键词频次最高、中心性最强,在研究中处于中心地位;"语言服务""语言经济学""语言消费""人工智能""语言景观"作为与语言产业密切相关的研究问题,反映了高度的关联性;关于"一带一路"区域语言产业的研究成果也占了一定数量;"翻译产业""翻译行业""语言服务行业""翻译"等关键词所对应的研究对象均为语言翻译行业,表明语言翻译作为语言产业中的典型业态,得到了较多研究者的关注,同时,也反映出来自不同学科、不同领域的研究者在表述方式上存在差异。

基于词频与中心性的统计,使用 CiteSpace 软件生成词频图,可以更加直观地描述研究热点(图2)。

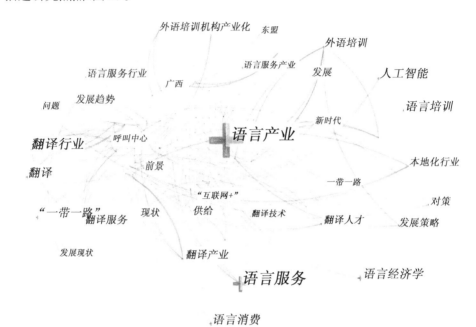

图2 高频关键词共现图谱

通过对共现图谱进行分析发现:理论研究方面,作者们更多关注对"语言产业""语言经济学""语言消费""语言服务"的研究,这符合10年来语言产业研究的实际情形,高频词的出现与关键性文献所出现的时间节点一致;"翻译行业""翻译产业""翻译服务""翻译技术""翻译人才""语言培训""外语培训""本地化行业""人工智能""互联网+"等关键词的出现,说明近年来语言行业研究较多侧重于"语言翻译""语言培训""语言技术"3个领域,这可与行业研究的文献数量相互佐证;在区域语言产业的研究中,"一带一路""东盟""广西"3个关键词显示出近年来区域研究的主要关注点。

此外,在对高被引文献(被引20次以上的文献,共51篇,占文献总数的7.3%)的分析中发现,近年来,"语言景观"受到研究者关注,这在一定程度上表明语言创意行业在发展中。

三、相关领域的研究

语言的资源属性(文化资源、经济资源、战略资源、安全资源)是语言产业得以产生的逻辑前提;语言经济学是语言产业研究的亲缘领域;语言产业主要属于服务产业,在学术研究层面,语言产业研究与语言服务研究有着盘根错节的关联。因此,对语言产业研究进行文献计量分析,有必要观照语言资源研究、语言经济研究、语言服务研究这 3 个相关领域,厘清语言产业研究与这 3 个领域之间的逻辑关联,这有助于全面、准确地认识语言产业,更科学地进行语言产业研究。对语言资源、语言经济、语言服务相关文献在 CNKI 数据库中的检索时间截至 2021 年 12 月 31 日。

(一)语言资源研究

语言资源是语言产业研究的逻辑起点,语言资源观的树立以及对语言资源进行的保护、开发和利用,使得语言产业研究应运而生。初期的语言资源研究关注的是语言资源本身,继而开始探讨语言资源的开发利用,后来才有了语言产业的视角。所以,有相当数量的语言资源研究文献,特别是早期的文献,不能归为语言产业研究。

以"语言资源"为关键词在 CNKI 数据库进行检索,共得到中文文献 323 篇,其中,学术期刊文献 207 篇、学位论文 66 篇。高被引代表性文献有《论语言资源》(陈章太,2008)、《语言资源与语言问题》(陈章太,2009)、《当今人类三大语言话题》(李宇明,2008)、《全球竞争中的国家语言能力》(赵世举,2015)、《语言资源管理规划及语言资源议题》(徐大明,2008)、《国家语言能力有关问题探讨》(魏晖,2015)、《语言资源论纲》(范俊军,2008)等。

(二)语言经济研究

语言经济研究在我国的兴起稍早于语言产业研究,初期的研究集中于语言的经济原则、经济学语言,继而聚焦于探讨人力资本中的语言问题、语言能力与收入的关系及语言制度的成本收益问题。产业问题终归是经济问题,语言产业研究的兴起是语言经济研究深入发展的必然。

以"语言经济""语言经济学"为关键词,在 CNKI 数据库进行检索,共得到中文文献 595 篇,其中,学术期刊文献 462 篇、学位论文 42 篇。高被引代表性文献有《作为人力资本、公共产品和制度的语言:语言经济学的一个基本分析框架》(张卫国,2008)、《语言的经济学分析:一个综述》(张卫国,2011)、《语言经济学:一门新兴的边缘学科》(许其潮,1999)、《有关语言经济的七个问题》(徐大明,2010)、《语言经济学的几个基本命题》(黄少安,2011)等。

(三)语言服务研究

目前,我国学者讨论"语言服务"有以下三方面意义。一是翻译界、外语界所表述的"语言服务",基本上等同于"翻译服务","语言服务产业"等同于"翻译产业"。二是中国语言产业研究院团队所表述的"语言服务",是与"语言产品"相对应的,"语言产品"往往用来指有形的、硬件的语言产品,"语言服务"则用来指无形的、软性的语言产品。以语言康复行业为例,论及助听器、人工耳蜗时,用"语言康复产品";论及语言康复训练时,用"语言康复服务"。三是广州大学屈哨兵教授团队所表述的"语言服务",包括语言服务"基业""职业""行业""产业"。

以"语言服务"为关键词在 CNKI 数据库进行检索,共得到中文文献 545 篇,其中,学术期刊文献 347 篇、学位论文 83 篇。高被引代表性文献有《语言服务研究论纲》(屈哨兵,2007)、《语言服务的概念系统》(屈哨兵,2012)、《语言服务:中国翻译行业的全新定位》(袁军,2012)、《面向国际语言服务业的翻译人才能力特征研究——基于全球语言服务供应商 100 强的调研分析》(穆雷,2017)、《语言资源和语言问题视角下的语言服务研究》(李现乐,2010)、《国内语言服务研究的现状、问题和未来》(仲伟合,2016)等。

四、结语

语言产业研究以语言资源和语言能力为逻辑起点,语言资源研究构成语言经济活动的"物论",语言能力研究构成语言经济活动的"人论"。语言资源的开发利用、语言人力资本的生成积累,合乎逻辑地必然引发对语言经济、语言产业的思考与讨论[①]。

2010—2021 年语言产业研究及相关领域研究的文献计量分析,较为全面地展现了当前学术界对语言产业理论与实践的认识程度、研究的深度与广度,以及具有代表性的学者群体和学术资源分布状态。

可以看出,语言产业研究已经在理论研究、行业研究、区域研究三个方面取得进展,发文量逐年上升,学科发展的趋势仍将持续。同时还可以发现,语言产业研究具有较强的多向度和交叉性,语言产业、语言资源、语言经济、语言服务这一组研究领域高度关联,学者们既有各自关注的研究方向,又能通过语言产业论坛、语言经济论坛、语言服务论坛等形成大的学术共同体,密切交流,促进学术的繁荣。每个聚焦点都是学术创新的增长点,中国语言产业研究院(北京)、语言经济研究中心(山东)、语言服务研究中心(广东),还有以外语界、翻译界学者为主形成的语言服

---

① 贺宏志在第七届中国语言产业论坛上的主旨报告,2021.

务研究团队，或许就是"语言生活"学术共同体内不同学派的雏形。

"语言生活派"推动了新世纪特别是近 10 年来我国语言学研究的转型，从语言本体研究到本体研究和语言生活研究并行发展的语言学学术生态，壮大了我国语言学学科群的阵容。

语言经济生活是社会语言生活面貌的重要方面，与语言政治生活、语言文化生活等共同构成社会语言生活的整体图景。语言产业、语言资源、语言经济、语言服务这四个研究方向或研究领域在反映、揭示语言经济生活的问题、规律方面，形成了交集。

从文献计量结果看，语言产业研究吸引了语言学、经济学、管理学、传播学、教育学、计算机等多学科领域的学者，以及企业界专家的跨学科、跨行业参与，彰显了丰富的学科交叉性。针对语言经济、语言产业、语言智能、语言服务、语言资源、语言康复、语言政策与规划等语言生活命题已经开启学科建设之路，具体体现在或创立二级学科、交叉学科，或开设研究方向，培养专门人才。

《关于全面加强新时代语言文字工作的意见》（国办发〔2020〕30 号）要求："加强语言产业规划研究。坚持政府引导与市场运营相结合，发展语言智能、语言教育、语言翻译、语言创意等语言产业。"我国语言产业学术研究与实践发展的互动，一是体现为"语言产业意识"的树立与传播，有越来越多的企业界人士参与语言产业的学术研讨与交流，语言产业逐步从自发、分散发展走向自觉、聚合发展；二是对语言行业发展的推动，如语言会展业的兴起；三是从语言产品的供需视角，探讨大型国际活动语言服务、应急语言服务、语言扶贫等现实课题，促进了相关实践领域的发展。

语言产业研究未来的趋势，一是突出"新文科""交叉学科"的特质，逐步确立起趋于成熟的概念体系和研究范式，建立语言产业学或语言产业经济学；二是扎实开展语言产业调查，掌握语言产业的整体情况和各地区域情况，建设语言产业全行业数据库，夯实学科建设基础；三是突出语言产业研究的实践品格，推进产学研结合，吸引更多企业界专家参与，重视实证研究、案例研究和问题导向研究；四是开展语言产业政策研究和语言产业国别研究，发挥智库作用，服务国家发展战略。

参考文献

[1] 贺宏志.语言产业导论[M].北京:首都师范大学出版社,2012.

[2] 贺宏志.语言产业引论[M].北京:语文出版社,2013.

[3] 黄少安.语言经济学及其在中国的发展[J].经济学动态,2012(3):41-46.

[4] 黄少安.语言产业的涵义与我国语言产业发展战略[J].经济纵横,2012(5):24-28.

[5] 李宇明.认识语言的经济学属性[J].语言文字应用,2012,8(3):2-8.

[6] 李宇明.语言服务与语言产业[J].东方翻译,2016(4):4-8.

[7] 李宇明.语言技术对语言生活及社会发展的影响[J],中国社会科学,2017(2):145-148.

[8] 李宇明.语言产业研究的若干问题[J],江苏师范大学学报(哲学社会科学版),2019,45(2):12-19,123.

[9] 李宇明.数据时代与语言产业[J].山东师范大学学报(社会科学版),2020,65(5):87-98.

[10] 李艳.语言产业视野下的语言消费研究[J].语言文字应用,2012,3:25-32.

[11] 李艳,高传智."一带一路"建设中的语言消费问题及其对策研究[J].语言文字应用,2016(3):94-103.

[12] 李艳.基于大语言产业观的语言培训业供给侧治理思考[J].语言战略研究,2017,2(5):40-47.

[13] 李艳.语言消费:基本理论问题与亟待搭建的研究框架[J].语言文字应用,2017(4):132-141.

[14] 李艳.语言产业经济学:学科构建与发展趋向[J].山东师范大学学报(社会科学版),2020,65(5):76-86.

[15] 李现乐.语言服务的价值与效益——以南京语言服务调查为例[J].制度经济学研究,2012(2):172-186.

[16] 李现乐.语言服务的显性价值与隐性价值——兼及语言经济贡献度研究的思考[J].语言文字应用,2016(3):114-123.

[17] 屈哨兵.语言服务研究论纲[J].江汉大学学报(人文科学版),2007(6):56-62.

[18] 屈哨兵.语言服务的概念系统.语言文字应用[J],2012(1):44-50.

[19] 赵世举.语言经济学的维度及视角[J].武汉大学学报(人文科学版),2017,70(6):92-104.

[20] 赵世举."一带一路"建设的语言需求及服务对策[J].云南师范大学学报(哲学社科

学版),2015,47(4):36-42.

[21] 张卫国.中国语言经济学研究述略[J].语言教学与研究,2012(6):102-109.

[22] 张卫国.遮蔽与澄明:语言经济学的几个基本问题[J].学术月刊,2012,44(12):77-82.

[23] 张卫国.语言经济与语言经济学:差异与互补[J].学术月刊,2015,47(3):92-99.

[24] 陈悦,陈超美,刘则渊,等.CiteSpace 知识图谱的方法论功能[J].科学学研究,2015,33(2):242-253.

[25] 侯剑华,胡志刚.CiteSpace 软件应用研究的回顾与展望[J].信息计量学研究与应用,2013,33(4):99-103.

[26] BRADFORD S C. Sources of information on specific sub-jects[J]. Engi-neering, 1934:173-175.

[27] 普赖斯.小科学,大科学[M].北京:世界科学出版社,1982.

[28] 宋秀芳,迟培娟.Vosviewer 与 Citespace 应用比较研究[J].情报科学,2016,34(7):108-112,146.

作者简介

李艳,河北邯郸人,首都师范大学文学院教授、博士生导师,中国语言产业研究院执行院长。研究方向为语言产业、语言文化传播。

董潇逸,河北石家庄人,首都师范大学文学院博士研究生。研究方向为语言产业。

Bibliometric Analysis on Chinese Language Industry Research（2010—2021）

Li Yan　Dong Xiaoyi

Abstract：At present，with the increase of researchers and research literature，it is necessary to show the current situation and research output of the Chinese language industry. Based on the reasonable keyword retrieval and range of research objects，this paper conducts a statistical analysis of the literature in the field of language industry research in 2010—2021 from the aspects of literature growth trend，group of authors，journal category，publishing institution and research focus，which comprehensively shows the current academic community's understanding of language industry practice and theory，the depth and breadth of research，as well as the representative scholar group and academic resource distribution. At the same time，the relationship between language industry research and related research fields is explained，which helps readers to form a complete and clear understanding of the literature，researchers，research themes and the overall trend of language industry research.

Key words：Language Industry Research　Bibliometric Analysis 2010—2021

新《著作权法》中涉新闻类合理使用
条款的适用困境及破解对策*

刘俊梅

摘　要：新《著作权法》对于涉新闻类合理使用条款的修正明确了对新闻作品的保护，一定程度上解决了新闻作品版权保护的部分争议。然而，法院依然存在僵化机械地适用涉新闻类合理使用条款的问题，并且由于该条款修正引发的"继发性"适用困境，致使相关条款之间可能存在理解和适用上的混乱。究其根源在于法律制度规定不周全、相关概念缺乏统一认定标准，以及对合理使用保护边界的学理解释不周延等。故有必要进一步厘清核心概念，明确关键概念裁判标准，区分两项涉新闻类合理使用的保护边界，以期能够更准确地理解与适用涉新闻类合理使用条款。

关键词：著作权法　新闻　时事性文章　涉新闻类合理使用条款　新闻类侵权纠纷案

一、引言

　　原《著作权法》（以下简称原法）第22条规定了著作权合理使用制度，该条第3款和第4款①涉及新闻类相关内容。但由于这两条内容采用了"时事新闻""时事性文章"等表述，又未明确界定其内涵外延，实践中存在将二者混淆混用情形，具体表现为：首先，原法第5条及2002年《著作权法实施条例》（以下简称《实施条例》）

---

*　基金项目：本文受2022年度新疆维吾尔自治区高校科研计划项目"新疆地理标志价值转化赋能乡村产业振兴研究"（XJEDU2022P101）资助。
①　原法第22.3条规定：为报道时事新闻，在报纸、期刊、广播电台、电视台等媒体中不可避免地再现或者引用已经发表的作品。原法第22.4条规定：报纸、期刊、广播电台、电视台等媒体刊登或者播放其他报纸、期刊、广播电台、电视台等媒体已经发表的关于政治、经济、宗教问题的时事性文章，但作者声明不许刊登、播放的除外。

不保护"时事新闻",并且将其等同于"单纯事实消息";其次,原法第 22.3 条"为报道时事新闻"与第 5 条"时事新闻"存在表述重叠,以致出现了一系列涉及"单纯事实消息""时事新闻""时事性文章"的概念界定争议案件。故而学界和实务界强烈要求对上述条款进行修订。

有鉴于此,2021 年 6 月 1 日起施行的新《著作权法》(以下简称新法)对涉新闻类合理使用条款作了较大调整:一是将原法第 5.2 条"时事新闻"改为"单纯事实消息",并明确后者属于"事实"范畴不受本法保护,而时事新闻作品却受到本法保护;二是将原法第 22.3 条"为报道时事新闻",改为"为报道新闻"。总体而言,新法第 24 条构建了合理使用制度及其"三步检验法"(袁峰,2021)[①],其中涉及新闻类合理使用的条款是第 24.3 条和第 24.4 条[②]。为便于理解,本文根据法条内容将第 24.3 条和第 24.4 条分别称为"'为报道新闻'合理使用条款"和"时事性文章合理使用条款"。另外,司法实践中常见的涉新闻类作品争议,包括对文字类新闻、图片类新闻和视频类新闻的认定。考虑到视频类新闻的作品属性认定,涉及录像制品、电影作品和类电影作品,判定情形复杂,且此类新闻作品能否适用涉新闻类合理使用条款存在争议,故文章所述"涉新闻类"不包括视频类新闻,而是特指文字类新闻和图片类新闻的合理使用规定。

近年来,国内学界对涉新闻类合理使用的研究成果颇丰,且选题相对较为集中。首先,在修法之前,国内学者主要通过比较法、实证研究等方法对原法涉新闻类合理使用条款存在的不足展开研究,此类研究多集中于域外立法经验借鉴(相靖,2016;蔡浩明,2017;张今等,2018)、完善司法救济制度(张平,2019)、新闻作品概念辨析(康化夷等,2019)等领域。其次,《著作权法》修法之前,互联网、大数据和人工智能等新技术的发展使得原法已无法解决由此带来的新闻版权侵权问题,从而引起国内学界的重点关注,当时出现了一批针对该领域的研究成果,研究视角包括数据新闻作品合理使用(文杰,2019)、新技术发展下的新闻作品保护(陈志敏等,

---

①　该"三步检验法"为:"在下列情况下使用作品,可以不经著作权人许可,不向其支付报酬,但应当指明作者姓名或者名称、作品名称,并且不得影响该作品的正常使用,也不得不合理地损害著作权人的合法权益。"

②　新法第 24.3 条规定:为报道新闻,在报纸、期刊、广播电台、电视台等媒体中不可避免地再现或者引用已经发表的作品。新法第 24.4 条规定:报纸、期刊、广播电台、电视台等媒体刊登或者播放其他报纸、期刊、广播电台、电视台等媒体已经发表的关于政治、经济、宗教问题的时事性文章,但著作权人声明不许刊登、播放的除外。

2017;孙昊亮,2018)、新闻聚合著作权合理使用(彭桂兵,2017;王卓,2020)等。再次,《著作权法》修订之后,国内研究则转向对新法适用于新技术、新现象带来的新闻侵权问题研究,主要包括作品使用权利边界(梁九业,2021)、自媒体侵权(陈虎,2021;王银行,2022),以及人工智能创作作品(焦和平,2022;宣喆,2022)、新闻短视频(周诗婕等,2022)、新闻报道的合理使用(温云云等,2021;来小鹏等,2021)等。

从上述研究动态来看,目前尚未有学者对《著作权法》修正前后法院对涉新闻类合理使用条款的适用情况进行对比研究,也少有学者关注相关条款修正对司法实践的影响趋势。为填补这一研究空白,本文以新闻类侵害作品信息网络传播权纠纷案(以下简称涉新闻类侵权纠纷案)中合理使用条款的适用困境为问题维度,对修法前后涉新闻类合理使用条款的适用情况进行比较,并分析造成该条款适用困境的原因,以期为新《著作权法》中涉新闻类合理使用条款的适用困境提供破解之策。

二、涉新闻类合理使用条款的适用困境

(一)法院僵化适用"为报道新闻"合理使用条款

修法之前,对于实践中出现的侵权行为,法院存在僵化适用"为报道时事新闻"合理使用条款的情形(李铭轩,2022)。例如,一些法院仅依据涉案作品是否是"时事新闻",便简单推定涉案主体是否构成侵权。此类裁判逻辑为:只要涉案作品不是"时事新闻",则涉案主体复制、引用、刊登、转载等行为便不属于"为报道时事新闻"的合理使用,而是构成侵权。虽然此裁判结果有利于著作权人成功维权,但法院对"为报道时事新闻"合理使用条款的适用存在严重缺陷,并未考虑该条款的其他判定要素,其逻辑推理不够严密。还有一些法院将"时事新闻"与"新闻作品"视为同一事物,从而将二者共同排除在著作权法保护范围之外,并机械地认为"时事新闻"(新闻作品)仅限于文字类新闻,而不包括诸如新闻照片等其他类别作品。

修法之后,新法第24.3条将原法"为报道时事新闻"改为"为报道新闻",然而,此做法不但未解决法院对该条款的适用困境,甚至还可能引发新的侵权风险和认定困境。其一,法院仍延续过去的解释视角,将"新闻"视为"时事新闻"或"单纯事实消息"。如"橙子文化传媒公司与体娱文化传媒公司侵权纠纷案"适用了新法第24.3条规定,但法院对"新闻"的认定,仍以2002年《著作权法实施条例》(以下简称《实施条例》)之"时事新闻"规定为依据。其二,若"新闻"不等同于"时事新闻",则"新闻"概念的外延可能成为新的争讼焦点,使得该条款面临的适用情境更加复杂。当侵权主体以新法第24.3条规定作为其抗辩理由时,如果法院判定该条中的

"新闻"包括"新闻作品",那么大多数涉案作品可能均属于"新闻",法院将不得不利用其他评判要素来判定涉案主体的行为属性,这使得法院释法难度增加。故为避免陷入此困境,法院将"新闻"等同于"时事新闻"加以解释似乎也就不足为奇了。可见,若《实施条例》后续不对此作出限定或解释,法院僵化适用"未报道新闻"合理使用条款的问题便无法解决。

(二)法院机械适用时事性文章合理使用条款

1."时事性文章"裁判标准不一致

法院通常将第 24.4 条的触发条件限定为涉案作品是否是"时事性文章",因此,"时事性文章"的裁判标准是该条款适用的前提。司法实践中,"时事性文章"的裁判标准通常有三类:一是将"时事性文章"错误地视为"时事新闻";二是回避对"时事性文章"的认定,如"北京河图公司与济南控险公司侵权纠纷案",法院对侵权主体关于涉案作品属于"时事性文章"的抗辩理由只是简单驳回,并未正面解释何为"时事性文章";三是即使文章内容涉及经济、政治等议题,也均因缺乏重大性和时效性而被法院视为不属于时事性文章。但第三种困境引发的问题是一篇新闻文章究竟在何种情形下构成"时事性文章"?"重大性"和"时效性"的标准又是什么?如果不厘清"时事性文章"的裁判标准,则新法第 24.4 条将无法真正确保其在合理使用与私益保护之间取得平衡。

2.涉新闻类条款修正引发"继发性"适用困境

此次修法虽并未修正时事性文章合理使用条款(第 24.4 条),但由于涉新闻类其他条款(第 5.2 条、第 24.3 条)的修正,可能引发时事性文章合理使用条款之新的"继发性"适用困境。第一,新法第 24.3 条中"新闻"外延的解释,可能引发第 24 条两项涉新闻类合理使用保护边界不明晰的适用困境。如将"为报道新闻"之目的不加区分地适用于这两项条款,此类情形在修法之前便已存在,但由于缺乏明确的解释细则,故修法之后,该问题可能将继续存在。此外,由于"媒体……已经发表的作品"(第24.3 条)与"关于政治、经济、宗教问题的时事性文章"(第 24.4 条)均与"新闻作品"有关,且不易区分,也有可能引发两项合理使用的保护边界相混淆的情形。

第二,新法第 24.3 条的修正,是为了与第 5.2 条的"单纯事实消息"保持一致,同时与第 24.4 条的"时事性文章"相区分(黄薇等,2021),但司法实践并未体现该目的。首先,一些法院仍将"时事性文章"等同于"时事新闻"。在"深圳市新云加公司侵权纠纷案"中,上海市徐汇区人民法院基于"时事新闻"概念,判定涉案文章因不属于时事新闻,从而不是单纯的时事性文章。其次,将"时事性文章"等同于"新闻"。在"广州创意联合公司与山西新闻网侵权纠纷案"中,尽管该案适用新法规定,但广州互联网法院判定国家网信办新闻媒体"白名单"刊登的可供网站转载的"新闻"与著作权法规定的"时事性文章"属同一概念,并认为后者等同于"单纯事实消息"。由此可见,法院不仅需要对"时事新闻""时事性文章"作出区分,还需进一步认定"新闻""时事新闻"是否是同一个事物?抑或新闻的外延可及多大范围?是否既涵盖时事新闻,又包含时事新闻作品?这无疑将增加新的认定困境。

综上,新法实施后,涉新闻类条款的修正并未改善时事性文章合理使用条款的适用困境,司法实践仍存在对相关概念混淆解释或回避解释"时事性文章"的情形。

(三)不同法院的差异化适用导致法律的不确定性

随着人工智能、大数据、云计算、5G等新技术发展,以及相关法律制度对科技发展的滞后,各地法院对涉新闻类合理使用条款解释与适用呈现出不一致特征。近年来,北京、上海、广东等经济发达地区知识产权法院一改过去僵化适用该条款的做法,转而采取了更为灵活的解释方式;但其他大多数法院则继续运用过去机械的解释规则,并未进行大胆创新性解释(地丽格娜·地里夏提等,2022)。

此外,笔者在中国裁判文书网以"时事新闻""时事性文章""合理使用"为关键词进行检索,并对检索出的涉新闻类侵权纠纷案件文书进行统计整理,发现这些案件中,几乎所有原审被告对涉案新闻的侵权行为均不构成合理使用。尽管这些裁判结果正确,且有利于著作权人成功维权,但由于不同法院的裁判标准差异化明显,司法裁判的主观性过大,从而带来了法律的不确定性。

三、涉新闻类合理使用条款的适用困境成因分析

(一)有关法律制度规定不周全

涉新闻类条款的修正,不但未解决涉新闻类合理使用条款的适用困境,还导致了新的"继发性"适用困境。其中缘由与我国《著作权法》在立法中借鉴众多域外经验,"博采众长"进而造成条文之间的逻辑矛盾和表述冲突有关(王迁,2012),而这一问题在新法中并未得到更好处理。另外,《实施条例》和《信息网络传播权保护条例》继续保留"时事新闻"提法,也是导致法院将"新闻"与"时事新闻""单纯事实消息"混淆认定的原因之一。由此可见,新法删除"时事新闻",却保留"新闻""时事性文章"的做法,未必有助于正确理解"新闻"和"时事性文章"之间的关系。即使已有法院明确指出"时事新闻"和"时事性文章"并非同一事物,但新法及《实施条例》未清晰界定"时事性文章"是否等同于"单纯事实消息",以及各地法院对相关概念的

不一致解释,仍会给业内造成错觉,即媒体刊登或播放"新闻""时事性文章"等新闻内容均属于合理使用,从而使得此类新闻作品依旧面临被侵权的风险。

从已有新闻类侵权纠纷案件来看,缺乏明确保护边界的法律规范,极易引发对相关条款的混用和误解,从而增加侵权风险和维权成本。因此,厘清"新闻""时事性文章"等内涵外延、裁判标准以及涉新闻类合理使用的保护边界,对于法律的正确解释和适用至关重要。

(二)法院对相关概念的裁判标准不统一

实践中,为提高抗辩成功率,侵权主体往往同时以第24.3条和第24.4条为抗辩理由,辩称其行为构成合理使用,不应被视为侵权。这为法院带来了不同合理使用保护边界区分及概念辨析方面的困境,个中缘由也是法院对相关概念的认定标准不统一。

一是对"时事新闻"的解释。一些法院通过"文字作品""新闻作品"的认定标准,间接对"时事新闻"做否定性解释,如涉案作品因属于"文字作品""新闻作品",从而不是"时事新闻";也有法院通过目的、内容和特征对其作限定解释,即"时事新闻"的目的在于准确传达新闻相关信息,内容应限于对当时发生的事件的客观表述,需符合时效性和重大性特征;近年来,越来越多的法院通过"单纯事实消息"代替解释"时事新闻"。二是对"时事性文章"的解释。不少法院认为时事性文章是指具备重大性与时效性,并且在对当前备受关注的政治、经济、宗教问题进行时事报道时,夹叙夹议地对该"时事"进行评述的文章。也有法院另辟蹊径,认为时事性文章是单纯客观事实,属于记叙文范畴;在此基础上添加了作者独创性观点的文章,属于议论文范畴,不是时事性文章(北京市第二中级人民法院,2015)。

(三)对两项合理使用保护边界的学理解释不周延

学理解释有时会被侵权主体引用,以支撑其合理使用的抗辩理由,从而间接影响法院释法。因此,不周延的学理解释则更宜引发侵权风险。例如,在"范震等与易胜华著作权权属、侵权纠纷案"中,原审被告范震引用了"中国人大网"发布的《中华人民共和国著作权法释义》第5条规定,辩称涉案文章是其为传播时事新闻发表的时事新闻作品,依法不构成侵权。虽然该学理解释因不具有法律效力最终未被北京市高级人民法院采纳①,但由此可以看出,学理解释对于涉新闻类侵权纠纷及

---

① 北京市高级人民法院认为,著作权法释义系作者个人对于条款内容进行专业理论说明的学术解释,属于学理解释,故不具有法律效力。

其审理具有一定的影响。而涉新闻类合理使用保护边界区分不明的问题,一定程度上也与学界对相关条款的学理解释不周延有关(梅术文等,2019)。例如,国内学界在理解此相关规定时存在混淆理解的问题,有学者将第 24.3 条和第 24.4 条规定分别解读为"为报道新闻……再现或引用已经发表的作品"和"为报道新闻使用已经发表的……时事性文章"(周诗婕等,2022)。显然,此种观点也将"为报道新闻"不加区分地适用于两项合理使用条款。此外,一些学理解释将"已经发表的作品"等同于"时事性文章"。譬如,国家立法机关工作人员在《〈中华人民共和国著作权法〉导读与释义》中对第 24.3 条合理使用的说明即秉持这一观点:中央人民广播电台新闻节目几乎每天都要广播《人民日报》《解放军报》《光明日报》等报纸媒介刊登的政治、经济、外交、文化、社会等领域的新闻内容(黄薇等,2021)。

四、涉新闻类合理使用条款的适用困境破解

(一)厘清核心概念"新闻"的内涵和外延

我国《著作权法》涉新闻类合理使用条款,显然借鉴了《伯尔尼公约》第 10 条之二第 1 款和第 2 款规定①。目前,我国暂无配套实施条例对"新闻"的含义作出解释,但考虑到已有机械地理解和适用"时事新闻"的司法实践,首先,新法关于"新闻"外延应既包括单纯事实消息新闻,也包括其他各种新闻类型。毕竟,新闻是对新近发生的客观事实的准确呈现,创作者必须对客观事实进行一定的"选择""编排""取舍"后,简捷、准确地将其描述报道出来。

其次,《保护文学和艺术作品伯尔尼公约(1971 年巴黎文本)指南》(简称《伯尔尼公约指南》)提到受公约保护的涉及"新闻"和"新闻报道"作品,既包括"文字作品",也包括"视听领域"作品,同时还包括"摄影作品"。新法排除适用的涉新闻类客体仅限于"单纯事实消息",而非新闻作品。因此,即使第 24.3 条删除"时事"二字,也不宜将"新闻"简单理解为原法的"时事新闻"。对于该条款的触发,应明确区分"为报道单纯事实消息新闻"和"为报道其他类别新闻作品",其中前者的触发机理与过去司法实践中"为报道时事新闻"一致,而后者的触发机理则需进一步适用

---

① 《伯尔尼公约》第 10 条之二第 1 款规定:"本联盟成员国的立法可以准许……对报刊上刊登的有关当前经济、政治或宗教问题的文章,以及广播电视节目中播放的同类性质的作品,进行转载、播放或上述传播,但必须指明出处。"第 10 条之二第 2 款规定:"在……报道时事新闻时,在事件过程中看到或听到的文学艺术作品,在为报道目的正当需要范围内予以复制和公开的条件,也由各成员国的法律规定。"

合理使用的"三步测验法"及其他要素来具体判定,但需在相关《实施条例》中指明。

再次,对《实施条例》《信息网络传播权保护条例》进行修正,重新定义和明确"单纯事实消息""新闻"的构成要素,删去有关"时事新闻"的概念定义,以避免司法实践中再次对"时事新闻""新闻""单纯事实消息"产生混淆和误解。

(二)明确关键概念"时事性文章"的裁判标准

新法有关新闻类条款修正所引发的"继发性"适用困境,根源在于关键概念的概念厘定和范围限定。

第一,"时事性文章"不应视为"单纯事实消息"。第24.4条所指"时事性文章"是在时事新闻(现为"单纯事实消息")基础上进行研究、分析和评论等,包含作者的智力创作,受著作权法保护(黄薇等,2021)。换言之,"时事性文章"不应等于"单纯事实消息",故需要在配套的实施条例修正时专门指出这一范围限定,进而为该条的适用提供参考。

第二,"时事性文章"不应等同于"新闻""时事新闻"。首先,不应将"时事性文章"等同于"时事新闻"。在已有的纠纷案件中,"北京世华时代公司与经济参考报社侵权纠纷案"终审法院明确指出,一审法院对"时事性文章"的认定有误,时事新闻(单纯客观事实)不同于时事性文章。其次,前已述及,不宜将新法所述"新闻"简单等同于"时事新闻",故而也不应将"时事性文章""新闻""时事新闻"等同视之。

第三,"时事性文章"应符合重大性和时效性标准。时事性文章合理使用条款的设立目的是确保合理使用(保护公共利益)和私益保护之间的平衡,据此,目前国内法院通行做法是对第24.4条作严格限缩解释,新闻作品著作权人应尽量在其作品中刊登禁止转载声明。至于严格限缩的程度,即"重大性和时效性"评判标准,我国相关立法文件未作出明确说明,但从法院司法裁判中可获得一定参考。首先,"重大性"标准。在"掌中微视与上海第一财经报业侵权纠纷案"中,上海知识产权法院判定涉案文章缺乏时效性和重大性的依据是"不具有党政机关报刊社论文章的时效性和权威性"。可见,司法实践将"重大性"标准与"党政机关报刊社论文章""权威性"因素挂钩。其次,"时效性"标准。有法院认为"时事"即代表"时效性",并对此作出如下解释:"时事"代表"最近期间"或"当前",或"最近期间的国内外大事"(北京市互联网法院,2021)。不难看出,"时效性"标准应指最近发生的、当前正在发生的。也有学者认为"即将发生的"也属于"时效性"范围(梅术文等,2019)。故此,时效性的认定应同时考虑时间、空间以及事件与报道之间的时间距离等。

（三）区分两项涉新闻类合理使用的保护边界

《著作权法》中两项涉新闻类合理使用条款均是对著作权人的权利限制，同时也意味着其对著作权人采取了两种不同的保护程度，具体体现在是否增设了包含著作权人声明保留的"但书"。因此，对两项涉新闻类合理使用保护边界的区分，关键在于"但书"规定。

第一，从立法来看，第 24.4 条增设"但书"是源自《伯尔尼公约》第 10 条之二第1 款规定：即使成员国要采用对作者权利的限制（合理使用），也必须尊重作者的任何保留。故我国《著作权法》对"但书"有关著作权人声明保留权利的设定，既符合国际条约规定，也体现了对著作权人的保护。并且，"但书"规定仅限于"政治、经济、宗教问题"，而非其他如娱乐、文化等时事性文章。因为《伯尔尼公约指南》中已经明确了《伯尔尼公约》该款规定所涉"文章"的含义，即必须是当前的文章（它们必须涉及当前受到关注的问题）；它们涉的必须是经济、政治或宗教问题（刘柏林，2002）。而第 24.3 条不包括类似声明保留，因为公约对应此项的规定（即第 10 条之二第 2 款）并未要求成员国立法中必须包含作者的声明保留，只是提到了"成员国的立法可以规定在哪些条件下，准许为时事报道"合理使用文学或艺术作品。

第二，从国家机关立法人员的学理解释来看，时事性文章和新闻作品均是基于单纯事实消息加以独创性工作形成的智力成果，因此，二者极易被视为同一事物。但如此一来，两项涉新闻类合理使用情形，在使用的客体上（"已经发表的新闻作品"和"时事性文章"）便出现了部分重合，在实践中也极易引起对两项条款的误解和混用，从而引发侵权风险。根据《伯尔尼公约》第 10 条之二的两款规定及上述分析，两项涉新闻类合理使用条款设立的必要性根源，并不在合理使用目的本身，而是对相关主体对这两项重合客体的合理使用所规定的不同限定条件。因此，为降低侵权风险，在区分两项合理使用的保护边界时，应明确第 24.3 条所涉前提条件"为报道新闻"，并不适用于第 24.4 条规定。据此，后续修法也无须在第 24.4 条规定中强行纳入此前提条件，而只需对两种合理使用的客体——"已经发表的作品"和"时事性文章"——作出清晰界定即可。为与其他作品类型相区分，公约第 10 条之二第 2 款将合理使用的已发表作品限定为"看到或听到的文学艺术作品"。考虑到短期内再次修法的可能性较低，对前述重合问题的处理，我国可借鉴公约规定，在实施条例修订中将"已经发表的作品"限定为"文学、艺术作品"，以区分"政治、经济、宗教问题的时事性文章"，据此或可避免由此引发的更广泛的侵权风险。

五、结语

当前,人工智能、大数据、云计算等先进技术迅猛发展,成为新闻传播生态领域智能化变革的重要支撑。新冠疫情的出现,更是加快了各类在线服务和网络基建的创新发展。虽然原法设定了涉新闻类合理使用条款,但因其不保护时事新闻,以致网络媒体大量信息几乎全部免费源于传统媒体的原创作品,并借此盈利。新《著作权法》对涉新闻类条款的修正,意味着我国著作权法将新闻作品正式纳入保护范围,一定程度上解决了新闻作品的著作权保护争议。然而,从司法实践来看,新法暂未解决涉新闻类合理使用条款适用困境,反而可能引发新的适用问题;同时,由于该条款核心概念界定不清、关键概念裁判标准不一致、保护边界区分不明,实践中依然存在对相关概念的误解和混用。因此,有必要在下一次法律及《实施条例》修正中,借鉴《伯尔尼公约》及《伯尔尼公约指南》的有关规定和解释,厘清核心概念的内涵外延,明确关键概念裁判标准、清晰界定合理使用条款的保护边界,以避免司法实践再次出现僵化和错误适用法条的情形。

参考文献

[1] 袁峰. 论《著作权法》修改对新闻出版从业者的影响[J]. 中国出版,2021(7):66.

[2] 相靖. Campbell 案以来美国著作权合理使用制度的演变[J]. 知识产权,2016(12):82 - 90.

[3] 蔡浩明. 论新闻传播中新闻作品的合理使用:一个比较法的视角[J]. 中国出版,2017(13):56 - 58.

[4] 张今,田小军. 欧盟著作权法改革与中国借鉴[J]. 中国出版,2019(06):61 - 64.

[5] 张平,徐美玲. 新闻类作品著作权法律保护研究[J]. 西北大学学报(哲学社会科学版),2018,48(01):88 - 94.

[6] 康化夷,谭林锋. "原创新闻作品"概念辨析[J]. 中国出版,2019(19):19 - 23.

[7] 文杰. 数据新闻作品使用数据的著作权法规制——兼谈《著作权法(修订草案送审稿)》的相关规定[J]. 中国出版,2019(15):45 - 49.

[8] 陈志敏,刁飞. 新媒体环境下时事新闻报道合理使用的认定[J]. 中国出版,2017(02):49 - 52.

[9] 孙昊亮. 媒体融合下新闻作品的著作权保护[J]. 法学评论,2018,36(05):73 - 83.

[10] 彭桂兵. 新闻聚合的著作权合理使用问题研究[J]. 中国出版,2017(10):63 - 66.

［11］王卓.新闻聚合平台著作权侵权的法律规制［J］.广西大学学报（哲学社会科学版），2020,42(06):137－142.

［12］梁九业."作品使用"的限度:公有领域视角下的现实反思与进路转换［J］.出版发行研究,2021(12):61－68.

［13］陈虎.自媒体新闻洗稿行为的法律失范与规制［J］.中国出版,2021(21):58－61.

［14］王银行.自媒体时代新闻作品著作权保护路径探析［J］.新闻爱好者,2022(05):66－69.

［15］焦和平.人工智能创作中数据获取与利用的著作权风险及化解路径［J］.当代法学,2022,36(04):128－140.

［16］宣喆.论分类保护视角下人工智能创作的著作权合理使用［J］.出版发行研究,2022(03):81－87.

［17］周诗婕,陈堂发.新闻短视频著作权益合理抑制探讨［J］.中国编辑,2022(05):91－96.

［18］温云云,高欣欣.《民法典》开启舆论监督报道"合理使用"新空间［J］.传媒,2021(15):91－93.

［19］来小鹏,贺文奕.新《著作权法》中新闻报道合理使用条款的理解与适用［J］.编辑之友,2021(08):66－71.

［20］李铭轩.著作权法合理使用规则僵化的困境与出路［J］.出版广角,2022(11):52.

［21］黄薇,王雷鸣.《中华人民共和国著作权法》导读与释义［M］.北京:中国民主法制出版社,2021:63－147.

［22］地丽格娜·地里夏提,宋晓亭.合理使用在我国著作权司法实践中的适用——基于113个诉讼案例的实证分析［J］.科技与法律（中英文）,2022(01):113.

［23］王迁.著作权法借鉴国际条约与国外立法:问题与对策［J］.中国法学,2012(3):28.

［24］北京市第二中级人民法院(2015)二中民(知)终字第01087号民事判决书.

［25］梅术文,宋歌.新兴媒体发展中时事性文章的认定［J］.中国出版,2019(12):51－53.

［26］北京互联网法院(2021)京0491民初18838号民事判决书.

［27］克洛穗·马苏耶.保护文学和艺术作品伯尔尼公约(1971年巴黎文本)指南［M］.刘柏林,译.北京:中国人民大学出版社,2002:50.

作者简介

刘俊梅,河北石家庄人,南京大学法学院博士研究生,伊犁师范大学法学院讲师,伊犁师范大学新疆社会治理与发展研究中心助理研究员。研究方向为涉外知识产权法、国际经济法。

The Application Dilemma and Countermeasures of the Fair Use Clause Related to News in the New *Chinese Copyright Law*

Liu Junmei

Abstract：The amendment of the fair use clause related to news in the new *Chinese Copyright Law* clarifies the protection of news works, and solves some disputes about their copyright protection to a certain extent. However, the courts still have the problem of rigid and mechanical application of the fair use clause related to news. Moreover, due to the "secondary" application dilemma caused by the clause amendment, there may be confusion in the understanding and application of relevant provisions. The root causes lie in the incomplete legal system, the lack of unified recognition standards for corresponding concepts, and the inadequate theoretical interpretation of the fair use of the protection boundary. Therefore, it is necessary to further clarify the core concepts, clarify the judgment standards of key concepts, and distinguish the protection boundary of the two fair use related to news, in order to more accurately understand and apply the fair use clause related to news.

Key words：Chinese Copyright Law　News　Current Affairs Article Fair Use Clause Related to News　News Infringement Disputes